Juan Rulfo y su obra

UNA GUÍA CRÍTICA

Juan Rulfo y su obra

UNA GUÍA CRÍTICA

Fundación Juan Rulfo

COORDINADORES *Víctor Jiménez*
Jorge Zepeda

EDITORIAL RM MÉXICO MMXVIII

Índice

1 Prólogo 9
Alberto Vital

2 Introducción 15
Fundación Juan Rulfo

I Circunstancia, obra y persona

3 Semblanza biográfica de Juan Rulfo 21
Jorge Zepeda

4 Cronología de la obra y la vida de Juan Rulfo 25
Víctor Jiménez

5 Algunas notas sobre la biblioteca de Juan Rulfo 49
Juan Francisco Rulfo

6 Rulfo: "No soy más que un aficionado" 59
Ignacio Ezquerra y Ramón Artiach

7 Imaginación y realidad en la obra de Juan Rulfo 63
José Pascual Buxó

8 Breviario geopolítico de los sesenta y Juan Rulfo 67
Sebastião Guilherme Albano

II Juan Rulfo y la fotografía

9 Las fotografías de Juan Rulfo 73
Andrew Dempsey

10 Veinte fotografías de Juan Rulfo 85

III La narrativa de Juan Rulfo

11 *El Llano en llamas* 101
Françoise Perus

12 La recepción crítica de *El Llano en llamas* 107
Jorge Zepeda

13 *Pedro Páramo* 113
José Carlos González Boixo

14 Presentación a "Letras que sanan empresas" 119
Víctor Jiménez

15 Letras que sanan empresas 121
Eduardo Bautista García
16 Pedro Páramo en el país de los financieros 123
Julio Moguel
17 La recepción crítica de *Pedro Páramo* 129
Jorge Zepeda
18 *El gallo de oro*, la segunda novela de Juan Rulfo 135
Dylan Brennan
19 Nota al Prólogo de Heber Raviolo a *El gallo de oro* 141
Jorge Zepeda
20 Prólogo a *El gallo de oro* 143
Heber Raviolo
21 La recepción crítica de *El gallo de oro* 149
Jorge Zepeda

IV Escritor mexicano, escritor latinoamericano, escritor universal

22 Juan Rulfo en la historia de la literatura mexicana 155
Jorge Zepeda
23 Juan Rulfo y la literatura brasileña 167
Paulo Moreira
24 Rulfo y la literatura en lengua inglesa 173
Gerardo Piña
25 Juan Rulfo, Rainer Maria Rilke y Stéphane Mallarmé 179
José Miguel Barajas García
26 Juan Rulfo leído por escritores y críticos latinoamericanos fuera de México 183
Victoria Saramago

V Más allá del escritor y el fotógrafo: cine, historia, música

27 Juan Rulfo, cineasta 189
Douglas J. Weatherford
28 Juan Rulfo, lector de la historia de México 195
Adrián Gerardo Rodríguez
29 Rulfo y la música 201
José Luis Bobadilla

VI Herramientas para una relectura

30 Presentación al léxico de la narrativa de Juan Rulfo 207
Víctor Jiménez

31 Léxico de *El Llano en llamas* 209
Víctor Jiménez

32 Léxico de *Pedro Páramo* 223
Víctor Jiménez

33 Léxico de *El gallo de oro* 231
Víctor Jiménez

34 Guía de fragmentos de *Pedro Páramo* 239
Víctor Jiménez / Jorge Zepeda

35 Los personajes en *Pedro Páramo*: un acercamiento a la estructura de la novela 243
Víctor Jiménez

36 Lugares en *El Llano en llamas*, *Pedro Páramo* y *El gallo de oro* 319
Víctor Jiménez

37 Acontecimientos en *Pedro Páramo* 333
Víctor Jiménez

VII Otros ámbitos, otras lenguas: ediciones y traducciones

38 Juan Rulfo en traducción 339
Jorge Zepeda

39 Galería: portadas de traducciones de la narrativa de Juan Rulfo 347

VIII Repertorio para releer a Rulfo

40 Bibliografía comentada sobre Juan Rulfo 351
Jorge Zepeda

41 Lecturas recomendadas 371
Jorge Zepeda

Colaboradores 397

Juan Rulfo en una fotografía publicada por el Centro Mexicano de Escritores en 1957. Autor no identificado.

1 Prólogo

ALBERTO VITAL

Este libro se presenta como compañero, como acompañante de los libros y lectores de Juan Rulfo. Pero hay, eso sí, buenas y malas compañías. Para que una *Guía crítica* de *Juan Rulfo y su obra* sea un modelo fundador, tiene tras de sí lustros de empeños rigurosos de muchas personas, varias de ellas convocadas en estas páginas.

¿Cuándo requerimos de una guía? Nos urge cuando el terreno es vasto, complejo, laberíntico. Esto ocurre ya con la literatura y fotografía del mexicano en tanto que campo de estudio o de simple y puro gusto: se ha extraído tanto de los dos yacimientos que cada vez se hace más necesario poner un poco de orden y dar orientaciones a futuros beneficiarios. Con los años, uno va aprendiendo que no existe generosidad intelectual mayor que un dato preciso, objetivo, corroborado una y otra vez. Y en esta era de una información que se ramifica y prolifera por las redes, nada aprecia tanto el estudioso como un vademécum, un "va conmigo", un alguien que me acompaña porque no me falla. Después de todo, ¿qué es una buena compañía sino aquella que no nos falla cuando más la necesitamos?

Rulfo se percibió como un solitario. Elogió a Mariano Azuela, autor de *Los de abajo*, porque fue otro solitario. Advirtió que las grandes obras se hacen en soledad. Tal vez pensaba en uno de sus maestros, Rainer Maria Rilke, cuya presencia en nuestro autor se revisa en la *Guía* y cuya ética de la escritura tanto influyó en él. Rilke radicalizó su soledad porque el arte verbal había alcanzado un nivel de exigencia tan alto que ya tan sólo ese nivel era una forma de radicalismo, aunque no se ligara con aquel experimentalismo que hacia el segundo decenio del siglo xx se convertía en sinónimo de ética y estética radicales para un segmento de la juventud creativa en Europa y América.

¿Cómo, entonces, se acompaña a un solitario? Franz Kafka dijo que viviría en un cuarto sin ventanas al fondo de un túnel oscuro. Y que se dedicaría a leer y a escribir. En el fondo, quería comprender, como lo quiere cualquier inteligencia sensible y superior. Comprender: ¿por qué? ¿Por qué esto y por qué aquello? Quizá baste despejar la incógnita inscrita en las palabras *esto* y *aquello* para saber hacia dónde apuntan algunas corrientes subterráneas de cada escritor. Rilke, Kafka, Rulfo: al sacrificar en potencia o en acto la compañía de sus coetáneos, ellos nos postulaban a nosotros como sus cómplices, sus acompañantes, sus camaradas. En otros términos, el tiempo, que para los no artistas es básicamente sincrónico y por ende simultáneo, para algunos artistas es sólo diacrónico y vuelca sus simultaneidades hacia el futuro. ¿Y quiénes son esos *algunos*? Son aquellos conscientes de los elevadísimos niveles de exigencia del arte. Y ni siquiera debería decirse: "que ha alcanzado el arte", pues éste puede muy bien haber llegado a su plenitud sin antecedentes que hoy pervivan o puedan registrarse: Homero es la culminación del arte verbal, ¡y la literatura aún ni siquiera nacía, pues *literatura* proviene de *letra*, y Homero era canto!

La *Guía* nos lleva de la mano por esta parte de la ecuación del artista –el arte precisamente, la obra– sin olvidar la otra parte de la ecuación: la vida. En mi libro *Rilke, Rulfo* me acuerdo de que Rilke se preocupó por la hostilidad entre el trabajo diario del artista y los deberes asimismo diarios de la vida. Y he aquí que a cada quien se le presentan condiciones diferentes para resolver la ecuación, y por eso a dos praguenses de casi la misma edad, Rilke (1875-1926) y Kafka (1883-1924), las circunstancias acabaron resultándoles tan diferentes, aunque los dos vivieron las mismas etapas posteriores del imperio austrohúngaro con el último esplendor y las crecientes miserias de un régimen personal larguísimo, el de Franz Joseph II, y escribieron obras tan distintas e incluso tuvieron una recepción disímil, pues mientras Rilke se volvió autor de masas (con el libro suyo que menos le interesaba y al que hubiera querido castigar desapareciéndolo, justo por haberse vuelto irresponsablemente famoso) y a la vez autor de culto (con lectores discretos y benefactores sigilosos, como el joven Ludwig Wittgenstein), Kafka apenas asomó la cabeza con un par de publicaciones y terminó indagando, casi como en la pregunta fundadora de una ontología, si debía quemar sus obras. Si su albacea Max Brod hubiera obedecido el mandato, habría quemado esa parte de nosotros que acompaña a Kafka y que, más aun, sólo existe gracias a que lo acompaña.

Pues bien, jóvenes investigadores como José Miguel Barajas nos demuestran que la fama no siempre se equivoca: aquel librito que Rilke quería borrar, *Canción de amor y muerte del corneta Rilke*, llegó a manos de Rulfo y sirvió de referente sonoro para él, y no sería extraño que algún eco de aquel Rilke del "*Reiten! Reiten!*" ("¡Cabalgar! Cabalgar!") que aminoró las angustias de muchos jóvenes en las trincheras de la Gran Guerra entre 1914 y 1918, resonara en uno de los libros más queridos de la poesía mexicana: *Algo sobre la muerte del mayor Sabines*, de Jaime Sabines.

De ese modo, Rulfo acompaña a Rilke, a Kafka y a muchas más voces. ¿Cómo? Mediante una biblioteca como aquella que describe Juan Francisco Rulfo en esta *Guía* que busca en sí su propio molde, su modelo. Rulfo debió sentir la compañía de aquellos y de otros solitarios, sin duda. Una biblioteca es papel y tinta en un orden que Borges juzgó mágico; una vida es todo, incluidos el papel y la tinta, sólo que en un vértigo casi caótico como aquel que Pablo Neruda atrapó en su "Arte poética". Mayúscula es entonces la tentación de encerrarse y aislarse para siempre. Pero sucede que la vida nunca deja de ser, si es que es y mientras es. ¿Bastaron los aislados castillos de Muzot y de Duino para Rilke? ¿Bastó aquel imaginario cuarto sin ventanas al fondo de un túnel oscuro para Kafka? "Y siento más tu muerte que mi vida", le dice Miguel Hernández a Ramón Sijé. El joven Juan Rulfo podría haber dicho a Clara Angelina Aparicio Reyes a partir de cierto día de 1944 en Guadalajara, Jalisco: "Y siento más tu vida que mi vida." Resulta que la vida se nos manifiesta como compañía, como necesidad de compañía y aun de procreación. Podemos sentir más nuestra vida en la vida de la persona amada que en nosotros, empobrecidos de ausencia. Luego entonces, la lectura nos depara amistades, como Robert Louis Stevenson para Jorge Luis Borges, pero queda claro que Rulfo decidió no seguir en esto al gran maestro Rilke, quien abandonó a su Clara, la artista Clara Westhof, y a Ruth, hija de ambos, ni al gran maestro Kafka, que deshizo sus sucesivos compromisos matrimoniales con las adorables Felisa y Milena (ni, antes, al filósofo danés de la existencia Sören Kierkegaard, padre del concepto del *compromiso matrimonial deshecho* y de toda una *Estética del matrimonio*) para entregarse al único deber de la escritura, en el límite ya casi último de las posibilidades de escritura literaria en las lenguas occidentales (por aquellos años T.S. Eliot concluía *The Waste Land* con palabras en una lengua del Oriente, como si *The Waste Land* fuera *The West Land*, humillada y flagelada por la Gran Guerra, y ya no pudiera decir nada por ella misma: "*Shantih! Shantih! Shantih!*").[1]

1 He aquí los dos versos finales de *The Waste Land*: "Datta. Dayadhvam. Damyata. / Shantih shanthi shanti" (T.S. Eliot, *The Waste Land,* ed. by Michael North, W.W. Norton, New York, 2001 (*A Critical Edition*), p. 21). El comentario crítico acerca del primero de estos versos remite a una historia de los Upanishad, "The Three Great Disciplines", en que los dioses reciben del Gran Creador la lección del autocontrol (Da-myata); los humanos, la de la generosidad (Da-tta) y los demiurgos, la de la gracia de la compasión (Da-yadhvam) (pp. 62-63). Con respecto a "Shanti", anotó el propio Eliot: "Shantih. Repeated as here, a formal ending to an Upanishad. 'The Peace which passeth understanding' is our equivalent to this Word" (p. 26). Traduce Manuel Núñez Nava: "Shanti. Como se repite aquí, terminación formal de un Upanishad. Nuestro equivalente a esta palabra es 'La Paz más allá del entendimiento'" (T.S. Eliot, *La tierra yerma*, trad. de Manuel Núñez Nava < materialdelectura.unam.mx >, consulta del 5 de julio de 2018).

No se elige dónde y cuándo se nace. Por lo menos, quizá se elige con quién se vive y cómo se vive. Clara Aparicio le devolvió un centro a la vida de Juan Rulfo. Las restantes condiciones siguieron igual: el México de los años de la Revolución de 1910-1940 y de la Constitución de 1917, de la Guerra Cristera de 1926-1929 y de la consolidación entre 1929 y 1946 de un partido político, un régimen sexenal y un presidente poderoso, todo ello como marco de la profesionalización de la vida literaria, poco a poco asimilada a las características y a las exigencias de la industria editorial.

Rulfo quería vivir en la grata compañía de sus libros, sí, pero sin olvidar esposa y vástagos y sin olvidar que la suerte (buena a veces, mala a veces) le había deparado estos y aquellos colegas y, en general, estos y aquellos compatriotas. Sin duda, el haber recorrido el país "de punta a cabo" como excursionista y como fotógrafo y luego como agente de ventas, en aquellas épocas en que se amaba a un país conociéndolo, le deparó amistades y compañerismos de cuya memoria apenas nos quedan hoy vestigios.

Miguel de Cervantes se queja en el *Quijote* de aquellos autores que no dan suficientes detalles en sus historias: "Cide Hamete Benengeli fue historiador muy curioso y muy puntual en todas las cosas; y échase bien de ver, pues las que quedan referidas, con ser tan mínimas y tan raras, no las quiso pasar en silencio; de donde podrán tomar ejemplo los historiadores graves, que nos cuentan las acciones tan corta y sucintamente, que apenas nos llegan a los labios, dejándose en el tintero, ya por descuido, por malicia o ignorancia, lo más sustancial de la obra."[2] En el fondo, está fundamentando y fundando una poética no tanto de la prolijidad sino de la precisión, una estética de la visibilidad, una ética de la mirada y de los demás sentidos, abiertos a minucias reveladoras que se vuelvan epifanías conforme a un término central en James Joyce. Juan Rulfo llegará a esa poética por muchos caminos (Anton Chejov, Gustave Flaubert, León Tolstói, Knut Hamsun, Selma Lagerlöf, sin duda Cervantes, el propio Joyce, el Malcolm Lowry del grito final de *Under the Volcano*, que se va rebotando por la materia circundante hasta repercutir en el grito inicial de "El Llano en llamas"). Uno de esos caminos es la propia fotografía: el presente volumen recoge también los decisivos datos básicos para acercarnos al otro artista que habitó en él, al maestro que ante una disciplina tan joven se comportó como si tratara a una disciplina milenaria, ya clásica.

2 *El ingenioso hidalgo don Quijote de la Mancha*, I, XVI, Universidad Nacional Autónoma de México, México, 2016 (*Nuestros Clásicos*, 105), p. 192.

Gente joven acompaña en este volumen a gente de camino dilatado. Y es así como leeremos al joven historiador hidrocálido Adrián Rodríguez junto a Víctor Jiménez, director de la Fundación Juan Rulfo; al veracruzano José Miguel Barajas junto a los ilustres José Carlos González Boixo y Françoise Perus; a Victoria Saramago, de la Universidad de Chicago, junto al emérito José Pascual Buxó y al especialista inglés Andrew Dempsey. De una generación intermedia, leeremos al mexicano Jorge Zepeda, a los brasileños Paulo Moreira y Sebastião Guilherme Albano, al irlandés Dylan Brennan y al norteamericano Douglas J. Weatherford: se trata de tres generaciones o dos generaciones y media, según la idea de José Ortega y Gasset. En todo caso, este libro será un buen compañero porque lo hacen quienes han acompañado al maestro allí donde a él más le gustaba estar: en la biblioteca de casa, rodeado de viejos cofrades de papel.

Juan Rulfo con su esposa Clara y sus hijos Claudia, Juan Francisco y Juan Pablo hacia 1956, en un día de campo. Fotografía tomada con la cámara de Juan Rulfo.

2 Introducción

FUNDACIÓN JUAN RULFO

Esta obra tiene como punto de partida un género que es ampliamente conocido en el mundo anglosajón: el *Companion Book*. No se trata, empero, aun en la lengua inglesa donde estas obras son muy comunes, de una forma única de abordar los distintos temas que tales *guías* o *acompañantes del estudioso* adoptan, pues la diversidad de enfoques es notoria. Ahora bien, al no haber la misma tradición en la lengua española esta *Guía crítica* de *Juan Rulfo y su obra* parte literalmente de cero y hemos innovado por necesidad, lo que también nos permitió ajustar lo que aquí se ha solicitado o reunido al caso peculiar de Rulfo y su legado.

Alberto Vital expone aquí, en el Prólogo, las ideas básicas que pueden encontrar los usuarios de esta publicación en su acercamiento, como estudiosos o lectores comunes, a la obra y la vida de Juan Rulfo.

I

Una primera sección está dedicada a varios textos que permiten un acercamiento general a la vida y la obra de Juan Rulfo.

Jorge Zepeda hace una Semblanza de la vida de Juan Rulfo que recomendamos como primer texto temático a leer, como referencia básica.

La Cronología de los aspectos más destacados de la vida y la obra del escritor y fotógrafo mexicano, a cargo de Víctor Jiménez, permite acercarse un poco más a ciertos aspectos biográficos de Juan Rulfo.

Juan Francisco Rulfo introduce al lector en un mundo, el de la lectura, que fue el que envolvió a Rulfo toda su vida, incluso en la infancia, y su biblioteca es la mejor referencia al respecto.

El mismo Rulfo, en una entrevista concedida a dos periodistas españoles, Ramón Artiach e Ignacio Ezquerra, nos permite ver ángulos poco frecuentados de su forma de concebirse como escritor.

José Pascual Buxó resume en su texto algo que ya ha expuesto con gran pertinencia y dominio del tema: cómo entender las relaciones entre la imaginación literaria y la realidad en un escritor como Juan Rulfo.

Guilherme Albano arroja luz a un momento de la vida de Rulfo y su contacto con el mundo latinoamericano que necesita conocerse, si de la comprensión de sus intereses literarios y puntos de vista políticos se trata.

II

La segunda sección está a cargo de Andrew Dempsey, uno de los estudiosos más serios y de más amplia trayectoria en el campo de la obra fotográfica de Juan Rulfo. Él mismo hizo la selección de las 20 fotografías que acompañan su análisis y a las que dedica algunas reflexiones.

III

Los tres títulos de la obra literaria de Juan Rulfo son objeto del tercer apartado.

El primer libro de Juan Rulfo, *El Llano en llamas*, es abordado por la mejor conocedora del *arte de narrar* de Juan Rulfo, Françoise Perus.

Jorge Zepeda, con una amplia trayectoria en el tema de la recepción literaria de Juan Rulfo, completa este apartado con un texto dedicado a la respuesta crítica a su primera obra.

Pedro Páramo es de nuevo objeto de estudio para uno de los mayores conocedores de la primera novela de Juan Rulfo, José Carlos González Boixo, quien no cesa de explorar esta obra aportando siempre nuevas perspectivas de estudio de la misma.

Víctor Jiménez presenta el artículo del analista financiero Eduardo Bautista.

Eduardo Bautista escribió sobre una lectura de *Pedro Páramo* hecha en la *City* de Londres, durante el año de la primera gran crisis financiera del siglo XXI, relacionada con ésta, y cómo la novela de Rulfo parece ubicarse en el umbral de muy otros tiempos con respecto a aquellos con los que, por costumbre, se le asocia.

Julio Moguel parte de lo escrito por Bautista para llevar la reflexión sobre las dimensiones menos frecuentadas de la primera novela de Juan Rulfo aún más lejos.

Jorge Zepeda se ocupa del tema de la recepción de esta obra, a la cual ya dedicó un amplio estudio en 2005.

La segunda novela de Rulfo, *El gallo de oro*, es objeto del análisis de Dylan Brennan, quien ha dedicado años de estudio y una tesis doctoral a esta obra.

Jorge Zepeda presenta el Prólogo de Heber Raviolo a la edición uruguaya de 1981 de la novela corta de Rulfo, y el texto de este mismo editor, poco conocido en su tiempo, se reproduce aquí pues conserva toda su actualidad y es ejemplo del mejor oficio en el análisis de una obra como la de Juan Rulfo.

La sección la cierra de nuevo Jorge Zepeda con un texto dedicado a la recepción de *El gallo de oro*.

IV

El siguiente apartado, el cuarto, aproxima al estudioso a cinco contextos literarios que constituyen marcos naturales, e incluso obligados, para la comprensión de la obra literaria de Juan Rulfo en la segunda década del siglo XXI, cuando se ha ampliado el horizonte en que es necesario leerla.

Jorge Zepeda tiene a su cargo, como corresponde a uno de los estudiosos más serios de Juan Rulfo en el contexto de la literatura mexicana del siglo XX, la ubicación de la obra del jalisciense en el marco de las discusiones sobre el perfil de las artes en México tanto en los años que precedieron a su aparición como, después de ésta, bajo la forma de su recepción, única, dentro y fuera de nuestras fronteras.

No es un conocimiento reservado a algunos especialistas que Juan Rulfo hubiese sido un gran lector y conocedor de la literatura brasileña. Paulo Moreira, quien más ha adelantado en el estudio de esta materia, lleva algunos años publicando sobre la misma, y ha investigado la mutua admiración entre el mexicano y João Guimarães Rosa. Resume aquí su amplio conocimiento del tema.

Gerardo Piña, experto en el tema de las letras de lengua inglesa, ha tenido acceso a una relación de todas las obras de literatura en este idioma que se conservan en la biblioteca de Juan Rulfo, y analiza lo que podría concluirse de las lecturas realizadas por Juan Rulfo de la misma.

José Miguel Barajas ha extendido en los últimos tiempos el conocimiento, ya adelantado por Alberto Vital y otros estudiosos, de las muy importantes relaciones entre Juan Rulfo como lector y autor y la obra de Rainer Maria Rilke. Nos acerca ahora también a otro poeta, Stéphane Mallarmé, igualmente objeto de la lectura detenida de Juan Rulfo.

Victoria Saramago incursiona en el territorio de las lecturas hechas en América Latina de la obra de Rulfo, para quien esta región era de la mayor importancia y donde fue considerado muy pronto uno de los autores de referencia en el continente.

V

Tres textos constituyen el apartado siguiente, el quinto. Los autores tratan en ellos otros tantos temas que acercan al lector a ángulos específicos de la figura de Juan Rulfo de conocimiento algo más especializado.

Douglas J. Weatherford ha investigado y estudiado a lo largo de no pocos lustros las relaciones de Juan Rulfo con el mundo del cine, y entrega aquí un texto que sintetiza lo que ya es su especialidad, de la que es el conocedor más competente.

Adrián Gerardo Rodríguez, historiador, elabora un acercamiento a un Juan Rulfo del que se tienen noticias, aunque no siempre suficientes: el lector profundo de la historia de México.

José Luis Bobadilla, quien se ha acercado a la musicología desde la perspectiva académica sin dejar de ser un gran conocedor de la literatura, hace en estas páginas una primera aproximación a un tema realmente muy poco conocido: la melomanía de Juan Rulfo.

VI

El sexto apartado reúne seis textos de Víctor Jiménez dedicados a explicitar otros tantos aspectos particulares de la literatura de Juan Rulfo. Los primeros tres (con una breve presentación) están dedicados al léxico de los tres libros de Juan Rulfo, pues permiten en algunos casos una comprensión notablemente más completa de su literatura en un plano, el del lenguaje, que adquiere en Rulfo la mayor importancia. Los lugares literarios de *El Llano en llamas*, *Pedro Páramo* y *El gallo de oro*, que algunas veces coinciden con sus homónimos en la geografía mexicana, aparecen reunidos en una relación común.

Juan Rulfo fue tan explícito siempre como hacía falta sobre la importancia del desarrollo de los personajes en su creación literaria. Jiménez expone aquí cómo tal idea de Rulfo es consustancial a la forma en que estructuró *Pedro Páramo*, y hace un seguimiento de cada uno de ellos, en cada circunstancia y en cada fragmento (de los que se proporciona una *guía*), que da acceso a una nueva posibilidad de comprensión de la forma en que la complejidad de la novela se acerca a la de un mecanismo de alta precisión. Por último, una relación de los que podrían llamarse acontecimientos relevantes en *Pedro Páramo* ofrece una posibilidad adicional de vincular ciertos episodios de la novela a sus personajes y a la forma en que un *tiempo* no necesariamente histórico rige la evolución de los hechos.

VII

En el séptimo apartado Jorge Zepeda aborda de nuevo (ya lo ha hecho en publicaciones anteriores) el asunto de la traducción múltiple y en crecimiento continuo de la obra literaria de Juan Rulfo, un caso único en las letras de México. Así, Zepeda proporciona en breve espacio un panorama de la manera en que estas traducciones se han multiplicado y un cuadro que reúne la información más actualizada sobre esta dimensión de la recepción de las letras de Juan Rulfo.

VIII

El último y octavo apartado está de nuevo a cargo de Jorge Zepeda y tiene como tema un ángulo de la mayor importancia en el campo de la recepción de la obra literaria y fotográfica de Juan Rulfo: las publicaciones que difunden esa obra y aquellas que se dedican a su estudio. Dos secciones componen esta parte: una bibliografía comentada y una relación de lecturas recomendadas. Ambos repertorios servirán a quien se inicia en el campo del estudio de la obra de Rulfo, pero igualmente a los estudiosos más avanzados que desean tener la certeza de dedicar su tiempo a aquello que se ha hecho con seriedad e, igualmente, a lo más reciente en tal territorio.

Fotografía de Juan Nepomuceno Pérez Rulfo, padre de Juan Rulfo, hacia 1914.

3 Semblanza biográfica de Juan Rulfo

JORGE ZEPEDA

Juan Rulfo (Sayula, Jalisco, 16 de mayo de 1917) es autor de una colección de cuentos (*El Llano en llamas*, 1953), una novela (*Pedro Páramo*, 1955) y una novela corta (*El gallo de oro*, 1980) que han sido vertidas a más de cuarenta lenguas del mundo, lo cual lo convierte en el escritor más traducido en la historia de la literatura mexicana, con ediciones tanto en las más empleadas en Occidente (alemán, francés, inglés, italiano, portugués, por ejemplo) como en comunidades lingüísticas más restringidas (euskera, feroés, gaélico, kurdo), sin olvidar las más amplias (chino).

Fue empleado público en la Secretaría de Gobernación hacia la segunda mitad de la década de los treinta, oficinista y agente viajero de la compañía de neumáticos Goodrich-Euzkadi entre el final de los cuarenta y el inicio de los cincuenta, encargado de prensa de la Comisión del Papaloapan de 1955 a 1957 y asesor en distintos proyectos cinematográficos y editoriales. Rulfo fue tutor de las promociones de autores jóvenes (1964-1982) en el Centro Mexicano de Escritores, institución fundada por la escritora norteamericana Margaret Shedd. Sin embargo, su actividad más duradera tuvo lugar en el Departamento de Publicaciones del extinto Instituto Nacional Indigenista (1963-1985), donde impulsó la edición y traducción de numerosas monografías sobre las distintas etnias del país y la reedición de algunas obras clásicas de la antropología en México.

Desde la década de los treinta y hasta la de los sesenta ejerció también la actividad fotográfica, lo que le permitió legar un total de más de 6 mil negativos divididos temáticamente entre arquitectura, cine, danza, escenas urbanas, ferrocarriles, habitantes y paisajes de diversas regiones de México, además de retratos.

Durante su juventud Rulfo practicó de manera frecuente el excursionismo y el montañismo. De esa forma acumuló conocimiento de primera mano de múltiples zonas del país, reflejado principalmente en su fotografía. En *Cartas a Clara*, la correspondencia con su entonces novia (y esposa desde

1948) Clara Aparicio, se documentan éste y otros aspectos de la vida diaria de Rulfo en el lapso de 1941 a 1950. También contiene pasajes sobre la publicación de sus primeros textos y la evolución del joven escritor en su época formativa.

Rulfo escribió sus principales obras con el apoyo de dos becas (1952-1953 y 1953-1954) del Centro Mexicano de Escritores. En el primer caso, completó la segunda mitad de los cuentos de *El Llano en llamas* (la primera mitad apareció entre los años 1945 y 1951, principalmente en *América: Revista Antológica*, publicación del grupo de Marco Antonio Millán y Efrén Hernández, su gran amigo). En el segundo caso, el escritor concretó un proyecto que data al menos de 1947 y que tuvo títulos tan distintos como "Una estrella junto a la luna", "Los desiertos de la tierra" o "Los murmullos", y que finalmente se convertiría en la novela *Pedro Páramo*. Siete fragmentos de la novela fueron publicados a lo largo de 1954 en las revistas *Las Letras Patrias, Universidad de México* y *Dintel*.

La obra literaria de Juan Rulfo ha generado un sinnúmero de lecturas e interpretaciones, y desde el momento de su aparición se le asoció al nacionalismo –dadas sus temáticas rurales–, pero las técnicas narrativas que el escritor privilegió se encuentran en franca sintonía con las tendencias contemporáneas más innovadoras de la literatura mundial. Este mismo hecho ha provocado que se le vincule al norteamericano William Faulkner, aunque incluso los críticos anglosajones que han dedicado su atención a Rulfo se ven precisados a admitir su radicalidad en la utilización de diversos planos de narración, el perspectivismo y la alteración del orden cronológico o la franca renuncia a éste para relatar una historia. Sus cuentos de *El Llano en llamas* suscitaron una amplia adhesión, pues el escritor ofrecía una alternativa artísticamente compleja y exitosa al realismo comprometido que había dominado la escena literaria en México a partir de la década de los treinta y hasta bien entrada la siguiente. Su empleo del monólogo y la importancia del diálogo entre personajes contribuye a diluir el papel omnipotente del narrador (a menudo un mero trasunto del autor), característica de la literatura sumamente ideologizada que había prevalecido durante la etapa previa.

La aparición de la novela *Pedro Páramo* produjo una gran discusión en el ámbito literario mexicano, pues su estructura representaba un reto para el lector de mediados de la década de los cincuenta. Si bien hubo claros ejemplos de incomprensión e intentos de descalificar al autor y su obra, también obtuvo adhesiones entusiastas, y en el mediano plazo la novela comenzó a ser publicada en otros idiomas tan sólo tres años después de su primera edición, además de obtener el Premio Xavier Villaurrutia correspondiente a 1955. La primera novela de Rulfo inauguró la trayectoria de este galardón creado por el periodista Francisco Zendejas en 1957. Para 1963 ya habían aparecido las traducciones al alemán (1958), inglés (1959), francés (1959), italiano (1960), sueco (1960), danés (1961), noruego (1961) y holandés (1962); el eco de algunas reseñas escritas en varios de estos idiomas suscitó una renovación del discurso crítico desarrollado hasta entonces en el medio literario mexicano.

En 1980 se publicó *El gallo de oro*, texto escrito en la segunda mitad de los cincuenta que sirvió como germen del guión de la película homónima de Roberto Gavaldón (1964) y que después fue nuevamente llevado al cine por Arturo Ripstein bajo el título de *El imperio de la fortuna* (1986). La narración no comparte la complejidad estructural de los libros anteriores de Rulfo, pero ahonda en sus temas más cercanos, como la ambición, el poder y la soledad, y por lo menos en uno de sus pasajes muestra un uso literario de la sintaxis cinematográfica. La historia del gallero Dionisio Pinzón se concentra en su ascenso y caída y la reiteración de los ciclos de la miseria, una de las preocupaciones distintivas del autor.

En su faceta de estudioso de la historia mexicana, el mayor interés de Rulfo era la recuperación de la memoria social y la admisión de la trayectoria violenta de la sociedad mexicana que comenzó con la sangrienta conquista española en el siglo XVI. Estos temas están presentes a tal grado en las otras áreas de su actividad intelectual que en una entrevista con el periodista argentino Máximo Simpson llegó a comparar a su personaje Pedro Páramo con la figura del encomendero colonial. Este símil conduce la reflexión hacia la problemática actual de México y remite a los vínculos del escritor con contemporáneos suyos como Claudio Esteva Fabregat, con quien entabló amistad hacia los primeros años de la década de los cincuenta y cuyas áreas de interés son la antropología social, la historia de México y el psicoanálisis desde la perspectiva de Erich Fromm.

La obra de Juan Rulfo posee una dimensión histórica cuya perspectiva rebasa cualquier asomo de nacionalismo chauvinista y desautoriza etiquetas como la del llamado "realismo mágico", puesto que se sustenta en un conocimiento profundo de la idiosincrasia indígena (aun cuando en sus narraciones los indígenas sólo son personajes incidentales, como en *Pedro Páramo* o "El Llano en llamas") y explora los distintos conflictos relacionados con el ejercicio autoritario del poder, el ámbito de la marginalidad y la pobreza. Sin dejar de lado estas características, la obra de Rulfo es una creación estética compleja, y quien busque en ella el habla campesina y escenas pintorescas del ámbito rural hará bien en contrastar esa percepción de su narrativa con testimonios contundentes y entusiastas de su aportación a la literatura mundial debidos a Jorge Luis Borges y Susan Sontag o los premios Nobel Gabriel García Márquez, Günter Grass, Kenzaburo Oé, Gao Xingjian, J.M.G. Le Clézio y Mario Vargas Llosa. Puede afirmarse que ningún otro escritor mexicano ha alcanzado una aprobación de estas dimensiones. En la primera década del siglo XXI la novela *Pedro Páramo* fue la obra mexicana mejor situada (o la única) dentro de distintos recuentos y colecciones que aspiran a ofrecer un panorama diverso de la literatura en lengua española del siglo XX o de la literatura universal de todos los tiempos, como la iniciativa de la *Verdensbiblioteket* (Biblioteca del Mundo) de los Clubes Noruegos del Libro y el Instituto Nobel de Suecia, anunciada en 2002.

A menudo se compara la obra narrativa de Rulfo con su producción fotográfica de manera automática, a partir de una equivalencia artificial entre imagen y texto. Con ello se pierde de vista que, pese a su profunda vinculación con la realidad de México, los cuentos y las novelas de Rulfo son ficciones caracterizadas por la ausencia total del objetivo didáctico presente en la literatura decimonónica. Precisamente debido a ello, la obra de Rulfo es capaz de erguirse como literatura de excelencia en pie de igualdad con la tragedia griega, según propuso en su momento Gabriel García Márquez.

Otro rasgo en contra de comparaciones audaces son las características que hacen de la fotografía una expresión artística autónoma por méritos propios y, particularmente en Rulfo, una práctica relacionada de manera mucho más evidente con su vocación por la historia de México y por el conocimiento de su geografía, tanto física como humana (equivalente a la antropología y etnología actuales). Esto último es cada vez más evidente, dada la variedad de las selecciones de su obra fotográfica y la frecuencia con que se presentan en distintas ciudades del mundo. La comparación entre fotografía y narrativa en el caso de Rulfo suele perder de vista, también, que la literatura, en palabras del mismo escritor, es "una mentira que dice la verdad", según confió al periodista uruguayo Ernesto González Bermejo en una entrevista de finales de los setenta.

Rulfo murió el 7 de enero de 1986, en la ciudad de México. Llevan su nombre los premios para Primera Novela del Instituto Nacional de Bellas Artes y el de Cuento Preuniversitario de la Universidad Iberoamericana campus ciudad de México, además de la Cátedra Extraordinaria codirigida por la Fundación Juan Rulfo y el Instituto de Investigaciones Filológicas de la Universidad Nacional Autónoma de México.

4 Cronología de la obra y la vida de Juan Rulfo

VÍCTOR JIMÉNEZ

Nota de presentación

Esta cronología se ha propuesto ser una aproximación relativamente breve a la mayor parte de los hechos importantes relacionados con la obra y la vida de Juan Rulfo. El eje de la misma es el propio Rulfo, más que las circunstancias que lo rodearon (así como a su obra), lo que ha ayudado a la concisión. Pero, desde luego, cada dato aquí recogido ha sido verificado con el mayor cuidado. La información consultada proviene de la biografía de Alberto Vital, *Noticias sobre Juan Rulfo* y las referencias que ésta emplea, así como de otras publicaciones de los años recientes, mismas que se mencionan en la propia Cronología, por lo que quien desee profundizar en algunos aspectos puede remitirse con mucho provecho a estas publicaciones. Igualmente hay aquí datos que provienen de manera directa de documentos del archivo de Juan Rulfo que custodia hoy su familia. En no pocos casos se dan a conocer aquí por primera vez.

1908. Juan Nepomuceno Pérez Rulfo, padre de Juan Rulfo, inicia este año una correspondencia familiar que terminará el año de su muerte, 1923. Es de un gran valor para conocer las vicisitudes en que transcurrieron su vida y la de los suyos en este período, tan convulso. Su interés histórico y literario es extraordinario.

1912. Juan Nepomuceno escribe el 30 de diciembre a su padre, Severiano Pérez Jiménez: "ayer supe que María Vizcaíno está en un convento de Zapotlán; me mandó un recado, que ya mero se me salían las de San Pedro".

1914. Juan Nepomuceno Pérez Rulfo y María Vizcaíno Arias se casan en la iglesia de Apulco el 31 de enero.

1917. Como segundo hijo (después de Severiano Pérez Vizcaíno), nace Juan Rulfo en Sayula, Jalisco, el 16 de mayo. Fue inscrito en el Registro

Civil el 24 de mayo con el nombre completo de *Juan Nepomuceno Pérez Vizcaíno*. Será bautizado en la iglesia parroquial el 11 de junio, con los nombres de *Carlos Juan Nepomuceno*. La primera fotografía conocida del niño Juan Rulfo fue tomada posiblemente ese mismo año, a los pocos meses de nacido.

1922. Es inscrito en el Colegio de las Josefinas, dirigido por el cura Ireneo Monroy, de San Gabriel. En esta población transcurrieron sus primeros años de vida.

1923. Muere el padre de Juan Rulfo. Su abuelo, Severiano Pérez Jiménez, conservó su correspondencia bajo una carátula que reza así: "Cartas de mi hijo don Juan N. Pérez Rulfo, que fue asesinado el 2 de junio de 1923, al ir de la hacienda 'San Pedro', pasar por el Necastla, en terrenos del [ilegible] por Guadalupe Nava Palacios… Guadalajara, julio 10 de 1923".

1926. Como resultado del enfrentamiento entre el gobierno y el clero iniciado en esa época, en agosto se cierran las dependencias vinculadas al culto religioso en San Gabriel. El cura Monroy vive parcialmente oculto en la casa de Tiburcia Arias, abuela de Juan Rulfo, a donde trasladará su biblioteca. Rulfo dirá al respecto: "en su biblioteca había muchos más libros profanos que religiosos, los mismos que yo me senté a leer, las novelas de Alejandro Dumas, las de Víctor Hugo…" y "También muchos clásicos. Me los leí todos. Hubo uno que me causó mucha impresión: *Hambre*, de Knut Hamsun. Cuando lo leí me dije: *esto sí es literatura*".

1927. Juan Rulfo es internado en el Colegio Luis Silva, donde permanecerá hasta 1932. Regresaba a San Gabriel durante las vacaciones o cuando las circunstancias lo pedían. En este colegio los alumnos realizaban ejercicios consistentes en componer cuentos las tardes de los viernes. Ahí pudo Rulfo escribir por vez primera algunos textos ya en el territorio de la literatura.

Muere María Vizcaíno y es sepultada el 27 de noviembre en San Gabriel, mientras Juan y su hermano Severiano se encontraban en el Colegio Luis Silva, en Guadalajara.

1932. Juan Rulfo es inscrito por su abuela Tiburcia Arias, ferviente católica, en el Seminario Conciliar de Guadalajara a fines de noviembre, a los 15 años, con el deseo de que se convirtiera en sacerdote. Al parecer quisieron entusiasmarlo con la idea de que en algún momento pasaría por Roma. No se sabe mucho de lo que Rulfo habría hecho en el seminario, cuyas actividades eran clandestinas, en casas prestadas. Se sabe que entre sus maestros de métrica latina y literatura habría estado el cura Manuel de la Cueva, con quien mantuvo amistad a lo largo de los años y quien lo casó con Clara Aparicio en 1948.

En una carta a Clara del 26 de febrero de 1948, en el contexto de los preparativos de su boda con ella, le dice Rulfo que "de 1932 a 1942" había vivido en el Distrito Federal, a excepción de 1940. El paso por el seminario no habría sido decisión suya y por ello lo abandona al fallecer su abuela en 1934.

1933. Juan Rulfo, aún en el seminario, intenta inscribirse en la preparatoria de la Universidad de Guadalajara, pero ésta había entrado en huelga el 23 de octubre. Poco después el gobierno estatal clausura la mayoría de las dependencias universitarias, que se reabrirán el 24 de febrero siguiente.

1934. Fallece su abuela Tiburcia Arias y deja una suma de dinero y parte de las propiedades a Juan, mientras que designa a Severiano como encargado de la gestión de la heredad familiar. En Apulco su hermano mayor da instrucciones de proporcionar a Juan todas las velas que requiera para leer por las noches.

1935 y siguientes. Rulfo alterna estancias en Apulco, Guadalajara y la ciudad de México, donde frecuentará algunas cátedras en la Facultad de Filosofía y Letras de la UNAM con los hermanos Antonio y Alfonso Caso, el abogado y filósofo Eduardo García Máynez (en la biblioteca de Rulfo figura la primera versión que hizo García Máynez de la *Melodía del amor y la muerte del corneta Rilke* de Rainer Maria Rilke) y el intelectual y político Vicente Lombardo Toledano, además de incorporarse a los cursos y visitas de Justino Fernández dedicados a edificios coloniales y sitios arqueológicos de la capital y algunos estados cercanos a la misma.

1936 y siguientes. Rulfo ingresa como oficinista a la Secretaría de Gobernación, a la que renunciará en 1947, repartiendo su estancia entre la ciudad de México, Guadalajara y otras ciudades, además de viajar con frecuencia por la República, por lo que muestran sus fotografías de la época, las primeras de las que hay noticia. En Gobernación conoce a Efrén Hernández, Jorge Ferretis y, en cierto momento, a José Gorostiza. En esta época continúa asistiendo como oyente a la Facultad de Filosofía y Letras y hacia fines de esta década y principios de la siguiente hace sus primeros intentos en la narrativa.

1938-1940. En un álbum en el que Rulfo pegaba contactos de sus fotografías, así como en un "acordeón" para guardar los negativos de las mismas, anotó los temas de sus imágenes tomadas en estos años, únicos que ahí aparecen (las descripciones que siguen son casi en su totalidad de su puño y letra). Algunas de estas fotos se conservan, aunque no en los soportes mencionados. Estos dos objetos muestran a Juan Rulfo ya muy entregado al montañismo y al conocimiento de la República, con interés en la arquitectura y las ciudades.

En el álbum hay en primer lugar una dedicatoria a 14 volcanes con sus nombres en náhuatl, en forma de columna: "Este álbum... / está dedicado a: / La Matlacuéyatl, / La Iztaccíhuatl, / El Apetolanhuéhuetl, / El Xinantécatl, / El Xitlaltepec / y al / Telapón y Tlaloc, / Chichinautzin, / Acoconetla y Tarumba, / Ajusco, / Xitle, / Ocuila, Mezontépetl, / San Miguel Coloxtitla / y a todos los valles, pinos y rincones por donde anduvo de vago el matlacuache Rulfo".

Están aquí tomas de los volcanes Popocatépetl (Bordo del cráter, Ventorrillo, Muela del Diablo, el ascenso), Iztaccíhuatl (Pecho, Piedra Lisa), el Nevado de Toluca (lagunas, Tobogán, Púlpito, quizá donde se hizo un conocido autorretrato), el Nevado y el Volcán de Colima, además de parajes y localidades vecinas como Tlamacas, Amecameca, Ozumba, o bien Salazar (laguna y pastores) y Zempoala (laguna).

También hay tomas urbanas: de 1940 y en la ciudad de México, el monumento a Beethoven, un Pegaso de Bellas Artes, el edificio de Correos, la avenida Madero, Chapultepec (el bosque y un monumento) y los canales de Xochimilco.

En Jalisco hizo fotos del centro de Guadalajara (catedral, museo), Lagos (el río), Tapalpa, Tonaya, Zacoalco, Sayula, San Gabriel (desde lo alto de un cerro, con su autorretrato) y Apulco (panorámica en que destacan la hacienda de su madre y el templo erigido por su abuelo).

En otras regiones de la República Mexicana están, al norte, Durango (catedral), Saltillo (panorámica y catedral), Zacatecas (panorámica y convento de Guadalupe), Monterrey (plaza, catedral y Cerro de la Silla).

Del centro de la República aparecen Aguascalientes (catedral), San Luis Potosí (catedral), Tlaxcala (la capital, el mercado, la iglesia de San José y las poblaciones de Atlihuetzía, Acuitlapilco y Ahuazotepec), Huejotzingo (Puebla), la iglesia de Tepotzotlán (Estado de México) y la pirámide del Tepozteco (Morelos).

En el Bajío enlistó Irapuato, Guanajuato (panorámica, dos callejones y El Carmen) y León.

En el estado de Guerrero figuran Taxco y Acapulco.

En el Golfo, las playas del puerto de Veracruz (con las imágenes conocidas de troncos erosionados sobre la arena), así como de Tampico (panorama, plaza y calle principal, el mar). Hay en su acervo fotografías de Xalapa que podrían datar de estos años, aunque no figuran en el álbum ni en el "acordeón", y un caso similar puede ser el de Castillo de Teayo, a medio camino entre Xalapa y Tampico, así como las ruinas de Cempoala, entre Xalapa y el puerto de Veracruz, o la Pirámide de los Nichos del Tajín, al norte. En el mismo caso están numerosas fotografías de poblaciones que pueden corresponder a los años y viajes de Juan Rulfo de esta época, como Tepeyanco (Tlaxcala), Tepeaca (Puebla), Zihuatanejo y la cascada de Tulantongo (ambos en Guerrero). Algunas imágenes de Querétaro pueden ser contemporáneas, con el convento de San Agustín en la capital y la Peña de Bernal más el poblado a sus pies.

1941-1942. En esta etapa de su vida la amistad de Juan Rulfo con Efrén Hernández es ya tan sólida en lo literario que intercambian cartas sobre un proyecto de Rulfo de este tiempo: la novela *El hijo del desaliento*, que Rulfo descartó y de la que sobrevive sólo un fragmento titulado "Un pedazo de noche", que no se publicó sino en 1959.

1943 y siguientes. Rulfo permanecerá en Guadalajara viviendo en casa de su tía Lola, en la calle de Morelos. Un compañero suyo durante su paso por el seminario, Adalberto Navarro Sánchez, recordaba que ahí "tenía su biblioteca, cuyos libros estaban perfectamente ordenados, muy bien tratados, como si hubieran acabado de salir de la librería. Coleccionaba discos de música clásica. Muchas fotografías. En ese entonces llegaban revistas de Francia, de Inglaterra. Y también las monografías de la editorial *Phaidon*. A Rulfo le gustaba recortar las láminas y formar como una especie de álbum personal, lo cual, mirándolo ahora, tiene una honda significación. Su sensibilidad dirigía en esos momentos la sensibilidad del editor". Juan Rulfo tiene ya integrada una biblioteca bien cuidada en estos años, así como avanzadas las muy abundantes carpetas de recortes de páginas de revistas con reproducciones de pinturas, dibujos y fotografías. También podrían datar de estos años sus numerosas anotaciones iniciales con nombres y títulos de obras tanto de escritores como de compositores, que igualmente se conservan entre sus papeles.

1944. En Guadalajara, Juan Rulfo ve por primera vez a Clara Aparicio en un café y nevería, e inicia un cortejo que progresa poco a poco para convertirse en largo intercambio epistolar cuando él se encuentre provisional o definitivamente en la ciudad de México. Sólo se conservan las cartas de Rulfo, que han sido muy bien editadas y son una fuente de primera importancia para conocer buena parte de su vida en la ciudad de México a partir de 1947, cuando se instala ahí. La calidad literaria de esta correspondencia, además de su valor documental, ha sido reconocida por muchos lectores.

1945. Rulfo hizo algunos viajes a la ciudad de México, pero mantuvo su residencia en Guadalajara. Publicó así en la revista *Pan*, y en *América*, de la capital del país, sus primeros cuentos: en *América* por vez primera, con "La vida no es muy seria en sus cosas" (en junio, no recogido en *El Llano en llamas*), y siguen "Nos han dado la tierra" en *Pan* (donde debía pagar por publicar: aparece ahí en julio) y casi simultáneamente en *América* (agosto). "Macario" se publica asimismo en ambas revistas: en *Pan* en octubre.

Durante este tiempo Rulfo se encuentra cerca de su tío David Pérez Rulfo tanto en Jalisco como en la ciudad de México. David era charro y aficionado a las peleas de gallos, y el conocimiento de Juan Rulfo de este mundo, con otros juegos de azar y el ambiente de las ferias y músicos populares por medio de su tío estaría en el origen de la novela *El gallo de oro*, que comenzó a escribir en 1956. En esta estancia en Guadalajara Rulfo continuó con la práctica de la fotografía, con tomas vinculadas al montañismo y el excursionismo. Algunas que hizo del volcán Paricutín en actividad podrían datar de esta época, aunque el tamaño del negativo (de su nueva cámara) sugiere más bien una expulsión de cenizas de 1952.

1946. "Macario" aparece en *América* en junio. Escribe a Clara desde México diciendo que ha estado en una reunión en la que conoció a José Gorostiza, "el mejor poeta de México". En su biblioteca se conserva un ejemplar de la antología *Laurel* que lleva la firma autógrafa de Gorostiza al término de la parte dedicada a *Muerte sin fin*. En estos días de viajes entre Guadalajara y la ciudad de México Rulfo adquiere al menos dos títulos muy importantes para su propia producción literaria. Uno de ellos es la traducción de Arístides Gregori de *La muerte de Virgilio*, de Hermann Broch, aparecida en la editorial Peuser de Buenos Aires "en la segunda quincena de agosto de 1946" y que pudo llegar a sus manos a fines de este mismo año o principios del siguiente. Se trata de un libro que habría tenido una influencia importante en las ideas de Juan Rulfo rumbo a su novela *Pedro Páramo* y aun a los cuentos que publicará a partir de esta época. El otro libro es la edición bilingüe de las *Elegías de Duino*, de Rainer Maria Rilke, en traducción de Gonzalo Torrente Ballester y Metchild von Hesse Podewils, publicada en Madrid en este mismo año. Rulfo conoció al menos dos traducciones más de las *Elegías* y con ellas hizo una versión propia, además de existir algunas afinidades entre su propia obra y la de Rilke.

1947. A principios de este año Rulfo se instala en la ciudad de México como empleado de la empresa de neumáticos Goodrich-Euzkadi. El ambiente de la misma queda reflejado en la carta que envió a Clara "a fines de febrero de 1947", en la que se muestra como un consumado analista del mundo fabril del capitalismo de la época. En dos cartas más de este año, del 1 de junio y el 28 de agosto, Rulfo dice a Clara que se encuentra inmerso en un proyecto literario titulado provisionalmente "Una estrella junto a la luna", muestra del conocimiento que tiene en este momento de la cosmogonía del México antiguo y, asimismo, de su lectura reciente de *La muerte de Virgilio* de Broch. En sus cartas cuenta que se ha inscrito en un club de alpinismo y realiza ascensiones al Ajusco y al Popocatépetl, además de asistir a conciertos en el Palacio de Bellas Artes y a ver películas que comenta con Clara.

En la revista *América* número 54, del mes de agosto, aparece "Es que somos muy pobres", y así se lo dice a Clara en una carta del 25 de agosto. El resto del año, en su correspondencia, aparecen noticias sobre los preparativos de su boda con ella, e incluso una mención del dinero que recibió de Severiano por la venta del rancho que tenía en la zona de Tonaya como parte de la herencia de su abuela. Habla de inversión en un cine, o un automóvil que quizá explotaría como taxi. Igualmente pensaba en poner una librería.

1948. En el número 55 de *América*, del mes de febrero, aparece "La Cuesta de las Comadres", que había comentado a Clara y lo retoma en una carta del 28 de enero, en la que agrega que va a leer partes del mismo por radio. Los preparativos de la boda avanzan y ésta se celebra el 24 de abril en la iglesia de El Carmen de Guadalajara. Su viaje de bodas es al puerto de Veracruz y se conservan fotos suyas del mismo. A su regreso a México se habría realizado el cambio de área y Juan Rulfo está ya viajando por distintos lugares como agente de ventas. Padece el trato tiránico de un supervisor de apellido Lecumberri. Con todo, en una carta desde Teziutlán del 2 de septiembre dice a Clara que "quizá después de todo no resulte tan difícil este trabajo; es algo molesto, pero no difícil", lo que podría significar que está iniciando esta etapa, aunque difícilmente podría realizar fotografías, contra la creencia generalizada, y sin fundamento, de que en este tiempo habría hecho la mayoría de sus tomas. Si acaso algunas.

1949. El 29 de enero Claudia Berenice hace padres a Clara y Juan Rulfo. Los viajes de trabajo continúan y en sus cartas desde los lugares por los que pasa o desde México a Guadalajara, donde se queda Clara por temporadas, le comunica su preocupación por el tipo de trabajo que hace. El 28 de julio le comenta que habló con su tío Edmundo Phelan Rulfo, funcionario de la Goodrich, sobre la posibilidad de trabajar en la revista *Mapa*, editada por la empresa para promover el turismo por carretera (alguna vez habló Rulfo con el que esto escribe sobre un proyecto para utilizar sus fotografías de arquitectura en una "guía" que podría corresponder a esta revista o a *Mexico This Month*, donde, como en *Mapa* o la propia *Guía* de Goodrich, aparecieron imágenes suyas). También hizo numerosos textos breves con esta idea en mente.

En estas cartas es explícito sobre su deseo de dejar los viajes de ventas y quedarse en el departamento de publicidad. El 21 de agosto dice a Clara desde Tuxpan que no aguanta ese trabajo y desea renunciar. Retoma su decepción el 12 de octubre desde Xalapa. En este año inicia excursiones en los alrededores de la ciudad de México con Clara, Claudia aún muy pequeña y los matrimonios, amigos suyos, de Efrén Hernández y Beatriz Ponzanelli, o los españoles Elvira Gascón y Roberto Fernández Balbuena. En el número 59 de *América*, de noviembre, aparecen 11 fotografías de Juan Rulfo sin compañía de texto alguno. Muy posiblemente a finales de este año (o principios del siguiente) Rulfo adquiere el nuevo modelo de la cámara Rolleiflex, aparecido en estas fechas y que utilizará en adelante, ya de manera clara en 1952.

1950. En enero, en el número 62 de *América*, se publica "Talpa". Continúa viajando como vendedor y toma fotografías de sus paseos familiares y lugares cercanos al Distrito Federal. El 22 de octubre escribe una carta a Clara en la que le dice "De lo del ballet, dijo el músico Galindo que empezaría a escribir la música en noviembre y que calculaba terminarla en febrero". Habrá más noticias de esto el siguiente año. En otra carta, de 7 de noviembre, escribe a Clara: "He seguido saliendo los domingos a las excursiones de la fábrica. Lo único que hacemos es caminar por el cerro y sacar fotografías. De las fotos que faltaban para mandártelas, a los tipos se les extraviaron los negativos. Los están buscando, y en cuanto los encuentren te los mando". Posiblemente en este momento Rulfo tiene ya el nuevo modelo de la cámara Rolleiflex, o está próximo a adquirirlo, y existen, en efecto, muchas imágenes que corresponden a excursiones en las cercanías de la ciudad de México.

En una carta del 24 de noviembre dice a Clara, quien se encuentra en Guadalajara en espera de la llegada de su segundo hijo, que quiere llevar "el artículo del Castillo de Teayo a algún periódico; va ilustrado con 20 fotografías", y que espera que le paguen bien. Juan Francisco nace el 13 de diciembre, lo que celebra en una carta del 16 de este mes, última de las que dirige a Clara. Le anuncia que pronto irá a Guadalajara para reunirse con ella y sus –ahora– dos hijos. En el número 64 de *América*, de diciembre, se publica el cuento "El Llano en llamas". En ese mismo número Marco Antonio Millán dedica una nota a Juan Rulfo en la que adelanta algo sobre una iniciativa literaria importante del hasta entonces cuentista: "Ahora aspira a realizar una novela grande, con una compleja trama psicológica y un verdadero alarde de dominio de la forma a la usanza de los maestros norteamericanos contemporáneos. Mientras realiza tal empresa estará imprimiéndose en nuestros talleres un volumen que recoge, con algunos nuevos, los cuentos suyos publicados en estas páginas desde hace cuatro años".

1951. La rutina laboral de Rulfo continúa de la misma manera, ya con Clara y sus dos hijos en la ciudad de México. En el número 66 de la revista *América*, de agosto, aparece el cuento "¡Diles que no me maten!", último publicado en la misma. En la temporada de primavera de la Academia de la Danza Mexicana, del INBA, se presenta el ballet "La manda", inspirado libremente en el cuento "Talpa", con música de Blas Galindo, como ya decía a Clara por carta. La situación laboral de Rulfo es cada vez más agobiante, como escribió al responder el cuestionario que le presentó años después Máximo Simpson, lo que lo llevará a renunciar en diciembre de este 1951 a la Goodrich, a la que concebía ya como una perfecta expresión del moderno capitalismo esclavizador y que aún lo someterá a una última humillación en Navidad, cuando toma la decisión de salir de esa empresa. Mientras, a mediados de este mismo año, el Centro Mexicano de Escritores, de creación reciente, había lanzado su primera convocatoria, dirigida a jóvenes escritores (menores de 35 años) que desearan formarse y recibir una beca. Por otra parte, el proyecto de *América* de publicar los cuentos de Rulfo reunidos en un volumen quedaba pendiente y en 1951 Rulfo dará término a una etapa difícil de su vida laboral y creativa, para abrirse, paulatinamente, otra.

1952. Posiblemente como un arreglo con su tío Edmundo Phelan, y ya en ruta hacia su salida de la Goodrich, Rulfo aparece finalmente en enero en la revista *Mapa* como director de la misma y autor de textos y fotografías dedicados a Metztitlán y Castillo de Teayo (que es un texto por completo distinto del que se publicó en 2002 en *Letras e imágenes*), así como una presentación del contenido de ese número con fotos también suyas de otros lugares. Ya sabemos por Rulfo de sus fotos de Castillo de Teayo, que buscaba publicar tiempo atrás, pero hizo igualmente muchas tomas de sitios del Estado de Hidalgo también en los primeros años, como los conventos de Actopan y Atotonilco. Pero sus imágenes del convento y la pirámide de Tula, además del convento y el paisaje del camino a Metztitlán (estas últimas ilustran su texto en *Mapa*), fueron tomadas con su nueva cámara, no antes de 1950 o 1951, posiblemente con la idea planteada en 1949 a su tío de incorporarse a la revista. No hubo continuidad en esos planes después de enero y Rulfo pudo dedicar su tiempo, en los meses iniciales de este año, a otro proyecto en esta línea: tiene algunas tomas del volcán Paricutín con una erupción de cenizas, así como de las poblaciones cercanas: Angahuan y, un poco más lejos, Pátzcuaro y Janitzio. El tamaño grande de los negativos, más la clase de erupción (piroclástica) las ubican sólo en marzo de 1952, cuando el volcán pasaba por la última temporada explosiva, del tipo indicado y muy diferente de las de lava de 1943 y los cuatro años siguientes.

Rulfo mantenía su atención igualmente en las letras a la espera de la segunda convocatoria del Centro Mexicano de Escritores, cuya primera promoción había ingresado en 1951 e hizo a los escritores jóvenes aguardar con interés la oportunidad, anunciada a mediados del año. En este 1952 se encuentra instalado ya con Clara, Claudia y Juan Francisco en el departamento 1, planta baja, del pequeño edificio de departamentos de Tigris, donde habría escrito, como becario del Centro Mexicano de Escritores, al menos ocho de sus cuentos y la totalidad de *Pedro Páramo*. Ahí recibe un telegrama que le comunica lo siguiente: "MÉXICO, D. F. 3 SEP. / SR. JUAN RULFO. / TIGRIS 84. UNO. / COL. CUAUHTÉMOC D. F. / URGENTE / CENTRO MEXICANO DE ESCRITORES CONCÉDELE BECA 52-53 / RUÉGASELE PRESENTARSE HOY 16 HORAS. EN PUNTO. / FELIPE GARCÍA BERAZA." El Centro se regía por el calendario escolar tanto de los Estados Unidos como de la mayor parte de la República Mexicana (en el centro de México, en cambio, el año lectivo corría de febrero a noviembre con vacaciones en diciembre y enero). Rulfo, en septiembre de este año, estaba trabajando ya como becario bajo un convenio que le exigía una entrega casi total de su tiempo. Notas de prensa anunciaban el 4 de septiembre los nombres de los becarios: siete mexicanos y tres estadounidenses. El Centro se ubicaba en el 63 de la calle de Yucatán.

1953. Rulfo dirige el 15 de enero un informe a Margaret Shedd, directora del Centro, donde detalla sus avances, fundamentalmente del mes de diciembre, en que habría delineado la historia de un profesor ubicado en la Sierra Juárez, Oaxaca, en un pueblo llamado "Loobina". La Sierra Juárez, sin embargo, es boscosa, nubosa y húmeda, contra lo que se entendería por el cuento. A Rulfo le habría interesado más el nombre y su posible significado ("raíz de la miseria", comentó después) que la realidad geográfica, pues el paisaje del cuento es prácticamente el de la árida Mixteca Alta, no muy alejada de la Sierra Juárez y que Rulfo recorrió con su cámara (tiene fotos de Yanhuitlán). En los meses de su beca terminó los ocho cuentos que, con los siete ya publicados, aparecieron originalmente en el volumen *El Llano en llamas*. En algún momento de finales de 1952 o de los primeros meses de 1953 el editor, el Fondo de Cultura Económica, pudo acercarse a él con una propuesta económica más importante que la que podría hacerle *América*. La primera edición del libro se termina de imprimir el 18 de septiembre (en la camisa lleva un dibujo de Elvira Gascón, de quien ya se ha hecho mención). En estas favorables circunstancias Rulfo no habría tenido dificultad para conseguir su segunda beca del Centro, y en un informe sin fecha sobre sus avances en la redacción de la novela que escribe, ahora con el título de *Los desiertos de la tierra*, se refiere al período del 15 de agosto al 15 de septiembre: la primera fecha sería la del inicio de las actividades del Centro. El 1 de noviembre una primera reseña de *El Llano en llamas*, de Gabriel Fontana, saluda los cuentos de Rulfo con entusiasmo, aunque ubicándolos en el mundo "indígena". Pero José Mancisidor, el 15 del mismo mes, va más lejos: "su *Llano en llamas* es una de esas pequeñas grandes obras que queda, para siempre, como un jalón en la literatura de un país. Una joya, un hallazgo...", para terminar rechazando el ámbito jalisciense como único marco del libro, ya que se ubicarían en lo universal. Edmundo Valadés, el 29 de noviembre, titula su reseña "El libro de Juan Rulfo quema las manos". En su informe sin fecha Rulfo anticipaba que los fragmentos de su novela que lleva adelantados "no guardan un orden evolutivo" y "no siguen un orden determinado", refiriéndose a la no linealidad cronológica que distingue a *Pedro Páramo*. En otro informe, de 1 de noviembre, Rulfo actualiza sus avances, que ya ha presentado en las sesiones ante los otros becarios y sus asesores, y precisa que los personajes principales se llaman definitivamente Susana San Juan y Pedro Páramo. Del 16 al 23 de noviembre está en Guatemala.

1954. El número 1 (enero-marzo) de la revista *Las Letras Patrias*, del Departamento de Literatura del Instituto Nacional de Bellas Artes, publica bajo el título de "Un cuento" dos fragmentos (1, 2) de la que, en una nota al pie, se presenta como la novela en preparación *Una estrella junto a la luna*, de Juan Rulfo. En junio, en el número 10, vol. VIII de la revista *Universidad de México*, de la UNAM, se publican dos secuencias intermedias (41, 42) del que se identifica ahora como "Fragmento de la novela *Los murmullos*". Finalmente, en la revista privada *Dintel*, número 6, de septiembre, aparecen los tres últimos fragmentos (67, 68, 69) de lo que aquí se titula "Comala", y se informa en nota al final que es un "Fragmento de la novela en preparación titulada *Los Murmullos*". Rulfo escribió en 1985 que había entregado el mecanuscrito original de *Pedro Páramo* al Fondo de Cultura Económica en septiembre. Con el anticipo por sus derechos de autor habría cubierto en los siguientes días los gastos de un viaje que hizo, con Clara y sus dos hijos, al puerto de Veracruz, ese mismo mes, del que se conservan fotografías tanto familiares como de la playa y el mar. Habría sido éste, para Juan Rulfo, uno de los momentos más plenos de su vida. Clara, Claudia y Juan Francisco recuerdan que sólo acostumbraban viajar en las vacaciones de fines de año, no en septiembre (cuando, por cierto, había también un corto período vacacional escolar). A partir de octubre se habría dedicado Rulfo a buscar una nueva fuente de ingresos. En algún momento de este mismo 1954 Rulfo fue invitado a la zona de Amecameca para tomar fotografías de la compañía de danza de Magda Montoya en un campo de labranza.

El 12 de diciembre Alfonso Reyes anticipa la aparición de la novela de Juan Rulfo cuyo título (provisional, agrega) es *Los murmullos*, e identifica las influencias que se pueden rastrear en ella: "veintitantos siglos de literatura".

1955. En febrero firma un convenio para trabajar en la Comisión del Papaloapan, y durante una parte importante de este año y el siguiente viajará a Oaxaca y Veracruz para desarrollar diversas actividades en los campos de la antropología, la edición, la fotografía y una política de conservación ambiental.

Pedro Páramo termina de imprimirse el 19 de marzo, con tres viñetas de Ricardo Martínez: una en la camisa, otra en la página inicial precediendo al íncipit, con la última en la página final y destinada a convertirse en emblemática de la obra de Rulfo: dos perros ladrando. El 30 de este mismo marzo Edmundo Valadés firma la primera reseña del libro, que inicia con las palabras "Desconcertante, lista a inquietar a la crítica...". La recepción de esta novela es tema ya de estudios muy completos, a los que nos remitimos: fundamentalmente los de Alberto Vital (1994) y Jorge Zepeda (2005).

El 18 de abril nace Juan Pablo, el tercer hijo del matrimonio de Clara y Juan.

Como parte de su trabajo en la Comisión del Papaloapan, y en el marco de la antropología, redacta varias versiones de una monografía sobre los mixes, así como, en el campo editorial, adelanta el índice de una revista que no se llegó a imprimir. En su calidad de fotógrafo realiza numerosas tomas tanto de los pobladores de la región como de algunos parajes que muestran los resultados del sistema agrícola conocido como "tumba, roza y quema". Éste era uno de los temas centrales de preocupación en el terreno ambiental para la Comisión del Papaloapan: en dos manuscritos de Rulfo y un mecanuscrito que recoge puntos de vista comunes o institucionales, todos conservados en su archivo, se hace referencia explícita a este sistema y sus consecuencias negativas en todos los órdenes. El desplazamiento de los pobladores originarios de México durante la Colonia desde las tierras agrícolas bajas hacia las montañas que carecían de estos suelos produjo una agricultura muy pobre en rendimiento, pero de efectos muy nocivos en lo ecológico, ya que destruye (pues se sigue practicando) flora, fauna y suelo y genera desertificación por el arrastre del suelo y el azolvamiento de las corrientes de agua, que provocan a su vez inundaciones, para no mencionar la contaminación del aire en la época de la quema, que frecuentemente se sale del control de los agricultores incendiando hectáreas de bosque no previstas. Y esto era ya motivo de preocupación en el grupo de trabajo de Rulfo no pocas décadas antes de la ecología convertida en tema de actualidad. Hay fotos de Rulfo mostrando la devastación después de la tumba y la quema del bosque, con troncos esparcidos sobre las laderas, así como la práctica agrícola posterior en esas mismas tierras en pendiente, que dejan de ser productivas luego de una cosecha o dos. La Comisión estudiaba cómo introducir nuevas prácticas agrícolas no destructivas de bosques y suelos, pero todo cambiaría a la muerte de Raúl Sandoval, su Vocal Ejecutivo, el 13 de noviembre de 1956. Rulfo abandona poco después la Comisión.

El escritor no se apartaba de la creación literaria en estos mismos años: en el número V, volumen 1 de la revista *Cuadernos Médicos*, correspondiente a marzo, aparece "La herencia de Matilde Arcángel", y después, de nuevo en *Metáfora*, número 4, de septiembre-octubre, aquí con el título de "La presencia de Matilde Arcángel". El 14 de agosto, en el suplemento *México en la Cultura*, publica "El día del derrumbe", que reaparece en el *Anuario del Cuento Mexicano 1955* del INBA, correspondiente a este año y aparecido el siguiente. También hay aproximaciones del mundo del cine hacia Rulfo: en la primera parte del año para filmar el cuento "Talpa", que dio como resultado una película poco afortunada, así como declaraciones de Emilio Fernández sobre un Juan Rulfo que está escribiendo una historia que se llamaría *Tenacatita* para ser llevada a la pantalla (y que terminará siendo la película *Paloma herida*, de 1961). En la última parte del año recibe la invitación de Roberto Gavaldón para presentarse durante seis semanas, entre noviembre y diciembre, en Tlaxcala, como asesor de verosimilitud histórica en la filmación de *La Escondida*. En estas semanas hace numerosas fotografías del rodaje y de lugares cercanos a los escenarios, básicamente la hacienda de Soltepec, la ciudad de Tlaxcala y la estación ferroviaria de Acocotla. A finales de año Rulfo habla, ya en la ciudad de México, de unos primeros acercamientos para la filmación de *Pedro Páramo*.

1956. Mientras continúa en la Comisión del Papaloapan la mayor parte de este año, la recepción crítica de su primera novela ocupa importantes espacios en los medios y se habla por primera vez, en el contexto del cine, de la nueva novela que se encuentra escribiendo: *El gallo de oro*, aunque la prensa la identifica como argumento para cine. Rulfo, que sabe que la quieren adaptar con este objetivo y le pagarán los derechos correspondientes, la identificará siempre como *novela* o *relato*. Hemos dicho aquí que David, el tío de Rulfo, era charro y gallero; de esta relación, muy cercana en una época, vendría el conocimiento por parte de Rulfo del mundo de las peleas de gallos, los juegos de cartas y la música popular, aunque en el tratamiento de la obra la reflexión sobre el destino humano es fundamental. En la primera mitad de este año, y de nuevo por invitación de Roberto Gavaldón, acompaña la filmación de una película encargada al director, en este caso el documental *Terminal del Valle de México*. Rulfo recorre tanto la zona de los viejos patios de ferrocarril de carga de Nonoalco-Tlatelolco como de la nueva terminal de Tlalnepantla.

1957-1958. La recepción de la obra literaria de Rulfo, y particularmente la de *Pedro Páramo*, se vuelve un fenómeno singular en la historia de las letras mexicanas.

Francisco Zendejas anuncia el 2 de abril de 1957: "Ya circulan las invitaciones de la *Sociedad de Amigos de Xavier Villaurrutia* para la entrega del *Premio XV* [Xavier Villaurrutia] correspondiente a 1955. El receptor: *Juan Rulfo*, por su novela *Pedro Páramo*, editada ese año".

Se publica la primera traducción de *Pedro Páramo* (en versión de Mariana Frenk) al alemán en 1958. En estos dos años Rulfo continúa con la escritura de *El gallo de oro*, pese a su brevedad. Mientras tanto su nombre suena más a menudo en el ámbito del cine.

1959. El 7 de enero registra Rulfo el texto definitivo de *El gallo de oro* en una oficina de trámites cinematográficos –pues tiene ya la novela contratada para estos efectos–, lo que podría explicar que pasara tanto tiempo para publicarla (será en 1980). Anexa al mismo una "Sinopsis" de la historia. Otra incursión de Rulfo en el cine se da este año: la filmación de "El despojo" en Cardonal, Hidalgo, en esa zona del Mezquital que conocía de la época en que tomó fotos ahí y escribió el texto "Metztitlán, lugar junto a la luna", aparecido en *Mapa* en 1952. El director de la cinta fue Antonio Reynoso, y según el testimonio de Jesús Sánchez Uribe a decir del mismo Reynoso Rulfo fue codirector aquí, además de definir la historia a partir de "An Occurrence at Owl Creek Bridge", relato de Ambrose Bierce. Este año aparecen las traducciones de *Pedro Páramo* –al francés y al inglés– iniciadas en las mismas fechas que la versión alemana, como la edición de esta misma dice en una de sus solapas. Selden Rodman, en *The New York Times Book Review*, elogia la novela. En septiembre se publica, en el número 3 (nueva época) de la *Revista Mexicana de Literatura*, el texto "Un pedazo de noche", anunciado como "fragmento". Al final del mismo aparece: "Enero, 1940".

1960. Rulfo busca trabajo en Guadalajara y establecerse allá, adonde se trasladó a principios de este año, solo. Su familia lo alcanzará en las vacaciones de fin del año escolar, en julio. El 25 de marzo inaugura en la Casa de la Cultura de la capital de Jalisco su primera exposición fotográfica, de la que se conservan 23 impresiones en formato de exposición. Este año aparecen las traducciones de *Pedro Páramo* al sueco y al italiano. Se publica "Luvina" en alemán, en el suplemento literario de una revista suiza de esta lengua, *Du*. José María Arguedas publica en el diario peruano *El Comercio*, el 8 de mayo, un valioso texto sobre los (entonces) dos libros de Juan Rulfo, y anticipa que con ellos América Latina no será ya únicamente receptora de influencias literarias, sino que habrá de influir en otros continentes.

1961. Instalado en Jalisco lo busca Carlos Velo, quien planea una adaptación cinematográfica de *Pedro Páramo*, que pretendía rodar en el sur del estado y Colima. A finales de este año se desplazan por la región visitando Tapalpa, Comala y otras poblaciones, así como la playa de Tenacatita. Rulfo hace tomas fotográficas, pero casi ninguna puede relacionarse con su novela. En Guadalajara inicia un proyecto editorial con obras importantes para la historia local. Se publicará meses después sólo el primer título considerado, con prólogo suyo, que contiene documentos de un historiador decimonónico sobre Nuño de Guzmán. Este año comienzan a circular las traducciones de *Pedro Páramo* al noruego y al danés.

1962. Rulfo y su familia regresan al Distrito Federal y el escritor comienza a colaborar en el Departamento de Publicaciones del Instituto Nacional Indigenista. En Guadalajara, en septiembre, aparece el libro, con selección de documentos y prólogo de Juan Rulfo, de José Fernando Ramírez, titulado para esta ocasión *Noticias históricas de la vida y hechos de Nuño de Guzmán*. Se publica la traducción de *Pedro Páramo* al holandés.

1963 y siguientes. La recepción de la obra de Rulfo continúa siendo muy importante, mientras él comienza a viajar como invitado a reuniones de escritores o a impartir conferencias. En estos años se consolida su trabajo como editor de los libros de la serie Antropología Social del Instituto Nacional Indigenista. Este instituto le proporciona un ambiente tranquilo de trabajo al convivir con antropólogos que le permiten retomar temas sobre los que estuvo interesado desde tiempo atrás.

Su prestigio como autor literario es ya muy grande si se piensa en que sus dos títulos eran aún muy recientes. Propone textos de otros autores para publicarse en la revista *El Cuento*, de su amigo Edmundo Valadés. Su relación con la vida literaria no es muy estrecha.

De finales de 1963 a finales de 1964 se publican algunas fotografías suyas en la revista *Sucesos para Todos*, donde su amigo Raúl Prieto tenía un cargo.

El 24 de enero de 1964 nace Juan Carlos, el cuarto hijo del matrimonio Rulfo-Aparicio.

En 1964 encuentra a Rubén Gámez en una oficina cinematográfica y de aquí resulta su colaboración, con un innovador poema leído por Jaime Sabines, en la cinta experimental "La fórmula secreta", que se estrenará y recibirá un premio en 1965. Rubén Gámez insistió en pagar a Rulfo por su colaboración, lo que consiguió sólo en parte ante la negativa de Rulfo de recibir algo a cambio.

La película dirigida por Roberto Gavaldón a partir de la adaptación de la novela *El gallo de oro* se estrena en 1964, con un éxito inferior al buscado.

Hugo Rodríguez-Alcalá publica en 1965 *El arte de Juan Rulfo: historias de vivos y difuntos*, primer libro dedicado por completo a la obra del autor mexicano.

En enero de 1965, en Génova, Italia, se realiza un congreso de escritores que divide a los latinoamericanistas de los que se alineaban con Estados Unidos, país que intentó con cierto éxito desestabilizar la organización naciente, a la cual veía como antagónica a sus intereses en la región. João Guimarães Rosa tuvo ahí una participación importante y

Rulfo se involucraría en la realización de la reunión que tuvo lugar en México en marzo de 1967, con la idea de consolidar una Comunidad de Escritores Latinoamericanos. Entre las sesiones celebradas en el Distrito Federal, Guanajuato y Guadalajara, Rulfo aprovechó para viajar por tierra en compañía del escritor brasileño que tanto admiraba y quien habría de fallecer a fines del mismo 1967. En 1963 aparece *El Llano en llamas* en italiano y en 1964 en alemán. En 1966 se publica *Pedro Páramo* en serbocroata, húngaro y polaco. *El Llano en llamas* lo hace el mismo 1966 en francés, así como en 1967 en inglés. En ese mismo año Rulfo contrata un préstamo para adquirir el departamento en condominio de la calle de Felipe Villanueva, a una corta distancia de las oficinas del INI. En estos años se habría incorporado como asesor de becarios del Centro Mexicano de Escritores.

1968. Cuando se inicia el Movimiento Estudiantil de este año en México, Rulfo acostumbraba conversar, como tantos residentes en la capital, sobre el rumbo que tomaban las cosas. El control absoluto sobre la prensa y todos los demás medios hacía que no hubiese otra forma de informarse bien. La impopularidad del presidente Díaz Ordaz alcanzaba niveles muy altos y Rulfo participó en algunas marchas. Cierta vez apareció en la prensa una foto, tomada en Paseo de la Reforma, en la que Rulfo sostiene una manta con una leyenda de protesta. Igualmente acudía con familiares a los festivales de los domingos que organizaba el Comité Nacional de Huelga en Ciudad Universitaria, donde tocaban grupos musicales, se escuchaban lecturas de poesía y se organizaban actividades como la pintura de un mural colectivo sobre las láminas de un prisma que cercaba la estatua de Miguel Alemán levantada a un costado de la Rectoría. Ese mural se concluyó el domingo 18 de agosto y una fotografía tomada por Clara Rulfo muestra a Rulfo en primer plano, relajadamente sentado en el césped, mientras a su izquierda se ve, también sobre el suelo y con ambas piernas recogidas, a Agustín Aparicio, hermano de Clara. De pie, en un ángulo del prisma de lámina, se encuentra Juan Francisco Rulfo, quien tuvo que sortear una persecución policiaca durante los días de la represión del Movimiento Estudiantil. El último relato de Rulfo que se puede fechar, precisamente porque tal acontecimiento aparece ahí, se titula "El descubridor". Fue publicado por vez primera en *Los cuadernos de Juan Rulfo* (1994) y está, a partir de 2017, en *El gallo de oro y otros relatos*. Rubén Gámez compra un predio rural en Chimalhuacán Chalco, donde tenía planes para retribuir a Juan Rulfo por su participación en el mediometraje "La fórmula secreta".

1969 y siguientes. Rulfo mantiene sus actividades en el Departamento de Publicaciones del INI. En 1970 recibe el Premio Nacional de Literatura y con la suma de que viene dotado termina de pagar su departamento de Felipe Villanueva.

En 1969 aparece *Pedro Páramo* en portugués de Brasil y en 1970 en eslovaco. En 1970 se publican *El Llano en llamas* y *Pedro Páramo* en esloveno, en un solo volumen. En 1970 igualmente se editan ambos títulos en rumano, así como, de nuevo, las dos obras en un volumen en ruso. En el mismo 1970 aparece *Pedro Páramo* en hebreo e igualmente en turco. En 1971 se publica en polaco *El Llano en llamas*. En 1976 *Pedro Páramo* aparece en búlgaro y una nueva traducción al italiano de esta novela lo hace en 1977, año en que también se imprimen *El Llano en llamas* y *Pedro Páramo* en portugués de Brasil, como ocurre con las dos obras el año siguiente (1978) en holandés.

En 1969 Rulfo compra un automóvil y se traslada a partir de entonces al terreno de Gámez en Chimalhuacán Chalco, que el cineasta le había propuesto compartir a mitades, sin costo para el escritor. Rulfo pensará entonces en reparar una casa de adobe existente en un ángulo de su parte de la huerta. Recibe en estos años ingresos importantes por la edición de su obra en español y otras lenguas, y a principios de 1972 conversa sobre este predio y la casa de adobe con quien esto escribe para encargarle el arreglo de ésta. Ya en el sitio, al mencionar este arquitecto que la parte donde Gámez construye su propia casa es muy buena, el director de cine decide ofrecérsela en venta a Rulfo, quien reúne el dinero para quedar como propietario único tanto del terreno como de los cimientos ya realizados por Gámez.

En marzo de 1973 queda concluida ahí la casa de campo de Juan Rulfo. Ese mismo año llega Jorge Luis Borges a México y pide que lo lleven a conversar con Juan Rulfo. Ahí comenta al mexicano: "Mi abuelo, el general, decía que no se llamaba Borges, que su nombre verdadero era otro, secreto. Sospecho que se llamaba Pedro Páramo. Yo entonces soy una reedición de lo que usted escribió sobre los de Comala".

1974 y siguientes. En 1974 Rulfo viaja a Brasil y en una reunión con funcionarios de aquel país, según recogió Jorge Ruedas de la Serna, agregado cultural de México (quien dijo también que Rulfo "conversaba con toda la gente y entendía el portugués a la perfección") pudo hablar ante el Ministro de Educación con excelente conocimiento de la literatura brasileña, incluida la más reciente, lo que causó un gran asombro.

En 1977 es entrevistado por Joaquín Soler Serrano para su serie televisiva "A Fondo", y el programa resultante sigue siendo una referencia todavía hoy.

En 1979 *Pedro Páramo* aparece en estonio, japonés y lituano.

También en 1979 recibe la Condecoración Manuel Miranda del gobierno de Venezuela y el premio Jalisco.

1980 y siguientes. El 30 de septiembre de 1980 se celebra en el Palacio de Bellas Artes, en su honor, el Homenaje Nacional que el gobierno organizaba para honrar a los notables de la cultura del país. Se inaugura también la exposición fotográfica *El mundo de Juan Rulfo*, algunas de cuyas imágenes coinciden con las impresas en el libro *Homenaje nacional*, aparecido también entonces. En este contexto Gabriel García Márquez publica el artículo "Breves nostalgias sobre Juan Rulfo" en la revista *Proceso* del 29 de septiembre de 1980. La exposición fotográfica se presentará después en diversos países, con impresiones de mejor calidad, como en Berlín en 1982, cuando Rulfo fue reconocido como el escritor de mayor relieve entre todos los latinoamericanos que estuvieron entonces en esa ciudad con motivo del festival cultural Horizonte '82. Günter Grass lo hizo ahí objeto de un homenaje personal de gran significado. El libro publicado en 1980 por el INBA tuvo una secuela en el llamado *Inframundo* (versiones en inglés y español, con fotografías similares), de 1983.

En 1980 aparece *El gallo de oro* en México, y en 1981 lo hará en Uruguay. Esta última es una edición muy cuidadosa y cuenta con un prólogo de gran importancia firmado por Heber Raviolo, que se incluye en esta *Guía crítica* por conservar su vigencia y haber sido poco conocido en su tiempo.

El Llano en llamas y *Pedro Páramo* aparecen también en 1980, en un solo volumen, en el idioma chino de caracteres simplificados de la República Popular China. En este mismo año *Pedro Páramo* se publica en portugués de Portugal. En 1981 *El Llano en llamas* se edita en Noruega y en Grecia, así como, en 1982, en Bulgaria, y en este último año aparece *El gallo de oro* en italiano. Igualmente en 1982 *El Llano en llamas* se imprime en Turquía. En 1983 *Pedro Páramo* se lanza en árabe en Siria; *El Llano en llamas* y *Pedro Páramo*, en un solo volumen, se traducen al checo.

1984. *El gallo de oro* se publica en alemán, en traducción de Mariana Frenk, y *Pedro Páramo* es editado en persa. *El Llano en llamas* aparece en sueco. Igualmente (año probable) el libro de cuentos lo hace en ucraniano, con *Pedro Páramo* en el mismo volumen.

1985. Rulfo asiste a la Feria del Libro de Buenos Aires, donde coincide con Susan Sontag, autora de *On Photography*. Ella expresa al mexicano su admiración y le ofrece gestionar otra traducción al inglés de *Pedro Páramo*, que aparece en 1992 con un elogioso prólogo suyo. Sontag concede ahí una entrevista a César Orué Paredes, donde le dice que Rulfo es el mejor fotógrafo que ha conocido en Latinoamérica.

Jorge Luis Borges incluye *Pedro Páramo* en su colección Biblioteca Personal Jorge Luis Borges, con un prólogo suyo que enfatiza el valor universal de la obra de Juan Rulfo. *Pedro Páramo* aparece en islandés.

1986. Juan Rulfo fallece en la ciudad de México el 7 de enero. La reacción ante la noticia, tanto en México como en el extranjero, es muy importante y genera gran cantidad de declaraciones en los medios, así como artículos firmados por escritores, críticos literarios, académicos y reporteros culturales.

1987 y siguientes. La posteridad de Rulfo ha demostrado ser duradera, sin pasar por el momento de reflujo que otros autores han experimentado. Las ediciones se suceden sin pausa tanto en español como en otras lenguas. *Pedro Páramo* se publica en malayalam en 1987, *El Llano en llamas* en danés en 1988, así como en italiano (segunda versión) y japonés en 1990. En 1991 aparece *Pedro Páramo* en árabe (Irak) y finlandés. En 1992 lo hace la segunda versión de la novela en japonés. En 1993 se publica *El gallo de oro* en francés.

1994 y siguientes. En 1994 se edita en México *Los cuadernos de Juan Rulfo*, con diversos textos inéditos del autor, y en el Museo de Arquitectura del Palacio de Bellas Artes se inaugura la exposición *Arquitectura de México. Fotografías de Juan Rulfo*, que se presenta poco después en el Hospicio Cabañas de Guadalajara. También en 1994 aparece *El arriero en el Danubio*, de Alberto Vital, sobre la recepción de la obra de Rulfo en el ámbito de la lengua alemana. En 1996 la familia de Juan Rulfo crea la Fundación Juan Rulfo y se inaugura la exposición *La ciudad de Juan Rulfo* en el Museo Mural Diego Rivera. En ese mismo año aparece *Pedro Páramo* en griego. En 1997 se reúnen en un solo volumen, en holandés, *El Llano en llamas*, *Pedro Páramo* y *El gallo de oro*. En 1998 se publican la segunda versión al danés de *Pedro Páramo* y *El Llano en llamas* en finlandés. En 1999 se editan *El Llano en llamas* en croata y *El gallo de oro* en portugués de Brasil.

2000 y siguientes. En el año 2000 aparece *Aire de las colinas. Cartas a Clara*, con la correspondencia dirigida por Juan Rulfo desde octubre de 1944 hasta diciembre de 1950 a su novia y después esposa Clara Aparicio.

En el mismo año aparecen *Pedro Páramo* en euskera y *El Llano en llamas* en eslovaco. En 2001 se publica una nueva traducción de *El Llano en llamas* al francés y esta misma obra aparece en árabe (Egipto) en 2002.

En 2001 se presentan, inicialmente en Barcelona, la exposición y el libro que comparten el título *México: Juan Rulfo fotógrafo*. La muestra pasará después, a lo largo de unos diez años, por la ciudad de México, Guadalajara, São Paulo, Rio de Janeiro, Brasilia, Porto Alegre, Madrid, Valencia, París, Toulouse, Milán, Atenas, Rabat (con otras ciudades marroquíes) y Bogotá. El libro se editó en inglés, alemán, italiano y francés.

En 2002 aparece *Letras e imágenes*, en español y español-inglés, con fotografías y textos inéditos de Juan Rulfo relacionados con la arquitectura, entre ellos "Castillo de Teayo".

En 2003 *Pedro Páramo* se edita en coreano, hebreo (nueva versión) y tailandés, e igualmente aparece *El Llano en llamas* en portugués de Portugal. También este último año se da a conocer *Aire de las colinas. Cartas a Clara* en alemán. En 2004 se publica una nueva traducción de *Pedro Páramo* al noruego, así como, en nueva versión y en un mismo volumen, *Pedro Páramo* y *El Llano en llamas* en portugués de Brasil. También en este mismo año aparecen *El Llano en llamas* y *Pedro Páramo* en un solo volumen en Bulgaria, así como nuevas traducciones de *Pedro Páramo* al portugués de Portugal y al italiano. En 2005 hay nuevas versiones de *Pedro Páramo* al francés y al lituano, así como una primera edición de *El gallo de oro* en portugués de Portugal.

En 2004 aparece la primera edición de *Noticias sobre Juan Rulfo*, de Alberto Vital, la única biografía de Juan Rulfo basada en documentos y testimonios verificables.

En 2005 se publica *La recepción inicial de* Pedro Páramo, de Jorge Zepeda, revisión exhaustiva de la casi primera década de respuesta crítica a la primera novela de Rulfo.

Aparece el libro de fotografía de pequeño formato *Juan Rulfo: fotógrafo*, en la colección Círculo de Arte, con selección a cargo de Andrew Dempsey.

En 2006 se edita *Tríptico para Juan Rulfo: poesía, fotografía, crítica*, colección de ensayos coordinada por Víctor Jiménez, Alberto Vital y Jorge Zepeda. Aquí se publica por vez primera la versión realizada por Rulfo de las *Elegías de Duino* de Rilke y se da a conocer su primera exposición fotográfica, de 1960, en Guadalajara.

2007 y siguientes. En 2007 aparece *Pedro Páramo* en chino (nueva edición), en griego (nueva traducción), en letón y en malayalam (nuevas traducciones). En 2008 se publica esta novela en gaélico y en una nueva traducción al alemán.

El último año citado se publica *Retales*, compilación de los textos reunidos por Rulfo en la columna de tal título de la revista *El Cuento*.

En 2009 aparece el libro de fotografías titulado *Oaxaca*, con selección de imágenes (en colaboración con Francisco Toledo) y texto de Andrew Dempsey.

En 2010 se publica *Nuevos indicios sobre Juan Rulfo: genealogía, estudios, testimonios*, coordinado por Jorge Zepeda, con algunos documentos históricos y lexicográficos transcritos por Juan Rulfo, entre otros textos.

En 2010 igualmente aparece la primera edición de *Juan Rulfo: otras miradas*, con una visión lo más completa posible, en términos generales, sobre la recepción de la obra de Juan Rulfo fuera de México; una segunda edición se publicó en 2011.

El mismo 2010 aparece la primera edición (la segunda es de 2013) de *100 fotografías de Juan Rulfo*, con textos y selección de Andrew Dempsey y Daniele De Luigi. Hay versiones en inglés y portugués.

También en 2010 se publica la versión definitiva de la segunda novela de Juan Rulfo, *El gallo de oro*, acompañada de una "Sinopsis" del mismo Rulfo y de dos textos analíticos, de José Carlos González Boixo y Douglas J. Weatherford.

En 2010 *Pedro Páramo* se publica en feroés y *El Llano en llamas* en chino. Una nueva traducción al griego de *El Llano en llamas* se edita en 2011, así como en hebreo, y *Pedro Páramo* aparece en árabe (Marruecos).

En 2011 se publica *Textos sobre José Guadalupe de Anda, Rafael F. Muñoz y Mariano Azuela*, de Juan Rulfo.

Pedro Páramo se traduce y publica de nuevo en turco en 2012 y aparecen igualmente nuevas versiones de *El Llano en llamas* en italiano e inglés.

El mismo 2012 se imprime *Cartas a Clara* en francés. Aparece *Pedro Páramo* en chino (traducción en caracteres tradicionales de Taiwán). En 2013 se publican traducciones de *El Llano en llamas* al turco (nueva versión) y en kurdo. En 2014 salen a la luz nuevas traducciones al húngaro de *El Llano en llamas* y *Pedro Páramo*, así como una nueva versión al italiano de *El gallo de oro*.

En 2014 aparece *Pedro Páramo en 1954*, con tres ensayos y la reproducción facsimilar de las tres revistas del año incluido en el título, donde Juan Rulfo publicó adelantos de su primera novela. Se reproducen también las secciones del mecanuscrito original de Juan Rulfo correspondientes a los adelantos de las revistas.

En los ferrocarriles. Fotografías de Juan Rulfo se imprime en 2014, con diversos ensayos y una selección de las imágenes tomadas por Juan Rulfo en los patios antiguos y nuevos de carga en los primeros meses de 1956, por invitación de Roberto Gavaldón.

En 2015 se publican, en edición bilingüe alemán-español (versión de Juan Rulfo), las *Elegías de Duino* de Rainer Maria Rilke que retoman la versión dada a conocer inicialmente en 2006 en el *Tríptico para Juan Rulfo*. Igualmente se traduce *El gallo de oro* al húngaro y al italiano (nueva versión) y aparecen *El Llano en llamas* y *Pedro Páramo* en albanés.

2017. Este año aparecen *El gallo de oro y otros relatos* en inglés y *Pedro Páramo* en edición bilingüe euskera-español, e igualmente en edición bilingüe español-náhuatl. Se publica *Pedro Páramo* en esloveno.

Con el Centenario del nacimiento de Juan Rulfo como marco se inaugura en abril, en el Museo Amparo de Puebla, la exposición *El fotógrafo Juan Rulfo*, acompañada de un libro del mismo título.

Aparece la segunda edición de *Noticias sobre Juan Rulfo*, de Alberto Vital.

El 16 de mayo se estrena en el Theater der Künste de Zurich la ópera *Reise nach Comala*, del compositor Germán Toro, con funciones llenas durante cuatro días.

El mismo 16 de mayo se inaugura la Conmemoración del Centenario de Juan Rulfo en la Coordinación de Humanidades de la UNAM, con sesiones académicas que se extienden por cuatro días.

Se imprimen ediciones especiales de los títulos de Juan Rulfo y el libro *Ladridos, astros, agonías. Rilke y Broch en el lector Rulfo*.

En noviembre se inicia la difusión de la serie de televisión *Cien años con Juan Rulfo*, dirigida por Juan Carlos Rulfo.

Al finalizar 2017 se tenía previsto el lanzamiento en 2018 de las traducciones de *Pedro Páramo* al indonesio y al tamil, así como de *El gallo de oro* al euskera (en edición bilingüe), entre otras.

Vista parcial de la biblioteca de Juan Rulfo, actualmente alojada en la casa de su esposa Clara Aparicio de Rulfo. Fotografía de Juan Carlos Rulfo

5 Algunas notas sobre la biblioteca de Juan Rulfo

JUAN FRANCISCO RULFO

Los libros constituyen una compañía fundamental en la vida de Juan Rulfo. Desde su infancia hasta su última actividad laboral, como director de Publicaciones en el Instituto Nacional Indigenista, siempre estuvieron presentes. En su niñez se vio inesperadamente rodeado por ellos debido a una circunstancia de la época, como lo expone él mismo en esta cita que reproduce Alberto Vital en *Noticias sobre Juan Rulfo*:

> Cuando se fue a la cristiada, el cura de mi pueblo dejó su biblioteca en la casa porque nosotros vivíamos frente al curato convertido en cuartel y, antes de irse, el cura hizo toda su mudanza. Tenía muchos libros porque él se decía censor eclesiástico y recogía de las casas los libros de la gente que los tenía para ver si podía leerlos. Tenía el *index* y con ése los prohibía, pero lo que hacía en realidad era quedarse con ellos porque en su biblioteca había muchos más libros profanos que religiosos, los mismos que yo me senté a leer, las novelas de Alejandro Dumas, las de Víctor Hugo, Dick Turpin, Buffalo Bill, Sitting Bull. Todo esto lo leí yo a los diez años, me pasaba todo el tiempo leyendo, no podías salir a la calle porque te podía tocar un balazo.[1]

Casi a la misma edad Paul Auster vivió algo semejante, como cita Víctor Jiménez en la introducción a *Retales. Compilación de Juan Rulfo*, en edición de Alberto Vital, Sonia Peña y el mismo Jiménez:

> La hermana de mi madre está casada con Allen Mandulbaum, conocido por sus traducciones de Virgilio y Dante. Cuando tenía cinco o seis años, mis tíos se fueron a vivir a Italia y se quedaron allí doce años. Mi tío tenía una enorme biblioteca, y como nosotros vivíamos en una casa grande, nos dejó sus libros durante su ausencia.

1 Alberto Vital, *Noticias sobre Juan Rulfo. La biografía: 1762-2016*, 2017, p. 95.

> Al principio, estuvieron guardados en cajas en el desván, pero después de un tiempo (cuando yo tenía nueve o diez años), mi madre comenzó a preocuparse de que los libros se estropearan allí arriba. Un buen día bajamos las cajas. Las abrimos y colocamos los libros en estanterías. Hasta entonces, en nuestra casa casi no había habido libros. Mis padres no habían asistido a la universidad y ninguno de los dos demostraba un especial interés por la lectura. De pronto, de la noche a la mañana, tenía una maravillosa biblioteca a mi disposición: los clásicos, los grandes poetas, las novelas más importantes. Ese mundo abrió un mundo nuevo para mí. Cuando lo recuerdo, me doy cuenta de que esas cajas de libros cambiaron mi vida. Sin ellas, dudo que alguna vez hubiera soñado con ser escritor.[2]

Como tantas bibliotecas, la de mi padre se acrecentaba poco a poco y tuvo diversas sedes: una de las primeras en la casa de su tía Lola en Guadalajara, para trasladarla después a la ciudad de México, y en algún momento la dejó al cuidado de Efrén Hernández. Al casarse se reunió de nuevo con sus libros, primero en la calle de Dresde y posteriormente en la de Tigris, donde escribió muchos de sus cuentos y *Pedro Páramo*. Más tarde los libros se cambiaron a la calle Nazas y nuevamente regresaron a Guadalajara, a la calle José Rolón. Pocos años después retornaron a la ciudad de México, a la calle de Chilpancingo, y de ahí se fueron a la calle Felipe Villanueva. Actualmente están al cuidado de mi madre, en una casa en la que se previó un espacio digno para los libros que con gusto y esfuerzo mi padre reunió. Tantos movimientos llevan aparejadas pérdidas, lo que sumado a las donaciones que hizo a ciertas bibliotecas del sur de Jalisco y a algunos cambalaches –como él decía– con libreros, no todos los libros que poseyó están actualmente en su biblioteca.

Esta relación se propone dar una idea muy general, básicamente cuantitativa, sobre cómo se conforma el acervo de esta biblioteca en el campo literario. Es la síntesis de unos afanes, logros y proyectos de vida. No es difícil encontrar una relación directa entre la mayoría de los temas que comprende y las actividades que realizó mi padre en diversas etapas de su vida. Así, la historia y la literatura forman la parte más importante del acervo. Alberto Vital lo expresa en forma sucinta: "esta biografía coloca a Juan Rulfo en el centro de los poderosos polos donde se movieron su pensamiento y sus actividades: la ficción y la historia".

2 Paul Auster, citado por Víctor Jiménez en "Juan Rulfo lector, Juan Rulfo escritor", Presentación a Juan Rulfo (comp.), *Retales*, ed. de Víctor Jiménez, Alberto Vital y Sonia Peña, 2008, p. 22.

Es muy notoria, para el que se encuentra físicamente en su biblioteca, la relación numérica entre los libros de literatura y el total del acervo, que es de unos 15 mil volúmenes. Los libros de literatura corresponden aproximadamente al cincuenta por ciento, y el resto comprende temas que, por orden de importancia, en forma muy general, y de acuerdo a su número, se ordenarían de la forma siguiente: estudios de culturas precolombinas, crónicas de conquistadores, viajeros y religiosos sobre las llamadas Indias, en general, y de la Nueva España en particular. Siguen virreinato e Inquisición, para continuar con el siglo XIX y principios del XX en México. En este orden vendrían los libros sobre la historia de España y los de estudios e historia de las religiones, con mitologías y hechicerías. Están presentes en esta secuencia los estudios sobre la Edad Media en diversas regiones, así como los consagrados a Grecia y Roma, más los dedicados al estudio de los inicios de la humanidad y sus manifestaciones culturales. También se encuentran en la biblioteca estudios sobre diversos países en el siglo XX.

Siguen las diversas manifestaciones del arte: pintura, escultura, arquitectura y fotografía: de esta última existen un poco más de 600 libros. También están la antropología social y el estudio de los códices, así como la geografía y la historia de diversos estados de la República Mexicana, la ciudad de México inclusive. Otra parte la integran la filosofía y el estudio del hombre, su psicología, la música y su historia, compositores, trovadores, romanceros, refraneros y la música popular mexicana. Aquí se puede mencionar que Juan Rulfo reunió poco más de 4 mil discos de música clásica: barroca, renacentista y del medioevo.

Están presentes obras sobre la naturaleza y su evolución, la zoología y la botánica mexicanas, el montañismo (durante muchos años fue un alpinista activo y llegó a conocer por su nombre cada uno de los cerros del Valle de México, a los que consideraba como compañeros). También hay que tomar en cuenta diversos diccionarios de la lengua española y de lenguas indígenas.

Una clasificación muy general de sus libros de literatura arroja como resultado los géneros que a continuación mencionaré y la relación que guardan cada uno con el total. El género más numeroso es el de novela, con un 48 por ciento: le sigue cuento con un 22 por ciento y ensayo con un 9 por ciento. A la poesía le corresponde el 8 por ciento, al teatro un 4 por ciento y el porcentaje restante, de 9, comprende biografía, autobiografía, cartas, memorias, crónicas…

Ante la imposibilidad de mencionar a cada autor y sus obras, opto por agruparlos y conocer ciertas características suyas; por ejemplo, su nacionalidad:

estadounidenses	15.9%
mexicanos	11.5%
franceses	10.0%
ingleses	9.4%
españoles	4.8%
italianos	4.8%
alemanes	4.4%
rusos	4.0%
argentinos	4.0%
brasileños	3.5%
y de otros 69 países	27.6%

Con esta relación por nacionalidad podemos, conociendo el gran aprecio de mi padre por la literatura nórdica, revisar la presencia de los autores de la región escandinava: Islandia, Dinamarca, Noruega, Suecia, Finlandia y los Países Bajos. No obstante las dificultades a mediados del siglo pasado para encontrar obras de estos autores, el porcentaje que les corresponde del total es del 2%. Se trata en su mayoría de novelas de temática rural. De cada uno de estos países selecciono al azar un autor y una de sus obras:

Isak Dinesen, danesa: *Las Cariátides y otros cuentos góticos*.
Alexis Kivi, finlandés, la obra de teatro *Los siete hermanos*.
Trygve Gibranssen, noruego, la novela *La voz de los bosques*.
Gunar Ekelöf, poeta sueco autor de *Díuián*.
Snorri Sturluson, poeta islandés, *Textos mitológicos de las Eddas*.
Hedin Brú, originario de las islas Feroes, parte de Dinamarca, cuyo verdadero nombre era Hans Jacob Jacobsen, autor de la novela *Hogni*.
Jörgen Frantz Jacobsen, también de las Islas Feroes, la novela *Un amor*.

Destaco estas islas porque en 2010 se publicó *Pedro Páramo* en lengua feroesa, de forma que el aprecio es recíproco.

Mi padre también admiraba la literatura brasileña. Si repetimos el ejercicio anterior con Brasil, la presencia que tiene su literatura es de 3.5 por ciento del total. Hay un texto que mi padre escribió sobre Machado de Assis donde menciona numerosos autores brasileños, en su mayoría presentes en su biblioteca. A continuación algunos de los incluídos con mayor número de títulos:

Jorge Amado con trece títulos.
Clarice Lispector con ocho.

João Guimarães Rosa con seis.
Joaquim Machado de Assis con tres.

Son numerosos los autores con tres títulos también; sin embargo, a quien más admiró fue a Guimarães Rosa.

De él tiene las siguientes obras:

Urubuquaquá
Noches del Sertón
Primeras historias
Gran Sertón: Veredas
Menudencia
Manolón y Miguelín

Los autores mexicanos ocupan el 11 por ciento del total. Aquellos con más obras son: Mauricio Magdaleno, Rafael F. Muñoz, Emilio Rabasa, José Revueltas, Ramón Rubín, Mariano Azuela, Arturo Azuela, Agustín Yáñez, Julio Torri, Rodolfo Usigli, Alfredo R. Placencia, Ramón López Velarde. Uno de los autores que más estimaba, aunque su obra está compuesta de pocos títulos, es José Guadalupe de Anda, originario de Jalisco y autor de las novelas *Juan del Riel*, *Los cristeros* y *Los bragados*.

Otro ejercicio sería dividir el acervo literario en dos épocas: los libros con fecha de edición anterior a la publicación de *El Llano en llamas y Pedro Páramo* (antes de 1953) y los posteriores. Sin embargo, esto queda pendiente para otra ocasión. Propongo apelar a un criterio distinto de clasificación: las obras o autores de su preferencia en diversas etapas de su vida. Me apoyaría en ciertos indicios: en algunos libros mi padre escribió en la primera página su nombre de diferentes formas, desde Juan N. Pérez Vizcaíno Rulfo, en 1935, para seguir con Juan N. Pérez Rulfo Vizcaíno, Juan N. Rulfo Vizcaíno, y así hasta el definitivo Juan Rulfo. Pero hacerlo requeriría una nueva oportunidad para tratar el tema.

Un indicio más de sus preferencias está en el número de títulos por autor. Los autores con un mayor número de obras serían:

Erskine Caldwell, 29
William Faulkner, 27
Graham Greene, 24
Fedor Dostoievsky, 22
Cesare Pavese, 22

D.H. Lawrence, 20
Evelyn Waugh, 15
Vladimir Nabokov, 14
Henry Miller, 14
Julio Cortázar, 14
Joseph Conrad, 14

Pero hay circunstancias que no avalan las conclusiones de esta propuesta, pues hay autores que escribieron poco: afines a su concepción de la literatura, con respeto y entrega a ella. Algunos murieron jóvenes y otros, no pocos, dejaron de publicar por decisión propia. Por ejemplo, en el primer caso está el estadounidense Ring Lardner, autor de *Campeón y otros cuentos*, con una presentación de Scott Fitzgerald, que hace recordar un texto que mi padre escribió sobre Cortázar: ambos hacen referencia a su gran estatura, así como Juan Rulfo al enorme corazón de Cortázar y Fitzgerald a la enorme ternura que encerraba el cuerpo de Lardner. En el segundo caso está John Kennedy Toole, autor de *La conjura de los necios* y quien, desesperado por no encontrar editor, se suicidó. Fue su madre, luego de once años, quien logró que se publicase su novela y se reconociese después su gran valor literario.

Otro indicio que mencionaría y que expresa fielmente su actitud ante la literatura (aunque no únicamente ante ésta) es la elaboración de numerosos y diversos listados de autores y sus obras, algunos en orden alfabético y otros por países. En ambos casos indica, por autor, qué obras ya tiene y cuáles desea obtener. Esto tiene dos significados: que la obra ya leída permanecía presente en su atención, pero igualmente su autor. Las listas se encuentran en diferentes carpetas y cuadernos. Además de lo literario también enlistó libros de historia y realizó cientos de monografías sobre poblaciones de México, sin olvidar registros similares en el campo de la música. Todo esto como una labor en solitario, muy ajena a un propósito de erudición ostensible.

En una conversación entre Daniel Sada y Víctor Jiménez, el primero comenta lo siguiente:

> Yo tenía 26, 27 años cuando conocí a Rulfo. Ahora debo aclarar, ya más en lo anecdótico, que para mí el acceso a algo como una amistad con Rulfo fue un poco difícil, porque él era reticente a intimar con la gente. Pero como yo era un joven insistía en hablar con él de literatura, pero él no quería nunca hablar de literatura. Hablaba de historia, de cámaras fotográficas, contaba

anécdotas de sus viajes, pero yo me desesperaba tratando de hacerlo hablar de literatura.[3]

En lo que respecta al ensayo, éste tiene una presencia importante, el tercer lugar, y comprende las obras que es posible clasificar así: estudios de teoría literaria, de relaciones entre diversas religiones y la literatura, de corrientes literarias, valores literarios, formas de expresión, historia de la literatura en diversos países, estudios sobre un gran número de autores y distintos temas; pero también numerosos estudios que preceden obras de los otros géneros, lo que aumenta considerablemente la presencia de estudios sobre literatura.

En una ocasión mi padre me comentó que había leído mucho más de lo que debería haber leído porque en su momento no había contado con alguien que lo guiara, y celebraba y alentaba la creación de colecciones como la Biblioteca Personal de Jorge Luis Borges, que además de ser una guía de alto nivel proporciona al lector un soporte intelectual de gran valor.

Es posible que las antologías tengan para mi padre un propósito semejante: el de conocer en un solo libro un amplio universo de creadores, que en ocasiones sólo por este medio se puede encontrar y apreciar.

¿Será quizá éste uno de los motivos por el que las antologías tienen una presencia significativa en su biblioteca, el 7 por ciento del total del acervo literario?

Una clasificación por género de las antologías es la siguiente:

Cuento	52%
Poesía	24%
Ensayo	8%
Novela	6%
Diversos	6%
Teatro	2%
Otros	2%

Una parte de las antologías está dedicada a creadores de 39 regiones o países, siendo las más numerosas las dedicadas a autores de Norteamérica con 25 libros, México con 22, Inglaterra y Rusia con nueve, Francia, Italia y España con siete cada una, Argentina con seis, Brasil, China e Hispa-

3 "Juan Rulfo: la escritura y la preservación del enigma", en Víctor Jiménez, Alberto Vital y Jorge Zepeda (coords.), *Tríptico para Juan Rulfo: poesía, fotografía, crítica*, 2006, p. 308.

noamérica con cinco cada uno y el resto de los países con un número menor de libros.

También hay antologías dedicadas a un subgénero, como son las de cuentos o novelas de ciencia-ficción, policíacas, de misterio, de suspenso, de terror, del oeste, de leyendas populares o humorísticas, como las compiladas por Italo Calvino, Jorge Luis Borges, Agustín Bartra...

Un propósito muy semejante cumplen las revistas literarias, ya que permiten conocer, en forma más inmediata, la situación actual de la creación literaria en diferentes países.

En la biblioteca existen varias revistas, como son: *Cuadernos Americanos*, *Cuadernos Hispanoamericanos*, las revistas colombianas *Actual*, *Mito* y *Letras Nacionales*, la *Revista Peruana de Cultura*, las revistas cubanas *Casa de las Américas* y *Unión*, la revista argentina *Sur*, las revistas *Ficção* y *Cultura Brasileña*, la *Revista Mexicana de Literatura* y *Literatura Soviética*.

Y muchas más, quizá más de mil ejemplares de revistas de este tema. En alguna de ellas encontramos, por ejemplo, en la revista *Crisis* de Argentina, un artículo dedicado a la que en ese momento era una carta inédita de Ernesto Guevara a su padre desde la cárcel en la ciudad de México. Estaba detenido junto con Fidel Castro y otros compañeros por la Secretaría de Gobernación, un mes antes de embarcarse en el Granma, y en ella le expresaba a su padre que sólo había dos posibilidades: o triunfaban o moría en el intento.

En un ejemplar de la revista *Mundo Nuevo*, editada en Francia, se publicó la que quizá sea la única entrevista que concedió el escritor brasileño João Guimarães Rosa. En la revista alemana *Humboldt* se dedicaba un gran espacio al tema de la recepción literaria, que en ese tiempo Alemania empezaba a difundir como un método valioso para el estudio de la obra literaria, como han demostrado los sólidos estudios de Alberto Vital y Jorge Zepeda.

Viendo la amplitud de los temas y la variedad de los autores de los libros que acoge esta biblioteca resulta aventurado hablar de aquellos que hubiesen estado más cerca de las lecturas de mi padre. Por ejemplo, el crítico argentino Enrique Anderson Imbert, en su *Historia de la literatura hispanoamericana*, sugiere que *Pedro Páramo* le debe algo a Faulkner. Con eso bastó para que ciertos contemporáneos hicieran suya tal opinión y develaran el supuesto misterio que envolvía su obra: ésta utilizaba la técnica faulkneriana. Lo único que demostraba esta afirmación era el escaso conocimiento que poseía el que la secundaba, ya que es frecuente que al leer un libro de su biblioteca, no sólo de literatura sino de los antiguos viajeros por nuestro país o de algún naturalista como Fabre, se perciba un ambiente o lenguaje semejantes a los que aparecen en la obra de mi padre. Más recientemente se ha profundizado en presencias menos atendidas (como son las de Rainer Maria Rilke y Hermann Broch) por una crítica negligente.

Por ello se debe recordar la certeza de Alfonso Reyes cuando escribía, en diciembre de 1954, sobre la ya muy cercana aparición de una novela aún sin título definitivo: "*Los murmullos*, en preparación, título provisional. Influencias (conscientes o inconscientes): veintitantos siglos de literatura".[4]

4 Alfonso Reyes, "Las Burlas Veras: Nuevos rumbos de nuestra novela", *Revista de Revistas*, 2335, 12 de diciembre de 1954, p. 6.

Juan Carlos Rulfo y Juan Rulfo al pie del Popocatépetl, *ca.* 1970. Foto de Juan Pablo Rulfo.

Parte inferior de la página de un álbum en el que Juan Rulfo pegaba algunas fotografías de significado especial para él. La anotación “Sept. 1954 – Veracruz” es de su mano. Ese mismo mes, entregado su original al primer editor de *Pedro Páramo* y recibido el adelanto correspondiente, Rulfo se fue de vacaciones con su familia (en una época del año en que nunca lo hacían), integrada entonces por su esposa Clara y sus hijos Claudia y Juan Francisco, al puerto de Veracruz, donde había pasado su luna de miel siete años atrás. Este viaje de 1954 sería para él uno de los momentos de mayor plenitud como escritor y en su proyecto de vida. Su tercer hijo, Juan Pablo, nacerá en 1955. Del lado izquierdo de los contactos, aún pegados en esta página, permanecen las huellas del adhesivo que sostenía los sobres de papel glacín con los negativos.

6 Rulfo: "No soy más que un aficionado"

ENTREVISTA DE IGNACIO EZQUERRA
Y RAMÓN ARTIACH A JUAN RULFO

P. Háblenos de su vocación de escritor.

Rulfo: Mi verdadera vocación es la historia. Lo de la literatura vino como algo que tenía que venir, como una cosa aparte; tantas lecturas que tuve de chico terminaron influyéndome. Así que un buen día me dio por hacer algo por mí mismo; pero, para mí, escribir ha sido por siempre un entretenimiento. Yo no soy más que un aficionado.

P. ¿Cree usted que sirve para algo escribir, entonces?

Rulfo: No para mucho más que para ser leído. Los profesionales creen que es muy necesario, que la humanidad depende de sus libros; pero eso lo piensa todo el mundo de su trabajo.

P. ¿Influye la literatura en la evolución de la condición humana?

Rulfo: ¿De la condición humana? ¡Vaya pregunta! A mí me ha ido muy mal como hombre –nos lo dice sonriendo–. Yo creo que al individuo lo hace un ambiente, unas circunstancias; lo hacen cuatro individuos, lo hacen las cuatro personas que se va encontrando en la vida, los amigos, si los tiene. No hay más misterio.

Juan Rulfo habla pausadamente, en un tono muy bajo, como no dando demasiada importancia a sus opiniones. No responde en nada a ese típico modelo de escritor que busca respuestas brillantes. Su lucidez y su pudor son más profundos que todo eso. Y de vez en cuando clava los ojos en un lugar indefinido de la mesa, como haciendo un esfuerzo por recuperar la fe en las palabras. Nosotros ahora le pedimos que nos hable de *Pedro Páramo*.

P. Díganos, ¿qué sentido tiene, en su novela, la búsqueda del padre?

Rulfo: En mi novela esa búsqueda es el símbolo dramático de toda una juventud, del indio, de mi pueblo, del hombre mexicano. En la región donde yo sitúo la trama de *Pedro Páramo* todavía existe el matriarcado; México ha sido un país especialmente matriarcal. La madre impone el carácter a los hijos porque el padre está muy poco con ellos, tiene que trabajar, pasa mucho tiempo fuera de casa y esto sucede también en las ciudades; aquí es muy dura la lucha por la vida. Debido a ello la mujer influye de tal manera en los hijos que éstos no pueden vivir sin su compañía. Cuando la madre muere se sienten abandonados, aislados del mundo. Muchos de ellos no pueden comunicarse con otras personas. En las zonas rurales estas situaciones se dan con verdadero patetismo.

Por otra parte, el mexicano está muy ligado tanto a su familia como a la tradición. En las clases humildes la juventud se encuentra atada de pies y manos a su pasado. La búsqueda de ese padre de alguna manera puede expresar la incapacidad para afrontar el porvenir; la lucha por una identidad nacional –Pedro Páramo tiene mucho del conquistador español–, la condena a un ayer en el que todos están muertos.

P. ¿Cree usted que se puede hablar de un complejo de Edipo en el protagonista de su novela?

Rulfo: Sí, efectivamente. Ese complejo es obvio en mi personaje y en un gran sector del pueblo mexicano. No tienen ustedes más que fijarse en la religiosidad de las clases bajas, en ese culto fanático y desproporcionado que rinden a la Virgen de Guadalupe. La Virgen de Guadalupe no vino más que a sustituir, a disfrazar, por decirlo de algún modo, a una antigua deidad azteca: la Reina de las Flores. Ese atavismo maternal es el que yo he intentado expresar en mi novela y en alguno de mis cuentos.

P. ¿Se considera usted un existencialista?

Rulfo: En mi literatura se da un existencialismo que no es el europeo, de naturaleza reflexiva, sino algo que tiene que ver mucho con el fatalismo temperamental del indígena. Quizá sea una mezcla, un mestizaje entre las dos culturas. Fíjense ustedes que el sol, que actúa como un factor determinante en *El extranjero* de Camus, tiene en la mitología azteca la categoría de un dios; un dios que ciega a los hombres, que produce la inconsciencia, la gratuidad del crimen en determinados momentos. El sol determina el comportamiento de muchos de mis personajes.

P. ¿Eligió usted el lenguaje rural quizá por rechazo al moralismo intelectual de la novela europea?

Rulfo: Por rechazo al moralismo europeo y al moralismo que imperó aquí en México. Aquí se dio un proceso de españolización primero y de afrancesamiento después. El intelectual no se tenía por tal si no expresaba sus ideas en francés. Heredamos, sí, el puro racionalismo en la narrativa. El escritor opinaba, no se cansaba de opinar. Yo creo que la literatura debe ser sólo literatura. No hay que intentar convencer a nadie de nada. Para eso está el ensayo, que es un género más adecuado a esas pretensiones. Cuando la literatura se pretende didáctica o cerebral deja de ser literatura, es otra cosa.

P. Los críticos lo incluyen dentro del realismo mágico. ¿Se considera usted dentro de esa corriente?

Rulfo: Sí, eso dicen. A mi no me parece mal. El verdadero realismo mágico nació en Brasil, con un libro titulado *Macunaima*. Brasil sí que es un país mágico, el país más mágico de Latinoamérica.

P. ¿Cuáles son sus escritores preferidos?

Rulfo: Admiro mucho a José María Arguedas, un autor peruano que publicó *Los ríos profundos* y *Todas las sangres*. Supo hacer una mezcla de quechua con castellano muy conseguida. Y así, españoles que me vengan ahora a la memoria, me gusta lo que escriben los Goytisolo, Torrente Ballester, Díaz-Plaja… no sabría decirles.

P. ¿Cree usted en Dios?

Rulfo: Sí. Soy católico; un católico a lo raro, pero un católico.

P. Y el pueblo mexicano, ¿es católico?

Rulfo: Aquí en México se dan tres tipos de catolicismo bien diferenciados. Por un lado está el de la clase baja, que es muy fanático y lleno de crueldad. Es la herencia de los frailes de la Conquista y de los que han venido después. Los curas en México han sido siempre unos explotadores, han fomentado mucho ese catolicismo de penitencias, de látigos, ¡horrible, sí! Luego está el catolicismo de la clase media, que es más bien convencional y no practicante; y finalmente el de la clase alta, que lo cumplen a rajatabla para cubrir las apariencias, ya saben.

P. ¿Qué opinión le merece a usted, señor Rulfo, el progreso que está sufriendo México?

Rulfo: México es muy fuerte sobre todo en la fabricación de niños. Esa es la industria nacional, la más importante del país aunque no nos reporta grandes beneficios, sino más bien lo contrario.

P. ¿Considera a México un país democrático?

Rulfo: No; ¡nunca! Este es un país absolutista. Vivimos en el mayor absolutismo político. Cambian de presidente cada seis años, pero al nuevo fulano que sube a ocupar el cargo se le obedece y se hace todo lo que él ordena aunque se trate de las cosas más absurdas.

***Disidencias* (Suplemento de *Diario 16*), Madrid,**
14 de febrero de 1982, p. IV.

7 Imaginación y realidad en la obra de Juan Rulfo[1]

JOSÉ PASCUAL BUXÓ

Uno de los principios fundamentales de la creación literaria –decía Juan Rulfo en el ensayo intitulado "El desafío de la creación"– es el descubrimiento de un "personaje vivo que tiene que moverse por sí mismo"; cuando éste aparece, después –quizá– de un arduo proceso de frustradas tentativas, "uno lo va siguiendo... en la medida que el personaje adquiere vida, uno puede entonces ver hacia dónde va. Siguiéndolo lo lleva a uno por caminos que uno desconoce, pero que, estando vivo, lo conduce a uno a una realidad o a una irrealidad, si se quiere".[2]

De fundamental importancia para que adquiera esa "vida" propia es "cómo va a hablar ese personaje, cómo se va a expresar". He aquí el núcleo de la poética narrativa de Juan Rulfo: para que la vida –singular, plena, humanamente convincente– de un personaje literario pueda ser alcanzada por gracia de la escritura es preciso –como él mismo declaraba– "la eliminación del autor", la decisión de "eliminarme a mí mismo" para dejar que los "personajes funcionen por sí y no con mi inclusión", porque de no hacerlo así, se caería en la "divagación del ensayo, en la elucubración; llega uno a meter sus propias ideas..." en la unidad independiente de esa "historia" humana.

Detengámonos un momento en las ideas de Rulfo acerca de la "eliminación del autor" y en sus obligadas consecuencias discursivas y semánticas en la construcción de *El Llano en llamas* y de *Pedro Paramo*, particularmente en el habla autónoma de sus personajes –no mediatizada por el autor, sino proveniente del peculiar contexto humano y social de tales personajes–, así como en la organización del relato a partir de la perspectiva verbal y emocional de los mismos personajes. La "eliminación del autor", esto es, de la presencia expresa del escritor considerado en su individualidad psíquica e

1 Este texto es un extracto del artículo "Juan Rulfo o la poética de la intuición", incluido en Víctor Jiménez (coord.), *Pedro Páramo. 60 años,* 2015, pp. 107-116.

2 Juan Rulfo, "El desafío de la creación", 1980, pp. 15-17.

intelectual, sólo parece posible en los textos de carácter ficticio, y no así en los de índole testimonial, científica o académica.

En una memorable entrevista de Rulfo con José Balza, realizada en Caracas en 1974,[3] ante un auditorio repleto de estudiantes, al preguntársele acerca de qué relación veía él entre la "vida real" y sus cuentos, dio una respuesta significativamente dubitativa: "Yo le explicaba [a Balza] que no, que no la tenían; pero sí, sí la tienen". Y entonces –quizá llevado únicamente por su capacidad fabuladora– trajo a colación la peregrina existencia de un tío llamado Celerino que, según eso, iba de camino "platicando historias". Pero el tío –continuó– era muy mentiroso: "Todo lo que me dijo eran puras mentiras y entonces, naturalmente, lo que escribí eran puras mentiras". Está claro que al usar ese término (*mentira*) no lo hacía en el sentido ordinario de falsedad o negación maliciosa de la verdad de lo que todos creen o saben, sino en la antigua acepción de *invención fabulosa* que, sin embargo, no deja de referirse por modo figurado a las realidades más hondas del ser humano, por más que aparezca como resultado de una libre invención de la fantasía.

En "El desafío de la creación" volvió a referirse Rulfo a ese mismo problema: en la escritura de un cuento –y vale lo mismo para una novela– "es fundamental pensar en qué sabe uno, qué mentiras va a decir, pensar que si uno entra en la verdad, en la realidad de las cosas conocidas, en lo que uno ha visto o ha oído, está haciendo historia, reportaje". Frente a la materia compacta y comprobable de la historia, Rulfo coloca a la imaginación como su contraparte: "A mí me han criticado mucho mis paisanos que cuento mentiras, que no hago historia, o que todo lo que platico o escribo, dicen, nunca ha sucedido, y así es. Para mí lo primordial es la imaginación, la imaginación es infinita, no tiene límite…".

Sin embargo, cuando la imaginación llegue a agotarse, queda una "puerta de escape": "aparece otra cosa que se llama intuición: la intuición lo lleva a uno a pensar *algo que no ha sucedido, pero que está sucediendo en la escritura*".[4]

La independencia semántica –es decir, la plenitud significativa– del relato literario y la voluntad de dotar de una cabal singularidad humana a sus personajes, de explorar todas las posibles manifestaciones de su ser individual y único, de su manera de pensar y actuar en el mundo en que se alojan y las complejas relaciones que mantienen con sus semejantes, son, como hemos apuntado, los nudos cruciales de la poética rulfiana, y de ahí

3 Véase "Juan Rulfo examina su narrativa", *Escritura: Teoría y Crítica Literarias*, I, 2, julio-diciembre, 1976, pp. 305-317.
4 Énfasis mío.

también la importancia que él mismo concedía al "habla" de sus personajes, que no aparece como una superficial transcripción de las formas dialectales del habla campesina, tal como ocurría en las precedentes novelas costumbristas y regionalistas, que aspiraban a ser un reflejo fiel de ciertas realidades efectivamente observables.

En la citada entrevista con Balza, decía Rulfo que "es muy difícil entrar en su mentalidad". Y añadía: "No, no tengo ningún personaje indígena ni he escrito sobre los indios jamás". [...] "He trabajado con ellos más de quince años, pero su mentalidad es muy difícil de penetrar".[5] Y es que, en efecto, los personajes creados por Rulfo no se remiten directamente a la realidad actual de los pueblos indios, sino más bien a la de los grupos mestizos ancestralmente sujetos al dominio de los representantes de la clase criolla: las almas de los difuntos que penan en Comala no pertenecen íntegramente al mundo indígena, son –a semejanza de Juan Preciado y Abundio Martínez– hijos desconocidos por su padre, el cacique de la Media Luna, y ambos están ansiosos, no sólo de reivindicar la memoria de sus madres abandonadas, sino de saber quiénes son ellos mismos, el sitio que realmente les corresponde en el conjunto de aquella comunidad arrinconada por la indefensión y los prejuicios religiosos ("Y lo más chistoso es que él nos llevó a bautizar"). La búsqueda del padre emprendida por Juan Preciado no es –en *Pedro Páramo*– un mero tópico de la más antigua tradición literaria retrotraído gratuitamente por Rulfo, sino trasunto del empeño por lograr una plena inserción en aquella nueva sociedad, surgida por obra de la conquista española, por parte de los miembros de un estrato social emergente, la clase mestiza, resentida por causa de su conflictiva condición racial y moral; de ahí que tanto Juan como Abundio tengan que "cobrarle caro" a su padre "el olvido en que nos tuvo", al punto de convertirse uno de ellos, gracias al empuje liberador del alcohol, en el asesino de Pedro Páramo.

También en su entrevista caraqueña con José Balza (1974), hizo Rulfo algunas importantes revelaciones sobre el proceso de consolidación textual de *Pedro Páramo*. Confirmó ahí, quizá aludiendo tácitamente a la maliciosa "leyenda" según la cual la estructuración definitiva de su novela habría sido obra de Alí Chumacero y Juan José Arreola, dizque con el fin de que esa "desordenada composición" adquiriera la unidad necesaria,[6] su absoluto control en todas las etapas constructivas de su novela. He aquí su testimonio:

5 "Juan Rulfo examina su narrativa", 1976, pp. 309-310.

6 Con relación al desentrañamiento de esa absurda y, sin embargo, difundida "leyenda", véase el artículo de Víctor Jiménez, "*Pedro Páramo* en 1954", en Juan Rulfo, *Pedro Páramo en 1954*, 2014, pp. 65-97.

> A *Pedro Páramo* yo le quité muchas páginas, como unas cien páginas, pero después ni yo mismo lo entendí. Entonces pasa que después inventé que era un libro para leerse tres veces y a la tercera vez pues ya se entendía de qué trataba. [...] Se me hacía muy grueso el libro [...]. Entonces empecé a tirarle páginas [...pero] no le corté las páginas así, arbitrariamente, no, no fui arrancándolas y tirándolas [...] fue quitarle las explicaciones. Era un libro un poco didáctico [...] daba clases de moral [...] y todo eso tuve que eliminarlo [...pero] fui dejando algunos hilos, aquellos hilos colgando para que el lector me... pues, cooperara con el autor en la lectura. [...] él tiene que añadirle lo que le falta.[7]

En esas palabras dirigidas a un grupo de estudiantes, esboza lo que con sintética claridad expuso después en el artículo de 1980 ("El desafío de la creación"): la eliminación de la presencia del autor en el texto –esto es, de la expresa manifestación de sus opiniones sobre todas las contingencias de su relato– con el fin de darle una creciente autonomía a los personajes imaginados, para que sean éstos –a partir de la secuencia de sus propias palabras– quienes vayan construyendo la trama de su pensamiento y sus acciones.

Las páginas "arrancadas" a la extensa versión primitiva llevaban ese fin: despojar al texto de todas aquellas innecesarias "explicaciones" didácticas dirigidas al lector, como una guía autorizada de los caminos que éste debía seguir para la correcta interpretación de los distintos aspectos de la ficción narrativa. Y todo ello implicaba, no sólo la indispensable colaboración del lector para que, retomando aquellos "hilos colgantes" con que Rulfo aludía a las innumerables insinuaciones que va dejando en cada uno de los segmentos narrativos de la novela, se organice y cobre sentido la siempre suspensa y retomada trama en que se enlazan las "ánimas" de los penantes de Comala, sino también la misma libertad que se concede al lector para que su arriesgada travesía textual se convierta, asimismo, en un nuevo acto de creación, y aunque "Muchos –decía Rulfo– le han añadido más de la cuenta, pero creo que llena esa intención. Siempre hay una participación muy cercana del lector con el libro, y él se toma la libertad de ponerle lo que le falta. Eso a mí me gusta mucho".[8]

7 "Juan Rulfo examina su narrativa", 1976, pp. 306, 308.
8 *Ibidem*, p. 308.

8 Breviario geopolítico de los sesenta y Juan Rulfo

SEBASTIÃO GUILHERME ALBANO

Hubo un tiempo, justo antes de la Segunda Guerra Mundial (1939-1945), en que se consolidó la existencia de América Latina como unidad de análisis en las recién asentadas Ciencias Sociales, lo que se convirtió en una constante. Este movimiento hacia un cierto consenso del pensamiento académico regional es un proyecto que de hecho no se ha abandonado, por un lado debido a las instituciones creadas en el período de la posguerra (OEA, CIDH, FLACSO, CLACSO, CIESPAL, CEPAL, departamentos académicos dedicados a la lengua e historia latinoamericanas, etcétera); por otro, en razón de que la coherencia elemental del idioma castellano que se habla en casi todo el continente ha facilitado, en lo que concierne al intercambio literario, alguna fluidez de valores. En la década de 1960, el período en el que nos concentraremos en este breve texto, vivíamos, además, una época en que los estudios de la poscolonialidad promovían ese debate. Diversas obras críticas fueron elaboradas entonces sobre la propuesta de considerar alguna identidad en la literatura del continente. Lo que plantearon Antonio Cándido[1] y Ángel Rama[2] sobre la transculturación de la literatura latinoamericana –en el caso del segundo– es decir, un sistema expresivo con especificidades estéticas e históricas frente a Europa y Estados Unidos, fue la tónica de los análisis teóricos de las letras locales, y proyectaba el carácter adoptado en la observación que los mismos escritores y lectores hacían de la situación literaria frente a la coyuntura. Ángel Rama, en *La ciudad letrada*,[3] ya en las postrimerías del siglo XX, todavía se dedicaba a la tarea, lo que connota una vocación de resistencia en pleno auge de la globalización, cuando las premisas de Margaret Thatcher y Ronald Reagan lanzaban el ideario neoliberal.

El llamado *boom*, auspiciado por las publicaciones de autores latinoamericanos a cargo de editoriales españolas, de Barcelona propiamente,

1 *Tese e antítese*, 1964.
2 *La generación crítica*, 1972.
3 *La ciudad letrada*, 1984.

en el decenio de 1960, lo ilumina de manera espectacular y nos llevaría a naturalizar ese afán de creación de comunidades culturales o de sentido, en sí mismo, como algo casi inherente al formato de una civilización preponderante. Lo ilustra Franco Moretti, en *Distant Reading*,[4] y antes en muchos otros textos que no están en esa recopilación. Ahí discutía acerca de algunos de los modelos de cognición homogénea de la imagen de Europa: En *1. A Model: Unified Europe*, Moretti repite las palabras de Novalis y opina que la congruencia de una cultura europea se establecía por medio de la cristiandad.[5] Para Ernst Robert Curtius, siguiendo con Moretti, la literatura europea debía ser aprehendida como una manifestación cultural permeada por las edades Antigua y Media, en una especie de continuidad. En *2. Another Model: Divided Europe* Moretti establece que, por otro lado, para el francés Guizot, protestante, lo que caracterizaba a Europa era la disparidad de idiomas y costumbres.[6] Hay otros paradigmas que el autor enumera en este ensayo y sólo nos recuerda que el tema de la necesidad de creación de comunidades globales, regionales y subregionales, entre otras, es objeto de análisis y a veces se vuelve una necesidad geopolítica, aquí y doquiera.

Sin embargo, se puede concluir que hoy, con las proclamas de la globalización y tantos otros esfuerzos por adoptar en el espacio público, y por lo tanto en lo que se considera el mundo de la vida, la noción de que una sola cultura atraviesa el firmamento, sin disidencias, esto es, basada en los mismos valores, ha tenido éxito entre unas nuevas generaciones que optan por lo cosmopolita, a veces alardeando de hipótesis nativistas, en errática actualización del axioma de León Tolstoi. Por lo tanto, la idea preconcebida del latinoamericanismo se presenta ambiguamente arrinconada: de un lado se consolidó una versión de la espiritualidad romántica del ser latinoamericano (a veces incluso en la academia) y del otro una vivencia global airosa. Pero de igual manera este tipo de universalismo no es nuevo,[7] y si en la época de la colonización española la catequesis era su estrategia, en el decenio de 1960 la comunicación de ideas en América Latina, luego de la decisión de Cuba de proclamar el carácter socialista de la Revolución a partir de las crisis de Bahía de Cochinos (1961) y de los misiles (1962), se daba a través de una postura de alineamiento, fuera con Estados Unidos, fuera con la Unión Soviética.

4 *Distant Reading*, 2013.

5 *Op. cit.*, p. 3.

6 *Ibidem*, p. 6.

7 Immanuel Wallerstein, *Universalismo europeo. El discurso del poder*, 2007.

Para no irnos al siglo XIX, ya en un congreso en 1923, en México, hubo una discusión de ese talante: ¿los escritores debían seguir los dictámenes de la Revolución en su temática, o no? En aquel entonces habría quien dijera que su prototipo eran las posiciones más cosmopolitas, las que se apartaban de los problemas sociales del país, y no los postulados del realismo revolucionario. Ya la generación de Juan Rulfo (Agustín Yáñez, José Revueltas) tendió a una especie de dialéctica de esas consignas en sus narrativas. En efecto, en el plan del razonamiento social Juan Rulfo coincidió con los argumentos que le parecieron más progresistas de los años sesenta, ya no publicó ficción. Según Alberto Vital el escritor jalisciense dijo que "[...] el pensamiento crítico dominante durante los sesenta ponía un acento muy fuerte en la escritura testimonial, analítica, discursiva, que encontraba su mejor vehículo en el periodismo crítico y el mejor género en el ensayo político, más que en la literatura de ficción".[8]

Juan Rulfo también firmó un manifiesto surgido a partir de las experiencias de los pensadores cubanos que fundaron la Unión de Escritores y Artistas de Cuba (UNEAC) en 1961, lo que promovió el discurso de Fidel Castro al que se le atribuyó el título de *Palabras a los intelectuales*. La alocución era contra la intervención de Estados Unidos en Vietnam. En casa, dejó patente sus posiciones contra la masacre de Tlatelolco de 1968 en el sexenio de Díaz Ordaz y del halconazo de 1971, en el inicio del mandato de Luis Echeverría.[9] De los muchos encuentros a los que fue alrededor del mundo, con énfasis en el de Génova de 1965, Rulfo también asistió a reuniones de escritores regionales cuya intención era la misma que la convocada en Italia: formar una red de intelectuales de América Latina. El Segundo Congreso Latinoamericano de Escritores (ciudad de México-Guanajuato-Guadalajara, 1967), el Congreso Cultural de La Habana (1968) y el Encuentro Latinoamericano de Escritores (Concepción-Valparaíso-Santiago, 1969) fueron algunos de ellos. Cabe el comentario de que la convocatoria de ninguno de estos eventos era explícitamente animada por la mera discusión literaria, sino sobre todo por la cuestión geopolítica, de afirmación de un espacio de resistencia contra lo que, desde Cuba y el resto de Latinoamérica, la Unión Soviética y su radio de influencia, los intelectuales más preeminentes de Francia, Italia, Alemania, entre otros, tildaban de imperialismo norteamericano (recuérdese, nada más para comentar dos nombres, el compromiso del francés Régis Debray y del brasileño Irineu Guimarães,

8 *Noticias sobre Juan Rulfo. La biografía: 1762-2016*, 2017, p. 300.
9 *Op. cit.*, p. 314.

junto con el Che en la lucha armada del continente, especialmente en Bolivia en 1967, cuando los dos primeros fueron apresados y el último asesinado). Esa era la agenda del debate cultural. Por ejemplo, Fuschini recoge citas de José Donoso acerca de sus conversaciones con Carlos Fuentes en el congreso chileno de 1969, que establecía una posición acorde a la de Fidel.[10] Según él, el escritor mexicano afirmó que después de la experiencia cubana él tenía el compromiso de anteponer públicamente la política a la literatura. En su momento, el químico e intelectual argentino Arnaldo Orfila Reynal, que dirigió la editorial Fondo de Cultura Económica (FCE), ideó una colección de escritores iberoamericanos que luego se consolidaría en Tierra Firme, Biblioteca Americana, Letras Mexicanas, entre otras y, finalmente, fundó en México la influyente editorial Siglo XXI en 1965. Se trataba, pues, de la manera en que Latinoamérica se insertaba en el referido debate de la poscolonialidad en el plano institucional. Sin embargo, Gustavo Lins Ribeiro, para diferenciar la condición de América Latina de la nueva circunstancia del poscolonialismo de África y de Medio Oriente, calificó el fenómeno regional de postimperialismo.[11]

Conviene hacer dos últimos comentarios. Ese horizonte de interpretaciones posibles desplegado por la conjunción geopolítica del período posterior a la Revolución Cubana, es decir, con ese nuevo vínculo a lo social, los textos de Juan Rulfo, que figuran un mundo al que se le puede instaurar una genealogía estilística compleja, como los clásicos, actualizó sus ofertas tropológicas y se adecuó al nuevo régimen representativo, lo que demuestra la inteligencia de sus obras. Se observa esto en el hecho de que los lectores, con la facilidad catártica y mimética provocada por la abigarrada trama estilística del autor, nos imaginamos hasta hoy en el estado de cosas de sus diégesis la urgencia de los temas que las Ciencias Sociales establecieron en los años sesenta: la realidad del campo mexicano de la posrevolución vernácula y, por antonomasia, del campo de los países latinoamericanos, aunado al contexto del conjunto de propuestas resultantes de la Revolución Cubana. Desde las posiciones de lectura tanto de un mero aficionado como la de un crítico con formación se fijó, por la problemática diegética de sus textos, una tendencia algo distraída a establecer analogías entre la situación campesina e indígena en México con la de los demás países de Latinoamérica. Esa interdependencia de proyectos de lecturas vinculados a las mediaciones sociales de otra índole (que no la estéticamente direccionada),

10 Germán Albuquerque Fuschinni, "La red de escritores latinoamericanos en los años sesenta", *Revista Universum*, 15, 2000, pp. 337-350.

11 Gustavo Lins Ribeiro, *Post-imperialism: A Latin American Cosmopolitics*, 2005.

suscitó un fenómeno de procesos de textualidad que llevaba, desde las dos tipologías de lectores, a una consecuencia del tipo grado cero, casi como si el virtuosismo poético de nuestro autor se volviera, en aquel momento, para buena parte del lectorado, del *readership*, un informe técnico. Se pueden justificar productivamente las dos posturas.

Para los lectores no profesionales, había en el volumen de cuentos de Juan Rulfo (*El Llano en llamas,* 1953) y en la novela (*Pedro Páramo,* 1955) una especie de intersección mínima con la información extraliteraria del período que permitía la fruición de este flanco de su obra por la adopción de este cariz de interpretación. Ya en una parte de la fortuna crítica de Juan Rulfo el cuadro geopolítico se vuelve tan ostensible que se nota también una propensión a olvidar los relevos que el proceso literario forma en comparación con la experiencia de la observación desnuda que se tiene del mundo sensible. Los mismos intelectuales que habían forjado a lo largo de dos siglos las figuras sociales del orbe burgués, luego acuñadas por una teoría de la literatura de sesgo materialista, las abandonaron: 1) el lector de narrativas y 2) el género literario de la novela. Un puñado de argumentaciones de alguna crítica de entonces se desvía de las modalidades de formación de mundo propias del lenguaje literario y se fija en las consecuencias morales de las acciones de los personajes como si hubiera alguna *demanda social física* en sus historias. *Grosso modo*, la cosmovisión que se adivina en los personajes los hace identificables mediante un dispositivo de comparación con los tipos humanos de un México de hecho invisible desde las capitales, incluso el retratado por una parte de las fotografías del mismo Juan Rulfo. No suscita curiosidad cómo ese modo de vincular ambas dimensiones logró nombrar el tenso período con el sobrio pero polisémico epíteto de *Guerra Fría*.

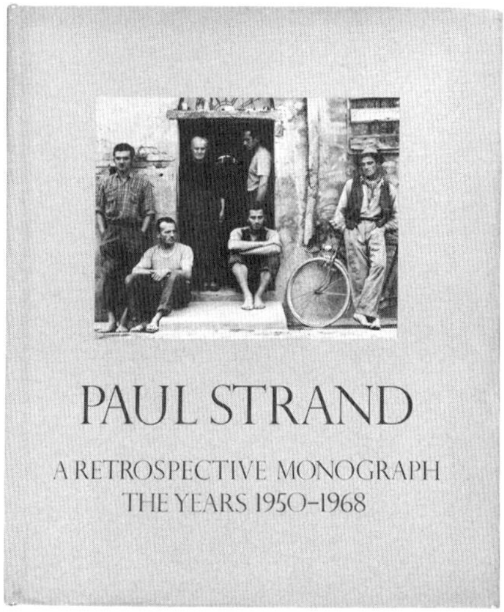

Libro sobre la fotografía documental, *Reality Recorded*, 1974. Se conserva en la biblioteca de Juan Rulfo.

Segundo volumen del libro monográfico dedicado a Paul Strand, 1972. Biblioteca de Juan Rulfo.

Libro monográfico dedicado al fotógrafo Brassaï, 1952. Biblioteca de Juan Rulfo.

Revista *Mapa* número 194, de enero de 1952. Único número del que Rulfo fue editor y en el que publicó el texto "Metztitlán" y una versión breve de "Castillo de Teayo", así como fotografías suyas de ambos lugares y algunos sitios más. La fotografía de la portada igualmente es de Juan Rulfo.

9 Las fotografías de Juan Rulfo

ANDREW DEMPSEY

Las imágenes, para Rulfo, serían los cimientos sobre los que se construyen los recuerdos.

Víctor Jiménez[1]

Introducción

Algunas de las imágenes fotográficas más sorprendentes de Juan Rulfo son de los patios de los ferrocarriles de la Terminal del Valle de México. Las tomó en un corto período de tiempo, cuestión de días, en 1956, en compañía del director de cine Roberto Gavaldón, quien estaba haciendo un documental sobre el mismo tema comisionado por Ferrocarriles Nacionales de México. Aunque varias de las fotografías de Rulfo se usaron en aquella época en una revista de ferrocarriles para pasajeros,[2] no se publicaron en su totalidad sino hasta 2014 en la monografía *En los ferrocarriles*,[3] que posteriormente se presentó en el Festival de Fotografía de Arles en 2016. Fue este libro el que por fin atrajo la atención de la comunidad fotográfica hacia la obra de Juan Rulfo, el fotógrafo. Hubo muchas publicaciones y exposiciones previas, pero no sería una imprecisión decir que su éxito dependió del considerable renombre, nacional e internacional, de Rulfo, el escritor.

La publicación de las fotografías de los ferrocarriles fue seguida en 2017 de la exposición y la publicación de *El fotógrafo Juan Rulfo*,[4] y en conjunto constituyen por mucho el recuento más completo de la fotografía de Rulfo en la actualidad. Esta muestra se hizo en un espacio adecuado para tener en cuenta la obra fotográfica de Rulfo (que se vincula con tantos aspectos

1 "Sólo son imágenes", en *100 fotografías de Juan Rulfo*, 2010, p. 8.
2 En la revista de Ferrocarriles Nacionales, *Ferronales*, julio de 1956.
3 Juan Rulfo, *En los ferrocarriles: fotografías/photographs*, 2014.
4 *El fotógrafo Juan Rulfo*, 2017.

de México), el Museo Amparo en la ciudad de Puebla, un museo de arte, antiguo y moderno, cuyo programa enfatiza el período moderno en todos los medios. No hubo duda de que el fotógrafo Juan Rulfo ya no necesitaba la mano del escritor Juan Rulfo.

Este acercamiento constituye un breve panorama general de la fotografía de Juan Rulfo y su recepción a lo largo de su vida, y posteriormente, por medio de las exposiciones y publicaciones. Incluye un ejercicio preliminar para situar a Rulfo en el mundo de la fotografía, al igual que un breve comentario de las veinte fotografías seleccionadas para acompañar este texto.

Una breve historia

> *"[...] viajando seguí sacando fotos. Saqué muchos templos que los jesuitas hicieron construir a los indios; esos templos derruidos algunos y derrumbados que se encuentran en los caminos y en las llanuras de mi tierra. Saqué, fundamentalmente, motivos naturales y traté de mostrar a mi gente, de mostrar aquella tradición oral que dice: 'Pobre México, tan lejos de Dios y tan cerca de Estados Unidos'".*
>
> Juan Rulfo, 1982[5]

Rulfo comenzó a tomar fotografías en la década de 1930. Las primeras fotografías que conocemos son del pueblo de San Gabriel y la comunidad de Apulco, los dos lugares donde creció en el estado de Jalisco. Así vemos que, desde el comienzo, el paisaje y, con mucha frecuencia, los lugareños, estuvieron entre sus principales temas fotográficos.

Rulfo nunca imprimió sus propias fotografías (quizá debido a la escasez de recursos en sus primeros años), aunque conservó los negativos e impresiones con cierta intención de cuidado. Su interés en el medio se hace evidente observando su creciente colección de libros y revistas de fotografía, que llegaron a sumar alrededor de 700 volúmenes al final de su vida.

Los años de trabajo entre la ciudad de México y Guadalajara, su cortejo a Clara Aparicio y los viajes a los estados del centro de México antecedieron la primera publicación de once de sus fotografías en la prestigiada revista literaria *América* en 1949, la misma que había publicado sus primeros cuentos.

5 *El fotógrafo Juan Rulfo*, p. 303.

Para entonces se había convertido en un fotógrafo "*amateur*" consumado, que inicialmente usaba una cámara que producía negativos de 4 x 4 centímetros, y posteriormente una Rolleiflex Automat de 6 x 6 centímetros, recién introducida al mercado mexicano. La "Rollei", con su característico visor, hacía que el usuario bajara la vista para enfocar y encuadrar en lugar de ver al sujeto. El hecho de que no hubiera necesidad de ver directamente a sus sujetos –sin tener que imponerles la cámara– convino al temperamento de Rulfo como fotógrafo, a su famosa "discreción". Le permitió acercarse a ellos, en especial a las mujeres en los poblados y mercados, y tomar fotografías de una naturalidad notable. También pudo haber sido la razón por la que fue un fotógrafo de niños tan refinado.

El cambio de cámara evidenciado por el cambio de negativos es un indicio para datar y separar la obra temprana de Rulfo de su trabajo más sustancial y más *profesional* de los años cincuenta y principios de los sesenta. Sin embargo, el uso de los términos *amateur* y *profesional* no es del todo útil. Rulfo siempre fue un fotógrafo *amateur*, aunque siempre estuvo a punto de convertirse en profesional, y, de hecho, a medida que avanzaba la década de los cincuenta, sus imágenes comenzaron a publicarse más en algunas revistas.

Rulfo trabajó para la compañía de llantas Goodrich-Euzkadi desde principios de 1947 hasta finales de 1951. El Centro Mexicano de Escritores le otorgó una beca en septiembre de 1952. Su libro de cuentos *El Llano en llamas* se publicó en 1953 y su novela *Pedro Páramo* en 1955. Antes de dejar la Goodrich-Euzkadi, Rulfo ya había publicado textos y fotografías en *Mapa: Revista de Automovilismo y Turismo* (financiada por Goodrich-Euzkadi). Esta fue la primera publicación *comercial* de sus fotografías. En 1954, entre la publicación de sus dos libros, hizo impresionantes fotografías publicitarias para la compañía de danza de Magda Montoya; nuevamente, algunas de estas se publicaron en aquella época.

Tras la publicación de *Pedro Páramo* hubo una interrupción en la escritura de Rulfo, pero se dio un verdadero auge en su fotografía. Tomó fotografías mientras trabajaba (1955-1957) para la Comisión del Papaloapan (un proyecto gubernamental para mejorar las condiciones de vida de las comunidades que habitaban en las riberas del río Papaloapan, en los estados de Oaxaca, Veracruz y Puebla); mientras fungía como asesor histórico (otoño de 1955) durante la filmación, en Tlaxcala, de la película *La Escondida*, dirigida por Roberto Gavaldón, y, a principios de 1956, como ya se mencionó, de las nuevas terminales ferroviarias de la ciudad de México.

Muchas de las fotografías resultantes de estos trabajos o comisiones se publicaron en aquel momento o después en la revista de Anita Brenner,

Mexico This Month (1958-1960), la guía *Caminos de México* (1958) y la revista *Sucesos para Todos* (1963-1964), de Raúl Prieto.[6]

En 1960, Rulfo se fue a vivir a Guadalajara con su familia para trabajar en la televisión local. Fue en Guadalajara, unos pocos meses después de su llegada, cuando realizó la primera de sus dos exposiciones fotográficas individuales: veintitrés de sus fotografías se expusieron en la Casa de la Cultura de Guadalajara por iniciativa de Víctor Aráuz, propietario de una tienda local especializada en cámaras. Suponemos que Rulfo mismo hizo la selección de obra –que concentra sus fotografías más personales de paisaje y arquitectura, y excluye el trabajo "comisionado" de los cincuenta, a excepción de las fotografías de danza de la compañía de Magda Montoya. Esto es sorprendente, en retrospectiva, ya que las imágenes del Papaloapan que tomó en el estado de Oaxaca en compañía del fotógrafo y cineasta alemán Walter Reuter, las que tomó en el *set* de *La Escondida* y las de las terminales de trenes de la ciudad de México, incluyen muchas de sus imágenes más celebradas.

En esta época, en la que cobraba cada vez más fama como escritor, Rulfo participó en la producción de películas que adaptaban sus cuentos y, más importante aún, en el cine experimental como escritor de "El despojo" (Rafael Corkidi y Antonio Reynoso, 1964) y "La fórmula secreta" (Rubén Gámez, 1964). En 1962 comenzó a trabajar para el Departamento de Publicaciones del Instituto Nacional Indigenista (INI). Ésta sería la principal actividad (además de los viajes constantes y presentaciones asociadas con su fama como escritor) de la última parte de su vida. Muy pocas fotografías datan de este período.

El 30 de septiembre de 1980, Rulfo fue objeto de un Homenaje Nacional en el Palacio de Bellas Artes, en la ciudad de México. Este evento estuvo acompañado de una exposición en las galerías del Palacio. La publicación del libro *Homenaje nacional*[7] con textos de colegas escritores como Carlos Fuentes, Gabriel García Márquez, Elena Poniatowska y otros, reprodujo cien de las fotografías de Rulfo. La relación entre la exposición y la publicación no es muy clara. Sabemos que la presentación física de la muestra, la instalación, estuvo a cargo del museógrafo mexicano Fernando Gamboa. Las imágenes de la instalación muestran que parte de la exposición estuvo integrada por el trabajo de otros, no sólo fotógrafos, sino

6 Para mayores detalles al respecto, véase el artículo de Paulina Millán, "La difusión inicial de las fotografías de Juan Rulfo (1949-1964)", en Jorge Zepeda (coord.), *Nuevos indicios sobre Juan Rulfo: genealogía, estudios, testimonios*, 2010, pp. 91-133.

7 *Juan Rulfo: Homenaje nacional*, 1980.

también de artistas como Diego Rivera. El artista Vicente Rojo fue quien diseñó la publicación, y en algunas fotografías aparecen Rojo y Rulfo observando las impresiones esparcidas sobre una mesa. En esta publicación se utilizaron impresiones existentes, mientras que para la exposición se usaron impresiones de al menos dos distintos tamaños. Es probable que Nacho López fuera el impresor de las fotografías para esta exposición. Cuando López devolvió los negativos a Rulfo en una carpeta con la leyenda "Juan Rulfo, fotógrafo", Rulfo respondió, en una cita que se hizo famosa: "Yo no soy fotógrafo", que como todo con Rulfo es una cita cierta y al mismo tiempo engañosa.

Una omisión importante de las fotografías en el libro y la exposición fue la de sus fotos de arquitectura (que quizá sumen la mitad de su obra como fotógrafo). En aquel entonces, estaban en manos de Víctor Jiménez, arquitecto y amigo de Rulfo. Ambos estaban considerando hacer una exposición que Jiménez pudo concretar en 1994, en el mismo Palacio de Bellas Artes, con el título *Arquitectura de México: fotografías de Juan Rulfo*.

Sin duda, el libro y la exposición del Homenaje Nacional fueron las presentaciones más importantes de las fotografías de Rulfo a lo largo de su vida (el libro también se publicó en inglés en 1983, con algunos cambios, bajo el título de *Inframundo: The Mexico of Juan Rulfo*) y, después de su reconocimiento oficial, las fotos de Rulfo también se presentaron en París y Berlín en los ochenta, al comenzar los años de una itinerancia "oficial" antes de que finalmente regresaran a la familia en 1998.

A pesar del alto perfil de la forma en que se divulgaban, las fotografías continuaron siendo vistas y presentadas como las de un escritor, una posibilidad excepcional de ver directamente, a través de sus ojos, el mundo de las ficciones de un escritor célebre.[8] Una consecuencia de esta interpretación fue que las fotografías de Rulfo se volvieron parte de la presentación de México en el extranjero (*México: Juan Rulfo fotógrafo*)[9] de una forma que no era la más informada sobre la naturaleza radical de su ficción ni pertinente para entender su fotografía.

---

8 Para una opinión opuesta sobre la relación de las fotografías de Rulfo con el cine, la fotografía y el arte mexicano, véase el artículo de Monique Sarfati-Arnaud, "El otro mundo en blanco y negro de Juan Rulfo", *Revista Canadiense de Estudios Hispánicos*, XXII, 2, Invierno 1998, pp. 381-396.

9 Título del libro y la exposición que produjo Lunwerg Editores, que circuló internacionalmente durante varios años a partir de 2001.

Las veinte fotografías

Este acercamiento viene acompañado de veinte fotografías. A continuación, una reflexión sobre su selección. He tratado de encontrar un equilibrio entre la inclusión de la gama de las fotografías de Rulfo –"comisionadas" y personales; retratos y paisaje y arquitectura, vida rural (si es que eso sirve para describir brevemente el que a mi parecer es su gran tema)– y las que son, en mi opinión, algunas de sus imágenes icónicas. Si la selección fuera propiamente representativa, al menos diez de las veinte imágenes serían de tema arquitectónico, dado que sabemos que ese aspecto constituye la mitad del archivo. Admiro las fotografías de edificios de Rulfo, los antiguos, los coloniales y los modernos, y pueden usarse en secuencia para presentar una fuerte imagen de continuidad –el brutalismo comienza en el período precolombino y se prolonga en aquellas iglesias coloniales fortificadas y en los edificios de concreto de mediados de siglo de la ciudad de México. Y no sólo eso, muchas de sus fotografías arquitectónicas tienen un sentido tangible del tiempo, del presente y del pasado. Uno puede leer en los muros el paso del tiempo, a medida que el presente retrocede hacia un pasado que podría remontarse cien o quinientos años o un milenio. Sin embargo, veinte fotografías es una cantidad restringida, y nos obliga a elegir. Mi selección incluye sólo tres imágenes de tema arquitectónico, tal vez cuatro si incluimos un muro de adobe monótono en algún lugar de la ciudad de Guadalajara que no se conecta con nada ni va a ninguna parte y a lo largo de esta progresión serpenteante es como una especie de columna interminable; resulta increíble que un tema tan simple pueda fijarse de forma tan indeleble en la mente.

Las imágenes de las terminales de trenes tienen una composición brillante, muchas tienen una calidad abstracta que las relaciona con los temas arquitectónicos de Rulfo; podrían ser parte de la misma continuidad, e implican la misma desatención por la humanidad, ya que algunas de las imágenes dejan claro cuando la cámara de Rulfo se mueve entre los rieles hacia la gente que vive entre toda esta planeación urbana, toda esta geometría. La selección de las obras pertenecientes a las vías férreas es de una abstracción excelente, con una imagen que muestra a un grupo de mujeres que toman agua de una de las máquinas, ¡un tema tan característico de Rulfo! A continuación la "película" fotográfica se aquieta, en especial en las imágenes que capturó (1955) en el set de *La Escondida*, un largometraje con dos actores famosos, María Félix y Pedro Armendáriz. El guión de la película es de Miguel N. Lira, a quien Rulfo retrató durante la filmación de la misma, y que forma parte de mi selección. Sin embargo, es un retrato doble, la segunda figura enriquece la imagen, puesto que ambos hombres se complementan uno al otro. Rulfo amaba esos acoplamientos. Las mujeres con sus granos de café, en una de las imágenes del Papaloapan, son otro ejemplo de ello. El *Jinete* que cae y la vieja –que solía llamarse la *Anciana de Apan*– también tienen una doble vida, ambos son actores o "extras". Las imágenes tienen tal veracidad que se han confundido con la vida real, con imágenes espontáneas. Varias de las fotografías del set de grabación de *La Escondida*, como señaló Dylan Brennan,[10] se han usado como reproducciones de las guerras revolucionarias.

Las imágenes de Rulfo de la vida "rural" son lo opuesto a lo arcadiano, el mundo que representan es de pobreza, de vidas que apenas subsisten en una tierra inhóspita, de ausencia –los poblados están habitados por mujeres y niños, los hombres son migrantes económicos si no es que han sido afectados por las guerras–, migración, despoblación, que son un importante tema rulfiano. Estas imágenes –la vieja en la entrada de un pueblo; la niña que corre por una arcada ruinosa; las mujeres mixes que trabajan en el campo; las jóvenes y los niños que caminan por unos edificios de cruda blancura– tienen tanta compasión, tanto sentimiento: no todo es desolación; están las celebraciones, las danzas, la música, como la famosa imagen del escenario de los músicos donde sólo se ven los instrumentos y una segunda imagen en la que hay un niño de pies descalzos junto a una tambora. ¿Cómo decidirse entre estas dos imágenes? Me pareció imposible e incluí ambas.

Hay dos retratos personales, el del escritor Efrén Hernández (un colega de Rulfo en sus primeros años de trabajo en la Secretaría de Gobernación), quien se volvió su mentor literario y amigo, y el de la esposa de Rulfo, Clara Aparicio, a quien Rulfo cortejó más mediante cartas que en persona. Las cartas que le escribió constituyen un repaso muy atractivo de los primeros años de Rulfo[11] y el retrato también es una carta de amor. Roberto Fernández Balbuena y Elvira Gascón fueron otros amigos del matrimonio Rulfo, y su hija Alicia se ve, en otra imagen, bajo imponentes ahuehuetes.

10 Dylan Brennan, "The Mexican Revolution: As Photographed by Juan Rulfo", en Dylan Brennan y Nuala Finnegan (eds.), *Rethinking Juan Rulfo's Creative World: Prose, Photography, Film*, 2016, pp 123-161.
11 *Aire de las colinas: Cartas a Clara*, ed. de Alberto Vital, 2000.

Rulfo y el mundo de la fotografía

La misión del fotógrafo es entregarnos objetivamente la verdad, ya sea cruel, hermosa o inhumana de una sociedad que todos hemos construido fatalmente a nuestro alrededor.

Juan Rulfo, en un ensayo sobre su amigo y colega fotógrafo Nacho López[12]

Rulfo aparece en dos recuentos recientes de fotografía en México, *Fuga mexicana: un recorrido por la fotografía en México* de Olivier Debroise, originalmente publicado en 1995 y que se reeditó en inglés en 2001,[13] al igual que *A History of Photography in Mexico* de Amanda Hopkinson (que está por publicarse).[14]

La referencia en el volumen de Debroise, en el que no se incluyen imágenes, está en un capítulo sobre paisaje ("Pastorale", el libro tiene una estructura excéntrica, pero original) y bajo el subtítulo "Recuerdos de la Media Luna", es breve y se refiere a Juan Rulfo el escritor y su exposición en el Palacio de Bellas Artes en 1980, donde hace énfasis en los vínculos entre las imágenes y las ficciones, pero también sugiere que podría ser resultado de "la selección de Fernando Gamboa".[15]

El relato de Amanda Hopkinson transmite algo de la importancia de Rulfo como una figura cultural. Rulfo aparece en un capítulo titulado "Modernism and Modernisation" donde comienza hablando de él (las fotografías de un escritor), pero da un giro desde la provincia, el mundo de las ficciones de Rulfo, a la ciudad, el sitio principal de la "modernización" de México y el contexto para los fotógrafos de mediados de siglo. Esto sitúa a Rulfo entre sus colegas fotógrafos, en especial Antonio Reynoso (1919-1996) y Nacho López (1923-1986). Rulfo pasó su vida entre las ciudades de Guadalajara y México. Pensar en él como alguien que mira hacia afuera desde la ciudad es una perspectiva interesante, aunque la importancia de sus primeros años en el "altiplano" no se puede subestimar.

12 "Fotografías de Nacho López. De cuántas amarguras está hecha la vida", *Tiempo Libre*, I, 47, 5-12 de abril de 1981, p. 21.

13 Olivier Debroise, *Mexican Suite: A History of Photography in Mexico*, 2001.

14 Amanda Hopkinson, *A History of Photography in Mexico*, Reaktion Books, London, de próxima publicación (2018). La autora tuvo la amabilidad de enviar un borrador del capítulo en cuestión al autor de este ensayo, en noviembre de 2016.

15 *Mexican Suite*, pp. 70-71.

Ensayos tentativos, pero interesantes, han buscado afinidades entre las fotografías de Juan Rulfo y dos importantes fotógrafos norteamericanos. Daniele de Luigi, quien compara las personalidades fotográficas de Walker Evans y Rulfo, escribe que: "Encontramos en este gran artista estadounidense y en Rulfo la misma búsqueda de un estilo elegante, sencillo e incisivo, la misma conciencia política disfrazada de neutralidad, la misma conciencia de los límites de la fotografía." Y posteriormente cita el comentario de Walker Evans: "Soy un hombre de literatura".[16]

Víctor Jiménez, en el libro de la exposición del centenario en Puebla, explora las "correspondencias" entre las fotografías mexicanas (y la película *Redes*, 1936) de Paul Strand y algunas imágenes de Rulfo.[17] Jiménez ilustra algunas comparaciones reveladoras entre ambos, ya sea de fotografías sobre el mismo motivo (la iglesia en Actipan) o la composición de paisajes (en este caso, las de Rulfo preceden a las de Strand) de una manera espectacularmente similar. Como señala Jiménez, hubo libros de fotografías de Strand en la biblioteca de Rulfo y tales correspondencias, no siempre tan visualmente evidentes, es probable que hayan sido resultado del interés de Rulfo en el mundo de la fotografía no sólo como practicante, que se sobrepone en tiempo y lugar con Strand, sino consciente del lugar crucial que México, su país, tuvo como sitio en la historia de la fotografía de mediados de siglo.

Hay que hacer mención aquí de Manuel Álvarez Bravo (1902-2002), cuya participación fue de gran importancia en esta historia. Sus vínculos con Rulfo todavía tienen que investigarse de manera adecuada. Se conocían: hay un retrato de Rulfo por Álvarez Bravo que data de finales de la década de 1940 y una hoja de impresiones de contactos de Álvarez Bravo tomadas por Rulfo que probablemente corresponde a un momento posterior a la publicación de los cuentos y novelas del escritor, la etapa de su (renuente) fama cuando se movía en los círculos literarios. En este período, Rulfo hizo excelentes retratos de Juan José Arreola, Elena Garro, José Gorostiza, Efrén Hernández y Octavio Paz. Sin embargo, hasta donde sabemos, no hubo una amistad especial entre Álvarez Bravo y Rulfo y se sospecha que Rulfo se sentía incómodo en los círculos fotográficos, al igual que en el mundo social de la literatura.

La presencia de Rulfo en un campo de la fotografía, el mundo de los museos, los coleccionistas, las galerías privadas y las casas de subastas, es limitada, claro está, ya que casi la totalidad de su producción fotográfica,

16 Texto completo incluido en *100 fotografías*, pp. 16-19.
17 El texto íntegro se encuentra en *El fotógrafo Juan Rulfo*, pp. 229-237.

impresiones y negativos, está en manos de la fundación familiar que lleva su nombre. Las impresiones "antiguas" o de edición en circulación son pocas o nulas y eso explica hasta cierto punto su bajo perfil en el mundo de la fotografía.

El epígrafe de esta sección, tomado de la presentación que hizo Rulfo de una exposición (en 1981) de su amigo el fotógrafo Nacho López, es de un Rulfo que escribe no tanto como colega fotógrafo, sino como alguien posicionado como una figura cultural. El siguiente pasaje es de otra presentación, para otro maestro del medio, Henri Cartier-Bresson, de una exposición fotográfica de sus imágenes mexicanas en París en 1984: "Si se toma en cuenta que hay 53 grupos étnicos con lenguas y costumbres bien definidas, no debe considerársele como una rémora, sino un gran aporte pluricultural que forma parte integrante del país [...]".[18] Nuevamente, escribe partiendo de un contexto cultural más amplio; específicamente, quizá, uno que refleja sus veinte años en el Instituto Nacional Indigenista. Seguramente también demuestra en parte cómo veía él la forma en que la fotografía, al igual que la pintura antes de ella, podía reflexionar sobre tantos aspectos del mundo. Puede que Rulfo haya desestimado su propia contribución en esto, la función más amplia de la fotografía; sin embargo, otros pueden pensar que no es tan insignificante.

Escritor, fotógrafo... e historiador

> *La realidad no me dice nada literariamente,*
> *aunque pueda decírmelo fotográficamente [...].*
> *Además, cuando yo tomaba fotografías no pensaba*
> *en la literatura, son dos géneros muy diferentes.*
>
> Juan Rulfo[19]

Esta cita de Rulfo es muy directa. Marca los límites; el escritor está, en definitiva, separado del fotógrafo. Está claro cómo estas dos personas "separadas" deben estar conectadas hasta cierto nivel, aunque entendemos que

18 El texto íntegro se incluye en *100 fotografías*, pp. 22-23.

19 Cristina Pacheco, "'Ni el éxito me importa, ni la mala fama me preocupa...' Juan Rulfo, más allá de la vida", *Siempre!*, 1567, 6 de julio de 1983, p. 138. Citado por Jorge Zepeda en su introducción a *El fotógrafo Juan Rulfo*, p. 18. Esta cita también aparece en la contraportada del libro.

el vínculo no es directo; la gente sobre la que escribe no es la gente que fotografía; los lugares que fotografía no son los lugares de su ficción.

Hay un territorio en que la escritura y las fotografías de Rulfo sí se conectan directamente. En 1952 publicó, en *Mapa* (la revista de automóviles), dos breves textos acompañados de sus propias fotografías, del Castillo de Teayo, un sitio precolombino, y los edificios coloniales de Metztitlán, "Lugar junto a la luna".[20] Textos de este tipo –inspirados en su mayor parte en historias de la arquitectura, aunque con añadiduras e importantes eliminaciones, a cargo del mismo Rulfo– se publicaron en el libro *Letras e imágenes*, compilado por Víctor Jiménez y publicado en 2002.[21] Estos textos dan contexto a las fotografías "arquitectónicas" de Juan Rulfo, algunas descriptivas, otras atmosféricas y otras más, como señala Jiménez, que hacen eco de los lugares descritos en sus ficciones. Este es un Rulfo tan historiador como escritor o fotógrafo, y quizá en el último período de su vida, trabajando como editor del Instituto Nacional Indigenista, el historiador salió a la luz.

Esta combinación de escritor, fotógrafo e historiador es una de las razones por las que Rulfo se nos escapa tanto como persona. Normalmente es al escritor de ficciones al que damos un lugar aparte. El fotógrafo y el historiador parecen tener más en común. A pesar de ello, las fotografías pueden entrar o alcanzar el mismo plano elevado que las ficciones. Pienso aquí en las imágenes que capturó en la tierra de los mixes en Oaxaca, en compañía de Walter Reuter, y en lo que uno de los contemporáneos de Rulfo, el fotógrafo Héctor García, dijo sobre ellas: "Las fotografías [...] de esa orquesta en la cual no hay músicos, en la cual el viento es el cielo [...] son unas fotografías de orden metafísico. Cuando él fotografía esas nieblas entre esas ruinas nos está hablando también de los espíritus que habitan esos lugares, esas casas que ya no existen más".[22] Héctor García fue fotógrafo de la realidad. No podría haber mejor elogio que el hecho de que haya visto algo totalmente distinto de sus propias preocupaciones en las fotografías de Juan Rulfo.

Y hay otras grandes imágenes: las tres mujeres que revuelven la tierra estéril, las dos niñas que vierten granos de café en sacos, ambas en la región mixe de Oaxaca; el retrato de Miguel N. Lira y su acompañante; el muro

20 Reproducido en *El fotógrafo Juan Rulfo*, pp. 88-90 y 94-96. El primero está firmado por él y el segundo aparece bajo el pseudónimo "Juan de la Cosa".

21 Juan Rulfo, *Letras e imágenes*, ed. de Víctor Jiménez, 2002.

22 Héctor García, Rogelio Cuéllar y Luis Miguel Rodríguez, "Fotografiar a Juan Rulfo", en Dante Medina (ed.), *Homenaje a Juan Rulfo*, 1989, p. 298.

de adobe en Guadalajara; la vieja en la puerta (tomada desde el interior de la casa y no desde la calle); la niña que corre por unos portales en un pueblo desconocido de Jalisco (hay tantas imágenes maravillosas de niños); los músicos de Jalisco (la interpretación musical era un tema favorito); la pirámide precolombina de Cempoala con su misteriosa emanación de nubes como mechones...

Rulfo poseía el que parece ser un sentido nato de la composición, del enmarcado, si bien me parece que en parte fue aprendido, como resultado de su educación autodidacta de la mirada. Coleccionaba imágenes que recortaba cuidadosamente de revistas, y con el mismo cuidado las almacenaba en carpetas o cajas, de la misma forma en la que coleccionaba –volvía a mecanografiar y a escribir– pasajes de escritores a los que admiraba. Sin embargo, más allá de esto, quizá la calidad memorable y perdurable de las imágenes de Rulfo tiene que ver con la forma en la que el ojo conecta con el corazón a través del lente. Es su empatía la que se transmite y deja entrar algo más, el tiempo; son las imágenes como "los cimientos sobre los que se construyen los recuerdos" en palabras de Víctor Jiménez con las que da inicio este ensayo. Los recuerdos implican tiempo, uno está tentado de decir que es el tiempo de los relatos. Quizá hemos regresado al punto de partida, para darnos cuenta de que la literatura y la fotografía son el legado inexplicable de un hombre excepcional.

Traducción del inglés: TXT Language Workshop

0 Veinte fotografías de Juan Rulfo

Retrato de Clara, *ca*. 1948

Efrén Hernández, década de 1950

Miguel N. Lira (derecha) y compañero, 1955

Niño de Oaxaca e instrumentos musicales, 1955

Músicos de Jalisco, *ca*. 1940

Instrumentos musicales, 1955

En la estación de Tacuba, cuatro mujeres y un niño toman agua del depósito de una locomotora, 1956

Locomotora aproximándose en los patios de Nonoalco, 1956

Niña y mujer en Mexicaltzingo, *ca.* 1960

Niña corriendo en un portal, *ca*. 1960

Anciana sentada en el umbral, *ca*. 1950

Pirámide de Cempoala, década de 1940

Barda de adobe, década de 1940

Alicia en el bosque, década de 1950

Mujeres mixes labrando la tierra, 1955

Mujeres descansando, Ayutla, 1955

Mujeres recogiendo café, 1955

Actriz, *La Escondida*, 1955

Cruces en el panteón de Huamantla, *ca.* 1955

Jinete cayendo, *La Escondida*, 1955

1 *El Llano en llamas*

FRANÇOISE PERUS

Los cuentos reunidos por Juan Rulfo bajo el título de *El Llano en llamas* fueron elaborándose entre 1943 y 1953. Varios de ellos aparecieron en las revistas *Pan* y *América*, aunque sólo la primera edición de 1953, por el Fondo de Cultura Económica, llevaba el título de *El Llano en llamas y otros cuentos,* destacando así el más extenso de todos ellos y el único que se refiere explícitamente a la fase armada de la Revolución Mexicana. Deliberado o no, este énfasis acaso sea el motivo de la ubicación de Rulfo entre aquellos narradores que, hacia mediados del siglo pasado, todavía seguían centrando su atención en aspectos de aquel acontecimiento memorable. La supresión de la mención de "otros cuentos" en el título de las ediciones posteriores a la de 1953 no sólo proporciona mayor unidad al volumen; también confiere al conjunto de referencias y a las caracterizaciones de las mismas valores más simbólicos, tanto en el interior del texto como respecto de las posibilidades de la proyección del mismo más allá del contexto de esas referencias. Sin restar relevancia al anclaje de lo relatado en espacios geográficos y tiempos históricos que pueden identificarse, sea por la mención de lugares y figuras específicas, sea por los temas abordados, esta modificación del título invita al lector a reparar en aspectos menos evidentes, aunque más propiamente literarios, de los cuentos reunidos bajo el título de *El Llano en llamas*.

Dichos aspectos –que bien pudieran no ser percibidos como tales a la primera lectura, por cuanto conciernen al "cómo" de la narración antes que al "qué" de la misma– no son puramente secundarios, ni tan sólo ornamentales: se hallan detrás del desconcierto que experimenta cualquier lector de los cuentos de Rulfo, al verse envuelto en mundos cuyos protagonistas no dejan de ser bastante prototípicos y al descubrir, a medida que avanza la lectura, que pese a esta configuración aparente de los personajes, las narraciones no cumplen con ningún esquema previsible. No sólo las tramas están resquebrajadas y diluidas; las acciones aludidas por quien se encuentra narrando suelen pertenecer a un pasado indefinido, y es el sentido mismo de esas acciones el que pareciera haberse convertido en un enigma, hasta para quien estuvo involucrado en ellas y busca ahora, medio a tientas, desentrañar cómo es que se fueron dando, tal pareciera que a pesar suyo.

Estas peculiaridades de la configuración de los mundos ficticios en los que Rulfo invita al lector a involucrarse tienen no pocas implicaciones. Al romper deliberadamente con los hábitos de lectura más acendrados, coartan cualquier intento de reconducción del sentido y la significación de lo relatado hacia lo ya sabido, trátese de sucesos históricos o de esquemas míticos provenientes de tradiciones culturales diversas: judeo-cristiana, greco-latina o prehispánica. Pese a la aparente sencillez del lenguaje de los narradores y los personajes de Rulfo, con demasiada frecuencia confundida con el de los campesinos de la región de Jalisco, no son pocas las reminiscencias –literarias y no literarias– en la narrativa del jalisciense, aunque muchas de ellas quedan todavía por esclarecer con base en el examen detenido de su biblioteca personal, desde luego –muy universal, por cierto, y muy actualizada también para su tiempo–, pero acudiendo también a otras memorias: entre ellas, la de la canción vernácula, de donde provienen varios de los tópicos del imaginario sentimental mexicano, estilizados o parodiados por el narrador jalisciense, o la del idioma cervantino, de la picaresca y del teatro de los Siglos de Oro. Sin embargo, hasta donde lo ponen de manifiesto las imágenes o los elementos míticos más reconocibles –fragmentarios siempre–, estas reminiscencias no están ahí para ilustrar esquemas narrativos previos, sino precisamente para ponerlos en jaque y llevar así al lector a formularse otras y nuevas preguntas acerca de lo que creía saber o conocer.

Dentro de la ficción, estos elementos cobran valores similares a aquellas convenciones narrativas por las que parecieran aprestarse a transitar los narradores de Rulfo, y que ellos mismos se encargan de desbaratar apenas afianzada la atención del lector/auditor. Trátese de la narración "histórica" que suele acudir a la tercera persona gramatical, o de la personal que acostumbra valerse de la primera persona de singular, es preciso reparar con sumo detenimiento en la inestabilidad de los sujetos de esas voces narrativas, cuya atención perceptiva y valorativa suele desplazarse de manera subrepticia de un tiempo a otro, de un espacio a otro, o de una perspectiva a otra, cuando no dar vueltas alrededor del enigma que los atormenta. Los usos de los tiempos verbales, los adverbios de tiempo y lugar y los deícticos de persona constituyen los indicios más notorios de esta inestabilidad y de las interferencias que suelen desviar hacia otro lado –otras preguntas– las convenciones ensayadas de inicio por el sujeto de la enunciación.

El resquebrajamiento deliberado de los esquemas y las convenciones narrativas más establecidas vuelve, así pues, inoperantes las lecturas orientadas hacia la búsqueda de una eventual concordancia –refleja o de homología estructural– entre el mundo real y el de la ficción. No porque el autor postule de entrada la inexistencia de cualquier relación entre uno y otra, sino por cuanto es esta misma concordancia, basada en la ilusión de la transparencia del lenguaje respecto de lo referido, la que se halla cuestionada desde la ficción misma.

En la narrativa de Rulfo, este cuestionamiento de la relación, generalmente dada por natural, entre "las palabras y las cosas" –o mejor dicho entre el, o los lenguajes y lo que designan o expresan– descansa en la puesta en escena del acto narrativo en cuanto tal. Lejos de ser configurados primordialmente como sujetos de acción –a la manera del realismo más tradicional–, los personajes de las ficciones rulfianas suelen ser ante todo narradores, y como tales, figurados en el acto mismo de estar narrando: colocados de pronto ante circunstancias inesperadas –explícitas o no–, estos personajes-narradores se ponen de pronto a recordar, para sí o ante un otro real o supuesto, situaciones en las que se vieron envueltos en el pasado, sin alcanzar entonces a comprenderlas, ni a explicarse bien a bien su participación en ellas. De esta suerte, la forma y el ritmo de estas narraciones, a la par fragmentarias y envolventes, responden a los desajustes de la propia narración entre la historia (los hechos pasados en cuanto tales), el relato (la interpretación que de ellos procura dar a su interlocutor real o virtual el personaje-narrador) y la reminiscencia (el suceso olvidado o soslayado, cuya irrupción intempestiva echa por tierra la coherencia del relato y redefine el valor de los diferentes elementos traídos al espacio de la ficción).

Estos aspectos medulares de la poética narrativa de Rulfo se presentan en cada cuento de manera distinta: desde la composición al parecer más sencilla (la que consiste en el monólogo de un solo narrador-personaje) hasta las que descansan en la yuxtaposición o la imbricación de varias voces enunciativas. Sin embargo, estos diferentes grados de complejidad en el plano compositivo no deben confundir al lector, por cuanto los aspectos que pueden aparecer como repartidos entre varias voces enunciativas en las formas más complejas –entre quien se encuentra narrando, quien lo está escuchando o quien los observa a la distancia– suelen adquirir modalidades más sutiles en los monólogos. Si bien en estos casos el interlocutor no se halla expresamente figurado y la observación del acto narrativo se halla implícitamente delegada en el lector, no por ello el monólogo deja de ser internamente dialogizado y marcado por la inestabilidad perceptiva y valorativa del sujeto de la narración. En todos los casos –los de composición sencilla como los más complejos–, corresponde al lector compenetrarse con la actividad concreta desplegada por quien se halla detrás de la voz enunciativa y con los desplazamientos subrepticios de su atención, reparando en la índole de los vínculos que establece, sea con la imagen del otro (o de los otros) que tiene en mente, sea con la voz de este otro (de estos otros) cuando ésta alcanza a manifestarse con plena autonomía respecto de la suya propia. Esto por cuanto es, precisamente, en torno a estos desplazamientos extremadamente sutiles entre la mirada y el oído –a sus asociaciones metafóricas y metonímicas o a sus contraposiciones– que se juegan los desconciertos del lector y la asunción del acontecimiento narrativo propiamente dicho; vale decir, el anudamiento y el redespliegue de los significados ensayados en el transcurso del incierto proceso rememorativo.

En los cuentos de Rulfo como en su novela –cuya elaboración no es sucesiva sino paralela a la de los cuentos–, la búsqueda deliberada de los modos de desconcertar al lector no ha de entenderse como mera apelación a procedimientos vanguardistas, reforzados por descripciones cuyo valor metafórico y despliegue narrativo proporcionan claves de lectura que suplen hasta cierto punto la ausencia de una trama claramente delineada. Responde a una concepción del arte de narrar anclado, por una parte, en una fina compenetración con aquella actividad cotidiana propia de todos y cada uno –de ahí la marcada impronta oral y no sólo popular de su ritmo–; y por otra parte, en una poética muy deliberada entendida como modalidad específica de intervención activa en la cultura de su tiempo. De esta conjunción muy peculiar de lenguajes vivos y literarios, no ha de desprenderse, desde una perspectiva más antropológica que literaria, que el jalisciense hubiera querido dar voz a quienes supuestamente no la tienen. Literariamente hablando, queda más bien por preguntarse si la estilización ficcional del habla popular vino a enriquecer el lenguaje literario, o si los recursos proporcionados por tradiciones literarias muy diversas no le ofrecieron a Rulfo los medios para desentrañar y potenciar, desde una perspectiva esencialmente crítica, las virtualidades del narrar –popular y no tan popular– al que nos entregamos, o que presenciamos a diario, todos y cada uno. Esta segunda perspectiva podría resultar tanto más pertinente cuanto que la cuestión de la reiteración y transmisión irreflexivas de una herencia de violencias ciegas –multiformes, estériles y vanas– se halla en el centro de la problemática abordada por más de un cuento (y por la novela también), bajo la forma privilegiada, aunque no exclusiva, de la confrontación entre padre e hijo;

o mejor dicho, entre hijo y padre, dejando abierta así la posibilidad de una completa reformulación de este lazo trunco por parte del primero.

Las orientaciones de lectura propuestas pueden verificarse, ampliarse, matizarse, o incluso rectificarse, acudiendo tanto a la edición de *El Llano en llamas* que elaboré para la editorial madrileña Cátedra (2016) como al volumen que titulé *Juan Rulfo, el arte de narrar* (2012). Ambos incluyen una bibliografía amplia y selecta, actualizada al momento de su elaboración y publicación.

Primera edición de *El Llano en llamas*, 1953.

2 La recepción crítica de *El Llano en llamas*

JORGE ZEPEDA

La trayectoria pública de *El Llano en llamas* comienza en 1945. Rulfo ya había escrito su primera novela, *El hijo del desaliento*, proyecto que comenta Efrén Hernández en cartas dirigidas a Rulfo en 1941. De esa primera experiencia en la escritura novelística se salvará solamente el fragmento "Un pedazo de noche", considerado para efectos prácticos como un cuento más dentro de su narrativa. En cambio, en 1945 salió a la luz "La vida no es muy seria en sus cosas" en la edición 40 de la revista *América*, fechada el 30 de junio. Semanas después se publica en la revista *Pan*, de Guadalajara, el primer cuento que será parte de *El Llano en llamas* en 1953. "Nos han dado la tierra" fue recogido también en la revista *América*. A continuación, "Macario", nuevamente en *Pan*, y más tarde en la revista *América* en 1946. *América* publicó, sucesivamente, "Es que somos muy pobres" (1947), "La Cuesta de las Comadres" (1948), "Talpa" (1950), "El llano en llamas" (1950) y "¡Diles que no me maten!" (1951).

Para la edición número 64 de *América*, de diciembre de 1950, Marco Antonio Millán, director de la misma, comentaba que Rulfo tenía más cuentos, inéditos, que aparecerían junto con los anteriores en una colección editada por la revista. Un poco más de dos años después Rulfo escribió un informe sobre su avance en la escritura del cuento "Luvina". En el documento, dirigido a Margaret Shedd, directora del Centro Mexicano de Escritores, el nombre del pueblo es "Loobina". Rulfo ofrece, además, su interpretación del texto. En entrevistas aparecidas décadas más tarde Rulfo reivindicaba ese cuento como clave para lograr la atmósfera narrativa de *Pedro Páramo*. Sin escatimar valor a esa opinión, otro texto de esa segunda parte que se daría a conocer con la publicación de *El llano en llamas y otros cuentos* contiene los hallazgos de estructura y perspectiva decisivos para relatar la historia del cacique de la Media Luna. "El hombre" muestra ya al escritor en pleno dominio de los recursos y técnicas característicos de su estilo.

El 18 de septiembre de 1953 termina el proceso editorial, según el colofón de la primera edición. En las siguientes semanas, las reseñas, desde las paráfrasis del texto de presentación hasta las escritas por Salvador Reyes Nevares, Edmundo Valadés o Francisco Zendejas muestran el respaldo del suplemento cultural de referencia en esos años, *México en la Cultura*, dirigido por Fernando Benítez. Pero también aparecen reseñas de María Elvira Bermúdez y José Mancisidor en suplementos como la *Revista Mexicana de Cultura*, del diario *El Nacional*, o en revistas como *Summa*, de Guadalajara, las cuales muestran el beneplácito de un campo cultural que estaba hallando en el primer libro de Rulfo la superación de las oposiciones entre fondo y forma, comúnmente planteadas en esa época en torno a universalismo o cosmopolitismo y nacionalismo.

La colección de cuentos de Rulfo fue la respuesta conciliadora a toda una época de polarización entre quienes defendían la postura de "el arte por el arte" y los afiliados a la "literatura comprometida". Por primera vez después de 1932 tanto cosmopolitas como nacionalistas coincidían en sus juicios críticos. La lectura de *El Llano en llamas*, desde los primeros momentos, ofrecía claves imprescindibles sobre la integración de la cultura mexicana dentro del espectro de la literatura latinoamericana. Aunque el libro conoció un éxito siempre ascendente, equívocos como su incorporación al paradigma de una etiqueta siempre engañosa como la del "realismo mágico" o la de la afirmación de que todos los personajes de Rulfo eran indígenas hicieron que muy pronto se considerase que Rulfo sería el mejor ejemplo de escritor desde un realismo social con enfoque en la vida rural y que, al mismo tiempo, reivindicaba lo mejor de la literatura de la Revolución mexicana. Sobrevino también la fórmula reiterativa de considerar que Rulfo era el autor nacionalista-realista y Juan José Arreola el autor cosmopolita-fantástico. Fue Emmanuel Carballo quien estableció de manera más precisa la oposición entre ambos en un artículo publicado en marzo de 1954 en la revista *Universidad de México*. A fines de ese mismo año, Alfonso Reyes reiteraba la complementariedad de ambos narradores en su columna "Las Burlas Veras" de *Revista de Revistas*, publicada por el diario *Excélsior*. Esta operación de la crítica tuvo entre sus distintos sustentos la definición que Alí Chumacero construyó del cuentista a partir de su autenticidad como narrador de la vida rural en entrevista para el suplemento *México en la Cultura*.

A mediados del año de 1954 Eduardo Lizalde se preguntaba si para lograr un equilibrio en el tratamiento de los temas que parecían definir mejor a cada narrador no haría falta que el escritor social y telúrico absorbiera algunos rasgos del escritor fantástico y universal, y viceversa. Lo que zanjaba dicha cuestión era el elemento novedoso que ya despuntaba en las lecturas parciales de los avances de la novela que terminaría llevando el nombre del cacique de la Media Luna, y que el campo literario mexicano había conocido en las sesiones semanales del Centro Mexicano de Escritores o vio publicados en distintas revistas culturales y literarias.

La circulación de *El Llano en llamas* fue tan intensa que, en el mismo año de la aparición de la primera novela de Rulfo, la colección de cuentos obtuvo su segunda edición dentro de la serie en que la había dado a conocer el Fondo de Cultura Económica. A la fecha, *El Llano en llamas* sigue superando en ventas a la novela *Pedro Páramo*. En ese mismo 1955, Rulfo publicó dos cuentos más en revistas y suplementos culturales. En marzo, "La herencia de Matilde Arcángel" apareció en la revista *Cuadernos Médicos* (lo retomó *Metáfora* algunos meses más tarde) y en agosto "El día del derrumbe" fue acogido en las páginas de *México en la Cultura*. Ambos cuentos fueron recuperados por Rulfo en la que ahora el Fondo de Cultura Económica considera la segunda edición de *El Llano en llamas* (1970), en la misma Colección Popular que inauguró el primer libro de Rulfo en el año de 1959. Once años más tarde, con esos dos relatos y una versión considerablemente más corta del cuento "Paso del Norte", *El Llano en llamas* cerraba una década –la de los sesenta– en que su difusión había alcanzado el área latinoamericana y ya mostraba su potencial en algunos idiomas europeos como italiano (1963), alemán (1964), francés (1966), inglés (1967), esloveno, rumano y ruso (1970), aunque con menor interés con respecto a *Pedro Páramo*, que tiende a ser traducida y publicada en otros países antes que la colección de cuentos.

Fuera del campo literario mexicano, *El Llano en llamas* recibió comentarios, por ejemplo, de Mario Benedetti, quien en el semanario uruguayo *Marcha* consideraba que se abría una nueva época para la expresión del criollismo. La narrativa de Rulfo ofrecía la renovación de una tendencia cercana a la de la novela de la tierra, aunque con un potencial distinto, dada la asimilación de las técnicas vanguardistas de escritores europeos y norteamericanos como John Dos Passos, William Faulkner, James Joyce, Virginia Woolf y muchos otros que no necesariamente se perciben de entrada, aunque han sido detectados en estudios más recientes: Stéphane Mallarmé, Rainer Maria Rilke y Hermann Broch, entre ellos.

En lo que respecta a la adaptación de la narrativa de Rulfo a otras artes, la primera ocasión en que tal interés se materializó fue con el ballet "La manda" (1951), con escenografía de José Chávez Morado y música de Blas

Galindo. Esta versión dancística del cuento "Talpa" fue fruto de la atención que recibió desde el momento de su publicación original en enero de 1950 en la ya mencionada revista *América*. Ese énfasis se confirmó con la adaptación cinematográfica del mismo cuento por Alfredo B. Crevenna en el año de 1956. Dada la dificultad para adaptar la novela *Pedro Páramo* en una cinta que no decepcione al espectador o al lector, es lógico que abunden las adaptaciones cinematográficas de los cuentos contenidos en *El Llano en llamas*. Entre las disponibles, destacan las versiones de "Talpa" y "¡Diles que no me maten!" correspondientes a *Los confines* (1987), del director mexicano Mitl Valdez. Pero abundan adaptaciones cinematográficas, operísticas o teatrales de cuentos como "Macario", "Anacleto Morones" o "No oyes ladrar los perros". La adaptación más reciente de "Talpa" al cine se titula "Chalma" (2016), lo cual indica la carga temática y la dimensión humana de una trama a la que basta con reubicar geográficamente para confirmar la complejidad de los personajes de Rulfo.

En su conferencia de 1980 llamada "El desafío de la creación" Rulfo enfatizaba que su proceso de escritura consistía en hacer surgir al personaje para después seguirlo y permitir que tome su propio rumbo para evitar tanto la digresión ensayística como los juicios de valor con respecto a sus acciones. En lo que toca a la crítica contemporánea de *El Llano en llamas*, las perspectivas son amplias siempre y cuando se esté dispuesto a dejar atrás equívocos como los que han perdurado a lo largo de la trayectoria de 65 años de esa colección de cuentos. Si bien críticos como Sergio Fernández consideraban a finales de los cincuenta que los protagonistas de Rulfo eran indígenas, cada vez resulta más claro que éstos sólo figuran incidentalmente en su narrativa. En el caso del cuento homónimo de la colección de 1953, el narrador se refiere a ellos como parte del grupo que lidera Pedro Zamora, pero también como habitantes de la región que Zamora recorre para ponerse a salvo de sus encuentros con los federales. Su última mención deja claro que se han convertido en enemigos del narrador del cuento y sus compañeros, pues su ganado ha servido a los prófugos para alimentarse, en un episodio más de claro abuso de su posición como gente armada.

Además de los idiomas ya mencionados, existen traducciones de *El Llano en llamas* a lenguas como albanés, árabe, búlgaro, checo, chino simplificado, croata, danés, eslovaco, esloveno, finlandés, griego, hebreo, holandés, húngaro, japonés, kurdo, noruego, persa, polaco, portugués (Brasil y Portugal), rumano, ruso, sueco, turco, ucraniano. En varias de estas lenguas hay ya más de una traducción, debido a la necesidad de renovar ediciones para el lector actual. La primera traducción de *El Llano en llamas* fue al italiano

(Feltrinelli, Milano, 1963), lengua que ya contaba con la versión respectiva de *Pedro Páramo*. En ese caso se encuentran también las siguientes: alemán, búlgaro, danés, estonio, finés, francés, húngaro, inglés, japonés, holandés, noruego, polaco, portugués, serbocroata, sueco, turco. En cambio, *El Llano en llamas* ha aparecido recientemente en kurdo (2013) sin que lo precediera *Pedro Páramo*.

Los diecisiete cuentos de *El Llano en llamas* son objeto de lectura constante, y ya sea fuera del ámbito escolar o dentro de él, contribuyen a esa tarea que Hans Robert Jauss considera inherente a la literatura como "formadora de sociedad" y que ofrece al lector la posibilidad de seguir a los personajes en sus luchas contra la peor parte de sí mismos o su abandono a fuerzas aparentemente superiores. Pero la lectura de la primera obra de Rulfo también alimenta la esperanza de una sociedad más justa y mucho menos sometida a la dictadura del mercado maquillada superficialmente como democracia.

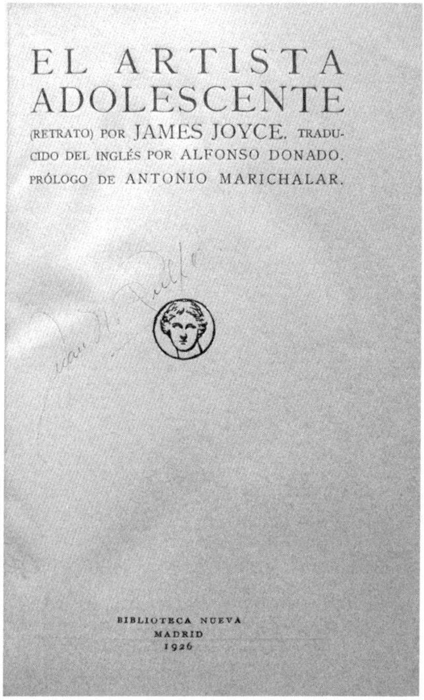

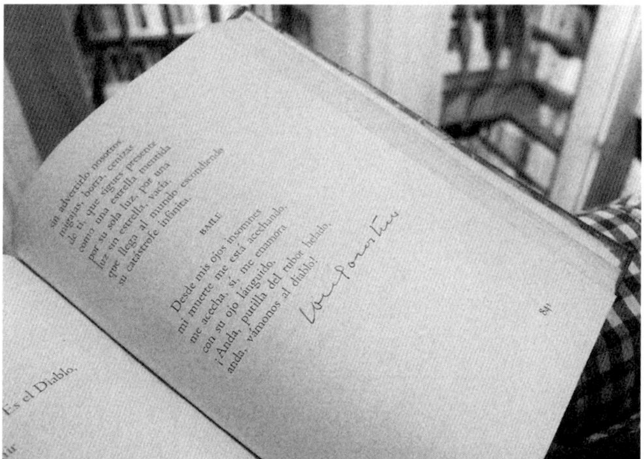

Falsa portada de *La metamorfosis*, de Franz Kafka, con el nombre de Juan Rulfo en sello de goma. Prefacio de Jorge Luis Borges, Losada, Buenos Aires, 1938.
Portadilla de *El artista adolescente*, de James Joyce, con la firma de Juan Rulfo. Traducción de Dámaso Alonso (con el seudónimo de Alfonso Donado), Biblioteca Nueva, Madrid, 1926.
Última página (841) del poema "Muerte sin fin" en la antología *Laurel* (1941). En el ejemplar de Juan Rulfo se encuentra, al final del texto, la firma de José Gorostiza.

3 *Pedro Páramo*

JOSÉ CARLOS GONZÁLEZ BOIXO

Es difícil encontrar, en el marco de la novelística hispanoamericana, una obra que haya suscitado tal cascada de elogios y una veneración semejante. La belleza de su estilo, su profundidad temática, la novedosa técnica narrativa, deslumbraron a los más grandes escritores que no escatimaron sus alabanzas. Sirva de ejemplo el testimonio de Gabriel García Márquez:

> Aquella noche no pude dormir mientras no terminé la segunda lectura. Nunca, desde la noche tremenda en que leí *La metamorfosis* de Kafka en una lúgubre pensión de estudiantes de Bogotá –casi diez años atrás–, había sufrido una conmoción semejante. [...] El resto de aquel año no pude leer a ningún otro autor, porque todos me parecían menores.[1]

Admiración que ha sido unánimemente compartida por escritores y críticos desde la publicación de la novela en 1955 hasta nuestros días.

Gestación de la novela

En más de una ocasión comentó Rulfo el largo proceso de creación previo a la escritura definitiva por el que pasó *Pedro Páramo*. No puede precisarse el momento exacto en el que la idea de la novela comienza a ocupar la mente de Rulfo, pero tenemos testimonios suyos que nos permiten asegurar que a mediados de los años cuarenta la novela da sus primeros pasos. La escritura de sus primeros cuentos transcurre de forma paralela con las iniciales imágenes de *Pedro Páramo* y, tal vez, con las primeras versiones de la misma. En alguna ocasión comentó Rulfo que se había decidido a escribir cuentos

1 "Breves nostalgias sobre Juan Rulfo", en Víctor Jiménez, Julio Moguel y Jorge Zepeda (coords.), *Juan Rulfo: otras miradas*, 2010, p. 92. El texto fue escrito por García Márquez en 1980, como parte del Homenaje Nacional dedicado a Rulfo en ese año, y ha sido publicado en varias ocasiones.

como una forma de ejercitarse en su proyecto novelístico, lo que demuestra hasta qué punto está obsesionado con la idea de la novela. Aunque no se han podido fechar, varios textos publicados en *Los cuadernos de Juan Rulfo*[2] pueden considerarse como las versiones primeras que se conservan de la novela, con planteamientos muy diferentes a los del texto definitivo.

Los primeros datos documentados de la escritura de la novela se remontan al año 1953, momento en el que ya disfruta de una segunda beca en el Centro Mexicano de Escritores. Dos informes que redacta en ese año muestran su avance: menciona la escritura provisional de los dos primeros capítulos y que, también, ha redactado otros fragmentos de la novela. Ya en el año 1954 el proceso cobra un ritmo rápido y, según sus palabras, la redacción definitiva la realiza en algo menos de medio año. La novela ha ido cambiando de título durante ese tiempo: *Los desiertos de la tierra*, *Una estrella junto a la luna* y *Los murmullos*. Cuando en septiembre de 1954 entrega una copia a la editorial Fondo de Cultura Económica aparece su título definitivo, *Pedro Páramo*.[3]

Una novela vanguardista

Con esta novela, Rulfo superaba los cauces realistas y tradicionales de la novelística anterior e inauguraba la nueva narrativa mexicana, agotada la veta de la narrativa de la Revolución mexicana. En palabras de Carlos Fuentes, Rulfo cerraba con llave de oro tal período. La diferencia entre los cuentos y la novela no radicaba en los temas –por más que la novela añadiese una simbolización global de ese mundo–, sino en las novedades técnicas desde la perspectiva narrativa. Por otra parte, el lenguaje también continuaba siendo el mismo: esa mezcla de lenguaje poético y recreación del habla popular que bien podría considerarse como característicamente "rulfiano". Lo que a simple vista variaba era la forma de estructurar la narración. La aparente sencillez de sus cuentos y su temática realista no han permitido, incluso en nuestros días, apreciar la innovación técnica que presentan y su alejamiento de la narrativa realista tradicional. En este sentido, los cuentos tienen estructuras experimentales que anticipan las más radicales de la novela que, sólo en la segunda mitad de los años sesenta, comenzarían a generalizarse en la novela hispanoamericana.

2 Edición de Yvette Jiménez de Báez, Era, México, 1994.

3 En 1985 Rulfo escribió un breve artículo (tres o cuatro páginas, según la edición) titulado "*Pedro Páramo*, treinta años después" en el que daba noticia del proceso de escritura de la novela. La mejor edición, con introducción y anotaciones, se debe a Jorge Zepeda, que lo incluyó en los apéndices de su libro *La recepción inicial de* Pedro Páramo *(1955-1963)*, pp. 326-342.

Rulfo se sumaba así a una primera nómina de narradores hispanoamericanos que tenían clara conciencia de la necesidad de superar las técnicas empleadas por la novela tradicional (Sábato, Carpentier, Cortázar, Borges, Felisberto Hernández, Onetti, García Márquez ya habían publicado relatos y novelas que anunciaban la nueva perspectiva, aunque ninguno había innovado tanto técnicamente como Rulfo), autores que se inspiraban, además de en su propia tradición narrativa, en los principales renovadores de la narrativa occidental como Kafka, Joyce, Faulkner, Proust o V. Woolf.

Algunos años más tarde, inicios de los sesenta, se comenzaría a hablar de la "nueva narrativa hispanoamericana" o "narrativa del *boom*", una nueva etapa caracterizada por el experimentalismo. Rulfo con *Pedro Páramo* escribe la primera novela en la que quedan definidos sus rasgos más destacados.[4]

Estructura

Frente a los habituales planteamientos más o menos lineales de las novelas tradicionales, las diversas historias que se entrelazan en *Pedro Páramo* se presentan a través de una estructura fragmentaria que exige del lector una cierta atención. Esta estructura es, sin duda, uno de los elementos fundamentales en la valoración que pueda hacerse de la novela.

En contraposición a la dificultad que ofrece la estructura, el tema o argumento de la novela es sencillo: Juan Preciado cuenta cómo, para cumplir la promesa hecha a su madre moribunda, viaja a Comala para ajustar cuentas con su padre, Pedro Páramo, a quien no ha conocido. Pero Juan Preciado –al que no le mueve la venganza, sino la "ilusión" del reencuentro con sus orígenes– descubre que Comala es un pueblo deshabitado, lleno de fantasmas. Cuando cobra conciencia de que está en medio de un mundo de muertos, el terror se apodera de él y muere, rodeado de los susurros de las almas en pena que pueblan Comala. Juan Preciado es un hombre sin historia; en cambio, Pedro Páramo es el centro de todas esas historias que recrearán el pasado de Comala, ese tiempo que los muertos recordarán para que Juan Preciado se encuentre simbólicamente con su padre, con su propio origen y con su aciago destino, que no es otro que el del pueblo de Comala convertido en imagen del infierno.

La novela no tiene capítulos, sino "fragmentos" narrativos (69 en total). Las diversas historias se van entrelazando en el transcurso de la novela,

4 Habría que recordar una primera novela que inicia esta trayectoria de renovación: *El Señor Presidente* (1946), de Miguel Ángel Asturias, obra a la que no se le ha reconocido suficientemente dicho mérito.

con constantes saltos cronológicos. El fragmentarismo permite que la narración se centre en los momentos esenciales, prescindiendo de historias secundarias y ofreciendo, desde distintas perspectivas, una visión compleja –poliédrica– de la realidad ficticia. La aparente estructura caótica, en opinión de algunos de los primeros comentaristas de la novela, se revela más bien como una estructura minuciosa en la que cada pieza ocupa su preciso lugar.

Ensayo interpretativo

La novela moderna ha sido caracterizada por su ambigüedad y, sin duda, *Pedro Páramo* es un buen ejemplo de ello. Más allá de una simple lectura, se impone en este tipo de obras la necesidad de buscar unidades de sentido y significados que van más allá de la historia que el relato narra linealmente. Es razonable, por lo tanto, que hayan abundado las interpretaciones simbólicas en una novela que, como *Pedro Páramo*, se aleja decididamente de la novelística tradicional realista. Desde los primeros estudios críticos se aprecian las lecturas míticas y simbólicas. Basándose en autores como Mircea Eliade, René Guenón o H.A. Murena, algunos analistas entienden que la novela reflejaría la búsqueda del centro cósmico, donde se renace a otro estado del ser y, por lo tanto, existiría la posibilidad de crear un hombre nuevo. Menos optimista es la interpretación que, partiendo de bases teóricas similares, llega a una conclusión fatalista de la novela. En una línea paralela, resultan atrayentes y de enriquecedora lectura las interpretaciones que podrían denominarse "míticas". La búsqueda del padre, de tradición griega, y la búsqueda del paraíso perdido, de tradición judeo-occidental, han sido identificadas por algunos críticos, de la misma manera que es posible establecer un paralelismo entre la entrada de Juan Preciado en Comala y la llegada de las almas al Hades griego. Nada impide, en esta línea comparativa, buscar los referentes en los mitos indígenas mexicanos, como otros críticos han hecho. Se impone, sin embargo, una razonable cautela que exige pensar en "confluencias culturales" expresadas por mitos paralelos, más que ver la obra de Rulfo como reflejo de unas determinadas "influencias" que no aparecen en su novela de manera manifiesta.[5]

5 Las lecturas míticas, tanto las de origen europeo como las indígenas mexicanas, llevadas al extremo de ver la novela de Rulfo como un fiel reflejo de esos mitos, deberían poder constatarse de manera inequívoca, algo que dista mucho de ser así. El texto de Rulfo termina siendo tergiversado haciéndole decir lo que no dice. Nada impide, sin embargo, ver en su novela reflejos culturales de mitos europeos o de los antiguos mexicanos.

Las relaciones que en la novela se establecen sobre el eje vida-muerte son fundamentales para una correcta interpretación del texto. El hecho de que Comala esté poblado de ánimas se explica en la novela como parte de las creencias populares vinculadas a una religiosidad cristiana dominada por el sentimiento de pecado y culpabilidad. En la novela también proviene de raíz popular esa concepción de los cuerpos de los muertos con características de "vivientes". Esta dicotomía muerte-vida, que terminará fundiéndose en una única realidad, se presenta en la novela a través de múltiples aspectos.

Proyección universal

Pedro Páramo es una obra que hay que leer en clave simbólica y que no puede ser reducida a la dicotomía "literatura realista"-"literatura fantástica". En Rulfo, como en otros grandes escritores de aquellas décadas, se cumplió la aspiración de Huidobro de que el escritor debía ser un demiurgo, el creador de una nueva realidad que suplantase a la realidad del propio escritor. La "novela total", la que es capaz de representar ese mundo propio, encontró su espacio en lugares que han adquirido la categoría de míticos: Comala, Santa María o Macondo. En todos ellos hay una mezcla de realidad y fantasía que hace estéril el esfuerzo (tal vez innecesario) de encasillamiento en las habituales categorías críticas. Brausen necesitó crear un doble, Díaz Grey y un lugar, Santa María, para poder soportar la realidad, pero el espejismo onettiano terminó siendo una espiral infernal. Juan Preciado descendió al mundo de los muertos para comprender el mundo de los vivos, y el desencanto se adueñó de Rulfo. Los José Arcadios y los Aurelianos fundaron una dinastía que duró cien años, pero García Márquez no pudo recuperar la Aracataca de su niñez, asolada por el huracán del olvido. La realidad real, la del escritor y la de los lectores, está presente en las páginas de esos libros, juzgada, idealizada, denostada, criticada y suplantada por la realidad literaria que no puede olvidar su origen. En ese conflicto se gesta la actitud de rebeldía del escritor ante el orden que la realidad real establece y la creación de un mundo nuevo.

Edición del libro *Homenaje Nacional* (1980), en el que se publicaron 100 imágenes fotográficas de Juan Rulfo y algunos textos de escritores y periodistas mexicanos.

4 Presentación a "Letras que sanan empresas"

VÍCTOR JIMÉNEZ

A partir de la década de 1970 se acentúa un contraste entre la lectura de la obra de Juan Rulfo generada en México –sobre todo desde diversos flancos de la crítica literaria periodística–[1] y la que proviene de otros países u otros ámbitos del conocimiento. Por ello no es extraño que Eduardo Bautista haya escrito la nota que aquí se publica para un diario financiero mexicano, refiriéndose, en ese contexto, a lo ocurrido en la *City* de Londres en 2007: el estallido de la más reciente crisis financiera mundial. En aquel lugar y momento se produjo el intento de orientarse en tal crisis mediante la lectura de *Pedro Páramo*. Julio Moguel reflexiona en estas mismas páginas sobre las implicaciones de lo recogido por Bautista, por lo que recomendamos leer su texto a la par que el del experto en finanzas.

Agradecemos a Eduardo Bautista su gentil autorización para publicar este artículo en el presente libro, y extendemos nuestro reconocimiento a *El Financiero Bloomberg*.

1 A diferencia de lo ocurrido anteriormente, la crítica literaria actual, en México, no la hacen escritores destacados o formados en un medio académico exigente, sino entrenados en revistas que fueron y son plataformas de grupos de poder, como *Plural*, *Vuelta*, *Nexos* o *Letras Libres*. De aquí que una lectura de la obra de Rulfo a partir de esos críticos haya derivado en la repetición de lugares comunes de intención estrictamente política. Otra cosa sucede en el extranjero.

Edición en inglés del libro *Inframundo*, 1983.

5 Letras que sanan empresas

EDUARDO BAUTISTA GARCÍA

Donde el marketing resulta insuficiente para comprender el comportamiento del consumidor, los clásicos de la literatura son la herramienta.

Por increíble que parezca, hubo un tiempo en que Londres fue Comala, el pueblo fantástico de Juan Rulfo. Corría el otoño de 2007. La crisis financiera global había llegado a las orillas del Támesis. De un día para otro todo estaba perdido: el dinero, las acciones, los planes. La confusión reinaba entre los banqueros. Nadie se entendía ni se escuchaba. Como en el pueblo de Abundio, el sistema financiero de la capital inglesa era una aldea de murmullos y voces difusas.

La solución a buena parte de aquel problema, curiosamente, no provino de un economista, sino de un exprofesor de Literatura de la Universidad de Cambridge: Maurice Biriotti, quien recuerda el aturdimiento londinense como si se tratara del poblado rulfiano. Pronto se percató que el conflicto principal no era financiero, sino humano. Lingüístico. Porque desde hace 20 años este hombre utiliza la literatura como herramienta de soluciones en el mundo empresarial.

Biriotti no trabaja solo. En 1996 fundó SHM Group, una consultoría de comunicación con sede en Londres donde colaboran filósofos, productores y músicos. Aquí, por ejemplo, trabaja Henrietta L. Moore, una de las antropólogas más reconocidas del Reino Unido.

"Somos una empresa que aborda toda la complejidad del ser humano; para entenderla no hay nada más sencillo que la literatura. A veces no estamos conformes con los estudios del marketing. Los consumidores no siempre se comportan como pensamos", dice Biriotti.

Durante la crisis financiera, recuerda Biriotti, *Pedro Páramo* fue la obra que más les sirvió para resolver el problema, sobre todo por la relación que establece Rulfo entre lenguaje y poder.

"Cuando la comunicación falla, las firmas intentan poner más reglas. Pero lo que nos demuestra Rulfo es que la fuente de un conflicto comunicacional casi siempre tiene que ver con la debilidad del poder central, es decir, la ausencia de Pedro Páramo en Comala", explica.

Eso era exactamente lo que estaba ocurriendo en Londres: después de la crisis, los empresarios entraron en shock. Todas las verdades que se conocían, recuerda el experto, habían desaparecido. Lo que había que solucionar entonces era toda una cultura financiera acostumbrada a determinadas prácticas, como las que Pedro Páramo imponía en su comunidad.

"En aquel momento, los banqueros convivían como en Comala, entre confusión, culpas y murmullos. No podían creer que la certeza se había esfumado de un día para otro. Lo único que prevalecía era un lenguaje disfuncional. Entendí que el mundo financiero es como un pueblo. Y a ese pueblo le había sucedido algo terrible: la ausencia de su centro de poder. Nuestra tarea era reconstruirlo", comenta.

Entre los clientes de SHM se encuentran Danone, British Airways, Givaudan y Unilever. Esta última controla marcas como Rexona, Dove, Knorr y Hellman's. Givaudan es la empresa líder a nivel mundial de fragancias y saborizantes, con más de 200 años de experiencia.

Biriotti se niega a revelar los secretos de su empresa. Las estrategias que diseña, afirma, suelen ser distintas a las de sus competidores. La literatura, dice, les ha ayudado a crear estrategias más complejas y humanas. Porque a veces la gente se comporta de manera irracional y los motivos culturales juegan más de lo que deberían. Para ello se ha valido de los grandes clásicos de la literatura. "Mientras más canónica sea la obra, más útil", sostiene.

Entre los textos a los que más recurre están *Ana Karenina*, de León Tolstói; *Antígona*, de Sófocles, y cualquiera de Shakespeare. La literatura mexicana también es valorada: *Piedra de Sol*, de Octavio Paz; *Balún Canán*, de Rosario Castellanos, y *Salón de Belleza*, de Mario Bellatin.

"*Ana Karenina* es la obra por excelencia de la complejidad en las relaciones humanas. Nos ha ayudado a comprender que, en los negocios, siempre existe algo más importante que el dinero. Al final, los problemas de cualquier CEO son los mismos de los personajes de Shakespeare: ambición, toma de decisiones, contradicciones, deseo de gloria", asegura.

***El Financiero Bloomberg*, México, 22 de septiembre de 2016, pp. 32-33.**

6 Pedro Páramo en el país de los financieros

JULIO MOGUEL

I

Maurice Biriotti, exprofesor de Literatura de la Universidad de Cambridge, jefe de la empresa consultora londinense de comunicación SHM Group, aplicó a sus clientes del mundo financiero, en el estallido de la crisis económica de 2007, una medicina inusitada para la tremenda depresión y aturdimiento conceptual y de sentido que llegó con la caída: la lectura de *Pedro Páramo*, bajo el supuesto de que "el conflicto principal no era financiero sino humano".[1]

Lo más interesante del asunto es que en este caso se pensaba en lo "humano" no sólo ni fundamentalmente desde su basamento biológico-natural, sino desde sus contenidos lingüístico-culturales; dicho de otra forma: los hombres y mujeres del planeta eran vistos en su ser esencialmente co-mundano, integrados celularmente en sus vínculos de vida en comunidad, envueltos en esferas microclimáticas y comunicacionales en las que viven, interactúan y son, en un "mundo mágico, urdido de símbolos, de tensiones y de significados internos".[2]

La prescripción de la novela de Juan Rulfo para entender y asimilar el golpe de la crisis, tanto como para recuperar el aliento interactivo de su vida, habría sido pensada desde el plano de un diagnóstico preciso de la situación, captado por los analistas de la empresa consultora en sus elementos nodales: "Después de la crisis, los empresarios entraron en shock. Todas las verdades que se conocían [...] habían desaparecido. [...] En aquel momento, los banqueros convivían [...] entre confusión, culpas y murmullos. No podían creer que la certeza se había esfumado de un día para otro. Lo único que prevalecía era un lenguaje disfuncional [...]".[3]

1 Eduardo Bautista, "Letras que sanan empresas", *El Financiero Bloomberg*, 21 de septiembre de 2016, pp. 32-33.
2 Peter Sloterdijk, *Esferas* I, 2003.
3 Eduardo Bautista, *loc. cit.*, p. 33.

Frente a ello, para el consultor Biriotti se requería mostrar, por medio de las letras, a quienes sufrían el referido shock cognitivo-emocional, un escenario y una trama que fuera capaz de revelar de un solo golpe y de manera holística el sentido profundo de lo que significa un gran derrumbe; de lo que representa el desmoronamiento de un sistema social determinado ceñido de valores específicos, y la disfuncionalidad correlativa del lenguaje que lo implica, lo teje o lo soporta. Para la consultora de comunicación SHM Group era importante, en suma, llevar a sus clientes del medio financiero al mundo de Comala, espacio-tiempo ficcional en el que es posible encontrar verdades que el espacio *naturalizado* del mercado oculta sin remedio, generando ilusiones y promesas de futuros y destinos promisorios para quienes consideran simple y llanamente que el león sí es como lo pintan, en las emanaciones o en las determinaciones ideológicas y culturales que surgen en la cotidianidad reticulada que impone el ámbito imperante del poder del capital.

II

Pero surge inevitablemente la pregunta: ¿era *Pedro Páramo* la prescripción de lectura que los clientes del mundo financiero de SHM Group requerían? ¿Podría encontrarse algún vínculo de sentido entre una novela *pueblerina* y el gran circuito financiero que operaba desde el globalizado espacio londinense? La respuesta, bien planteada por la consultora comandada por Maurice Biriotti, había sido adelantada por Juan Rulfo en una entrevista con el periodista argentino Máximo Simpson. Ante la pregunta de cuál era el significado de que Juan Preciado preguntara a otros personajes si realmente estaban muertos, el autor de la novela respondió:

> Con la pregunta "¿están ustedes muertos?" se quiere encontrar una respuesta al por qué las fuerzas del poder, no obstante que operan en todas direcciones, permanecen en la oscuridad. Hay ocasiones en que uno desearía saber dónde se oculta aquello que causa a veces tanto daño. Por ejemplo, ignoramos cómo se produce y cunde la pobreza; quién o qué la causa y por qué. Yo no me preguntaría por qué morimos, pongamos por caso; pero sí quisiera saber qué es lo que hace tan miserable nuestra vida. Usted dirá que ese planteamiento no aparece nunca en *Pedro Páramo*; pero yo le digo que sí, que allí está desde el principio y que toda la novela se reduce a esa y única pregunta: ¿dónde está la fuerza que causa nuestra miseria? Y hablo de miseria con todas sus implicaciones.[4]

4 "Entrevista a Juan Rulfo", en Alberto Vital, *Noticias sobre Juan Rulfo. La biografía: 1762-2016*, 2017, p. 400.

Y agregaba Rulfo con precisión:

> Pedro Páramo es un cacique. Eso ni quien se lo quite. Estos sujetos aparecieron en nuestro continente desde la época de la conquista con el nombre de encomenderos, y ni las Leyes de Indias ni el fin del coloniaje, ni aun las revoluciones, lograron extirpar esa mala yerba. Aún en nuestros días, los hay que son dueños hasta de países enteros; pero concretándonos a México, el cacicazgo existía como forma de gobierno siglos antes del descubrimiento de América, de tal suerte que los conquistadores españoles sólo "echaron raspa", es decir, les fue fácil desplazar al cacique indio para tomar ellos su lugar. Así nació la encomienda y más tarde la hacienda con su secuela de latifundismo o monopolio de la tierra. Esa es la realidad, sin tapujos ni metáforas ni nada de sueños. Pedro Páramo es un cacique de los que abundan todavía en nuestros países: hombres que adquieren poder mediante la acumulación de bienes y éstos, a su vez, les otorgan un grado muy alto de impunidad para someter al prójimo e imponer sus propias leyes. No hay en ello, pues, ninguna metáfora, si acaso cierta metamorfosis que los convierte, por asociación, en consorcios o en sociedades anónimas al servicio de determinados intereses.[5]

La ecuación era sencilla: el poder de Pedro Páramo era equiparable a los "consorcios" o a las "sociedades anónimas" de nuestros tiempos modernos. Como los representados por los circuitos financieros a los que Biriotti pretendía iluminar. Dicho de otra forma y desde otro ángulo: las *realidades* de Comala estaban inscritas en las realidades económicas y sociales del capitalismo, y no en espacios rurales pretéritos o arcaicos de los cuales sólo quedaran algunos micro-mundos locales heredados que más temprano que tarde habrían de desaparecer.[6]

5 "Entrevista a Juan Rulfo", en *Noticias sobre Juan Rulfo*, pp. 399-400.

6 Véase, sobre este tema, el trabajo de Paulo Moreira "La modernidad y lo local en las Américas", en Jorge Zepeda (coord.), *Nuevos indicios sobre Juan Rulfo: genealogía, estudios, testimonios*, 2010, pp. 155-180. Dice Moreira: "Sucesivas olas de modernidad capitalista dieron forma, en última instancia, a esas áreas rurales ocupadas por empresas coloniales, de modo que esas regiones donde confluyen cultura y pueblos diferentes son, por lo tanto, inherentemente modernas en sus relaciones económicas y sociales, y en puntos de contacto bien establecidos con el mundo más allá de sus límites" (p. 170). Sobre el mismo tema, y en la misma perspectiva que Moreira, conviene revisar, de Víctor Jiménez, "Juan Rulfo frente a sus traducciones", en Víctor Jiménez, Julio Moguel y Jorge Zepeda (coords.), *Juan Rulfo: otras miradas*, 2ª ed., 2011, pp. 237-271.

III

Pero la virtud de *Pedro Páramo* en la lectura prescrita a los clientes de SHM Group contenía más, mucho más, que un simple apunte con pretensiones didácticas. Calaba a fondo al desplegar los des-ocultamientos necesarios para que las ficciones y fetiches generados por la vida apacible y regular de los mercados financieros, hechos trizas por la crisis, dejaran de pensarse como verdades inmutables y pudieran ser puestas en tela de juicio para rearmar o construir un nuevo esquema de valores.

¿Podría lograrse el mencionado objetivo con la lectura de la novela de Rulfo? Esa era la intención expresa del proyecto de Biriotti. Pero ¿hasta dónde llegó en su cometido? Es difícil saberlo a ciencia cierta, pero ello no modifica la valoración positiva que se impone cuando se piensa *Pedro Páramo* como un dispositivo capaz de desmontar o desnudar, sin anunciarlo en forma expresa, algunos de los Mandamientos sagrados con los que se vive *naturalmente* en el espacio global del capital.

Ya hemos hablado de algunos de esos des-ocultamientos, expresamente considerados en la lógica de SHM Group para invitar a sus socios financieros en crisis a leer la novela de Rulfo. Pero podríamos agregar otros dos elementos, dentro del mismo marco referencial.

El primero, relacionado con la forma en que la pluma de Rulfo cuestiona en sus esencias el sentido teleológico del curso de la historia, pensado de manera dominante como "un camino uniforme, inevitable y acumulativo que va desde la magia hacia la ciencia, desde la tradición hacia la razón, y desde el mundo rural, dominado por lo arcaico, al mundo urbano, ubicación privilegiada de la modernidad".[7] Dicho de otra forma y desde otro ángulo, en Comala queda anulado todo finalismo, confrontando "un pensamiento que, frente a la añoranza de lo imperturbable y cobijante, sigue el impulso hacia lo no-atado, independiente, nunca-todavía-sucedido".[8] Se desestructura o se confronta, en esa lógica, la identidad dominante del mundo que cierne el capital, con sus mónadas de individualidades egocéntricas (*singles cósmicos*, en los términos de Peter Sloterdijk) que se piensan a sí mismas como piezas con valor de cambio en un medio mercantilizado en su totalidad.

El segundo, referido a la construcción narrativa desde una oralidad que remite a la infancia del lenguaje: ese espacio-tiempo real o virtualmente

7 Paulo Moreira, "La modernidad y lo local en las Américas", p. 168.
8 Peter Sloterdijk, *Esferas* II. *Globos (macroesferología)*, 2002, pp. 37-38.

existente en el que se dijeron –o se dicen– las verdades primeras o primarias, y que es veneno puro contra la impostación sobre-culturizada de nuestros tiempos. Con tal procedimiento el autor de *Pedro Páramo* hace a un lado la inflexión o el giro emocional moderno, construyendo a contrapelo voces y presencias *inocentes* (no-culpables) que, por su sola manera de estar y de mirar, resaltan los contrastes, descubren claroscuros esenciales y *dicen* las (sus) verdades.

IV

Posiblemente no sin cierta malicia, Biriotti pensó que no caería mal a sus lectores de la novela de Rulfo del mundo financiero entender que el poder acumulado de Pedro Páramo –económico, político, ideológico– tenía sus asegunes y contrapuntos: en la caída o en el declive del cacicazgo de Páramo (la muerte de Susana San Juan marca el punto crítico y de precipitación de ese declive), el pueblo, *su pueblo*, no lo respaldará. La empresa consultora SHM Group quiso acaso, entonces, eliminar o matizar en la mente de sus socios de la banca la otra gran fantasía con la que vivían hasta un momento antes del estallamiento de la crisis: la de que su quehacer financiero era simétrico y de correspondencias humanas benéficas y expansivas, capaz de entretejer vínculos sanos y sólidos con su clientela social. La caída económica de aquel 2007 mostró con toda evidencia que, como en el caso de Páramo, *el pueblo* no los respaldaría.

¿Pudieron, los mencionados banqueros, bajo esa lógica, rehacer el rompecabezas de su repentina pérdida de sentido y de identidad? Al tiempo, para saber.

Primera edición de *Pedro Páramo*, 1955.

7 La recepción crítica de *Pedro Páramo*

JORGE ZEPEDA

En las últimas semanas de la primavera de 1947 Juan Rulfo comentaba a su novia Clara Aparicio que había pasado las horas recientes intentando escribir una historia que todavía no descubría cómo narrar. Días más tarde volvía al tema para reiterar su interés en escribirla a pesar de que se le resistía. El título, "Una estrella junto a la luna", es el primero del proyecto que terminaría titulándose *Pedro Páramo*. En 1953 Rulfo fue aceptado por segunda ocasión como becario del Centro Mexicano de Escritores; en esa oportunidad, para escribir una novela. El título que daba en uno de sus informes a la directora del Centro, Margaret Shedd, era "Los desiertos de la tierra", frase que conserva la referencia a una geografía física como "Donde el río da de vueltas", título original del cuento hoy conocido como "El hombre".

Para 1954, Rulfo publicó hasta siete fragmentos diferentes de esa obra en proceso. En el número uno de la revista *Las Letras Patrias* apareció "Un cuento", que comprendía las dos primeras secuencias narrativas de *Pedro Páramo*, en ese momento designado como "Una estrella junto a la luna". La diferencia estriba en que en esas primeras frases se establecía una perspectiva diferente para el relato, que comenzaba: "Fui a Tuxcacuesco…" en lugar del distintivo "Vine a Comala…". En su edición de junio del mismo año, la revista *Universidad de México* recogió el "Fragmento de la novela Los murmullos", consistente en una versión muy cercana a la final de las secuencias narrativas 41 y 42 de la novela. Finalmente, en el número 6 de la revista independiente *Dintel* aparecieron los tres últimos segmentos de *Pedro Páramo* bajo el título "Comala". En el caso del que ha quedado definido como el número 69 en la edición definitiva de *Pedro Páramo*, el texto de *Dintel* está casi completo. Sólo queda fuera de él la frase final de la novela. El orden de estas publicaciones sigue, como es patente, el de la obra publicada en 1955 y es la prueba definitiva de que nadie más que Rulfo debe recibir el crédito indivisible por la escritura de la novela que ha sido considerada como la obra más importante de la literatura en lengua castellana del siglo

XX. En la edición de la revista académica *Books Abroad* correspondiente a la primavera de 1955 Margaret Shedd daba una suerte de informe de actividades del Centro Mexicano de Escritores. En él aseguraba que la novela escrita por Rulfo sería un parteaguas para la literatura mexicana.

Según el colofón de la primera edición, *Pedro Páramo* salió de la imprenta el 19 de marzo de 1955. Tan sólo once días después Edmundo Valadés escribía la primera reseña para su columna "La Tinta Fresca" del diario *Novedades*. En ella hablaba del desconcierto suscitado por una lectura inicial y la describía de manera favorable como reto al lector. El suplemento *México en la Cultura* dio cabida al mismo tipo de comentario breve basado en la lectura del texto de presentación de la primera solapa de la camisa del libro, como en el caso de *El llano en llamas y otros cuentos*. También aparecieron críticas prolijas donde se decía que Rulfo no había acertado en la estructura de la novela, como lo hizo Alí Chumacero en reseña para *Universidad de México*, o sobre la falta de conciliación entre fantasía y realidad, objeto del texto casi a plana completa en *México en la Cultura* que firmó el cineasta y escritor Archibaldo Burns. En el mismo suplemento, pero en fecha del 18 de abril, puede consultarse la opinión de Francisco Zendejas, que hablaba de la polémica en torno a la primera novela de Rulfo en términos de un problema de recepción. Apenas cuatro meses más tarde, en agosto de 1955, Zendejas volvía al tema a propósito de una carta abierta a los escritores de México, donde pone al descubierto el intento de formar facciones dentro del campo literario alrededor de Rulfo y Arreola.

En 1957 el mismo Zendejas, al fundar el Premio Xavier Villaurrutia, lo otorgó de manera retroactiva en su primera edición, correspondiente a 1955, a *Pedro Páramo*. Pero incluso entonces, cuando el nutrido debate del primer año de circulación de la novela parecía haberse definido a favor de ella, hubo reacciones viscerales como la de Eduardo Luquín, un novelista prolífico cuya obra está olvidada y que sin embargo hizo gala de belicosidad afirmando, por ejemplo, que *Pedro Páramo* no podía reivindicarse como heredera de la literatura escrita por Xavier Villaurrutia. En septiembre de 1955, el director de la revista *El Libro y el Pueblo*, Alberto Quiroz Hernández, emprendía una descalificación de Rulfo y su novela alegando su escepticismo temprano ante la narrativa del escritor publicada años atrás en la revista *América*, de cuyo grupo también formó parte en su momento. Estas breves menciones dan cuenta de que la recepción crítica de la primera novela de Rulfo no fue completamente positiva y que, sin embargo, al paso de los años, ésta logró consolidarse como referente de décadas de aspiraciones a una obra capaz de sintetizar lo mejor de los códigos estéticos asociados al universalismo y al nacionalismo, hasta entonces enfrentados de manera irreconciliable en el mundo literario de México.

Las traducciones de *Pedro Páramo* son numerosas. La trayectoria de la novela de Rulfo en otros idiomas comienza en el mismo Centro Mexicano de Escritores, donde la becaria Irene Nicholson emprendió en el período 1954-1955 una versión al inglés a partir del mecanoscrito titulado "Los murmullos" (copia al carbón del original que Rulfo tecleó en su máquina de escribir Remington), el cual refleja un estado textual previo al del original, ya identificado como *Pedro Páramo* en una hoja agregada al mecanoscrito entregado a la editorial Fondo de Cultura Económica. La versión al inglés de Nicholson, por lo tanto, se titula "Voices". En ella, la traductora demuestra no comprender la novela de Rulfo en más de una ocasión. El original mecanográfico contiene dos tipos de escritura a mano que señalan errores o sugieren soluciones más acordes con el texto entregado por Rulfo para cumplir con el requisito último de la beca Rockefeller. Esa traducción permanece inédita a la fecha, resguardada en el Fondo Reservado de la Biblioteca Nacional de México, bajo custodia de la Universidad Nacional Autónoma de México. A finales de 1958, la editorial Carl Hanser, de Munich, publicó la traducción de *Pedro Páramo* al alemán hecha por Mariana Frenk-Westheim, quien leyó la obra por recomendación entusiasta de su hija, la filóloga Margit Frenk.

En febrero de 1959 terminó de imprimirse la versión al francés (colección La Croix du Sud, Gallimard), a cargo de Roger Lescot, quien la presenta como una novela fantástica, cercana a las ficciones de Jorge Luis Borges o a la novela *La lechuza ciega*, de Sadeq Hedayat. En las primeras semanas de la primavera de 1959 se publicó la traducción al inglés de Lysander Kemp (Grove Press), quien vivió una temporada en el sur de Jalisco para familiarizarse con el medio en que Rulfo había crecido. Sin embargo, no realizó un trabajo a fondo; cuando se encontraba con un pasaje difícil simplemente lo omitía en su traducción.

La respuesta crítica a estas traducciones provocó un cierto eco en el campo literario mexicano. Mariana Frenk tradujo pasajes de buena parte de las reseñas y comentarios críticos aparecidos en el ámbito de la lengua alemana, y algunas publicaciones, como la *Revista Mexicana de Literatura*, dieron espacio a éstas y otras muestras de la crítica europea y norteamericana a la novela de Rulfo. Para 1963, *Pedro Páramo* ya había sido vertida, además, al italiano, sueco, noruego, danés y holandés. Esta difusión europea se ve reafirmada por la existencia de traducciones posteriores a casi todas las lenguas mencionadas hasta este punto. Otros idiomas en los que se cuenta con ediciones de la primera novela de Rulfo son: albanés, árabe, búlgaro, checo, chino simplificado, coreano, estonio, eslovaco, esloveno, euskera, feroés, finés, gaélico, griego, hebreo, húngaro, islandés, japonés, letón, lituano, malayalam, persa, polaco, portugués (Brasil y Portugal), rumano, ruso, serbocroata, tailandés, turco, ucraniano. En algunos de estos idiomas hay incluso, hasta ahora, más de una versión. En resumen, la primera novela de Rulfo es la obra literaria mexicana más traducida en el mundo.

En lo que respecta a sus adaptaciones a otras expresiones artísticas, la primera de todas ellas es la danza, con el ballet "Los murmullos", estrenado en el Palacio de Bellas Artes, en la ciudad de México, en 1961. En esos mismos años ya quedaba claro que el cine estaba interesado en la narrativa de Rulfo para intentar recuperar el terreno perdido en un momento en que el auge de la cinematografía mexicana ya había pasado. Las adaptaciones a este medio han producido dos largometrajes. El primero de ellos, *Pedro Páramo*, del director español exiliado Carlos Velo (1966) y *Pedro Páramo, el hombre de la Media Luna*, de José Bolaños (1976). Ambas han recibido principalmente reacciones desfavorables y aún está por verse si la novela de Rulfo es susceptible de adaptarse a las artes representativas sin desvirtuar el aporte decisivo de Rulfo en lo que respecta a fragmentación de la narración. Un ejercicio llevado a cabo con pulcritud es el del director de cine Mitl Valdez, quien en su película *Los confines* recupera fragmentos de *Pedro Páramo* y los incluye a manera de interludios de sus adaptaciones de los cuentos "Talpa" y "¡Diles que no me maten!". Quizá la ruta a seguir en el terreno cinematográfico sea precisamente la conservación de la fragmentariedad de la obra y su ordenación, aparentemente caótica. Sea como fuere, una adaptación de *Pedro Páramo* al cine no puede subestimar al espectador potencial, sino involucrarlo tal como hace el texto de la obra con su receptor.

En lo que atañe a versiones teatrales, sería difícil enumerarlas en su totalidad, pero sí puede afirmarse que comparten con el cine la dificultad de ningún modo menor al tratar de atraer y mantener el interés de la novela empleando los recursos que le son propios sin abusar del texto espectacular en perjuicio del tono discreto del texto dramático. Hay versiones como la de Nancy Cárdenas (1979), cuya cosecha crítica tiende a ser negativa.

En el terreno de la ópera, la adaptación más fiel al texto de Rulfo y que al mismo tiempo mantiene una discreta relación con la escenografía es "Viaje a Comala", del músico colombiano Germán Toro Pérez, con algunos llenos totales en las cuatro representaciones llevadas a cabo en mayo de 2017 en el Theater der Künste de Zurich. Hay un proyecto titulado simplemente "Pedro Páramo", a cargo del músico irlandés Stephen McNeff, todavía en proceso. Por su parte, Julio Estrada, desde sus propias premisas, ha desarrollado una ópera llamada *Murmullos del páramo* por medio de los recursos expresivos de la música contemporánea, puesta en escena en 2006. Su estreno en la Sala Nezahualcóyotl produjo comentarios y críticas polarizados con respecto al valor de su propuesta. En un campo semejante, un proyecto franco-suizo de versión radiofónica de finales de los setenta o principios de los ochenta tal vez haya encontrado el vehículo idóneo para una novela como la de Rulfo, llena de conversaciones y voces que no siempre pueden adjudicarse a personajes identificables.

Primera edición mexicana de *El gallo de oro*, 1980.

8 *El gallo de oro*, la segunda novela de Juan Rulfo

DYLAN BRENNAN

¿Texto para cine? ¿Novela?

En 1980 *El gallo de oro* apareció por primera vez en *El gallo de oro y otros textos para cine* de Ediciones ERA. El texto, publicado entre 1980 y 2009 con significativos errores tipográficos, fue relegado por algunos críticos como consecuencia de la insistencia de la editorial en asociar la novela con el cine, como si se tratara de un guión o algún tipo de "argumento cinematográfico" y no de la segunda novela del autor jalisciense. El hecho de que *El gallo de oro* fuera presentado al público por primera vez como un "texto para cine", además del ya mencionado descuido editorial, resultó en una recepción de la novela como algo menos "literario". Sin embargo, en los últimos años *El gallo de oro* ha ganado más lectores. 2010 fue un año importante en la recepción de la *novella*, ya que la Editorial RM publicó la versión definitiva del texto en colaboración con la Fundación Juan Rulfo (cito por esta edición). Junto con la novela, la edición incluyó dos ensayos reveladores de José Carlos González Boixo ("Valoración literaria de la novela *El gallo de oro*") y Douglas J. Weatherford ("'Texto para cine': *El gallo de oro* en la producción artística de Juan Rulfo"), lectura obligada para cualquier persona interesada en la obra de Rulfo. Concedido el acceso al archivo hemerográfico del escritor, los dos investigadores llegaron a la conclusión de que Rulfo había empezado a escribir su novela en 1956, muy poco tiempo después de la publicación de *Pedro Páramo*, con la intención de que fuera adaptada para el cine algún día. La confusión se acabó. *El gallo de oro* es, y siempre ha sido, una novela, no obstante, una novela vinculada con el cine de una forma inextricable.

Amanecía: la narración circular

El gallo de oro empieza con un párrafo de una sola palabra: "Amanecía". Se levanta el sol y el día inicia. La primera palabra de la novela es simbólica, el amanecer representa el inicio de un día nuevo tanto como el inicio de la historia del pregonero pronto a convertirse en gallero, Dionisio Pinzón. La novela consiste en dieciséis fragmentos no numerados. La acción se desarrolla en forma cronológicamente lineal con elipsis significativas: "El tiempo dejó pasar sus años", "Pasaron los días". Sin embargo, al final de la novela la progresión lineal del tiempo se interrumpe, cediendo a la mente confundida de Dionisio Pinzón, que se encuentra al borde de perder su fortuna. Dionisio, a través de su memoria, se deja llevar al pasado. Escucha a la *Caponera* cantando de joven, ve a su gallo, su madre está a su lado –Pinzón se acerca a su propia defunción a través de un torbellino temporal, en el cual el pasado y el presente se entremezclan libremente.

La estructura narrativa de *El gallo de oro*, que a primera vista parece algo simplista, recuerda a una rueda de la fortuna que, inconsciente de los altibajos de aquellos que toca, sigue girando a pesar de todo. De esta manera la temporalidad de la narración sirve para continuar la representación de la futilidad de la pobreza rural mexicana que Rulfo explora desde las primeras líneas de *El Llano en llamas*. Mientras los personajes de los cuentos rulfianos son incapaces de obtener riquezas debido a la áspera naturaleza, o a hacendados opresivos, a Dionisio sí se le otorga todo lo que podría desear: dinero, una hija y una esposa talentosa. Sin embargo, su caída en desgracia parece inevitable (es importante recordar que Rulfo mismo escribió una sinopsis de la novela que lleva el título "De la nada a la nada"). Su ascenso se hizo a través de los juegos de azar y de su "piedra imán", la *Caponera*. Cuando la suerte se acaba regresa a la nada.

El final de la novela nos recuerda su inicio: "Había amanecido". Ahora termina la historia de Pinzón y su esposa. Sin embargo, este amanecer representa el inicio de una nueva aventura, la de su hija Bernarda Pinzón. Ahora que la joven se queda huérfana e indigente, tiene que hacer lo que hicieron su madre y su abuela, recorrer el país cantando en las ferias. La narración termina cuando el pregonero grita "¡Cierren las puertas!" y la joven Bernarda empieza a cantar. Para los protagonistas de *El gallo de oro* el tiempo es cíclico y la pobreza sólo se puede evitar por un tiempo.

La *Caponera*: la piedra imán

Como ha señalado Weatherford, Rulfo trabajaba en el set de la película *La Escondida* en 1955, acercándose con frecuencia a los actores con el propósito de fotografiarlos. Los actores principales de *La Escondida* eran Pedro Armendáriz y María Félix, y resulta que a los dos les interesaba mucho la idea de participar en una versión cinematográfica de la primera novela de Rulfo, *Pedro Páramo*. Esta producción nunca se pudo llevar a cabo. Sin embargo, sabiendo que en 1956 Rulfo ya se encontraba en el proceso de escribir *El gallo de oro*, existe la posibilidad de que tuviese en mente a estos dos actores para una futura adaptación de su segunda novela. Bernarda Cutiño, también conocida como la *Caponera* ("por el arrastre que tenía con los hombres"), es, sin duda, el personaje más memorable de *El gallo de oro* y es a través de ella que Rulfo desarrolla un tema central en ambas novelas suyas: los resultados catastróficos de la subyugación de una mujer por un hacendado poderoso. ¿Es posible que Rulfo crease su personaje pensando en María Félix?

Como Milagros Ezquerro ha advertido, el apodo que lleva Bernarda es significativo, en particular su conexión con la palabra *capón*, un gallo castrado. Así que además de ser la yegua que guía, la *Caponera* también es castradora de hombres, una mujer fuerte e independiente que sí nos recuerda varios papeles encarnados por Félix, "la devoradora de hombres". Hay más similitudes. En una ocasión, la *Caponera* ("de mucho empuje y de tamaños [...] aunque no se dejaba manosear de nadie") previene a Dionisio contra cualquier intento de restringir su libertad, diciéndole que: "soy yo quien escoge a los hombres que quiero y los dejo cuando me da la gana". Esto nos recuerda las palabras inequívocas de Doña Bárbara: "Se olvida uste' Balbino Paiba que yo tomo a los hombres cuando los necesito y los tiro hechos guiñapos cuando ya me estorban."[1]

Tanto la *Doña* como la *Caponera* toman a los hombres que quieren y, una vez que cumplen su función, los dejan. De vez en cuando Doña Bárbara recurre a la brujería para lograr sus fines y la *Caponera*, un amuleto vivo que ayuda a los hombres a ganar riquezas, es acusada de poseer poderes sobrenaturales por Lorenzo Benavides cuando pierde su hacienda en Santa Gertrudis: "—... ¡Es a esta inmunda bruja a quien le debes todo!" (p. 60).

Parece que la testaruda "devoradora de hombres" pudo haber influido en Rulfo cuando creó a la inolvidable Bernarda Cutiño. Sin embargo, el arco narrativo de la *Caponera* no tiene nada que ver con el cine melodramático mexicano. Era muy común encontrar moralejas en las películas de la época de oro. A la *Caponera* no se le otorga ninguna redención a través de la muerte. Su deceso no nos enseña nada sobre los deberes tradicionales de la mujer en la sociedad mexicana. De hecho, es todo lo contrario. Los tiempos más felices de la *Caponera* ocurren cuando viaja de feria en feria,

1 *Doña Bárbara*, dirigida por Fernando de Fuentes y Miguel M. Delgado, producida por Fernando de Fuentes y Jesús Grovas, CLASA Films Mundiales, México, 1943.

cantando con libertad. Cuando se convierte en buena esposa, sentada al lado de su hombre durante los interminables juegos de naipes en Santa Gertrudis, lo único que siente es la desesperación. Recurre al alcohol cuando su voz ya no sirve y muere cuando ha perdido su humanidad, convirtiéndose en nada más que una "piedra imán" inanimada: "parecía un símbolo más que un ser vivo" (p. 60).

Lo peculiar, lo universal

Una de las primeras cosas que cualquier lector ya familiarizado con la obra de Rulfo debe de notar es que la acción de *El gallo de oro* no transcurre en los pueblos fantasmas derruidos de Luvina o Comala. Tampoco se limita a los pueblos y aldeas de Jalisco. La trama inicia en San Miguel del Milagro, en el estado de Tlaxcala, una región que Rulfo conoció bien durante el rodaje de *La Escondida*. Tan pronto como Dionisio se une al mundo de los galleros, cantantes y mariachis que siguen las ferias por el Bajío y México central visita una sucesión de pueblos y ciudades con nombres sumamente reconocibles para cualquier lector mexicano: San Juan del Río, Aguascalientes, Zacatecas. Sin embargo, la falta de detalles específicos sobre cada ubicación por el narrador es notable. Las ferias que visita Dionisio carecen de características definitorias. La inclusión de las letras de los corridos que canta la *Caponera* es lo único que provee al lector un sentido de discernimiento. Así que, en vez de hacer hincapié en la peculiaridad de cada escenario, sus costumbres y habitantes, las ubicaciones resultan ser las mismas: México o, más específicamente, la feria mexicana. Cuando Dionisio se casa con Bernarda el narrador aclara que el lugar y tiempo son irrelevantes informando al lector que el matrimonio se realizó "una mañana cualquiera, en un pueblo cualquiera". Abundan los ejemplos de eventos importantes que transcurren fuera del espacio-tiempo. A pesar de la mención de lugares específicos, los momentos cruciales y catalizadores de la trama ocurren dentro de la arena. El palenque, la mesa de juegos son lugares uniformes, campos de batalla eternos. Esto permite a Rulfo crear un mundo que fácilmente se identifica como México mientras, al mismo tiempo, explora los temas universales y atemporales de la fortuna y el azar.

Conclusión

Con una trama que, particularmente en las primeras secciones, se desarrolla entre los animados palenques y ferias de México central y el Bajío, la segunda novela de Juan Rulfo a primera vista parece representar una ruptura total con sus libros previos, dos obras maestras de la narrativa mexicana: *El Llano en llamas* (1953) y *Pedro Páramo* (1955). Sin embargo, la historia de Dionisio Pinzón y la *Caponera*, aunque sí provoca una visión folclórica de México por medio de alusiones al cine de la época de oro y a la tradición oral, también funciona como un análisis devastador de la naturaleza cíclica de la pobreza rural en el México post-revolucionario. A pesar de las diferencias estilísticas y tonales, en *El gallo de oro* (1956) Rulfo continúa con los temas centrales de sus primeros textos y, aunque haya sido relegada por años, su segunda novela, en años recientes, ha empezado a reclamar su merecido lugar en el canon rulfiano.

Edición de *El gallo de oro* en italiano, 2015.

9 Nota al Prólogo de Heber Raviolo a *El gallo de oro*

JORGE ZEPEDA

Montevideo, Uruguay, junio de 1981: poco más de un año después de las fechas de los colofones en la primera edición en México (marzo 5, 1980) y la primera reimpresión (mayo 20, 1980) de *El gallo de oro y otros textos para cine*, la colección Lectores de Banda Oriental comenzaba su segunda serie con *El gallo de oro*, la segunda novela (o *nouvelle*, o relato) de Juan Rulfo. El editor, también prologuista de esa edición, era Heber Raviolo.

La crónica pormenorizada de ese episodio la hizo recientemente Pablo Rocca para el semanario *Brecha*, de Montevideo (noviembre 17, 2017). No cabe sino reconocer la agudeza de Raviolo en un texto breve pero sustancial que, ante todo, revela la extrañeza de un lector latinoamericano de Rulfo ante el tratamiento que los editores de ERA y el responsable de la ordenación de los textos para ese libro, el crítico cinematográfico Jorge Ayala Blanco, habían dispensado al libro de un escritor del que siempre se esperaba algo más que un par de títulos de narrativa frecuentados por lectores de todo el mundo.

Más allá de los límites que Ayala Blanco definió en la primera edición de *El gallo de oro* y reimpresiones sucesivas, Raviolo reconoció en esa novela breve el estilo y la temática de Rulfo, para él plenamente literarios. Avanzaba, incluso, una valoración del libro que seguramente habrá traído consigo cierta dosis de polémica al ubicarlo entre otras novelas cortas publicadas en aquellos días, los últimos del furor que provocó el llamado *boom* de la narrativa latinoamericana en España y otros lugares del mundo occidental. Tanto la primera edición española de *El gallo de oro* (Alianza Editorial, Madrid, El Libro de Bolsillo) como su primera traducción a otro idioma (el italiano, en versión de Dario Puccini bajo el sello de Editori Riuniti, en Roma) aparecieron en 1982. Las palabras de Raviolo dan fe de la efervescencia todavía palpable en torno a la narrativa escrita en castellano. En Montevideo, lejos de los ecos casi siempre nocivos del campo cultural mexicano en cuanto se refiere a Rulfo y su obra, Lectores de Banda Oriental reconocía en *El gallo de oro* una narración construida sutilmente y, aunque carente del prestigio que acompañó la aparición, sobre todo, de *El Llano en llamas*, una obra cuyo contenido no podía ni debería pasar inadvertido para el lector uruguayo y sudamericano.

El mayor de los agradecimientos a Alcides Abella, director de Ediciones de la Banda Oriental, por su generoso permiso para incluir en estas páginas el enfoque desprejuiciado de su antecesor, que reivindicaba en 1981 su condición de latinoamericano y, por supuesto, de lector de la obra de Rulfo. Así mismo, es preciso extender dicho agradecimiento a Mario Casasús por sus diligentes gestiones para obtener dicho permiso de reproducción.

0 Prólogo a *El gallo de oro*

HEBER RAVIOLO

La publicación de *El gallo de oro*, novela breve de Juan Rulfo, es un acontecimiento que ha tenido un curioso carácter, casi subterráneo en esta época de lanzamientos más o menos clamorosos. Puesta en librerías en marzo de 1980,[1] su circulación fuera de México ha sido hasta hoy limitadísima, pese a que vino a romper el largo silencio en que se había encerrado Rulfo desde la publicación de *Pedro Páramo*. Su verdadero carácter aparece, incluso, disimulado por la acotación que figura en la tapa de la edición mexicana: "y otros textos para cine". Pero *El gallo de oro* no es un libreto cinematográfico, ni un comentario marginal a una serie de imágenes fílmicas, sino un relato cabal, escrito para ser leído y no para ser filmado.[2]

•

La singular personalidad de Juan Rulfo como escritor está sin duda en la base de este aparente equívoco. Antes y después de la publicación de los que hasta ahora habían sido sus dos únicos libros,[3] Rulfo, nacido en 1917, ha sido de una autoexigencia tal que ha gastado muchas de sus energías en corregir, tachar, suprimir y finalmente quemar y destruir gran parte de su creación. Ya en 1948 Efrén Hernández, al presentar en la revista *América*

1 Juan Rulfo, *El gallo de oro y otros textos para cine*, presentación y notas de Jorge Ayala Blanco, Ediciones ERA, México, 1980, 136 pp.

2 *El gallo de oro* ocupa 80 páginas de la edición mexicana. El resto del libro incluye, aparte de las notas de Ayala Blanco: a) el argumento del cortometraje "El despojo", de doce minutos de duración, realizado en 1960 por Antonio Reynoso (pp. 109 a 113); b) los textos, de índole esencialmente poética, escritos por Rulfo para dos episodios del mediometraje "La fórmula secreta", de Rubén Gámez (1964), que constaba de diez episodios sin hilación argumental. Los textos de Rulfo –que son dichos en el filme por el poeta Jaime Sabines– ocupan las páginas 121 a 125; c) Una "sinopsis" del filme de Gámez, hecha por Rulfo, que "se imprimió en una especie de programa de mano, sin firma, y se repartió a la entrada del cine Regis en noviembre de 1965 durante el estreno" (pp. 127-128).

3 *El Llano en llamas*, cuentos, 1953; *Pedro Páramo*, novela, 1955.

el cuento "La Cuesta de las Comadres", relataba cómo había descubierto, de manera casi casual, la secreta actividad que Rulfo, compañero de trabajo en la Oficina de Migración, venía desarrollando desde fines de la década anterior:

> Causa, a un tiempo, de mi más persistente desconcierto y mi mayor confianza, es la manera de rigor, la rigurosísima y tremenda aspiración, el ansia de superación artística de este nato escritor. Cosas que en buena ley son de envidiarse, él, por hallarlas ruines, ha venido rompiéndolas, tirándolas, deshaciéndose de ellas, ¡para volver a hacerlas! Nadie supiera nada de sus inéditos empeños si yo no, un día, pienso que por ventura, adivino en su traza externa algo que lo delataba; y no lo instara, hasta con terquedad, primero a que me confesase su vocación, en seguida a que me mostrara sus trabajos y a la postre, a no seguir destruyendo.[4]

Fue así que recién en 1945 comenzaron a aparecer algunos cuentos de Rulfo ("La vida no es muy seria en sus cosas", "Nos han dado la tierra", "Macario") que, con excepción del primero, integrarían en 1953 *El Llano en llamas*, breve volumen que bastó para situar a su autor en el primer plano de la narrativa de lengua española. Dos años después una novela igualmente breve y excepcional, *Pedro Páramo*, y, a partir de ahí de nuevo, el silencio.

Durante muchos años se habló de una segunda novela de Rulfo, *La cordillera*, que en 1964 fue incluida por *La Gaceta del Fondo de Cultura Económica* en la lista de publicaciones programadas para ese año. Pero el tiempo transcurrió y la novela se fue haciendo una especie de mito. En 1966 Rulfo declaraba: "No soy escritor profesional… simple aficionado… escribo cuando me viene la afición, si no, no… a eso se debe que no termine *La cordillera*… pura afición…".[5]

En 1968, contesta a una pregunta de J. Cervera: "… Ese libro [*La cordillera*] era una novela en la que yo estaba trabajando, pero la he suspendido. Ahora estoy escribiendo una serie de narraciones para publicar a finales de año y que titularé *Días sin floresta*.[6]

---

4 Citado por Jorge Ruffinelli en su Prólogo a Juan Rulfo, *Antología personal*, Nueva Imagen, México, 1978.

5 *Los narradores ante el público* (II), Joaquín Mortiz, México, 1966. Citado por Luis Leal, "*El gallo de oro* de Juan Rulfo: ¿guión o novela?", en revista *Foro Literario*, año IV, Vol. IV, N° 7-8, Montevideo, 1980. En el presente prólogo nos valdremos a menudo de los datos incluidos en este trabajo.

6 Juan Cervera, "Entrevista con Juan Rulfo", *La Gaceta*, 15, N°. 8 (octubre 1968). Citado por Luis Leal, art. cit.

Finalmente, en 1979, ante una pregunta de Ernesto González Bermejo, "Después de *Pedro Páramo* se habló de una novela que usted estaba escribiendo y usted me confirma que se trataba de *La cordillera* y que la quemó, ¿por qué?", Rulfo respondió: "Con el impulso que traía de *Pedro Páramo*, casi inmediatamente me puse a escribir esa novela, llevaba hechas 200 o 250 páginas pero me resultaba bastante retórica, me disgustaba, llegó un momento en que me encallejoné. Estaba escribiendo una cosa antigua, ya envejecida y decidí no continuar el trabajo… Los personajes eran demasiado acartonados, les faltaba vida".[7]

Esa es la historia de *La cordillera*. Tampoco se publicaron nunca los cuentos de *Días sin floresta*, anunciados en 1968. La misma suerte había corrido una novela juvenil, *El hijo del desaliento*, que Rulfo escribía por la década del cuarenta y de la cual sólo se salvó un fragmento, titulado "Un pedazo de noche".[8]

•

Después de tanto silencio, de tanta feroz autocrítica, en 1980 Rulfo se atrevió "a sacar la cabeza", al decir de Luis Leal, con la publicación de *El gallo de oro*. Los breves textos para "El despojo" y "La fórmula secreta" no son estrictamente inéditos,[9] por lo cual la verdadera novedad del volumen la constituye el relato que le da título, al que hemos querido publicar aislado, en esta edición para Lectores de Banda Oriental, como una manera de destacar su importancia.

El citado Luis Leal cuenta que, el 15 de junio de 1962, en una conversación en el café Nápoles de Guadalajara, Rulfo le dijo lo siguiente: "Esa novela [*El gallero*, no *El gallo de oro*] la terminé, pero no la publiqué porque me pidieron un *script* cinematográfico y como la obra tenía muchos elementos folklóricos, creí que se prestaría para hacerla película. Yo mismo hice el *script*. Sin embargo, cuando lo presenté me dijeron que tenía mucho material que no podía usarse… El material artístico de la obra lo destruí. Ahora me es casi imposible rehacerla".

---

7 Juan Rulfo: "'La literatura es una mentira que dice la verdad'. Una conversación con Ernesto González Bermejo", *Revista de la Universidad de México*, 34, N° 1, septiembre 1979. Citado por Luis Leal, art. cit.

8 *Cfr*. Jorge Ruffinelli, prólogo citado. Fechado en enero de 1940, "Un pedazo de noche" ha sido publicado en la citada *Antología personal* y en Juan Rulfo, *Obra completa*, prólogo y cronología de Jorge Ruffinelli, Biblioteca Ayacucho, Caracas, 1977.

9 Salvo la "sinopsis" de "La fórmula secreta", fueron incluidos en la edición de Biblioteca Ayacucho, citada.

Pero como ya lo anotamos, el texto que hoy se publica no tiene ninguna de las características de un *script*, de un guión cinematográfico; es, con toda evidencia, un relato para ser leído y no para ser visto, transformado en imágenes fílmicas.

En la "presentación" de la edición mexicana, Jorge Ayala Blanco nos dice que "La primera y más larga parte del libro [...] recoge el argumento inédito de *El gallo de oro*, *presumiblemente* escrito por Juan Rulfo para el productor Manuel Barbachano Ponce, poco después de la mejor etapa creativa de éste (la de *Raíces*, *Torero* y *Nazarín*), *acaso* a principios de los años sesenta. Aunque Roberto Gavaldón acometió en 1964 una versión fílmica del mismo asunto, incluso cumpliendo con el trámite de darle crédito a Rulfo, su película ni remotamente tenía algo que ver con el original, aún en espera de ser llevado fielmente al cine".[10]

La misma imprecisión de los términos que utiliza Ayala Blanco –*presumiblemente*, *acaso*– parece confirmar la sospecha de Luis Leal de que el libro debe haber sido publicado "sin la entera colaboración del autor". Y si atendemos a las declaraciones que cita Leal y que hemos transcrito, es lícito pensar que estamos, no por supuesto ante un *script*, no ante un argumento cinematográfico, sino ante la novela terminada de que habla Rulfo y que él mismo daba por destruida. El agradecimiento de los editores mexicanos a Carlos Monsiváis, Pablo Rulfo, Rubén Gámez y Antonio Reynoso por "su valiosa colaboración en el presente libro", nos hace pensar que por el lado de Pablo Rulfo, hijo del autor, puede haberse salvado alguna copia de "el material artístico" que éste creía destruido.

•

Más allá de todas estas consideraciones, un tanto detectivescas y de carácter provisorio, el hecho que importa son estas ochenta páginas, con un nuevo texto de Rulfo merecedor de una relevancia y una notoriedad que –seguramente por razones vinculadas a la misma idiosincrasia de su autor– a más de un año de su primera publicación aún está lejos de haber conseguido. La afirmación puede resultar iluminada si comparamos la paradójica situación de esta obra de Rulfo con el espectacular lanzamiento de que ha sido objeto en estos días la última novela de García Márquez, *Crónica de una muerte*

10 Los subrayados son nuestros. El film de Gavaldón tiene una duración de 1 h. 45 min. Rulfo figura en sus créditos como autor del argumento, y Carlos Fuentes, Gabriel García Márquez y Roberto Gavaldón como autores del guión. Fue fotografiado (en color) por Gabriel Figueroa.

anunciada: cuatro ediciones simultáneas en Colombia, México, Argentina y España, con más de un millón de ejemplares y una promoción condigna. Y –sin dejar de reconocerle valores innegables– no creemos que la novela del colombiano, que es casi tan breve como la de Rulfo, sea "más novela" ni tenga mayor valor literario que *El gallo de oro*: todo lo contrario.

Sería banal entrar a discurrir si *El gallo de oro* es una obra que está a la misma altura que *Pedro Páramo* o los grandes relatos de *El Llano en llamas*. Cuando los únicos puntos de referencia son dos obras semejantes, la comparación y la exigencia resulta fuera de lugar. Pero aun así nos atrevemos a afirmar que *El gallo de oro* no desmerece junto a aquellas obras y ocupa con naturalidad un lugar relevante en la breve producción de Rulfo.

Su relativa sencillez estructural –al menos si se la compara con *Pedro Páramo* o con los cuentos más complejos de *El Llano en llamas*– no es un factor que le quite carácter "rulfiano", si pensamos que junto a esos relatos en los que se puede rastrear la influencia de Faulkner y otros escritores contemporáneos, Rulfo ha sido capaz de crear cuentos tan sencillos y prístinos como –para citar sólo uno– "Es que somos muy pobres". No logramos ubicar las ocasionales flaquezas que "a veces en la técnica, a veces en la estructura, a veces en el estilo" le adjudica Luis Leal, quien por otra parte reconoce que, pese a todo, "el sello rulfiano predomina: el mundo que reproduce es su mundo, trágico y resignado, el estilo es su estilo, seco y duro".

Estamos ante una obra clara, sencilla, "clásica" podríamos decir. Sin prisas ni pausas, con un ritmo literario que parece consustanciarse con ese ritmo vital del bajío mexicano, de las ferias y las riñas de gallos, de los tahúres y las cantadoras, pero también de los pueblitos polvorientos calcinándose bajo el sol, donde de pronto asoma el toque solitario de una mujer enrebozada, la novela se va desprendiendo del dato folklórico, nunca exagerado, hasta culminar en las magníficas páginas finales, cuando todo ese mundo parece adquirir una nueva dimensión, fatal y trágica, y los elementos anecdóticos se transmutan en verdaderas "categorías" de hondo valor dramático.

Primera edición uruguaya de *El gallo de oro*, 1981.

1 La recepción crítica de *El gallo de oro*

JORGE ZEPEDA

La notoriedad de Rulfo se incrementó después de la publicación de *Pedro Páramo* y las entrevistas comenzaron a menudear. El público lector esperaba el nuevo libro de un autor que, con tan sólo dos títulos de narrativa, se había consagrado como el escritor joven más notorio de un medio en el que abundaban las señales de renacimiento de la literatura mexicana. Rulfo estaba ya, desde hacía pocos años, involucrado con la industria cinematográfica, que recurrió a él como generador de narraciones que pudieran llevarse a la pantalla grande, además de requerirlo en su papel de fotógrafo para un trabajo paralelo a filmaciones o como asesor de verosimilitud histórica. Ese número discreto de entrevistas, sin embargo, resulta fundamental para comprender la construcción de la imagen del escritor y la continuidad de su obra.

En este caso, por ejemplo, la paráfrasis de las declaraciones de Rulfo a María Luisa Mendoza sienta el precedente de la definición de un proyecto literario que sería objeto de reinterpretación cinematográfica. La novela de la cual habla Rulfo a Mendoza está concebida con una óptica favorable a cierto localismo folklórico, y el escritor se refiere a ella como punto de partida de una película que se situaría en ese género. Baste revisar *El gallo de oro* y tomar nota de los distintos términos procedentes de las peleas de gallos y de los juegos de cartas. La aparición de Bernarda Cutiño también es ocasión para agregar canciones populares, parte del ambiente de los palenques. La entrevista con Enrique Ruíz García, publicada en 1957, confirma que el texto en proceso es una novela. Quizá menos ambiciosa que *Pedro Páramo* y mucho menos innovadora que los cuentos de *El Llano en llamas*, pero no inferior en lo literario ni fácil de excluir de su canon, como tantos escritores y periodistas han intentado para disminuir el mérito de Rulfo, sobre todo durante el año 2017, el del centenario de su nacimiento. Otra entrevista es la que publicó Elena Poniatowska en diciembre de 1958 en el suplemento *México en la Cultura*. Aunque en ella inserta una nueva versión de la entrevista aparecida originalmente en el diario *Excélsior* en los primeros días de febrero de 1954, la parte realmente novedosa es el momento en que Rulfo se refiere de nuevo al carácter novelístico de la narración que hacia esas fechas estaría por concluir.

En los primeros días de enero de 1959 Rulfo registró ante el Sindicato de Trabajadores de la Industria Cinematográfica de la República Mexicana dicha novela, junto con una sinopsis del argumento, que titula como "De la nada a la nada". Este rasgo subraya la temática desarrollada por el escritor, que implica el tratamiento de la ambición, el amor y el poder. El azar y la suerte también son parte de esta narración, al parecer despojada de cualquiera de las sutilezas técnicas asociadas a su colección de cuentos de 1953 y su primera novela.

Para 1964 el estreno de la película *El gallo de oro* vendría a concluir una fracción de la historia del texto, postergado desde tiempo atrás. La película se centró demasiado en el carácter folklórico y la interpretación de distintas canciones por parte de la protagonista, encarnada por Lucha Villa. En el plano de la trama, lo que en la novela de Rulfo es una tragedia cuya cruda resolución insiste en una óptica desengañada que se decanta por la reiteración de los ciclos de la miseria termina por convertirse en una comedia ranchera como las que proliferaron incansablemente durante la época de oro del cine mexicano. Los rasgos negativos de Dionisio Pinzón y su manera de tomar decisiones que más bien revelan cierta dosis de fatalismo son transferidos al personaje de Lorenzo Benavides. La película de Roberto Gavaldón neutraliza en gran medida las características definitorias de los personajes y reconduce la historia por vías opuestas a la atmósfera pesimista que suele asociarse con la obra literaria de Rulfo.

Durante casi dieciséis años (contados a partir del estreno de la película) la novela de Rulfo permaneció inédita. En 1980, quizá como resultado inesperado de la publicación en 1977 de la *Obra completa* de Rulfo en la Biblioteca Ayacucho (un proyecto con vocación latinoamericanista) a cargo del especialista uruguayo Jorge Ruffinelli, un grupo dentro del cual estaban Juan Pablo Rulfo (hijo del escritor), Rubén Gámez, Carlos Monsiváis, Antonio Reynoso y Vicente Rojo impulsó la primera edición de *El gallo de oro* junto con los textos asociables al cortometraje "El despojo" (1960) y al mediometraje "La fórmula secreta" (1964) bajo el sello de Ediciones ERA. Para complicar la trayectoria de la novela, la perspectiva de Jorge Ayala Blanco consistió en clasificarla como guión cinematográfico cuando cualquier participante en el mundo de la cinematografía sabe que un guión es la enumeración de escenas junto con las didascalias e indicaciones de la representación.

El argumento de Rulfo no es esa clase de texto técnico que ofrece las directrices de una interpretación en la que colaboran actores, director, camarógrafo y demás responsables de aspectos como la escenografía o la musicalización, y cuyo fin es entregar una versión idealmente homogénea del original. Esto quedó claro en las reseñas que el libro obtuvo en un año como 1980, en el que el aparato cultural del Estado mexicano hizo a Rulfo objeto de un homenaje nacional como el que antes había dedicado a figuras como el muralista David Alfaro Siqueiros o, un año después, al polígrafo Alfonso Reyes, y en 1982 destinaría al grupo de la revista *Contemporáneos*. Para Gustavo García, por ejemplo, el libro de Rulfo representó la oportunidad de destacar la forma en que la película de Roberto Gavaldón se aproximó a la novela de Rulfo a partir, sobre todo, de la reinvención de los personajes y la dinámica entre ellos. Unos meses después, Evodio Escalante también se pronunciaba a favor de reconocer que el texto de *El gallo de oro* no era un guión cinematográfico sino una novela, una narración, un argumento, pero no dejaba atrás el condicionamiento del título elegido para el libro que lo dio a conocer entre los lectores de Rulfo. El libro, sin embargo, obtuvo un éxito sin precedentes, pues agotó un primer tiraje de 5 mil ejemplares más sobrantes para reposición que salió de imprenta el 5 de marzo de 1980 y que fue secundado por una segunda edición o primera reimpresión de 8 mil ejemplares más sobrantes para reposición datada el 20 de mayo de ese mismo año (el criterio de ERA para considerar un nuevo tiraje en mayo de 1980 como segunda edición cambió y decidió enumerar todos los tirajes posteriores al primero como reimpresiones). No era para menos, pues se trataba del nuevo libro del autor de *El Llano en llamas* y *Pedro Páramo* y, por eso mismo, fue recibido con grandes expectativas y una exigencia inaplicable a cualquier otro autor mexicano, trátese de un ensayista, un narrador o un poeta.

Con semejantes obstáculos, no es raro que incluso en la actualidad haya quienes describen *El gallo de oro* en los términos de una obra menor o un mero pretexto para la filmación de una película llena de estereotipos asociados con México, tanto dentro del país como fuera de él. Por si fuera poco, en 1986 se estrenó *El imperio de la fortuna*, filme de Arturo Ripstein con guión de Paz Alicia Garciadiego que logró despertar simpatías entre los aficionados a la brocha gorda de un cineasta obsesionado con los tonos discordantes y que, ante la muy humana y amplia escala de grises característica de la narrativa de Rulfo prefiere el empleo del alto contraste entre lo definitivamente blanco (la perspectiva del mismo director) y lo irremediablemente negro (la falta total de brújula de los personajes). La película de

Ripstein sitúa la historia en la época contemporánea y en los suburbios de una ciudad donde los personajes terminan por ceder a la fatalidad de un destino justificable y merecido, y no al peso de sus propias decisiones o interacción con sus semejantes. Baste apreciar cómo se construye el personaje de la *Caponera*, interpretado en esta oportunidad por Blanca Guerra. Resulta inverosímil que se presente a la *Caponera* como cantante carente de talento, que es uno de sus rasgos definitorios en la segunda novela de Rulfo y razón principal de su arrastre entre los hombres.

En 2010, la Editorial RM y la Fundación Juan Rulfo pusieron en circulación una nueva edición corregida y revisada a partir del original registrado por Rulfo en las oficinas del sindicato cinematográfico ya mencionado y con textos de presentación a cargo de José Carlos González Boixo y Douglas J. Weatherford. Incluye, además, el texto definitivo de Rulfo escrito *ex professo* para la película de Rubén Gámez, "La fórmula secreta". La edición más reciente del libro (titulada *El gallo de oro y otros relatos*, RM, 2017) agrega, también, "Castillo de Teayo", suerte de crónica de la llegada de dos personajes a la zona arqueológica del mismo nombre situada en el estado de Veracruz, y un par de relatos tempranos como "La vida no es muy seria en sus cosas" y "Un pedazo de noche", junto con fragmentos provenientes del libro *Los cuadernos de Juan Rulfo* (ERA, 1994). En el monólogo todavía abierto entre quienes insisten en clasificar *El gallo de oro* como un guión cinematográfico y no como novela o argumento, es indispensable tomar en cuenta las aportaciones de Luis Leal, catedrático mexicano en universidades de Estados Unidos y autor de un libro monográfico titulado simplemente *Juan Rulfo*, en el que habla de la existencia de una novela llamada *El gallero* a la que el autor despojó de sus rasgos más literarios con el fin de ofrecer lo esencial para una adaptación cinematográfica. También Milagros Ezquerro, especialista española en la obra de Rulfo y profesora en diversas universidades francesas, considera en su libro homónimo del de Leal (1983) y publicado por L'Harmattan en 1986 que *El gallo de oro* es una novela corta y no un guión para cine.

La obstinación de algunos participantes del campo cultural mexicano en lo que respecta a la taxonomía de la segunda novela de Rulfo queda todavía más patente si se contrasta con la opinión entusiasta, sólida y temprana de Heber Raviolo, autor del prólogo de la que hasta el momento puede considerarse como la primera edición de *El gallo de oro* fuera de México, publicada en 1981 por Ediciones de La Banda Oriental, editorial uruguaya, en una colección que podía adquirirse sólo por suscripción. Por su indudable interés, este texto de Raviolo se rescata ahora, en este mismo libro.

El conservadurismo del campo literario en México con respecto a Rulfo y su obra es cada vez más notorio, y la resistencia a admitir que *El gallo de oro* es, por derecho propio, parte de su legado narrativo también suele escudarse en comparaciones con el resto de su obra canónica. Una narración casi carente de la perspectiva innovadora de los cuentos de *El Llano en llamas* o la novela *Pedro Páramo*, pero con rasgos propios que las nuevas generaciones podrán apreciar mejor sin las actitudes expeditivas de críticos literarios con actitudes neoclasicistas cuyas aportaciones pertenecen más al campo de las preferencias personales que a la de la escritura de una historia de la literatura mexicana.

Las traducciones de *El gallo de oro*, dada su difusión tardía, son escasas, pero no menos representativas del interés en la narrativa de Rulfo. En 1982 Editori Riuniti sacó a la luz la traducción de Dario Puccini al italiano; en 1984, Carl Hanser hizo lo propio con la versión al alemán de Mariana Frenk-Westheim; en 1993 Gallimard puso en circulación la traducción de Gabriel Iaculli al francés; en 1997 Belcortu Meulenhoff publicó la traducción al holandés de Mariolein Sabarte Belacortu; en 1999 la traducción al portugués de Brasil corrió a cargo de Eric Nepomuceno para la editorial Civilização Brasileira; en 2005 la editorial Cavalo de Ferro publicó la versión al portugués de Portugal debida a Sofia Castro Rodrigues y Virgilio Tenreiro Viseum. En 2015 Einaudi publicó la segunda traducción al italiano, de Paolo Collo. De ese mismo año data la traducción al húngaro de Andrea Imrei para Bookart, parte de un proyecto subvencionado con recursos públicos por el Fondo Nacional para la Cultura y las Artes de México que no fue consultado con la familia de Rulfo ni con la fundación que lleva su nombre. La más reciente es la traducción de Douglas J. Weatherford al inglés, publicada por Deep Vellum en 2017. Por último, la novela corta de Rulfo produce adhesiones entusiastas como la de Raviolo, a la cual no le va a la zaga la editorial euskalduna El Gallo de Oro, responsable por la nueva edición –ahora bilingüe– de *Pedro Páramo* en euskera, que recupera la traducción de Juan Garzia Garmendia, publicada originalmente en el año 2000. En este momento ya está en circulación su edición de *El gallo de oro* en esa lengua, también bilingüe.

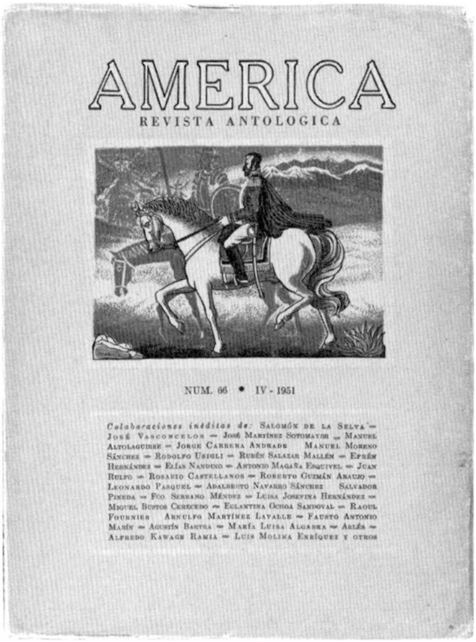

Revista *América* número 54, agosto de 1947, en que apareció por primera vez el cuento "Es que somos muy pobres".
Revista *América* número 62, enero de 1950: primera aparición del cuento "Talpa".
Revista *América* número 66, agosto de 1951, con el cuento "Diles que no me maten".

2 Juan Rulfo en la historia de la literatura mexicana

JORGE ZEPEDA

El efecto de la aparición de *El llano en llamas y otros cuentos* hacia el inicio del otoño de 1953 y de *Pedro Páramo* en los primeros días de la primavera de 1955 es evidente al revisar las notas, menciones y reseñas que circularon a partir del último bimestre de 1953 y mediados del segundo bimestre de 1955, respectivamente. Ambos libros fueron reconocidos como ejemplos de una renovación de la narrativa mexicana, postergada durante varios lustros, a juzgar por la brecha entre los llamados narradores de la Revolución mexicana y la generación de los Contemporáneos.

En una situación contraria a la actual, la poesía no causaba preocupación –al menos de modo notorio– entre los participantes más activos del campo literario mexicano. Cabe recordar que la novelística de la Revolución mexicana tuvo todavía lazos consistentes y estrechos con la narrativa de finales del siglo XIX. Una serie de etiquetas como *costumbrismo*, *modernismo*, *naturalismo* y *realismo* mantuvieron cierto tipo de continuidad en el ámbito del género narrativo mayor, e incluso en el del cuento. Sin embargo, al dar sus primeros pasos en la escena cultural mexicana, los Contemporáneos –mucho más fáciles de identificar en los campos del ensayo, la poesía y el teatro– no obtuvieron una respuesta tan reconfortante cuando se adentraron en los dominios de la prosa narrativa. Tanto Salvador Novo como Gilberto Owen, Jaime Torres Bodet y Xavier Villaurrutia escribieron un tipo de narración llamado *novela lírica*, categoría cercana a aquella en que los precedía la trilogía de novela experimental que Mariano Azuela publicó entre 1923 y 1932. No ubicadas del todo en un campo común, compartieron, eso sí, una acogida más bien indiferente y, en apariencia, sin consecuencia alguna entre los lectores mexicanos. Estos ecos narrativos de las búsquedas que la vanguardia había emprendido no tuvieron respuesta propicia y se convirtieron en datos de mera referencia dentro del acontecer literario en México.

Otro saldo que hay que tener en cuenta para comprender el paisaje literario en el que habría de ocurrir la aparición de los cuentos y la primera novela de Rulfo es que los Contemporáneos se impusieron como representantes de la vanguardia en México a pesar de que varios de sus integrantes simpatizaban más con las expresiones relativamente conservadoras del ámbito mexicano, al menos hacia el final de la segunda y principios de la tercera décadas del siglo XX. A menudo se olvida, también, que los Contemporáneos no eran el único grupo que simpatizaba con la vanguardia y reivindicaba sus postulados. Los estridentistas, mucho más radicales en sus gestos públicos que los Contemporáneos (y, a su vez, también autores de narrativa vanguardista) no han contado, a pesar de su entusiasmo, con herederos tan visibles que representen su legado en las décadas recientes de la literatura mexicana. O esa es, al menos, la impresión mayoritaria que transmite la versión oficial del relato histórico de la literatura mexicana que, además, consagra a Octavio Paz como heredero oficioso de los Contemporáneos.

En el caso de *El Llano en llamas* y *Pedro Páramo*, su protagonismo está tan fuera de duda que en ejercicios de valoración literaria cercanos a la intención de establecer un mapa de lecturas canónicas en la lengua española o en la literatura de Occidente aparecen ambas (o al menos una de ellas). Estos efectos son fáciles de percibir por parte de un lector contemporáneo, aunque una fracción de sus causas puede situarse un siglo atrás y no son tan visibles fuera del ambiente de los escritores y los especialistas.

Para Rulfo, la poesía mexicana de la primera parte del siglo XX tenía una sola cumbre. El comentario que deslizó en carta a su novia Clara Aparicio es categórico: "Estuve en una fiesta en la casa de la pintora María Izquierdo y allí me encontré con un gran montón de poetas y pintores y escultores y artistas y 'coleros' como yo. Allí me encontré a Isabela Corona y me solté platicando con ella [...]. También conocí a Enrique González Martínez, el autor de 'Tuércele el cuello al cisne', y a José Gorostiza, el mejor poeta de México; 'Muerte sin fin', Antología 'Laurel', páginas tales y cuales."[1] El valor de *Muerte sin fin* consiste en sintetizar una tercera opción al conciliar entre los polos de lo tradicional y lo innovador (o, si se prefiere, "lo intelectual"). Puede afirmarse incluso –sin simplificar– que *Muerte sin fin* es a la poesía mexicana del siglo XX (pero también sin precisar fechas) lo que *Pedro Páramo* es a la novela mexicana.

En su ensayo de 1931 titulado "Hacia una literatura mediocre", Gorostiza hace un balance de la contribución de su generación y su obra personal

1 Juan Rulfo, Carta IX, 20 de agosto de 1946, en su libro *Cartas a Clara*, Editorial RM, México, 2012, p. 40.

a la literatura mexicana. No es sorprendente que concluya que hay un vacío infranqueable para el lector mexicano entre la obra de sus compañeros –emprendida como el legado de un grupo de privilegiados que se sabe en sintonía con las tendencias renovadoras de las letras en Occidente– y el público mucho más amplio que esa elite. Dicho hueco habría de ser ocupado, precisamente, por una "literatura mediocre" cuya ausencia mantenía en aislamiento los polos de esa esfera: la literatura vanguardista de los Contemporáneos con respecto a la narrativa de cariz nacionalista cultivada por los narradores de la Revolución mexicana y sus émulos, cuentistas y novelistas, capaces de mantener el interés del lector común con obras que captan la atención porque no experimentan, porque se sitúan en la inmediatez del presente y, sobre todo, porque complacen a su público cautivo con el relato de una realidad que se desarrolla ante sus propios ojos. Dicha carencia, que no es poca, resulta, para Gorostiza, en un aislamiento doble. Por un lado, el escritor en una actitud que todavía podría considerarse como heredera del decadentismo, para el cual el artista está por encima (en los planos éticos y estéticos) de su sociedad. Por el otro, el lector, un ser humano normal que reclama un antídoto frente a una realidad todavía inmediata que es, en este caso, la lucha revolucionaria entre varias facciones.

En la misma revista en que fue publicado el balance de Gorostiza sobre su propia obra y la aportación vanguardista apareció, al año siguiente, una encuesta entre distintos miembros del grupo de Contemporáneos y algunos de sus detractores. Fiel a sus observaciones de un año antes, Gorostiza se situó entre quienes afirmaban que era necesaria la reflexión y la rectificación de la trayectoria de la vanguardia para que ésta pudiera contribuir en la reconstrucción de la sociedad mexicana ya avanzada la consolidación del Estado emanado de la Revolución. La sola divergencia entre sus compañeros de ruta (sin incluir aún a sus detractores) era un indicio que la pesquisa de Alejandro Núñez Alonso, periodista de *El Universal Ilustrado*, no habría podido dejar pasar, incluso si su intención no hubiese sido establecer un frente común con quienes, afiliados al realismo comprometido y al nacionalismo excluyente, buscaban que se expulsara a los miembros de Contemporáneos de los distintos puestos burocráticos que ocupaban en la Secretaría de Educación, para más tarde lograr, también, la renuncia de Narciso Bassols, su titular.

Mantener la cercanía de los Contemporáneos a la administración pública era impensable para quienes no sólo ambicionaban esos puestos burocráticos, sino que también deseaban que el campo literario mexicano gravitara en torno a las consignas del realismo social y se diera a quienes escribían con ellas en mente la posibilidad de ganarse la vida con la "legitimidad" intelectual de la que carecían, desde su punto de vista, los Contemporáneos.

El papel de Gorostiza en ese prolongado intercambio de hostilidades se caracterizó por una congruencia total con respecto a sus opiniones de un año atrás. En su momento no habría podido interpretarse esa actitud más que como el deseo de claudicar y abjurar del cosmopolitismo y la vanguardia, pero sólo siete años más tarde el poeta y ensayista habría de publicar el poema largo más importante entre los producidos por los miembros de su generación. Un poema que sigue alimentando la tradición literaria en México a pesar de los sucedáneos "intelectuales" a los que lo ha sometido el esnobismo, la retórica reducida a juegos de palabras y el resto de los vicios expresivos (para no abundar ahora en los temáticos) que la escuela de Octavio Paz y sus epígonos ha cultivado con un incesante suministro de recursos públicos que la convierten, de facto, en literatura oficial.

Entre 1932 y 1952 median dos décadas en las que toda una variedad de literatura realista, de denuncia social y militante, dominó el campo literario de México, sobre todo en los géneros principales de la narrativa, el cuento y la novela. Cuando a finales de junio de 1945 la revista *América* publicó el primer cuento de Rulfo, "La vida no es muy seria en sus cosas", los temas urbanos continuaban aclimatándose a la literatura mexicana, ya como resultado de modelos exitosos en lenguas entre las cuales destacaba el inglés, ya por la frecuentación del campo en la función de punto de partida para cualquier narración, que tendría también, a su vez, un remoto origen clásico. Esa variedad relativa dio pie a todo tipo de libros con todo tipo de resultados. Desde la fácil dicotomía entre buenos y malos hasta la oposición que Carlos Fuentes expresó de manera directa en su comentario a *Pedro Páramo* desde las páginas de una pequeña revista francesa publicada en el último bimestre de 1955. Si para Fuentes resultaba claro que la primera novela de Rulfo era la obra que clausura la épica mexicana centrada en el campo (es decir, la novela de la Revolución mexicana) es obvio que el lector del siglo XXI aprecie en ella un talante fundacional que lo mismo puede ofrecer la aparente reiteración mecánica de ese lugar común que dicta que la vida urbana es desde luego superior a la vida en el campo, que mostrar el ámbito citadino como un espacio alejado de la realidad (recuérdese, sin embargo, cómo Dolores Preciado y su hijo –el único legítimo entre los engendrados por Pedro Páramo– vivieron en la *ciudad* de Colima, alejados de Comala, el pueblo sentenciado a muerte por la inacción del cacique de la Media Luna).

En los meses sucesivos del verano de 1945, aparecieron tanto en *América* como en la revista *Pan*, de Guadalajara, los cuentos "Nos han dado la tierra" y "Macario". Y a partir de 1947 y solamente en *América*: "Es que somos muy pobres", "La Cuesta de las Comadres", "Talpa", "El Llano en llamas" y "Diles que no me maten", que más tarde fueron recogidos, junto con los dos primeros, en *El llano en llamas y otros cuentos*. Entre dichas narraciones destaca "Talpa" por tratarse del primer texto de Rulfo en ser llevado a otras expresiones artísticas como la danza (1951) y el cine (1956). Pero también en las reseñas tempranas de la colección de cuentos a la que pertenece, "Talpa" obtiene claras adhesiones por su forma descarnada, aparentemente objetiva, de presentar sin tonos maniqueos la historia de un incesto y de una muerte provocada por éste.

Cuando en el final del verano de 1953 apareció la primera edición de *El Llano en llamas*, las respuestas de reseñistas como Gabriel Fontana, José Mancisidor, Arturo Souto, Edmundo Valadés y Francisco Zendejas coincidieron en el juicio que otorga a Rulfo el papel del escritor destinado a llevar la narrativa rural mexicana a su culminación. Rulfo es el cuentista que supera los discursos predecibles al dar a sus personajes un tratamiento humano y no meramente cosmético. El narrador cede el protagonismo a seres aparentemente reales que participan en conflictos y chocan contra sus iguales, muchas veces teniendo como único aliciente su propia supervivencia. Los ocho cuentos restantes de esa edición original contribuyen a profundizar en un mundo pequeño que el lector experimenta como un espacio donde la esperanza está negada a cualquiera de sus protagonistas y en el que, sin importar eso, actúan llevados por sus propios impulsos y no por las ideas cambiantes que el autor pueda albergar en cuanto concierne a sus motivaciones.

Aunque es fácil dejarse llevar por el entusiasmo con respecto al escritor de cuentos llamado Juan Rulfo, es precisamente el lector Juan Rulfo quien mejor señaló en distintas oportunidades que el mundo de su narrativa tiene, entre otros predecesores, la impronta de narradores mexicanos como Mariano Azuela, Cipriano Campos Alatorre, José Guadalupe de Anda, Jorge Ferretis, Rafael F. Muñoz. Nombres que pueden asociarse sin esfuerzo a la narrativa de la Revolución mexicana y la revuelta cristera, por ejemplo, pero que, sobre todo, suponen el fermento para el mundo literario que Rulfo construyó no en un desierto cuya vigencia pueda ubicarse entre los años de 1932 y 1952, sino, en todo caso, en un escenario que comienza a materializarse entre esas mismas fechas. Sin esa "literatura mediocre" de la que hablaba Gorostiza en 1931 no habrían podido surgir tales nombres y tales obras, que se convirtieron en una suerte de precursores del narrador considerado casi por unanimidad como *el protagonista* de la literatura mexicana contemporánea y de la literatura mexicana, sin más.

A ello también contribuyeron, desde luego, las lecturas de autores europeos y norteamericanos cuyas traducciones llegaban a México desde España y Argentina. Ejemplo de ese interés en la literatura universal son la versión que Rulfo hizo de las *Elegías de Duino* de Rainer Maria Rilke a partir de la versión de Juan José Domenchina y la traducción de Mechthild Von Hesse Podewils y Gonzalo Torrente Ballester, además de las numerosas transcripciones y versiones de varios poemas del mismo Rilke tomados de distintas traducciones. La biblioteca de Rulfo, que conserva un total de 15 mil libros, es el mejor indicio de su trayectoria como lector.

Esa destreza en el cuento, sin embargo, fue objeto de duras simplificaciones cuando hizo su aparición *Pedro Páramo* hacia los últimos días de marzo de 1955. Aunque las reacciones entusiastas de –entre otros cercanos a Rulfo– Edmundo Valadés y Francisco Zendejas (y en particular de este último) lograron ubicar la discusión en los terrenos de la innovación y la adopción de técnicas hasta entonces no bien asimiladas, hubo algunos comentarios negativos como los de Archibaldo Burns, Juan de la Cabada, Alí Chumacero, José Luis González, Anaya-Sarmiento, Joaquín Macgregor y también críticas adversas que llegaban incluso a la ofensa personal, como las de Alberto Quiroz, o el ninguneo de los responsables de *Diorama de la Cultura*, el suplemento dominical de *Excélsior*.

En abril de 1957, Zendejas creó el premio Xavier Villaurrutia y lo entregó (en acuerdo con quienes contribuyeron a su proyecto) a Juan Rulfo por *Pedro Páramo*. Esa distancia de dos años muestra el prestigio que Rulfo iba adquiriendo al paso de los meses después de la publicación de su primera novela. El jurado del premio Xavier Villaurrutia contribuía, a su vez, a la legitimación del galardón inaugurando su trayectoria con la designación del libro más comentado y discutido de la literatura mexicana en los cincuenta, quizá únicamente en competencia por ese título con *La región más transparente*, novela de Carlos Fuentes a la que la polarización de la crítica condujo a que en ese 1958, en contraposición a *Pedro Páramo*, no se le concediera el premio Villaurrutia y éste se declarara desierto.

Al paso de los años, la primera novela de Rulfo fue sumando prestigio y reconocimientos ya no sólo en su papel de la obra narrativa que materializó las aspiraciones de varias generaciones de escritores mexicanos, sino también de autores y lectores latinoamericanos. Ejemplo de ello son las reseñas y comentarios de escritores como Mario Benedetti y José María Arguedas, quienes observaron en ella la culminación de expectativas comunes a toda el área geográfica de lengua española. Un reconocimiento semejante no puede obtenerse sin el acuerdo esencial entre los lectores con respecto a la calidad de una obra. Ejemplo de este tipo de consenso es lo que afirmaba Arturo Souto en su reseña de *El llano en llamas y otros cuentos* para la revista *Ideas de México* en 1954: "Juan Rulfo, sin lugar a dudas, merece el ruido que se hace a su alrededor. Es el mejor cuentista de México, y uno de los escritores más originales y vigorosos que hemos conocido. Con *El Llano en llamas* ha sabido expresar toda una humanidad en 15 cuentos, género difícil y apretado, piedra de toque para llorones y retóricos."[2]

Esta idea de Souto ya anticipaba uno de los principales temas que en 1960 expuso José María Arguedas al describir su afinidad con la narrativa de Rulfo. A propósito de las consabidas "influencias" que la literatura de la América hispánica siempre había recibido desde Estados Unidos o Europa, Arguedas profundiza en una de varias dimensiones filosóficas que podrían convertir la obra de Rulfo en un referente para la literatura occidental: "Me he acordado de la muy poca literatura existencialista que conozco mientras leía a Rulfo: aquellos gemiquean, rebuscan con las uñas en la desesperación; Rulfo levanta con sus poderosas manos la luz de la muerte y el germen inagotable que hay en el hombre aun cuando éste parece haberse convertido [...] en carroña [...]."[3] La coincidencia entre ambos juicios ocurre con tan sólo seis años de diferencia y debería ser motivo para reflexionar con seriedad en la forma en que una literatura nacional se inserta en el panorama un tanto más amplio de una literatura regional para finalmente remitir ambas a la literatura universal.

Los lectores privilegiados de Rulfo estaban anticipándose a la respuesta crítica que su narrativa cosechó a lo largo de la década de los sesenta, cuando su autor (Rulfo-autor empírico, que se convertiría en uno de los precursores del *boom* de la narrativa latinoamericana) viajó por Centro y Sudamérica para convocar a un coloquio latinoamericano de escritores y habría de posicionarse como uno de los autores de referencia en el campo literario español e hispanoamericano.

Tuvieron que transcurrir dos décadas para comenzar a percatarse del papel de Rulfo en la literatura mexicana, y ello ocurrió cuando el régimen priista decidió rendir un homenaje de escala nacional al escritor de Jalisco, justo en el año en que la novela *Pedro Páramo* cumplió un cuarto de siglo de su aparición. Es preciso tomar en cuenta que ese 1980 fue un año crucial para la revaloración de la obra de Rulfo. Ésta nunca sufrió abandono por-

2 Arturo Souto Alabarce, sobre *El Llano en llamas*, *Ideas de México*, IV, II, I, 4, marzo-abril de 1954, p. 184.
3 "Reflexiones peruanas sobre un narrador mexicano", *El Comercio*, suplemento dominical, 8 de mayo de 1960, p. 3.

que su calidad siempre ha estado por encima de los ataques personales que experimentó el autor empírico Juan Rulfo, pero fue precisamente en tal fecha que tuvo lugar la publicación de su última obra narrativa canónica, *El gallo de oro*, cuya circulación quizá haya iniciado a mediados del mes de marzo. Además, confluyeron la exposición El mundo de Juan Rulfo, el libro *Juan Rulfo: homenaje nacional* y, sobre todo, su ingreso a la Academia Mexicana de la Lengua para ocupar en ella la silla antes perteneciente a José Gorostiza, cuya obra Rulfo tomó como tema del discurso para la ocasión.

Estos vínculos entre Gorostiza y Rulfo no son fortuitos. Es preciso dejarlo claro, puesto que la introducción en este pasaje de la historia de la literatura mexicana ha sido cortesía de la reflexión que el autor de *Muerte sin fin* se propuso como transición entre sus primeras contribuciones a las letras de México y su aportación decisiva, que ya ha sido comentada.

Durante largo tiempo se ha considerado que *El gallo de oro* es sólo un "texto para cine" que fue rescatado del olvido por la insistencia de Pablo Rulfo, hijo del autor, y la complicidad de un círculo de gente relativamente estrecho que Rulfo solía frecuentar en los ámbitos artístico e intelectual de la capital mexicana. Sin restar un solo mérito a una insistente labor de convencimiento para demostrar que Rulfo no sólo siguió escribiendo, sino también que un texto que ya había dado pie a una de las no escasas experiencias de su autor en el mundo cinematográfico merecía circular entre los lectores que frecuentaban sus dos primeros libros con la actitud dispensada a un clásico, el mérito de *El gallo de oro* no debería diluirse aduciendo que las obras por las que Rulfo ha trascendido como escritor son sencillamente superiores a su segunda novela.

La mayoría de las reseñas de *El gallo de oro* se dejaron guiar por las certezas que el texto introductorio del libro publicado por ERA ofrecía como entrada en materia ante la reunión de materiales escritos que provenían de la segunda mitad de los cincuenta y los años siguientes, cuyo límite es 1964, tanto por ser ése el año de estreno de la película homónima dirigida por Roberto Gavaldón, cuanto por ser también el año en que "La fórmula secreta", un mediometraje dirigido por Rubén Gámez, obtuvo poca resonancia, pero redituó a éste el premio del Primer (y único) Concurso de Cine Experimental en 1965. La participación de Rulfo en ese filme consistió en un poema o parodia de letanía religiosa que la voz de Jaime Sabines lee en una de sus secuencias.

Quienes se pronunciaron por la falta de consistencia de *El gallo de oro* como texto literario tenían su estándar en las dos obras que detonaron en los años siguientes a su publicación todo un auge narrativo y en especial novelístico, dentro del cual pueden citarse títulos como *Aura*, *Farabeuf*, *Morirás lejos* o *La muerte de Artemio Cruz*, sólo para mencionar los que acuden al recuerdo de forma inmediata. En su edición número 589, correspondiente al 26 de junio de 1960, el suplemento *México en la Cultura* presentó un monográfico dedicado a la novela en la literatura mexicana. Es evidente que la lectura de *Pedro Páramo* y su incorporación al canon de las letras en México dio paso a una profusión de propuestas que buscaban situarse en la cercanía del realismo, pero sin renunciar a las técnicas que la novela contemporánea había asimilado de sus predecesores vanguardistas, con relato fragmentario, perspectivismo y distintos planos presentes, aunque no necesariamente explícitos en el planteamiento de las obras.

Si a ese panorama se suman los nombres de otros dos becarios del Centro Mexicano de Escritores, Vicente Leñero y Tomás Mojarro, puede advertirse la forma en que una tendencia ocupó de distintos modos los espacios de la institución literaria en México para prolongar una fórmula extraída de la experiencia de lectura de una novela irreductible a los esquemas que la misma imitación o la parodia terminan por revelar como materia difícil de asimilar incluso dentro de la trayectoria de la literatura mexicana actual.

Como es evidente en los casos de los escritores posteriores a la generación de Rulfo mencionados hasta este momento, la percepción de su obra la convirtió en un modelo que habría debido ser susceptible de emulación, pero esa posibilidad sólo era real como prolongación que el mismo Rulfo hubiera tenido ante sí y que en realidad desechó, porque nunca estuvo interesado en repetirse. En 1955, casi en el mismo momento de la aparición de *Pedro Páramo*, Rulfo publicó un par de cuentos en revistas y suplementos culturales. El primero de ellos, "La herencia de Matilde Arcángel", mereció, justo en 1980, el elogio de Gabriel García Márquez, avecindado en México desde 1961 y a quien, sin dejar de ser considerado como escritor colombiano, también tendría que valorarse en tanto autor latinoamericano. Al referirse a dicho cuento como una "obra maestra desbalagada",[4] García Márquez da indicios de la construcción de su propia narrativa en torno a un modelo que sólo alguien que también, como Rulfo, había leído con fruición a Faulkner habría podido llevar más lejos (recuérdese que su primera novela, *La hojarasca*, apareció en 1955, al igual que *Pedro Páramo*, y recurre a técnicas y temas del escritor sureño para ofrecer al lector la historia de un microcosmos, como, a su vez, lo es Comala). La formación de

4 Gabriel García Márquez, "Breves nostalgias sobre Juan Rulfo", *Proceso*, 4, 204, 29 de septiembre de 1980, p. 47.

García Márquez como escritor y lector lo aproximó a Rulfo. Aunque suele recordarse que la frase inicial de *Cien años de soledad* proviene directamente del comienzo del fragmento 40 de *Pedro Páramo*, también es necesario apreciar en qué medida el tono del narrador y el tipo de historia que Rulfo narra en "La herencia de Matilde Arcángel" guardan, además, una cercanía literaria con obras como los cuentos reunidos en *Los funerales de la Mamá Grande* (1962) y la que al parecer terminará consagrándose como la segunda novela de García Márquez en grado de importancia, *El amor en los tiempos del cólera* (1985).

La posteridad de Rulfo parece residir más en la frecuentación de su narrativa por parte de los lectores que en los escritores mexicanos contemporáneos. Tal vez esa situación cambie para bien el día que los participantes en el campo literario de México asimilen el hecho de que la obra de Rulfo ya está fuera, por méritos propios, del alcance de perpetradores de pastiches, de supuestos admiradores que no pierden oportunidad para poner en tela de juicio la vida privada del escritor. Rodeados por espejos –anímicos y físicos– que sólo les devuelven la imagen propia disfrazada por campañas de *marketing* y declaraciones escandalosas y rompedoras, la mayoría de los escritores mexicanos contemporáneos llega por sí misma a la conclusión de que las reseñas a modo para exaltar sus obras y la aprobación acrítica de sus amigos cercanos son la fachada perfecta que, incomprensiblemente, los lectores se niegan a avalar.

Las críticas de Rulfo al campo cultural en México eran certeras y despiadadas.[5] Cabe preguntarse si al paso del tiempo sobrevivirán tantos prestigios al escrutinio pormenorizado de libros producidos con la asesoría y patrocinio de emporios multimedia que han tomado por asalto en las décadas recientes el mundo editorial. No existe la literatura de diseño. Este nuevo período de "literatura mediocre" –como lo llamaría Gorostiza si hubiese sido testigo de su advenimiento– dará paso, en su momento, a obras y escritores auténticos. Un predecesor de ellos, interlocutor de Rulfo y, como él, becario del Centro Mexicano de Escritores, afirmaba justamente que

5 "Entre los escritores ya reconocidos, Octavio Paz nuclea a un pequeño círculo de incondicionales. Es un gran poeta y ensayista, pero también un hombre autoritario, con el cual sólo se puede discutir. [...] De los 'onderos', gente de mediana edad, no rescato a nadie. Son escritores de flamazo. Buscan una editorial de best-sellers, y ahí publican con gran promoción obras mediocres. Son escritores que envejecen rápidamente. Arreola, por su parte, es un hombre de talento, pero se ha quedado imitando a Marcel Schwob, Kafka y Borges, y ahora hace payasadas por televisión" ("Una perspectiva rulfiana de la vida intelectual mexicana", *La Cultura en México*, 894, 25 de abril de 1979, p. IX).

> La grandeza de Rulfo radica en su percepción. Depurar una voz mediante la limpia de fárragos –eludiendo lo accesorio para decantar lo sustantivo– hace más eficaz la penetración en las raíces de ese México profundo, impregnado de enigmas, como pueden ser la soledad, las creencias, la muerte, derivadas de una suerte de allanamiento vital, preeminentemente trágico, que rebasa los meros cuadros de costumbres y hace posible que esas historias tengan opción de ocurrir en cualquier parte del mundo. Así, Rulfo siempre nos es próximo, como les es próximo a innumerables lectores de diferentes culturas. [...] Es palabra escrita en el tiempo, no supeditada ni a épocas ni a modas.[6]

Daniel Sada, escritor y lector, representa el germen de una nueva etapa fructífera de la historia de la literatura mexicana. El lugar que corresponde a Rulfo dentro de ella está cada vez más claro, y es referencia de una ruta apta sólo para quienes se han planteado si de verdad tienen vocación por la *literatura* y han llegado a responder esa pregunta de manera positiva.

6 Daniel Sada, Prólogo a Juan Rulfo, *El Llano en llamas*, Universidad Veracruzana, Xalapa, 2004, p. 14.

Ediciones de *Pedro Páramo* en portugués: 1969; con *El Llano en llamas*: 1977 y 2004.

3 Juan Rulfo y la literatura brasileña

PAULO MOREIRA

Entre los escritores brasileños contemporáneos la influencia de Rulfo crece con la aparición de traducciones en editoriales de prestigio y con una generación de escritores y críticos que leen a Rulfo en su original en castellano. Luiz Ruffato, uno de los mejores autores contemporáneos del país, ha hablado sobre la importancia de haber leído a Rulfo en su decisión de volverse escritor, por la dignidad con la que el escritor jalisciense retrataba a los personajes de origen más humilde, con complejidad psicológica y un tratamiento de lenguaje sofisticado.

Entre la obra de Rulfo y lo mejor de la literatura brasileña hay grandes afinidades que ayudan en esa compenetración creciente. Rulfo, Joaquim María Machado de Assis y João Guimarães Rosa tienen una profunda relación textual concreta. Rulfo conocía bien la obra de Machado de Assis y escribió sobre ella con gran propiedad. Guimarães Rosa, a su vez, admiraba a Rulfo al punto de, en su ficción, abandonar una única vez Minas Gerais en un cuento de atmósfera fantasmagórica que se llama, justamente, "Páramo" y donde figura un "Llano Grande".

Como otros grandes escritores, Rulfo era un lector voraz e inteligente. Su biblioteca se caracteriza por una meticulosa variedad y varios testimonios hablan de la capacidad de Rulfo de leer con atención y cuidado desde lo más consagrado hasta lo más desconocido. En un texto suyo todavía inédito, Rulfo demuestra un conocimiento notable sobre los escritores brasileños desde el período colonial del siglo XVI, con José de Anchieta, hasta la contemporánea Nélida Piñón, y afirma sobre la literatura brasileña que "es la mejor que actualmente existe en el continente americano. [...] Esto lo he repetido en varias ocasiones y seguiré sosteniéndolo porque sencilla, llanamente, es la verdad".

Un análisis parcial de su biblioteca muestra que Rulfo poseía cinco libros de Machado de Assis: un *Dom Casmurro* argentino de 1943; un *Memórias Póstumas de Brás Cubas* del Fondo de Cultura Económica de 1951; dos antologías de cuentos (un *Varias Historias* de Casa de las Américas de 1972 y un *Cuentos* de Ayacucho de 1978) y un *Quincas Borba* de 1979 (también de Ayacucho). Vale la pena acercarnos particularmente a la relación entre *Memórias Póstumas de Brás Cubas* y *Pedro Páramo*.

No por casualidad Rulfo escribió el prólogo de la nueva edición de la traducción de Antonio Alatorre de *Memórias Póstumas de Brás Cubas* de su biblioteca, republicada en 1982 como parte de la colección Clásicos Americanos de la Secretaría de Educación Pública y la Universidad Nacional Autónoma de México. En ese prólogo –que se encuentra en *Toda la obra*, edición crítica coordinada por Claude Fell para la colección Archivos de la UNESCO en 1996– Rulfo demuestra conocimiento no sólo de la literatura y la crítica brasileña sino que también se aproxima discretamente a Machado de Assis enfatizando la condición de niño huérfano del brasileño y la recepción positiva de *Memórias Póstumas de Brás Cubas*, "muy a pesar de ciertos críticos para quienes, si bien no le reprochaban su calidad, afirmaban que se trataba de una serie de relatos" (*Toda la obra*, p. 439).

Se trata de fragmentos de naturaleza diferente a los de *Pedro Páramo*, donde producen el efecto de un complejo coro de voces descarnadas y disonantes que se revela poco a poco, mientras que en *Memórias Póstumas de Brás Cubas* son el resultado de la compulsión digresiva de una única voz, un narrador muerto que constantemente provoca y convoca a su lector y se define como autor de una "obra difusa" escrita "desde este otro lado del misterio". Esa fragmentación era lo más visible de una exploración de la forma narrativa que sorprendió y a veces irritó a sus primeros lectores, justamente porque después de *Memórias Póstumas de Brás Cubas* y *Pedro Páramo* la novela ya no sería la misma.

Si tiene razón Fredric Jameson cuando dice que "the novel has always been a machine for living a certain kind of temporality", *Memórias Póstumas de Brás Cubas* y *Pedro Páramo* plantean una temporalidad radicalmente diferente, provocando en el lector la experiencia de una especie de tiempo suspendido, un tiempo muerto en el cual toda la memoria del pasado se comprime en un presente raro que no pasa y no se deja sustituir por un futuro que ya no llega. Los muertos de Machado de Assis y Rulfo fabrican un tejido narrativo desde un punto de vista muy distinto, ubicado en un más allá que no acepta una representación objetiva en tercera persona.

El lenguaje de las dos novelas engendra y expresa ese tiempo difunto con un fuerte componente oral, presentándose como escapado de la boca de unos muertos que se niegan a callar. Ese componente oral no tiene que ver con una representación verosímil del lenguaje oral de Brasil o México, sino que es resultado de una cuidadosa elaboración estética que mezcla ecos vernáculos con diversas tradiciones literarias y crea una síntesis personal y una expresión verbal acústicamente poderosa, capaz de resonar en nuestros oídos mucho tiempo después de terminada la lectura.

Un cuarto eje fundamental aproxima la novela de Machado de Assis a la de Rulfo: la relación crítica entre la sociedad donde son producidas y los cosmos literarios donde el inerte Brás Cubas y el hiperactivo Pedro Páramo existen. *Memórias Póstumas de Brás Cubas* desnuda el aparente amodorramiento del segundo imperio, revelando un torbellino de contradicciones, injusticias y violencias, mientras *Pedro Páramo* acusa continuidades escandalosas entre los períodos pre y post-revolucionario, cuestionando mitos que el poder hegemónico acababa de consolidar. La literatura aporta algo que la prosa científica no puede alcanzar, iluminando aspectos fundamentales de la realidad y afilando la incisión de la inteligencia crítica, que es un atributo particular de las artes. No se debe reducir ni a Brás Cubas ni a Pedro Páramo a villanos de panfleto, y aquellos que se apresuran en negar que tengan algo en común con esas dos figuras a veces tan terribles, pero a veces también tan terriblemente humanas, terminan por mantener intactos puntos ciegos que las dos novelas investigan obstinadamente. Machado de Assis y Rulfo no desentierran muertos para provocarnos miedo, sino para hacerlos hablar de cosas durísimas con una calmada claridad que los vivientes quizá no alcanzarían.

En su manuscrito todavía inédito, Rulfo atribuye a Guimarães Rosa "la mejor obra latinoamericana de nuestro tiempo" y demuestra conocer muy bien toda la obra del brasileño. Guimarães Rosa, a su vez, tenía en su biblioteca *Pedro Páramo* y *El Llano en llamas* y terminaría su cuento en homenaje a Rulfo poco antes de morir. En los años sesenta los dos coincidieron en el Columbianum en Génova, en 1965, y en el segundo encuentro de la Comunidad de Escritores Latinoamericanos en México en 1967 –cuando viajan los dos solos en un autobús a Guadalajara– y José María Arguedas, por ejemplo, atestigua la afinidad entre dos escritores que escriben "por amor, por goce y por necesidad, no por oficio" y tienen concepciones similares de la literatura en el cuidado puesto en la obra, en el uso del fragmento, en lo experimental como un proyecto original más allá de la idea de estar a la par de lo que se hacía en Europa o Estados Unidos, y en una relación profunda con lo local.

Guimarães Rosa y Rulfo escriben historias que pasan en regiones rurales y subdesarrolladas con un compromiso que vivifica su ficción. Los dos sufren y disfrutan un agudo sentido del lugar, una relación afectiva profunda con sus regiones de origen que es decisiva en su creación ficcional e incluye un diálogo creativo con la cultura, la historia y las tradiciones literarias asociadas a esas regiones. Para lograr esto acumularon un largo e íntimo conocimiento de tradiciones eruditas y tradiciones orales populares, más una sofisticada comprensión de algunas ramas del conocimiento, como la antropología y la historia.

Esa apertura hacia varias fuentes concurre bajo el impacto de las dos primeras olas de una estética moderna, que aparecen entre los años ochenta del siglo XIX y los años veinte del siglo XX. Esa estética moderna es a la vez ética y epistemológica y permite que las relaciones sociales y económicas —así como los contextos históricos— aparezcan con una fuerza poderosa y nueva en la ficción. Sucesivas olas de modernidad capitalista dieron forma a las relaciones económicas y sociales del campo y establecieron puntos de contacto con el mundo más allá de sus límites. El sufrido pasado colonial ha dejado cicatrices socioeconómicas y trazos culturales visibles en una larga historia de conflictos, mientras aquellas olas sucesivas de modernización capitalista barrían tales regiones, a menudo con violencia. Esas son, por lo tanto, comunidades económica y moralmente complejas que han estado inmersas en relaciones capitalistas: ocupadas como empresas coloniales y gobernadas sobre todo por mercados de propiedad privada y de explotación de recursos naturales y humanos con fines de lucro por parte de los señores de estas regiones, mediante la tristemente conocida dinámica colonial de adquisición, posesión y destrucción.

Para llegar a esa comprensión, Guimarães Rosa y Rulfo tuvieron que responder críticamente a los que buscaban la afirmación nacional a través de la elevación e integración culturales y confrontar una jerarquía de valores culturales que generaba una asimetría radical entre el lector urbano, de un lado, y del otro personajes y temas rurales, desafiando la separación paternalista y condescendiente entre los lectores urbanos y sus "objetos de interés" pertenecientes a una realidad definida unívocamente. Cuando aparecen sus obras principales, Guimarães Rosa y Rulfo se enfrentan a un consenso mayoritario de que la literatura que trataba del mundo rural estaba condenada a la obsolescencia y sólo se afirman por la cualidad literaria indiscutible de sus obras. Rechazando la yuxtaposición entre los tiempos arcaico y moderno y los espacios del campo y de la ciudad, los dos complicarán la idea del campo como bastión de la lucha por los ideales nobles del pasado, contradiciendo asimismo a los que creían que los valores universales de la modernidad sólo abordaban los temas rurales para denunciar la injusticia social y los valores provincianos/arcaicos que retrasaban la marcha hacia el progreso. Como el genio de Schopenhauer, Rulfo y Guimarães Rosa dieron en blancos que la mayoría de sus contemporáneos ni siquiera podían distinguir.

En la obra de Rulfo y Guimarães Rosa estética, ética y epistemología caminan juntas. La representación literaria no es una copia, sino una interpretación creativa del mundo basada en las potencialidades de la literatura, una forma de conocimiento que no reduce la experiencia humana a abstracciones hechas a partir de un punto de vista neutral supuestamente superior. Esa literatura no se reduce a instrumento de mensajes positivos o al entretenimiento para las elites cosmopolitas del mundo globalizado, y efectivamente combate la instrumentalización y la alienación que nos persiguen aún más opresivamente en el siglo XXI. Es la lección más importante que Machado de Assis, Rulfo y Guimarães Rosa ofrecen a los lectores y escritores actuales, y de su aprendizaje depende la sobrevivencia de la literatura en el futuro.

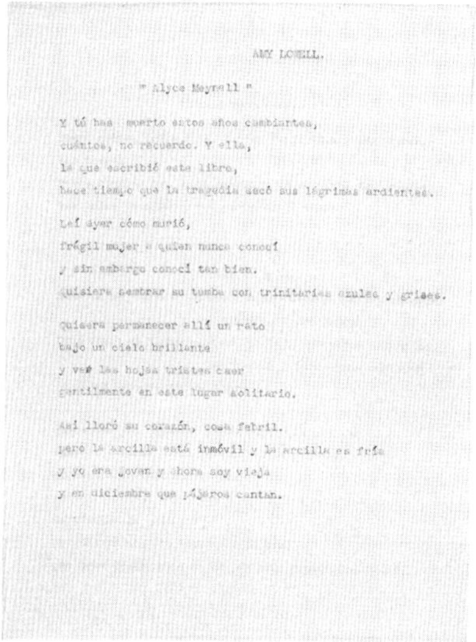

AMY LOWELL.

" Alyce Meynell "

Y tú has muerto estos años cambiantes,
cuántos, no recuerdo. Y ella,
la que escribió este libro,
hace tiempo que la tragedia secó sus lágrimas ardientes.

Leí ayer cómo murió,
frágil mujer a quien nunca conocí
y sin embargo conocí tan bien.
Quisiera sembrar su tumba con trinitarias azules y grises.

Quisera permanecer allí un rato
bajo un cielo brillante
y ver las hojas tristes caer
gentilmente en este lugar solitario.

Así lloró su corazón, cosa febril.
pero la arcilla está inmóvil y la arcilla es fría
y yo era joven y ahora soy vieja
y en diciembre que pájaros cantan.

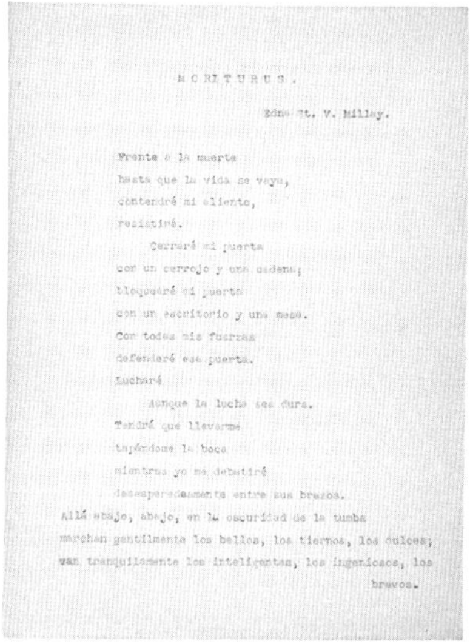

M O R I T U R U S.

Edna St. V. Millay.

Frente a la muerte
hasta que la vida se vaya,
contendré mi aliento,
resistiré.
Cerraré mi puerta
con un cerrojo y una cadena;
bloquearé mi puerta
con un escritorio y una mesa.
Con todas mis fuerzas
defenderé esa puerta.
Lucharé
Aunque la lucha sea dura.
Tendrá que llevarme
tapándome la boca
mientras yo me debatiré
desesperadamente entre sus brazos.
Allá abajo, abajo, en la oscuridad de la tumba
marchan gentilmente los bellos, los tiernos, los dulces;
van tranquilamente los inteligentes, los ingeniosos, los
bravos.

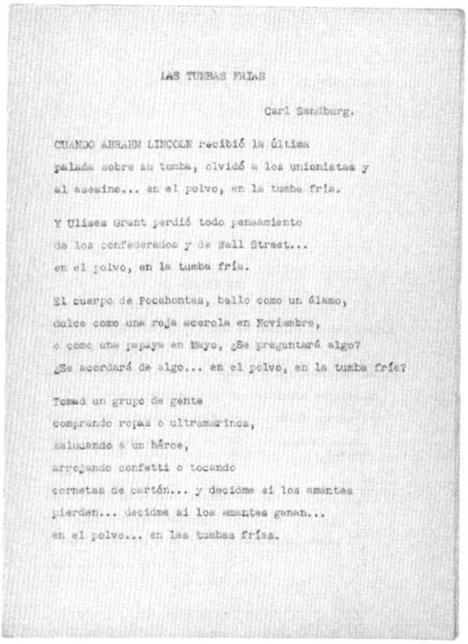

LAS TUMBAS FRIAS

Carl Sandburg.

CUANDO ABRAHM LINCOLN recibió la última
palada sobre su tumba, olvidó a los unionistas y
al asesino... en el polvo, en la tumba fría.

Y Ulises Grant perdió todo pensamiento
de los confederados y de Wall Street...
en el polvo, en la tumba fría.

El cuerpo de Pocahontas, bello como un álamo,
dulce como una roja acerola en Noviembre,
o como una papaya en Mayo, ¿Se preguntará algo?
¿Se acordará de algo... en el polvo, en la tumba fría?

Tomad un grupo de gente
comprando ropas o ultramarinos,
saludando a un héroe,
arrojando confetti o tocando
cornetas de cartón... y decidme si los amantes
pierden... decidme si los amantes ganan...
en el polvo... en las tumbas frías.

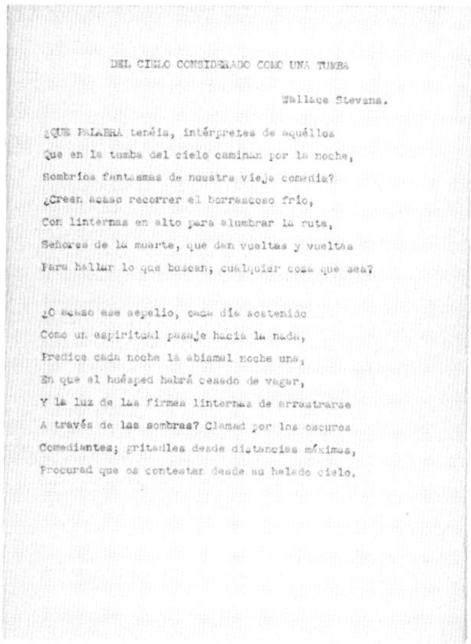

DEL CIELO CONSIDERADO COMO UNA TUMBA

Wallace Stevens.

¿QUE PALABRA teníais, intérpretes de aquéllos
Que en la tumba del cielo caminan por la noche,
Sombríos fantasmas de nuestra vieja comedia?
¿Creen acaso recorrer el borrascoso frío,
Con linternas en alto para alumbrar la ruta,
Señores de la muerte, que dan vueltas y vueltas
Para hallar lo que buscan; cualquier cosa que sea?

¿O acaso ese sepelio, cada día sostenido
Como un espiritual pasaje hacia la nada,
Predice cada noche la abismal noche una,
En que el huésped habrá cesado de vagar,
Y la luz de las firmes linternas de arrastrarse
A través de las sombras? Clamad por los oscuros
Comediantes; gritadles desde distancias máximas,
Procurad que os contesten desde su helado cielo.

Cuatro transcripciones de poetas de lengua inglesa (Amy Lowell, Edna Saint Vincent Millay, Carl Sandburg, Wallace Stevens) realizadas por Juan Rulfo, o por encargo de él, con el tema común de la muerte. Este tipo de copias escritas a mano o máquina de escribir alcanzan cientos de páginas en el archivo de Juan Rulfo.

4 Rulfo y la literatura en lengua inglesa

GERARDO PIÑA

La relación entre un autor y una determinada tradición literaria puede ocurrir de varias maneras: como herencia, influencia directa, coincidencia o imitación, entre otros. El caso de Juan Rulfo y la literatura en lengua inglesa obliga a un trabajo muy extenso para cubrir los aspectos más importantes. Por esa razón, me limitaré a mencionar algunos de los autores en lengua inglesa cuya impronta se puede hallar en la obra de Juan Rulfo y a mostrar un ejemplo de comparación estilística entre *Pedro Páramo* y el estilo en general de William Faulkner, una de las influencias clave en la obra del jalisciense.[1]

Entre los narradores de lengua inglesa cuya influencia es perceptible en la obra de Juan Rulfo hay varios británicos: R.L. Stevenson, Virginia Woolf, D.H. Lawrence, G.K. Chesterton, James Joyce y Henry James. Pero los autores norteamericanos son los que más influyeron en Rulfo. Entre los poetas norteamericanos que Rulfo leyó con atención están: E.A. Poe, Walt Whitman, William Carlos Williams, E.E. Cummings, Ezra Pound y otros menos conocidos como John C. Ransom, Sylvia Lynd, Edith Sitwell, Edna St. Vincent Millay, Horace Gregory, Leonie Adams, Hart Crane, Sidney Keyes, Donald Thomson, Archibald Macleish y los afroamericanos Langston Hughes y Countee Cullen, por mencionar algunos. "De Hughes transcribió 'All God's Chillum got Wings (spiritual)', 'Canto de una joven negra', 'Poema' y 'Preludio a Weary Blues'; de Cullen, 'A un muchacho moreno'. Todos fueron mecanografiados por Rulfo en español", afirma Víctor Jiménez.[2]

Entre los narradores norteamericanos podemos mencionar a Herman Melville, Carson McCullers, Ernest Hemingway, Sinclair Lewis, Sherwood

1 Al respecto de la lectura que Rulfo hizo de la obra de Faulkner véase: Juan Rulfo, "The Real World of William Faulkner", en Jorge Zepeda, *La recepción inicial de* Pedro Páramo *(1955-1963)*, 2005, pp. 311-313. Sobre la influencia de Faulkner en Rulfo, véase "Comala", en el libro de Gerardo Piña, *Estación Faulkner*, 2012, pp. 63-72.

2 Véase Víctor Jiménez, "Palabra llana y poesía en Rulfo" en Víctor Jiménez, Alberto Vital y Jorge Zepeda (coords.), *Tríptico para Juan Rulfo: poesía, fotografía, crítica*, 2006, p. 358.

Anderson, Henry Miller y, con mayor presencia, William Faulkner y Erskin Caldwell.

Es curioso que Juan Rulfo insistiera en negar una influencia que no sólo resulta obvia sino ejemplar. Comala asimiló a Yoknapatawpha y la enseñó a vivir desde la muerte. La geografía de Comala es más agreste que la de Yoknapatawpha; su temperatura es acaso más cálida, pero su riqueza de recursos, lenguaje, metáforas, autorreferencialidad y carácter polifónico son equivalentes. En Comala también son los marginados, los locos, los más pobres, quienes tienen la voz más lograda, los que se adueñan de los registros más expresivos, los que hacen gala de un flujo de conciencia que antes de ser oído en Yoknapatawpha nunca había pertenecido a otros que no fueran personajes de clase media o alta (*e.g.* las obras de Virginia Woolf o de James Joyce).

El lenguaje de Comala sigue al de Yoknapatawpha en su capacidad de ser universales sin dejar de captar un color local. "Las obras de Rulfo son un modelo del lenguaje mexicano", dicen algunos lectores con ingenuidad. Por el contrario, resulta un modelo distinto, innovador, de nuestro lenguaje. Hagamos una comparación entre el estilo de Faulkner y el de Rulfo. Veamos cómo aparece la conciencia narrativa en la madre de la familia protagonista de *Mientras agonizo* al referirse a la maternidad y cómo no es difícil notar que un lenguaje cotidiano se transforma en un registro poético, como ocurre en las obras de Rulfo, precisamente por el manejo técnico del flujo de conciencia:

> Y cuando supe que iba a tener a Cash, supe que vivir era algo terrible y que esto era la respuesta. Fue entonces cuando aprendí que las palabras no sirven; que las palabras no embonan ni siquiera en lo que tratan de decir. Cuando él nació supe que la maternidad la había inventado alguien que había tenido una palabra para eso, porque a las que tienen a los hijos no les importaba si había una palabra para eso o no. Supe que el miedo había sido inventado por alguien que nunca había tenido miedo; el orgullo, por alguien que nunca había tenido orgullo. Supe que había sido, no que tuvieran sucias las narices, pero que habíamos tenido que usarnos unos a otros por las palabras como arañas pendiendo de sus bocas desde una viga, balanceándose y girando sin nunca tocar, y que sólo por los golpes del cambio brusco podrían fluir mi sangre y su sangre como si fueran una sola corriente. Supe que había sido, no que mi soledad tuviera que ser violada una y otra vez cada día, sino que nunca había sido violada hasta que nació Cash. Ni siquiera por Anse, mi esposo, por las noches.[3]

3 William Faulkner, *As I Lay Dying* [1930], 1985, pp. 115-116 (la traducción es mía).

Comparten Rulfo y Faulkner la recreación de un lenguaje rural y su transformación en un artefacto poético, así como los empalmes temporales y narrativos, sumados a los juegos tipográficos. Vemos también el empleo de diálogos o descripciones que nacen de un flujo de conciencia o de un narrador en primera persona (más cercano al monólogo interior). Las voces de los personajes de ambos autores nunca se parecen aunque compartan un mismo mundo referencial; la manera de describir los hechos y los juicios de valor de cada uno es siempre distinta. Todos los personajes que interactúan en el mundo de Rulfo tienen una función precisa y encarnan un mundo propio dentro del mundo compartido. Aun los secundarios reflejan el cuidado del autor en su concepción. Es probable que pocos recuerden la manera en que habla Fulgor, uno de los empleados de Pedro Páramo ("—Me vuelve a gustar cómo acciona usted, patrón, como que se le están rejuveneciendo los ánimos" (F 46, p. 91)). Sin embargo, su voz es un ejemplo del cuidado polifónico de Rulfo al crear personajes; el mismo cuidado que ponía Faulkner. La elipsis, uno de los recursos menos socorridos en la narrativa latinoamericana, pero también uno de los sellos distintivos de la obra de Faulkner, alcanza momentos de gran revelación narrativa en la obra de Rulfo. Un ejemplo: los interlocutores son Pedro Páramo y el Tilcuate, pero a través de lo que dicen, el lector se da cuenta de que entre una línea y otra ha pasado tiempo (meses o años, según el caso):

> El *Tilcuate* siguió viniendo:
> —Ahora somos carrancistas.
> —Está bien.
> —Andamos con mi general Obregón.
> —Está bien.
> —Allá se ha hecho la paz. Andamos sueltos.
> —Espera. No desarmes a tu gente. Esto no puede durar mucho.
> —Se ha levantado en armas el padre Rentería. ¿Nos vamos con él, o contra él?
> —Eso ni se discute. Ponte al lado del gobierno.
> —Pero si somos irregulares. Nos consideran rebeldes.
> —Entonces vete a descansar.
> —¿Con el vuelo que llevo?
> —Haz lo que quieras, entonces. (F 66, p. 124)

Sólo las cuatro últimas líneas corresponden a una temporalidad de elocución inmediata, a un mismo espacio-tiempo. Pero las referencias del *Tilcuate* a los cambios de bandos durante la Revolución (Carranza, Obregón y los cristeros) indican los cambios temporales. Faulkner en *Mientras agonizo* describe en un listado de 13 incisos lo que piensa un personaje, Cash, sobre la muerte de su madre; otro capítulo, en donde Vardaman hace lo propio, tiene por extensión lo siguiente: "Mi madre es un pez" (p. 54).

Las elipsis, los cambios tipográficos, el uso de las comillas y los diálogos que se entrecruzan para lograr efectos como el empalme temporal y espacial llegan a ser tan eficientes en la obra de Rulfo que él logra lo que Faulkner nunca hizo: un solo diálogo que refiere temporalidades distintas. En la siguiente cita vemos que la amiga de Dolores habla con Juan Preciado al referirle un diálogo que ella tuvo con su madre cuando ésta se casó con Pedro Páramo, pero al hacerlo, nunca deja de mantener la interlocución con el propio Preciado y poco más adelante, además, sabemos que todo esto en realidad fue dicho por Juan dentro de la tumba como parte de un diálogo que inicia con la primera línea de la novela:

> »—No puedo –me dijo–. Anda tú por mí. No lo notará.
>
> »—Claro que yo era mucho más joven que ella. Y un poco menos morena; pero esto ni se nota en lo oscuro.
>
> »—No puede ser, Dolores, tienes que ir tú.
>
> »—Hazme ese favor. Te lo pagaré con otros.
>
> »—Tu madre en ese tiempo era una muchachita de ojos humildes. Si algo tenía bonito tu madre, eran los ojos. Y sabían convencer.
>
> »—Ve tú en mi lugar –me decía.
>
> »—Y fui. (F 9, p. 20)

El despecho, la locura, la muerte, el amor, la traición, la búsqueda infinita son algunos de los temas que se cruzan en las obras de Rulfo y Faulkner. Al igual que en Yoknapatawpha, en Comala existen las voces separadas de sus emisores; voces que quedan atrapadas en los espacios (y en el tiempo) identificadas en cursivas en el texto; voces que reflejan no sólo un pensamiento sino la locura del acto mismo de pensar desde la discapacidad (Benjy Compson) o el rencor que atraviesa la muerte (Dolores Preciado). Ejemplo de la primera es este fragmento en el que leemos el flujo de conciencia de Benjy en *El sonido y la furia* cuando T.P. lo ha emborrachado. Ambos se caen porque quieren espiar por una ventana y Quentin los encuentra. El lector atento detecta que en la conciencia de Benjy, el narrador, se superponen distintas temporalidades que para él son un mismo presente, algo característico de la estructura de *Pedro Páramo*:

> Comenzó a reírse, y la puerta de la bodega y la luz de la luna salieron brincando y algo me pegó. "Cállate", dijo T.P., intentando no reírse. "Dios mío, nos van a oír. Levántate", dijo T.P. "Levántate, Benjy, rápido". Se movía de un lado a otro y se reía y yo trataba de levantarme. Los escalones de la bodega conducían hacia arriba en la colina bajo la luz de la luna y T.P. se cayó hacia arriba, hacia la colina, dentro de la luz de la luna y yo corrí hacia la cerca y T.P. corrió detrás de mí diciendo: "Cállate cállate". Entonces se cayó sobre las flores, riéndose, y yo me fui corriendo hacia la caja. Pero cuando trataba de subirme a ella, dio un brinco y me pegó en la parte de atrás de la cabeza y mi garganta hizo un ruido. Volvió a hacer ese ruido y dejé de tratar de levantarme y volvió a hacer el mismo ruido una y otra vez y comencé a llorar. Pero mi garganta continuó haciendo ese sonido mientras T.P. me jaloneaba. Siguió haciendo ese sonido y yo no sabía si estaba o no llorando y T.P. se cayó sobre mí, riendo, y siguió haciendo el sonido ese y Quentin pateó a T.P. y Caddy puso sus brazos sobre mí, y su velo brillante, y ya no pude oler los árboles y comencé a llorar.[4]

En *Pedro Páramo*, en cambio, un gesto tan simple como el uso de una tipografía va de la mano con una justificación absoluta del lenguaje, con una necesidad expresiva que añade un carácter a la narración (*e.g.* el uso de itálicas para identificar la voz de la madre de Juan Preciado). Y es aquí donde se aprecia la mayor diferencia entre ambos autores: la escritura de Rulfo se basa en la síntesis; Faulkner –con excepciones como *Mientras agonizo* en la que el estilo es de una gran economía verbal– mantiene la búsqueda constante de la imagen fonética exacta. Pero en las obras de ambos los hechos se persiguen unos a otros como si jugaran a las escondidas; vuelven a ocurrir, aunque desde ángulos distintos, se explican y se muestran parcialmente para manifestarse en toda su luminosidad mucho después. Encontrar estas imágenes que en un segundo se abren como metáforas arteras ocurre en las obras de ambos.

Hemos visto apenas un esbozo de la influencia de uno de los mayores escritores norteamericanos del siglo XX en la obra de Juan Rulfo, otro de los grandes escritores del mismo siglo. La influencia de otros autores de lengua inglesa en la obra del jalisciense está ahí, a la vista del lector atento.

4 William Faulkner, *The Sound and the Fury* [1929], 1984, pp. 907-908 (la traducción es mía).

PRIMERA ELEGIA

¿QUIEN, SI GRITARA YO, me escucharía
en los celestes coros? Y si un ángel
inopinadamente me ciñera
contra su corazón, la fuerza de su ser
me borraría; porque la belleza no es
sino el nacimiento de lo terrible; un algo
que nosotros podemos admirar y soportar
tan sólo en la medida en que se aviene,
desdeñoso, a existir sin destruirnos.
TODO ANGEL ES TERRIBLE. Así yo, ahora
sepulto, como oscuros sollozos en mi pecho
mi grito de socorro. ¿A quién podremos recurrir?
Ni a los hombres ni a los ángeles.
¡Ay! Incluso las bestias, astutas, se percatan
de que es torpe, inseguro, nuestro paso
que yerra por un mundo interpretado.
Quizá, tal vez, podrían socorrernos
el árbol ese, que, en la solitaria
ladera, contemplamos diariamente;
el camino de ayer, o la remisa
lealtad de una costumbre que, amoldada
a nosotros, prosigue a nuestro lado.
¡Oh! Y la noche, la noche... Cuando el viento,
lleno de espacios cósmicos nos roe
las mejillas, ¿a quién no se dará
esa sutil, desilusionadora
anhelada -presencia ineludible
que ha de arrastrar por fuerza el corazón
solitario? ¿Será menos penosa
-decidme- para los amantes?
¡Ay! entrambos se encumbren su destino
mutuamente. ¿Lo ignoras todavía?
Arroja ya el vacío que ciñes con tus brazos
al vacío del viento que respiras.
Tal vez las aves en su vuelo íntimo
sientan en toda su amplitud el aire.

SI,
las primaveras te necesitaban.
Infinitas estrellas esperaron
que tú las contemplases. Del pasado
vino a tí una onda henchida, o, al pasar
ante un balcón abierto, la queja de un violín
se te entregó. Todo ello era mensaje.

Página inicial, a máquina y con enmiendas a mano, de la versión de Juan Rulfo de la primera de las *Elegías de Duino* de Rainer Maria Rilke.

5 Juan Rulfo, Rainer Maria Rilke y Stéphane Mallarmé

JOSÉ MIGUEL BARAJAS GARCÍA

Juan Rulfo y Rainer Maria Rilke

Desde que en 2003 Alberto Vital afirmó en *Noticias sobre Juan Rulfo* que "la actitud de Rulfo ante los propios textos tiene una fuerte raíz rilkeana y mallarmeana"[1] han aparecido algunas publicaciones que han estudiado o bien los libros que Rulfo tuvo de Rilke, o bien las transcripciones que el jalisciense hizo en sus cuadernos de varios poemas del poeta praguense de expresión alemana, traducidos al español. A partir de estas investigaciones se ha logrado documentar y conocer mejor la afinidad temática y formal que existe entre las obras de ambos autores, además del conocimiento profundo que tuvo Rulfo de la obra de Rilke.

De acuerdo con un orden cronológico de aparición de los libros, en 2006 fue publicado el *Tríptico para Juan Rulfo*. En este volumen figuran los ensayos "Rulfo y Rilke" de Alberto Vital, "*Duineser Elegien* de Rainer Maria Rilke" de Dieter Rall, "*Elegías de Duino* en la versión de Juan Rulfo" de Guadalupe Domínguez y Susy Rodríguez y las "*Duineser Elegien/Elegías de Duino*" de Rainer Maria Rilke junto con la versión hecha por Rulfo a partir de las traducciones de Juan José Domenchina y Gonzalo Torrente Ballester, que también acompañan en las páginas de ese libro al texto original y a la versión de Rulfo. Más adelante, en 2012, Alberto Vital publicó *Rilke, Rulfo,* donde el autor sugiere una continuidad, un fluir sin mediaciones que va del poeta de Praga al escritor jalisciense. Los primeros cinco capítulos tratan de "El réquiem en Rainer Maria Rilke", "Rilke y Rulfo. La noción de imagen", "*Las Elegías de Duino* y *Pedro Páramo*. La noción de fragmento", "Conocimientos mínimos de lingüística indispensables para el análisis de textos literarios. Ejemplos tomados de la obra de Juan Rulfo" y "*Pedro Páramo* en alemán.

1 Alberto Vital, *Noticias sobre Juan Rulfo: 1784-2003*, 2003, p. 116.

Dos traducciones (1958-2008)".[2] En 2015 se publicó el libro *Pedro Páramo. 60 años*, donde están incluidos los ensayos "Cual si sólo hubiese una madre: otros encuentros Rilke, Rulfo", de José Miguel Barajas, "Amor y tiempo en *Pedro Páramo*. Los monólogos sobre Susana San Juan y 'el fin de los tiempos' en Comala" de Adrián Gerardo Rodríguez y "Apuntes sobre estructura y relato fantástico en *Pedro Páramo*" de Jorge Zepeda. Estos tres ensayos retoman el vínculo que existe entre la poesía de Rainer Maria Rilke y la obra literaria de Juan Rulfo, ya señalado en los estudios anteriores, y amplían las afinidades con la novela *Pedro Páramo*. Asimismo, también de 2015 son las *Elegías de Duino* en versión de Juan Rulfo publicadas ahora en un solo volumen por Sexto Piso España. En este libro se retoma la versión que apareció en el *Tríptico para Juan Rulfo*, ya sin el acompañamiento de las traducciones de Torrente Ballester y Domenchina, con un epílogo de Alberto Vital. En 2017, apareció *Ladridos, astros, agonías: Rilke y Broch en el lector Rulfo*, de Víctor Jiménez. En este libro, además de establecer una relación entre la obra de Broch y la de Rulfo, se recupera la afinidad de *El Llano en llamas* y *Pedro Páramo* con la *Melodía del amor y la muerte del corneta Cristóbal Rilke*, a partir del comentario de dos traducciones de Eduardo García Máynez, además de presentar otra versión, de Ángel J. Battistessa, que también figura en la biblioteca de Juan Rulfo.

Ahora bien, de los cuadernos de Juan Rulfo se obtuvo el corpus de la versión de las diez *Elegías de Duino* identificadas y comentadas, primero en el *Tríptico para Juan Rulfo* y nueve años después publicadas en un solo volumen por Sexto Piso. Asimismo, ya desde 2006 en el *Tríptico* se mencionó públicamente la existencia de 86 páginas numeradas de otros poemas de Rainer Maria Rilke que, sin embargo, todavía no han sido puestos en contexto ni comentados con mayor detalle en relación con la narrativa de Juan Rulfo en alguna publicación como las anteriores. Existe, no obstante, la tesis de maestría en Literatura Mexicana "Como si fuera un montón de piedras: Mallarmé y Rilke en *Pedro Páramo*", de José Miguel Barajas, donde se hace un balance de los estudios arriba mencionados, además de identificar y comentar esas 86 páginas numeradas restantes de los cuadernos de Juan Rulfo.

En este trabajo se ubican los poemas de las 86 páginas restantes por título y volumen al que pertenecen según las publicaciones de Rilke, pero también según las traducciones de las que fueron tomados. De este modo, para los poemas transcritos de la página 1 a la 35 Juan Rulfo se basó en el

2 Hay en el libro un sexto capítulo intitulado "Memoria y representación simbólica tras la matanza en Acteal, Chiapas, 22 de diciembre de 1997 (con la colaboración de Alejandro Sacbé Shuttera Pérez)".

libro *Poesías escogidas* de Rainer Maria Rilke, traducido por Marcos Fingerit y publicado en 1942 en la Editorial Calomino, en La Plata. En la primera página de los cuadernos aparece el título general "Rainer Maria Rilke" y le sigue el nombre del poema "Hora Grave", con la indicación de que pertenece al *Libro de imágenes*. De la página 2 a la 20 hay poemas puestos sin título que, una vez identificados, se sabe que en las publicaciones originales de Rilke corresponden al *Libro de Horas*. Se trata de una selección hecha por Juan Rulfo a partir de la antología de Marcos Fingerit, de algunas estrofas del libro primero, "El libro de la Vida Monástica", del segundo, "El libro de la Peregrinación" y del tercero, "El libro de la Pobreza y de la Muerte". La segunda fuente que Juan Rulfo tomó en cuenta es el *Libro de Horas* de Rilke, también en traducción de Fingerit. En los cuadernos los versos de estos poemas van de la mitad de la página 35 hasta la 55. Como en las primeras hojas, se trata de una selección de los tres libros y el orden de los versos también cambia respecto del original; pero además la secuencia de los libros está invertida. Primero hay en su mayoría estrofas del tercero, "El libro de la Pobreza y de la Muerte", después hay dos estrofas del segundo, "El libro de la Peregrinación" y, finalmente, los últimos versos de estas páginas corresponden al libro primero, "El libro de la Vida Monástica". De esta manera hay una "estructura en espejo" en la selección de los poemas del *Libro de Horas*, tanto en los tomados de la antología como en los de la traducción completa. Esta distribución evidentemente es una propuesta de lectura de Juan Rulfo. Tampoco es un dato menor que esa "estructura en espejo" 1, 2, 3 y 3, 2, 1 esté sugerida en los poemas 35 y 53 que son los únicos mecanografiados en dos hojas junto al poema "Hora grave" de la página 1. Es como si esos tres poemas fueran una síntesis 1, 35, 53 de las 86 páginas manuscritas.[3] Por último, de la página 56 a la 86 hay poemas de distintas procedencias en las ediciones originales, como el *Libro de las imágenes*, *Los Sonetos a Orfeo*, los *Nuevos poemas* y *Para celebrarme*; sin embargo, todos estos versos fueron transcritos y reelaborados a partir de una antología bilingüe titulada *Poesía* de Rainer Maria Rilke, en traducción de Dorotea Patricia Latz, publicada en 1939 en la editorial Yunque. Cabe señalar que en la página 60, donde está el poema "Un abril", Juan Rulfo anotó al margen superior derecho, entre paréntesis, "Libro de imágenes" y debajo, también, entre paréntesis, "Dorotea Patricia Latz". En la página 61 aparecen sólo las iniciales "D.P.L.".

3 Otro dato de sumo interés es el juego que hace aquí Juan Rulfo con la estructura de la selección de los poemas de Rilke, pues el dominio de la estructura es un aspecto fundamental de la propuesta estética de *Pedro Páramo*.

Otro dato de relevancia que se menciona en esta tesis de maestría es la correspondencia directa de algunos versos de la antología traducida por Marcos Fingerit, *Poesías escogidas*, con algunos de la versión de Juan Rulfo de las *Elegías de Duino*. Las elegías 2, 3, 4, 7 y 10 que aparecen en la antología de Fingerit son las mismas que tienen versos de este traductor en la versión de Juan Rulfo, de manera que el jalisciense no sólo tomó en cuenta las traducciones de Gonzalo Torrente Ballester y Juan José Domenchina para su versión de estas elegías, sino que también siguió de cerca la propuesta de Marcos Fingerit.

Juan Rulfo y Stéphane Mallarmé

Sobre la relación entre la obra de Rulfo y Mallarmé, la tesis antes mencionada propone un primer acercamiento crítico. De los mismos cuadernos donde aparecen los poemas de Rilke, en tinta verde[4] y del puño de Rulfo, se tomaron aquellos "versos dramáticos" que también transcribió –y en algunos casos reelaboró– de Stéphane Mallarmé. A diferencia de los poemas de Rilke, cuyas *Elegías de Duino* figuran completas más las 86 páginas ya comentadas, los versos de Mallarmé están en 24 páginas manuscritas en tinta verde más 2 mecanografiadas. No es un dato menor que no estén numeradas. Los poemas escritos a mano son "Aparición", "Placer fútil", "Las ventanas", "Renovación", "Angustia", "Tristeza de verano", "Brisa marina", "Erodiada", "La Siesta de un Fauno", "Oh, tan querida desde lejos…" y "La tumba de Edgar Allan Poe". Las dos páginas a máquina son de "Erodiada". Como en el caso de Rilke, fue necesario identificar si se trató de una traducción directa del francés hecha por Juan Rulfo o de una versión a partir de traducciones previas a la manera de las *Elegías* y las demás 86 páginas. Después de una revisión bibliográfica, se sabe que los poemas que Rulfo transcribió de Mallarmé en su cuaderno fueron tomados de la antología bilingüe *Poesía* de Stéphane Mallarmé, selección, traducción y prólogo de Xavier de Salas para la misma Editorial Yunque que publicó los poemas de Rilke en traducción de Dorotea Patricia Latz. También apareció en Barcelona, en 1940.

Juan Rulfo transcribió y versionó a Stephane Mallarmé y a Rainer Maria Rilke como Mallarmé tradujo a Poe y transcribió a Baudelaire. Así, hasta nosotros han llegado por la vía de Rulfo estas obras de una lengua a otra como si sólo hubiera un Poeta.

4 "Todas estas elegías (5, 6, 8 y 9) están escritas en tinta verde…", *Tríptico para Juan Rulfo*, p. 52.

8 Juan Rulfo leído por escritores y críticos latinoamericanos fuera de México

VICTORIA SARAMAGO

Desde la publicación de sus obras maestras, *El Llano en llamas* (1953) y *Pedro Páramo* (1955), Juan Rulfo ha tenido una influencia decisiva sobre los rumbos de la literatura latinoamericana, dentro y fuera de México. De los autores del llamado *boom* de los años sesenta a los que van del siglo XXI, la admiración por el escritor jalisciense se ha manifestado de distintas maneras, tanto en entrevistas y testimonios como en ensayos académicos y textos literarios acerca de su obra. El presente ensayo discutirá la presencia de la obra y la persona de Rulfo en la literatura y la crítica hispanoamericanas producidas fuera de México.

"*Pedro Páramo* es una de las mejores novelas de las literaturas de lengua hispánica, y aun de la literatura".[1] Con estas palabras, el escritor argentino Jorge Luis Borges concluyó la apreciación del autor que forma parte de su Biblioteca Personal (1985), un conjunto de obras precedidas por textos breves acerca de los libros que él consideraba fundamentales. La contundente afirmación encuentra ecos en otros nombres centrales de la literatura latinoamericana. Antes de convertirse en fenómeno editorial, el novelista colombiano Gabriel García Márquez leyó *Pedro Páramo* en una noche al inicio de los años sesenta: "Nunca, desde la noche tremenda en que leí *La metamorfosis* de Kafka [...] había sufrido una conmoción semejante".[2] Efectivamente, la conocida oración que abre *Cien años de soledad* se asemeja a una frase de *Pedro Páramo*, y García Márquez trabajó en la creación de guiones para adaptaciones al cine de *Pedro Páramo* y *El gallo de oro*. En ambas trabajó también Carlos Fuentes, quien expresó en diversas ocasiones su admiración por la obra rulfiana. Estos y otros testimonios muestran el impacto

1 Prólogo a Juan Rulfo, *Pedro Páramo*, 1985, p. 9. El texto de la Biblioteca Personal sobre Juan Rulfo ha sido publicado en varias ocasiones.
2 "Breves nostalgias sobre Juan Rulfo", *Proceso*, 4, 204, 29 de septiembre de 1980, p. 47. El texto fue escrito por García Márquez para dicha revista mexicana, fue recogido en el libro *Juan Rulfo: Homenaje nacional*, y se ha publicado en distintas oportunidades.

que tuvo Rulfo en la ascensión de los nombres del *boom* latinoamericano y toda una generación de escritores en las décadas siguientes a su publicación. Alfredo Bryce Echenique, describiendo la legión de jóvenes escritores que buscaban el éxito en la época, advierte que, entre otras influencias, todos querían escribir "con un aire a lo Rulfo".[3]

Mientras que estos textos salieron a la luz cuando Rulfo ya era una figura consagrada internacionalmente, pocos años después de la publicación de *Pedro Páramo*, en 1960, el novelista peruano José María Arguedas publicó en el periódico limeño *El Comercio* un ensayo entusiasta sobre Rulfo: "Es como un remolino, como agua hirviendo, imagen formidable del propio México".[4] Para Arguedas, la vitalidad de su prosa y su éxito en expresar el habla campesina harían de su obra una lectura influyente en Europa y necesaria en Perú. Pero dicha admiración tomó tintes trágicos en los últimos meses de vida de Arguedas, quien, en medio de conflictos personales y una amarga disputa pública con el argentino Julio Cortázar, se quitó la vida en 1969. En los diarios incluidos en su obra póstuma *El zorro de arriba y el zorro de abajo* (1971), su crítica a la profesionalización del oficio de escritor encuentra en la figura de Rulfo un amigo y aliado, a quien se dirige en segunda persona.[5]

El tono personal con el que Arguedas considera la obra de Rulfo se manifiesta también en otros momentos, en los cuales persona, amigo y autor son figuras casi indistinguibles. En los últimos meses de vida del escritor, Félix Grande dedicó a Rulfo una edición especial de la prestigiosa revista *Cuadernos Hispanoamericanos*. En la primera sección, "Testimonios", algunos grandes nombres de la literatura en lengua española discurren sobre su contacto con el autor. En un texto breve de tono ficcional, "Juan Rulfo en 1928", el escritor uruguayo Eduardo Galeano revisita momentos de la niñez del autor en Jalisco para entender los fantasmas que habitan su obra.[6] La poesía también encuentra espacio bajo la pluma del poeta chileno Gonzalo Rojas: "lloré llovizna de ceniza por el poeta pura sangre que fuiste/ porque eso fuiste: un poeta pura sangre".[7] En la prosa poética de "Algunos juanes de Rulfo", del escritor ecuatoriano Jorge Enrique Adoum, mezcla palabras de Rulfo con apodos y alusiones a su personalidad y su vida.[8]

---

3 Cita incluida en el libro de Xavi Ayén, *Aquellos años del* boom, 2014, p. 777.
4 "Reflexiones peruanas sobre un narrador mexicano", *El Comercio*, 8 de mayo de 1960, suplemento cultural, p. 3. Puede leerse en *Juan Rulfo: otras miradas*, 2ª ed., 2011, pp. 77-83.
5 José María Arguedas, *El zorro de arriba y el zorro de abajo*, 1997, p. 396.
6 "Juan Rulfo en 1928", *Cuadernos Hispanoamericanos*, 1985, p. 22.
7 "Descendimiento de Hernán Barra Salomone", *Cuadernos Hispanoamericanos*, 1985, p. 20.
8 "Algunos juanes de Rulfo", *Cuadernos Hispanoamericanos*, 1985, pp. 23-26.

Antes de que se manifestaran estos escritores, sin embargo, una recopilación pionera de textos sobre Juan Rulfo, organizada por Antonio Benítez Rojo y publicada en Cuba en 1969, incluía ensayos breves de poetas cubanos. Belkis Cuza Malé compara *Pedro Páramo* con *Fuenteovejuna*, de Lope de Vega, por la atención que se le da al habla colectiva del pueblo, en un retrato de la realidad agraria mexicana.[9] A su vez, Reinaldo Arenas piensa la obra de Rulfo en una clave frecuente en las teorizaciones sobre la nueva narrativa latinoamericana: "Rulfo no solamente se conforma con recrear la realidad a través de su imaginación, sino que crea una nueva realidad."[10]

Otro aspecto de la biografía de Rulfo presente en testimonios de escritores y amigos es su conocida decisión de no publicar nuevas obras después de *Pedro Páramo*. En carta al autor incluida en el número especial de *Cuadernos Hispanoamericanos*, el novelista uruguayo Juan Carlos Onetti, en tono humorístico, alerta a Rulfo de los inconvenientes del homenaje para concluir: "Yo, por mi parte, dando satisfacción al legítimo deseo de molestar, molestias que fortifican la amistad, te abrazo y te pregunto por enésima vez:/ — Querido Juan, ¿hay Cordillera?",[11] en alusión a la novela homónima que Rulfo no llegó a publicar. De manera menos directa, el cuentista guatemalteco Augusto Monterroso interpreta su silencio en el cuento "El zorro es más sabio", que narra la historia de un zorro que dejó de publicar después de dos libros exitosos, por lo que los críticos seguían pidiéndole más.[12]

A pesar del tono personal con el que estos y otros autores escribieron acerca de Rulfo, otros creadores produjeron estudios críticos sobre su obra. La escritora y académica argentina Sylvia Molloy, por ejemplo, publicó artículos con lecturas agudas de sus personajes. En coautoría con María Luisa Bastos, en artículo aparecido en 1978, su análisis del personaje femenino central de *Pedro Páramo*, Susana San Juan, trata de las singularidades de su condición desajustada frente a Comala. Susana pertenece a una familia rara y aislada en su discurso alienado.[13] En otro artículo, de 1986, Molloy regresa al estudio de las voces de personajes, pero ahora en el cuento "Anacleto Morones".[14] Otro autor que se ocupó de la obra rulfiana es el novelista paragua-

9 "Juan Rulfo, realismo por medio", *Unión: Revista de la Unión de Escritores y Artistas de Cuba*, 2, IV, abril a junio 1965, pp. 165-166.

10 "El Páramo en llamas", en *Recopilación de textos sobre Juan Rulfo*, 1969, p. 61.

11 "De Juan a Juan", *Cuadernos Hispanoamericanos*, 1985, p. 11.

12 "El Zorro es más sabio", en *La oveja negra y demás fábulas*, 1969, pp. 99-100.

13 "El personaje de Susana San Juan: clave de enunciación y de enunciados en *Pedro Páramo*", *Hispamérica: Revista de Literatura*, VII, 20, agosto 1978, pp. 3-20.

14 "Desentendimiento y socarronería en 'Anacleto Morones'", en *De la crónica a la nueva narrativa mexicana: Coloquio sobre literatura mexicana*, 1986, pp. 319-328.

yo Augusto Roa Bastos, cuyo célebre ensayo "Los trasterrados de Comala" discute y cuestiona las aproximaciones de *Pedro Páramo* a la literatura clásica, para proponer más atención a sus fuentes indígenas.[15] Revelador es también el testimonio de Roa Bastos sobre cómo es enseñar la obra de Rulfo en un seminario que según el autor, proponía una "teoría de la práctica" literaria.[16]

La permanencia de Rulfo se verifica en la atención dedicada a él por escritores contemporáneos, muchos de los cuales no lo llegaron a conocer. En sus doce "Consejos sobre el arte de escribir cuentos", el escritor chileno Roberto Bolaño anota "Hay que leer a Rulfo",[17] entre otros escritores.

Al lado de las opiniones y apreciaciones críticas de estos y otros creadores, el lugar de Rulfo en la crítica latinoamericana fuera de México ha permanecido a lo largo de las décadas. Una breve exposición de las corrientes críticas que han considerado su obra en perspectiva comparada dentro del contexto latinoamericano empezaría necesariamente con su papel en la llamada "nueva novela latinoamericana", que puso en relieve el proceso de renovación por el que pasaba la narrativa en la región a mediados del siglo xx, y que incluiría el éxito editorial de los autores del llamado *boom*. En la influyente revista *Mundo Nuevo*, por ejemplo, el crítico uruguayo Emir Rodríguez Monegal hace en 1967 una radiografía de la nueva novela, en la cual el nombre de Rulfo, por supuesto, aparecía.[18] Pocos años después, en 1972, el mismo autor consideraría a Rulfo y al novelista brasileño João Guimarães Rosa como las "piedras miliares" del *boom*.[19] Rulfo fue también uno de los entrevistados para el volumen *Los nuestros* (1966), en el que el chileno Luis Harss hizo una selección de diez autores paradigmáticos de la nueva novela.[20] Desde estos momentos iniciales hasta estudios futuros, la obra de Rulfo estaría necesariamente asociada a la nueva narrativa.

Su presencia en la historia de la crítica latinoamericana, sin embargo, rebasaría el ámbito de la nueva novela y se afirmaría en propuestas para comprender la variedad de dinámicas culturales de la región. Si en 1969 el crítico brasileño Antonio Candido ya mencionaba a Rulfo como un autor de lo que denominaría "super-regionalismo",[21] en el mismo año el novelista peruano Mario Var-

15 "Los trasterrados de Comala", *Caravelle: Cahiers du Monde Hispanique et Luso-Brésilien*, 37, 1981, pp. 105-115.

16 "La lección de Rulfo", *Cuadernos Hispanoamericanos*, 1985, p. 13.

17 "Consejos sobre el arte de escribir cuentos", en *Entre paréntesis*, 2004, p. 324.

18 "Diario de Caracas: Los nuevos novelistas", *Mundo Nuevo: Revista de América Latina*, 17, noviembre 1967, pp. 19-24.

19 *El* boom *de la novela latinoamericana*, 1972, p. 90.

20 "Juan Rulfo o la pena sin nombre", en *Los nuestros*, 1966, pp. 301-337. El texto ha sido publicado en varias ocasiones.

21 "Literatura e subdesenvolvimento", en *A educação pela noite e outros ensaios*, 1989, pp. 140-162.

gas Llosa incluiría la obra de Rulfo en lo que llama "novela de creación", por oposición a la "novela primitiva" representada por la ficción regionalista anterior.[22] Un paso decisivo para esa corriente crítica empezaría con el concepto de "transculturación narrativa", creado por el uruguayo Ángel Rama en los años setenta y expuesto en el libro de 1982.[23] Tomando prestado del antropólogo cubano Fernando Ortiz el concepto de transculturación, Rama lo traslada al contexto de la literatura latinoamericana con el propósito de entender las originales soluciones desarrolladas por ciertos autores para conciliar la narración de fondo regionalista con procesos modernizadores. Rulfo es, por supuesto, uno de los cuatro transculturadores centrales identificados por Rama, en cuya obra aspectos de las culturas locales de Jalisco y técnicas literarias vanguardistas coexisten de manera crítica y productiva. La transculturación narrativa tal como fue desarrollada por Rama generó un número significativo de discusiones, objeciones y nuevas formulaciones conceptuales acerca de la naturaleza de los contactos culturales en contextos asimétricos.

En la primera década del siglo XXI, la obra de Rulfo encuentra aproximaciones variadas en la obra de críticos latinoamericanos fuera de México, de los cuales presentaré una selección mínima. En *A política da nostalgia: un estado das formas do pasado*, de 2006, el brasileño Marcos Natali investiga el lugar de la nostalgia y el duelo en la modernidad a través de la lectura de cuatro novelas latinoamericanas, incluyendo *Pedro Páramo*.[24] En 2012, otro brasileño, Paulo Moreira, analiza los cuentos de Rulfo en una perspectiva amplia que abarca también a Guimarães Rosa y al norteamericano William Faulkner para entender la prosa vanguardista en los contextos locales de dichos autores.[25] Poco después, en 2015, la crítica argentina Andrea Ostrov analiza un conjunto de obras que discuten, de distintas maneras, las relaciones entre espacio y ejercicio del poder.[26] En su análisis del cuento de Rulfo "En la madrugada", la autora muestra cómo la organización de su espacio textual pone en escena la falibilidad de la ley.

Rulfo ha sido, en resumen, una pieza clave para entender la literatura latinoamericana de mediados del siglo XX hasta hoy. Su obra, admirada y comentada por críticos y escritores, ha compuesto algunas de las tendencias literarias más decisivas, y de las teorías literarias y culturales más productivas que ha visto la región.

22 "Novela primitiva y novela de creación en América Latina", *Revista de la Universidad de México*, XXIII, 10, junio 1969, pp. 29-36.
23 *Transculturación narrativa en América Latina*, 2ª ed., 2008.
24 *A política da nostalgia: um estudo das formas do passado*, 2006.
25 *Modernismo localista das Américas: os contos de Faulkner, Guimarães Rosa e Rulfo*, 2012.
26 *Espacios de ficción: Espacio, poder y escritura en la literatura latinoamericana*, 2014.

David, tío de Juan Rulfo, con quien tuvo gran cercanía, era charro, jinete y gallero. De esa relación habría obtenido el escritor su notorio conocimiento del mundo de las peleas de gallos, reflejado en *El gallo de oro*. Fotografía de Juan Rulfo.

7 Juan Rulfo, cineasta

DOUGLAS J. WEATHERFORD

En 1964 el director mexicano Alberto Isaac se acercó a varios de sus amigos famosos para filmar *En este pueblo no hay ladrones*. El resultado es un reparto ecléctico de celebridades que incluye, entre otros, a Gabriel García Márquez y Luis Buñuel. La actuación más asombrosa del filme puede pertenecer, sin embargo, a Juan Rulfo, quien aparece por primera –y última– vez en un reparto de cine. No sorprende, sin embargo, que el escritor haya tenido vínculos con la comunidad fílmica. Por cierto, a pesar de ser más conocido por su producción literaria, el jalisciense nunca quiso limitar su visión creativa a la palabra escrita: además, era aficionado a la música, la historia, la arquitectura y la imagen visual. Y aunque su carrera cinematográfica siempre fue algo fortuita y accidentada, representa una alternativa artística que nos ayuda a entender que Rulfo era más que el autor de sólo dos libros de ficción (como muchos repiten equivocadamente).

La afinidad por el cine: Los orígenes

Los orígenes de la afinidad que Rulfo tenía por la imagen visual se remontan a mediados de la década de los treinta, cuando el futuro novelista se compró una cámara y empezó a tomar fotografías. Nació en Rulfo en esa misma época una predilección por el séptimo arte que es difícil documentar con precisión, ya que el escritor habló poco del tema. Sabemos, sin embargo, que en los años cuarenta el jalisciense fue nombrado supervisor de las salas cinematográficas de la ciudad de Guadalajara y que imaginó la posibilidad de comprarse una cámara cinematográfica. En esos años Rulfo llegó a ser, además, como aclara su viuda, "un espectador consumado del cine"[1] y varios

1 Citado en Alberto Vital, *Noticias sobre Juan Rulfo. La biografía: 1762-2016*, 2017, p. 255.

investigadores han podido señalar la influencia de ese medio en la redacción de *Pedro Páramo*.[2]

A pesar de estos tempranos entrecruzamientos fílmicos, lo que le abrió a Rulfo la legítima posibilidad de considerar una carrera alternativa en el cine es la fama que conquistó con la publicación de *El Llano en llamas* (1953) y *Pedro Páramo* (1955). Terminadas estas dos obras, el joven escritor se entregó al anhelo de buscar nuevos empeños artísticos. Pero era además el padre de una pequeña familia y Rulfo sentía una creciente necesidad de encontrar nuevas fuentes de ingreso económico. La doble tensión que agobiaba a Rulfo –una artística y la otra económica– se refleja en la multitud de tareas a que se dedicó el autor en los siguientes años, tumultuosos pero llenos de actividad creativa. El cine le parecía una posibilidad particularmente fecunda y Rulfo participó de alguna forma en la década que sigue (de 1955 a 1964) en la producción de por lo menos nueve cintas como escritor, asesor histórico, *stillman*, explorador de locaciones y, en la ocasión ya mencionada, como actor secundario.

Juan Rulfo, cineasta

Aunque su intervención en el séptimo arte no se limitó a la palabra escrita, es como autor que Rulfo dejaría un legado cinematográfico más considerable. Una variedad de cineastas advirtió casi de inmediato las posibilidades visuales de la narrativa rulfiana, y Alfredo B. Crevenna como director y Adolfo Lagos como productor ya trabajaban en la primera adaptación de una obra del escritor jalisciense (*Talpa*, 1956) cuando salió a la venta *Pedro Páramo* en marzo de 1955. Aunque Rulfo no estuvo satisfecho con los resultados de este primer acercamiento fílmico a su mundo creativo, la iniciativa –que se filmó en el formato amplio del *Cinemascope* y que se quería imaginar como una superproducción– refleja la seriedad con la cual los cineastas enfrentaban la obra del joven escritor.[3]

2 En un estudio mío, por ejemplo, he sugerido que la atracción que Rulfo tenía por el cine era tan profunda que el escritor se inspiró en *Citizen Kane* de Orson Welles al escribir *Pedro Páramo* (véase Douglas J. Weatherford, "*Citizen Kane* y *Pedro Páramo*: un análisis comparativo", en Víctor Jiménez, Alberto Vital y Jorge Zepeda (coords.) *Tríptico para Juan Rulfo: poesía, fotografía, crítica*, 2006, pp. 501-530).

3 Para más información sobre la importancia del proyecto de llevar a la pantalla grande el cuento "Talpa", véase "Juan Rulfo y la filmación de *Talpa*", en Alberto Vital Díaz, María Esther Guzmán Gutiérrez y Stella Cuéllar (coords.), *60 años de* El Llano en llamas: *reflexiones académicas,* 2015, pp. 73-82.

En 1955 Rulfo intervino personalmente en la producción de por lo menos dos filmes. Al principio del año el joven escritor fue contratado como investigador por la Comisión del Papaloapan, que se dedicaba al desarrollo de la cuenca del río Papaloapan. En este papel, Rulfo se puso en contacto con el exiliado fotógrafo alemán Walter Reuter y los dos viajaron a la sierra mixe de Oaxaca para grabar "Danzas mixes" (1955), un documental nunca acabado cuyo propósito era registrar las celebraciones de uno de los pueblos indígenas afectados por el trabajo de la Comisión. Aunque Reuter se habría encargado de la grabación de la cinta, es probable que Rulfo ayudase con los quehaceres de la producción y, como escritor, con la preparación de una revista (tampoco concluida) que acompañaría al proyecto.

La segunda oportunidad fílmica de que gozó Rulfo en 1955 se le presentó en noviembre, cuando Roberto Gavaldón lo invitó a desempeñarse como asesor histórico durante la filmación de *La Escondida* (1956). La intervención del jalisciense, sin embargo, pudo haber sido un pretexto de Gavaldón y del productor Manuel Barbachano para congraciarse con un talentoso autor y mejorar así sus posibilidades de filmar una obra rulfiana en el futuro, algo que culminaron cuando rodaron la primera adaptación de *El gallo de oro* al cine en 1964. La existencia de *El gallo de oro*, la segunda novela édita del autor (redactada entre 1956 y 1958), pone en evidencia que Rulfo, en los meses posteriores a la publicación de su novela más conocida, ideaba la posibilidad de avanzar en su carrera creativa escribiendo textos para el cine. Y aunque *El gallo de oro* es una novela corta (o una *nouvelle*, como algunos prefieren identificarla) y no un guión cinematográfico, es indudable que Rulfo emprendió la obra pensando que iba a ser utilizada como argumento original para una iniciativa fílmica.[4]

Aunque no escribió el libreto para *El gallo de oro* (esa tarea correspondió a Carlos Fuentes, Gabriel García Márquez y Roberto Gavaldón), Rulfo probó suerte como guionista en otra iniciativa fílmica (*Paloma herida*, 1962) que trabajó en algún momento de 1956 al lado del icónico director Emilio Fernández, quien esperaba aprovechar el talento del joven escritor para revitalizar su propia carrera. Al final, el novelista no estuvo satisfecho con los resultados de la cinta y negó –tal vez equivocadamente– haber participado de forma significativa en el proyecto.[5]

4 Para entender mejor la conexión que la novela *El gallo de oro* tiene con la actividad fílmica de su autor, véase el siguiente estudio: "'Texto para cine': *El gallo de oro* en la producción artística de Juan Rulfo", en Juan Rulfo, *El gallo de oro*, 2010, pp. 41-73.

5 Sobre el papel que tuvo Rulfo en la redacción de *Paloma herida*, véase "*Paloma herida*: Searching for Juan Rulfo in Emilio Fernández", en Dylan Brennan y Nuala Finnegan (eds.), *Rethinking Juan Rulfo's Creative World: Prose, Photography, Film*, 2016, pp. 9-31.

En 1959 Rulfo viajó varias veces al estado de Hidalgo para apoyar a dos amigos –Antonio Reynoso (director) y Rafael Corkidi (camarógrafo)– en la filmación del cortometraje "El despojo". Reynoso reunió a actores no profesionales del pueblo de Cardonal para protagonizar los varios papeles; Rulfo escribía de noche el argumento y los breves diálogos que se registrarían al día siguiente. La azarosa producción es gran parte del encanto de la cinta que, a pesar de reflejar la falta de recursos de que sufría el proyecto, resultó ser una de las cintas que más agradó a Rulfo.

Poco después, en 1961, Rulfo viajó a los estados de Jalisco y Colima con el exiliado español Carlos Velo a buscar locaciones para la primera adaptación de *Pedro Páramo* (1966). A diferencia de "El despojo", *Pedro Páramo* era una producción comercial plenamente financiada que esperaba infundir nuevo vigor a una industria que estaba en ese momento en declive. Velo dedicaría media docena de años a la iniciativa y, además del apoyo que recibió de Rulfo, contó con la intervención de algunas de las figuras más aclamadas del cine mexicano. Aunque muchos la consideran una adaptación frustrada, la cinta tiene sus logros, entretiene y sigue proyectándose con frecuencia. José Bolaños adaptó la primera novela de Rulfo una década después sin mejores resultados (*Pedro Páramo: El hombre de La Media Luna*, 1976).

Para mediados de los sesenta la carrera cinematográfica de Rulfo había llegado a su cima y –con pocas excepciones– a su conclusión. En 1964, por ejemplo, Rulfo aparece en los créditos de tres cintas que llevan esa fecha como año de producción: *En este pueblo no hay ladrones* y *El gallo de oro* (ya mencionadas) y "La fórmula secreta" (Rubén Gámez), un filme extraordinario que ganaría el Primer Concurso de Cine Experimental en México y que dependería de un fragmento poético que escribió Rulfo para el proyecto. A pesar de la satisfacción que sentía por su participación en "La fórmula secreta", Rulfo se molestaba por muchas de las cintas asociadas a su nombre y parece haber abandonado definitivamente, para estas fechas, sus aspiraciones de participar en persona en la industria cinematográfica.

¿Es posible Rulfo en el cine?: Algunas adaptaciones

La mediocridad de las primeras adaptaciones rulfianas (*Talpa, El gallo de oro* y *Pedro Páramo*) y la ineptitud de otras que siguieron en los años setenta (*El rincón de las vírgenes*, dirigida por Alberto Isaac, 1972 y *¿No oyes ladrar los perros?*, dirigida por François Reichenbach, 1974) dieron como resultado una denuncia frecuente de las limitaciones de esa filmografía. Por cierto, la condena de la bitácora fílmica asociada con Rulfo fue tan común entre periodistas y críticos mexicanos, especialmente en los ochenta, que algunos se preguntaban (como hizo José de la Colina en el título de un comentario suyo publicado en 1980): "¿Es Rulfo posible en el cine?".[6] Afortunadamente, desde esa época nuevas generaciones de directores se han acercado a Juan Rulfo para ofrecer cintas basadas en la vida y obra del escritor jalisciense que son creativas y logradas y confirman que la ficción de Juan Rulfo ofrece un campo fértil para los practicantes del séptimo arte. Menciono en este espacio algunas de esas adaptaciones sin pretender ofrecer aquí una filmografía rulfiana completa.

Mitl Valdez filmó *Tras el horizonte* en 1984 y *Los confines* en 1987. La segunda cinta, que adapta los cuentos "Talpa" y "¡Diles que no me maten!" y un fragmento de *Pedro Páramo*, fue designada en 1994 como una de las cien mejores películas mexicanas por la revista *Somos*. Arturo Ripstein, por su parte, rodó poco antes de la muerte del escritor jalisciense una nueva interpretación de *El gallo de oro* que tituló *El imperio de la fortuna* (1985), una de las adaptaciones más premiadas de la ficción de Juan Rulfo. En la misma época, el venezolano Freddy Sisso ofreció una de las pocas adaptaciones rulfianas hechas fuera de México (*¡Diles que no me maten!*, 1985).

Una década después apareció "Un pedazo de noche" (1995), la primera –y la mejor– de tres cintas rulfianas que rodó Roberto Rochín. Curiosamente, algunas de las adaptaciones más logradas de la obra de Rulfo han nacido como proyectos universitarios. La lista de cineastas novatos que se han atrevido a imaginar en la pantalla grande a uno de los escritores consagrados de la literatura mexicana incluye, entre otros, a Carolina Rivas ("Zona cero", 2003), Joel Navarro ("Macario", 2014) y Miguel Ángel Fernández ("Chalma", 2015). El propio hijo menor de Juan Rulfo emprendió su carrera como cineasta con un documental basado en la vida de su padre –"El abuelo Cheno y otras historias" (1995)– que sirvió como tesis escolar. Desde entonces, Juan Carlos Rulfo se ha inspirado con frecuencia en la vida y obra de su padre en documentales como *Del olvido al no me acuerdo* (1999), que vacilan entre la historia y la invención. En 2017, para el centenario del natalicio del escritor, Juan Carlos se dedicó a reunir y contrastar testimonios sobre su padre en una serie documental titulada *Cien años con Juan Rulfo* que incluye un capítulo dedicado a la relación que Juan Rulfo tuvo con el séptimo arte.

6 José de la Colina, "¿Es Rulfo posible en el cine?", *La Letra y la Imagen*, 39, 22 de junio de 1980, p. 13.

Revista *América* número 64, diciembre de 1950, en que apareció por primera vez el cuento "El Llano en llamas".

3 Juan Rulfo, lector de la historia de México

ADRIÁN GERARDO RODRÍGUEZ

¿Dónde se encuentra hoy en día el "pensamiento innovador"? A esta pregunta el historiador Peter Burke contestaba que en las "personas que tienen el don de ver más allá de su propia formación hacia otras disciplinas, con las que pueden trabajar de una manera aún más ingeniosa".[1] Burke describe a estas personas como eruditos, sabios, "hombres del Renacimiento" que en el mundo actual se encuentran en vías de extinción por la alta especialización en la que se mueve la sociedad. Tal descripción engrana con las características de la obra y personalidad de Juan Rulfo. Más aún cuando desde hace ya tiempo se ha develado y profundizado el dominio que el escritor poseía en varias disciplinas, desde la literatura hasta la fotografía y el cine. A éstos habría que añadir su conocimiento de la historia de México, un territorio en el que se enlazan la erudición, el trabajo de fuentes históricas, la producción de compilaciones, la edición de investigaciones antropológico-históricas, además de un pormenorizado conocimiento de la geografía mexicana.

El presente texto tiene un doble objeto. Por una parte, despliega un mapa de aquellas referencias en las que se pueden hallar las vertientes que Rulfo abrió alrededor del estudio de la historia de México y que aún hace falta ahondar y sistematizar. Por otra, se desarrolla mínimamente un esquema que permite acercarse a los moldes intelectuales desde donde el escritor leyó la historia de nuestro país.

Las vertientes de la labor: un mapa

Juan Rulfo se veía a sí mismo como un historiador. Víctor Jiménez recoge el testimonio del escritor sobre ello en su texto "Una estrella para la

1 Berta Ares, "Peter Burke: Sin imaginación no se puede escribir historia", *Revista de Letras*, 6 de febrero de 2013. Documento disponible en: < https://bit.ly/2KGszCF > (consultado el 31 de octubre de 2017).

muerte y la vida".[2] En el mismo, Jiménez corrobora la hipótesis de que la estrella que aparece en varios pasajes de la novela *Pedro Páramo* es Xólotl, la Estrella Vespertina, cuya función es guiar a los muertos en el Inframundo. Esto permite reconocer el dominio que Rulfo poseía de la teogonía indígena. Tal conocimiento era resultado de una labor constante como auscultador de varios tipos de archivos y bibliotecas, en donde transcribió documentos que después dejó reunidos en su archivo personal. Varios de estos documentos pueden consultarse en el texto "Juan Rulfo y la historia de Michoacán. Documentos del archivo del escritor", que es precedido por un prólogo del mismo Víctor Jiménez.[3] Específicamente una cifra sobre el volumen de obras de tipo histórico que existen en la biblioteca de Rulfo se puede encontrar en el documento "La biblioteca de Juan Rulfo", elaborado por Juan Francisco Rulfo.[4] Este dato no es de poca valía, puesto que el autor jalisciense, al contrario de lo que se podría suponer, consideraba que una buena biblioteca es la que contiene sobre todo obras históricas.[5]

Para Rulfo, su propia biblioteca era la mejor prueba cuando afirmaba la importancia de conformar una biblioteca no sólo literaria. Una muestra pequeña pero ilustrativa del tipo de obras históricas que el escritor fue reuniendo se puede hallar en el texto "Juan Rulfo y la edición de la historia de México", en el que se revisa la edición histórica que el también fotógrafo realizó en 1962 de las *Noticias históricas de la vida y hechos de Nuño de Guzmán*.[6] Este libro se integró con un estudio del historiador decimonónico José Fernando Ramírez sobre el llamado "Conquistador de Nueva Galicia", Nuño de Guzmán, mismo que Rulfo enriqueció, por un lado, con documentos extraídos del *Epistolario de la Nueva España* de Francisco del Paso y Troncoso y, por otro, con un prólogo que él mismo escribió. Cabe resaltar que las obras de Ramírez así como la de Del Paso y Troncoso se encuentran en la biblioteca del escritor, y que aquella es una primera y rara edición, impresa en plena guerra entre México y Estados Unidos: 1847. También la erudición del autor de *El Llano en llamas* se revela en el texto *Dónde quedó nuestra historia. Hipótesis sobre historia regional*, publicada

2 Víctor Jiménez, "Una estrella para la muerte y la vida", en Víctor Jiménez (coord.), *Pedro Páramo. 60 años*, 2015, pp. 59-68.
3 "Juan Rulfo y la historia de Michoacán. Documentos del archivo del escritor" (introducción de Víctor Jiménez), en Jorge Zepeda (coord.), *Nuevos indicios sobre Juan Rulfo: genealogía, estudios, testimonios*, pp. 59-68; en adelante, *Nuevos indicios*.
4 Juan Francisco Rulfo, "La biblioteca de Juan Rulfo", en *Nuevos indicios*, p. 221.
5 Jiménez, "Una estrella", pp. 68, 69.
6 Adrián Gerardo Rodríguez, "Juan Rulfo y la edición de la historia de México", *La Palabra y el Hombre: Revista de la Universidad Veracruzana*, 39, enero-marzo 2017, pp. 30-31.

originalmente en 1984 y del que falta una revisión a fondo para realizar una edición cuidada.[7]

Por otra parte, Rulfo manifestó su conocimiento de la diversa realidad histórica de México –resumido en el famoso adagio *México es Muchos Méxicos* de Lesley Byrd Simpson– laborando por varias décadas en el Departamento de Publicaciones del Instituto Nacional Indigenista (INI), en donde fue responsable de las colecciones Antropología Social y Clásicos de la Antropología, en las que se editaron alrededor de 80 títulos de antropología y etnología sobre los pueblos indígenas de México, tanto de autores mexicanos como extranjeros. Este tema lo aborda Félix Báez-Jorge en "Juan Rulfo y el quehacer editorial indigenista"; sin embargo, queda todavía un camino por recorrer en próximas investigaciones,[8] ello debido a la amalgama de temas abordados por los libros editados y también por los distintos documentos sobre Rulfo que se resguardan en la Comisión Nacional para el Desarrollo de los Pueblos Indígenas (CDI, antes INI), entre los que se pueden encontrar la revista y el boletín que fundó o dirigió (*México Indígena* y *Acción Indigenista*), papeles administrativos, fotografías y una biblioteca que lleva su nombre, en la que se encuentran diarios de campo de varios de los antropólogos más importantes que trabajaron en México en la segunda mitad del siglo XX.[9]

La relación de los conocimientos históricos de Rulfo con su literatura no es diáfana. El escritor los consideraba ámbitos independientes, por lo que nunca puso la erudición histórica al centro de un relato literario o para ocultar la falta de imaginación. Por lo mismo, los estudios que abordan esta problemática han explorado filamentos inusitados que han requerido conocimientos especializados y relecturas constantes. Entre estos estudios se puede contar el de Fukumi Nihira sobre la relación de Rulfo con las crónicas del Nuevo Mundo y el de José Luis Bobadilla sobre la crónica "El Castillo de Teayo", en la que Rulfo relata un viaje al centro arqueológico del mismo nombre en Veracruz.[10] Por lo demás, cabe mencionar que esta síntesis que ahora se presenta puede también incluir la labor del escritor

7 Juan Rulfo, *Dónde quedó nuestra historia. Hipótesis sobre historia regional*, 1986; en adelante, *Dónde quedó nuestra historia*.

8 Félix Báez-Jorge, "Juan Rulfo y el quehacer editorial indigenista", en *Nuevos indicios*, pp. 223-231.

9 Yanet Aguilar Sosa, "Juan Rulfo, la historia del editor indigenista", entrevista con Maura Tapia (encargada de los acervos de la Comisión Nacional para el Desarrollo de los Pueblos Indígenas), *El Universal*, 15 de mayo de 2017, Cultura, p. E13.

10 José Luis Bobadilla, "Rulfo y la poesía en *Pedro Páramo*", en *Pedro Páramo. 60 años*, 2015, p. 39; Fukumi Nihira, "La creación y la historia: Juan Rulfo y las crónicas", mecanoscrito. Agradezco a la autora permitirme consultar este trabajo.

como fotógrafo, no sólo desde el punto de vista artístico, que ya se ha indagado, sino también como documentalista que generó una memoria visual de la vida y las costumbres de los pueblos indígenas y de sus territorios en México, algo que en parte han estudiado investigadores como Andrew Dempsey.[11]

Finalmente, es necesario añadir que el conocimiento que Rulfo poseía de la historia y la cultura mexicanas era reconocido por diferentes personalidades de distintas escalas geográficas e intelectuales, desde Alfonso Caso y Gastón García Cantú hasta Italo Calvino.[12]

Rulfo y su visión de la historia mexicana

Los materiales enlistados permiten afirmar que el conocimiento que Rulfo desarrolló de la historia de México distaba mucho del de un simple aficionado; pero, ¿cómo es que la concebía? ¿cuál es la forma como la leía? Es posible argüir que Rulfo asumió una visión *nacionalista* de la historia de México, esto es, que otorgaba al oficio de la historia la tarea de revelar las particularidades de los sucesos ocurridos en un territorio dado y a partir de ello entender su presente. Es decir, para el escritor el estudio del transcurrir histórico no era un adorno erudito, sino una herramienta para tomar una posición política ante los aconteceres cotidianos.

Esto se puede observar cuando a la pregunta "¿por qué es importante estudiar historia?" Rulfo contestó: "es importantísimo, no sólo importante. Es lo que arraiga al hombre a su tierra, es lo que hace que el hombre permanezca y le tenga cariño al lugar donde vive".[13] Tal afirmación era el soporte conceptual sobre el cual, en otra ocasión, en una conversación con Fernando Benítez, el escritor afirmaba: "yo creo que si hay una constante en la historia de México, esa constante, a partir de la conquista, está caracterizada por una lucha de los pocos contra los muchos, por una guerra contra el pueblo. De aquí la importante desigualdad que no ha podido ser resuelta".[14] Igualmente, una actitud semejante se puede ver en el prólogo para *Noticias históricas de la vida y hechos de Nuño de Guzmán*, en el que Rulfo toma una posición sin ambages contra los historiadores conservadores

11 "La discreción de Juan Rulfo. Reflexiones sobre una fotografía: mujeres en Oaxaca recogiendo café", en Juan Rulfo, *Oaxaca*, 2009, pp. 35-46.

12 Italo Calvino, "Carta a Franco María Ricci", París, 21 de abril de 1976, en su libro *Correspondencia, 1940-1985*, 2012; sobre Caso y García Cantú, véase el libro de Alberto Vital, *Noticias sobre Juan Rulfo. La biografía: 1762-2016*, 2017, pp. 281-283.

13 *Dónde quedó nuestra historia*, p. 15.

14 Báez-Jorge, en *Nuevos indicios*, p. 230.

(mexicanos y extranjeros) que exaltaban la figura de Hernán Cortés como un héroe, ignorando u ocultando las atrocidades y los abusos que cometió contra los indígenas.

Estos datos revelan un Rulfo que entendía en términos realistas lo atroz que fue para los pueblos indígenas la llegada de los europeos, por lo que también su visión de la historia se puede caracterizar de *indigenista*. De aquí se desprenden varias conclusiones. Por una parte, tal visión le permitió a Rulfo ampliar su interpretación a la historia de América Latina, en cuyo centro estaban las condiciones históricas en las que se habían desarrollado los pueblos indígenas después de la conquista y que representaba un eslabón que enlazaba las particularidades de cada región del subcontinente. De ahí también la identificación de Rulfo con el *latinoamericanismo* en boga al iniciar la segunda mitad del siglo XX. Por otro, se observa que el escritor desplegaba una visión histórica en términos propiamente históricos, esto es, no generó un relato poético de la historia, en el que se pudieran confundir la literatura y la historia. Como ya se señaló, separó ambas vocaciones.

No obstante, cabe hacer notar que el autor de *El gallo de oro* interpretaba la historia a partir de una dialéctica entre el pasado y el presente, entre los libros y la vida. Aunque faltaría una mayor indagación al respecto, es posible considerar que la visión histórica de Rulfo se alimentó también de las condiciones de los indígenas que él conoció de primera mano, cuando viajaba a la sierra para levantar registros fotográficos de los mismos, e igualmente se nutrió de los estudios antropológicos que editó en el INI. Por lo tanto, es quizá esta particularidad de viajar de la letra a la experiencia y viceversa, lo que imprime un carácter original a la lectura que Rulfo realizó de la historia de México. Una visión que, como se apuntó desde un principio, aún falta investigar más en todas sus vertientes.

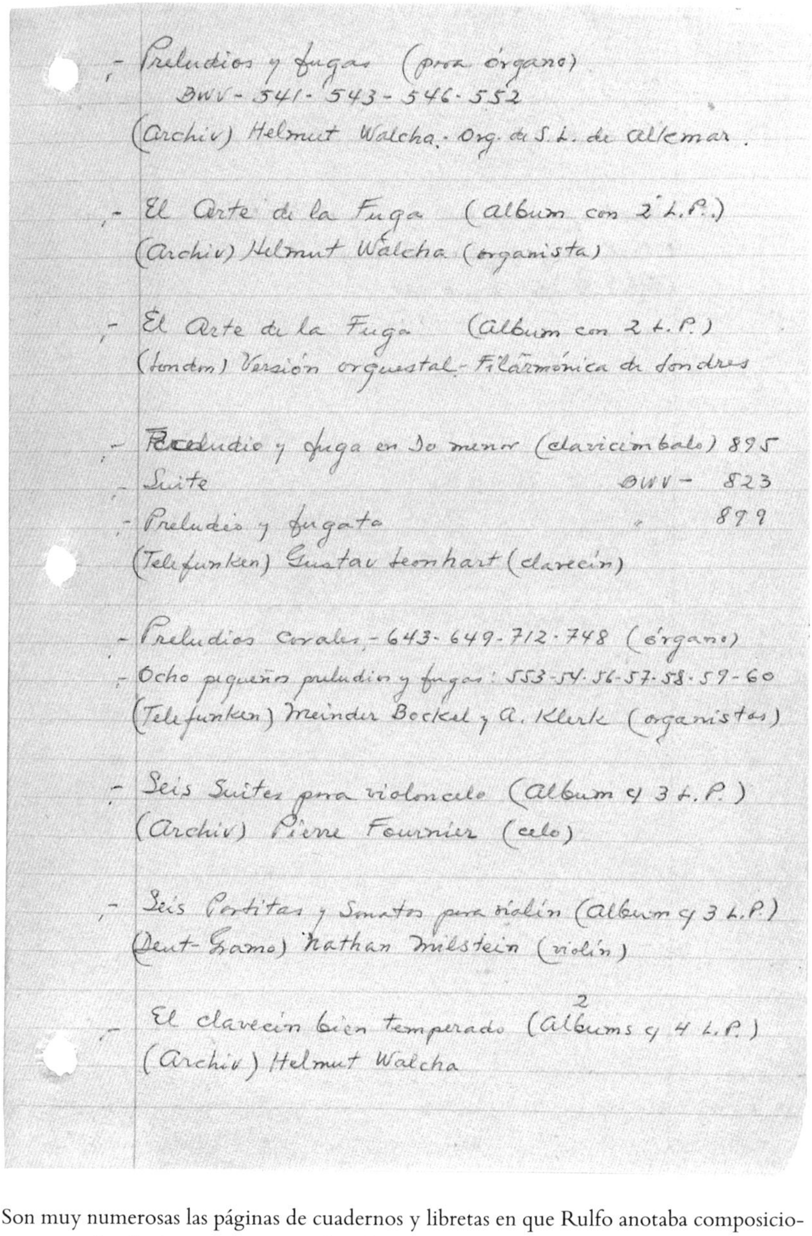

- Preludios y fugas (para órgano)
  BWV - 541 - 543 - 546 - 552
(Archiv) Helmut Walcha. - Org. de S. L. de Allemar.

- El Arte de la Fuga (album con 2 L.P.)
(Archiv) Helmut Walcha (organista)

- El Arte de la Fuga (album con 2 L.P.)
(London) Versión orquestal - Filarmónica de Londres

- Preludio y fuga en Do menor (clavicimbalo) 895
- Suite BWV - 823
- Preludio y fugato 899
(Telefunken) Gustav Leonhart (clavecín)

- Preludios corales, - 643 - 649 - 712 - 748 (órgano)
- Ocho pequeños preludios y fugas: 553 - 54 - 56 - 57 - 58 - 59 - 60
(Telefunken) Meinder Bockel y A. Klerk (organistas)

- Seis Suites para violoncelo (album y 3 L.P.)
(Archiv) Pierre Fournier (celo)

- Seis Partitas y Sonatas para violín (album y 3 L.P.)
(Deut-Gramo) Nathan Milstein (violín)

- El clavecín bien temperado (2 albums y 4 L.P.)
(Archiv) Helmut Walcha

Son muy numerosas las páginas de cuadernos y libretas en que Rulfo anotaba composiciones musicales de diversos autores y las obras contenidas en los discos que había reunido. Aquí aparecen algunas obras de J.S. Bach.

9 Rulfo y la música

JOSÉ LUIS BOBADILLA

Pienso en Juan Rulfo levantándose de un sillón luego de escuchar el lado A de la grabación del sexto libro de los *Madrigales* de Carlo Gesualdo para –ante el *scratch* de la aguja sobre el disco negro– retirar el brazo de la tornamesa, alzar el disco, sopesarlo, darle la vuelta y finalmente volverlo a colocar sobre el aparato reproductor, regresar al sillón y esperar que la música de voces que se entrecruzan tome de nuevo la atmósfera de una noche, digamos, de febrero o marzo.

Puedo también imaginar a Rulfo, contento, escuchando un *cassette* en su auto, que con placer y dedicación una noche antes grabara especialmente para reproducirlo durante algunos días o semanas, satisfecho de haberse hecho de esa música cuidadosamente seleccionada. Lo puedo imaginar porque el material existe y hay pruebas suficientes del amor que el escritor enorme que era Rulfo tenía por eso que conocemos como música y que el etnomusicólogo inglés John Blacking llamara "sonido humanamente organizado".

Y continúo. Que sea el compositor italiano Carlo Gesualdo me resulta inquietante pues no es un músico cualquiera. Estoy seguro de que Rulfo conocía la historia de este singularísimo personaje, probablemente el último de los polifonistas, quien llevara al extremo los desarrollos técnicos de la música del barroco cuando todos se perfilaban al *dolce stil nuovo* que se impuso en el Renacimiento y que en buena medida escuchamos todavía hoy en la música pop. Puedo afirmar esto pues el escritor mexicano poseía dentro de una destacada colección de discos varias grabaciones del Príncipe de Venosa.

Gesualdo, siendo de la realeza y debido a las costumbres de su tiempo, estaba imposibilitado para convertirse en compositor. Para disfrutar de la música tenía que fungir como mecenas. Pero el destino le regaló esa dicha, la de componer, luego de encontrar a su mujer en delito de flagrante pecado con otro hombre a quien Gesualdo, dada su condición de príncipe, tuvo que matar para salvar su honor. Muertos el amante y también la esposa, como autocastigo por el asesinato se encerró en una torre y compuso su sentida música hasta el fin de su vida.

Que Rulfo escuchara a Gesualdo no me sorprende, aunque sí me emociona. Lo primero porque después de conocer los cuadernos de listas manuscritas de una buena parte de los discos del autor de *Pedro Páramo*, listas de discos de música culta fundamentalmente, pero que no agotan todo el material, uno puede darse cuenta de que tenía un gusto excepcional, las mejores grabaciones de su tiempo y que comprendían el período de la primera música anotada de los cantos gregorianos hasta nuestros días, pues hay discos de música electrónica de Iannis Xenakis o el conocido *Treno a las víctimas de Hiroshima* de Krzysztof Penderecky.

Digo que me emociona que Rulfo escuchara a Gesualdo puesto que sus últimas obras, los *Tenebrae*, son en realidad lamentos, misas de difuntos, y es probable que el autor jalisciense los escuchara después de escribir sus libros geniales, que de algún modo establecen un vínculo sutil con las composiciones del príncipe italiano. Hay en la experiencia humana ecos que viajan en el tiempo de atrás para adelante, pero también del presente hacia el pasado, y que modifican significativamente nuestro modo de entender el mundo.

Los cuadernos de Rulfo con registros musicales son, como todo lo que él hizo, resultado de una exhaustiva y ordenada curiosidad. Las listas se encuentran organizadas alfabéticamente. Cada página lleva el nombre completo del compositor, sus años de nacimiento y muerte y también los datos de cada grabación. En el caso de compositores como Johann Sebastian Bach, en donde existen muchas grabaciones, se encuentran los datos puntuales del disco, la marca del sello discográfico, el año de grabación y el director.

Esta información no es banal, pues demuestra que Juan Rulfo pretendía un conocimiento total de la música que escuchaba y que estaba preocupado por tener las mejores grabaciones de lo que le interesaba. Las personas cercanas que trataron a Juan Rulfo en las últimas décadas de su vida refieren siempre que en cada viaje que Rulfo hacía a Europa regresaba cargado de libros y, sobre todo, discos que poco a poco enriquecían sus copiosos acervos. Lo satisfacía conseguir, por ejemplo, grabaciones de música antigua que se había interpretado después de siglos de olvido, y desde luego grabado por vez primera en ediciones únicas. Decía que estaba avanzando hacia la música bizantina.

Sé también, de primera mano, que Guillermo Santamaría vio a Rulfo varias veces en una tienda de discos de rock de la avenida Insurgentes Sur, música de la cual estaba también muy pendiente y actualizado. Esto no debe sorprendernos, pues como bien podemos notar en *El gallo de oro*, su conocimiento preciso de canciones populares y corridos mexicanos era abundante y también minucioso. Quedan ahí, en voz de Lucha Villa dentro de la película de Roberto Gavaldón basada en la narración de Rulfo, algunas pruebas de su gusto por estos géneros, lo que también puede comprobarse en las recopilaciones del musicólogo Vicente T. Mendoza que se encuentran, entre otros documentos parecidos, en su abarcadora biblioteca.

También en el cuento "Paso del Norte" (como menciona uno de los personajes, señalado por Víctor Jiménez en su ensayo "Palabra llana y poesía en Rulfo", incluido en el *Tríptico para Juan Rulfo*)[1] hay una indicación relativa a otras músicas no necesariamente cultas. Aquí el diálogo:

> —Y ¿qué diablos vas a hacer al Norte?
> —Pos a ganar dinero. Ya ve usté, el Carmelo volvió rico, trajo hasta un gramófono y cobra la música a cinco centavos. De a parejo, desde un danzón hasta la Anderson esa que canta canciones tristes, de a todo, por igual. (*El Llano en llamas*, p. 118)

Esa "Anderson" no es sino Marian Anderson, como bien señala Jiménez, "la cantante negra de *spirituals*, lieder y ópera".

Aunque sus cuadernos de listas musicales son fundamentalmente de música culta, como ya dije, hay muchos indicios de que el interés musical de Rulfo abarcaba algo más que la historia de la música occidental. Hay en su biblioteca libros de poesía negra de Estados Unidos relacionada con el blues y ciertos cantos de carácter religioso. Por lo tanto, este tema, el de la relación de Rulfo con la música, es apenas un hilo de un telar, algo que seguramente irá desplegándose de ahora en adelante.

Que Rulfo se interesara por la música no es algo gratuito de ninguna manera. Su literatura, sus narraciones y otros tantos textos dispersos son en realidad formas vinculadas a la experiencia musical. Esto desde el punto de vista más sutil, pues estoy seguro de que Rulfo sabía que música y literatura son dos cosas muy distintas y que algo como la polifonía de su apreciado Gesualdo resultaba imposible en un texto escrito. Sin embargo, podemos decir que *Pedro Páramo* es polifónica, hay voces que se van sobreponiendo, voces que atraviesan el espacio de los vivos y también el de los muertos.

1 "Palabra llana y poesía en Juan Rulfo", en Víctor Jiménez, Alberto Vital y Jorge Zepeda (coords.), *Tríptico para Juan Rulfo: poesía, fotografía, crítica*, 2006, pp. 349-367.

Hay además en las narraciones rulfianas un sentido expandido que tiene que ver con las construcciones del sonido. Juan Rulfo tenía una clara conciencia de la materialidad de las palabras. Un vocablo es también un sonido. Cuando escribe en "Luvina":

> »—¿Qué es? –me dijo.
>
> »—¿Qué es qué? –le pregunté.
>
> »—Eso, el ruido ese.
>
> »—Es el silencio. Duérmete. Descansa, aunque sea un poquito, que ya va a amanecer. (*El Llano en llamas*, p. 105)

Lo que leemos es un hallazgo maravilloso en el que la forma y el fondo se funden magistralmente. Algo parecido a eso que encontrara San Juan de la Cruz: "un no sé qué que quedan balbuciendo", en donde también lo que se dice y cómo se dice encuentran su más precisa comunión.

Y esto que cito de "Luvina" es solamente un ejemplo de casi cualquier página escrita por Rulfo, pues al empezar a fijarnos con mayor detenimiento que el sonido es casi un método compositivo, una guía de composición, sin más una poética –su libro de cuentos se llama *El Llano en llamas*, donde resulta más que evidente que le importaba la aliteración, el sonido, pero también el concepto, y así toda su obra, un amasijo de sentidos polivalentes que le dan, dependiendo del lector, un grado de complejidad variable.

Salvador Elizondo, según me contó Víctor Jiménez, le señalaba una línea de *Pedro Páramo*: "El trote rebotado de los burros". Es un fragmento entresacado, pero ahí podemos notar nuevamente la música que Rulfo componía, el oído atento a las "t" y las "r" que tropiezan y expanden el sonido que también es concepto y además, porque tampoco podemos olvidarlo, evocación, imagen.

La colección de discos que Rulfo reunió da una mayor orientación sobre la ambición de conocimiento de nuestro más grande escritor. Más allá del ordenamiento alfabético podemos ver en sus registros que fue haciendo un recorrido histórico de la música occidental, un viaje que no todos están dispuestos a realizar. Pues quien goza de un compositor no necesariamente escucha a sus contemporáneos. Para Rulfo esto no parecía ser así. Lo escuchaba todo sin prejuicios. Hay, eso sí, una enorme cantidad de discos de música vocal, alguna predilección tendría. Pero, así como escuchaba la Misa de Notre Dame de Guillaume de Machaut, escuchaba las intrincadas canciones de Charles Ives.

Para quien le interesa algo no puede quedar nada fuera. Charles Olson, el importante poeta norteamericano de la segunda mitad del siglo xx decía que, para conocer algo verdaderamente, había que dedicarle al menos diez años de trabajo de saturación. Rulfo hizo eso y más; se pasó la vida sentado, leyendo, escribiendo, transcribiendo, oyendo música, pero reconociendo que eso no era suficiente y que era necesario salir a caminar, subir una montaña, tomar fotografías, hacer una película, hablar despreocupadamente con gente a mitad de la calle o disfrutar con placer, en medio de una noche de febrero o marzo, en soledad, de un disco y un cigarro.

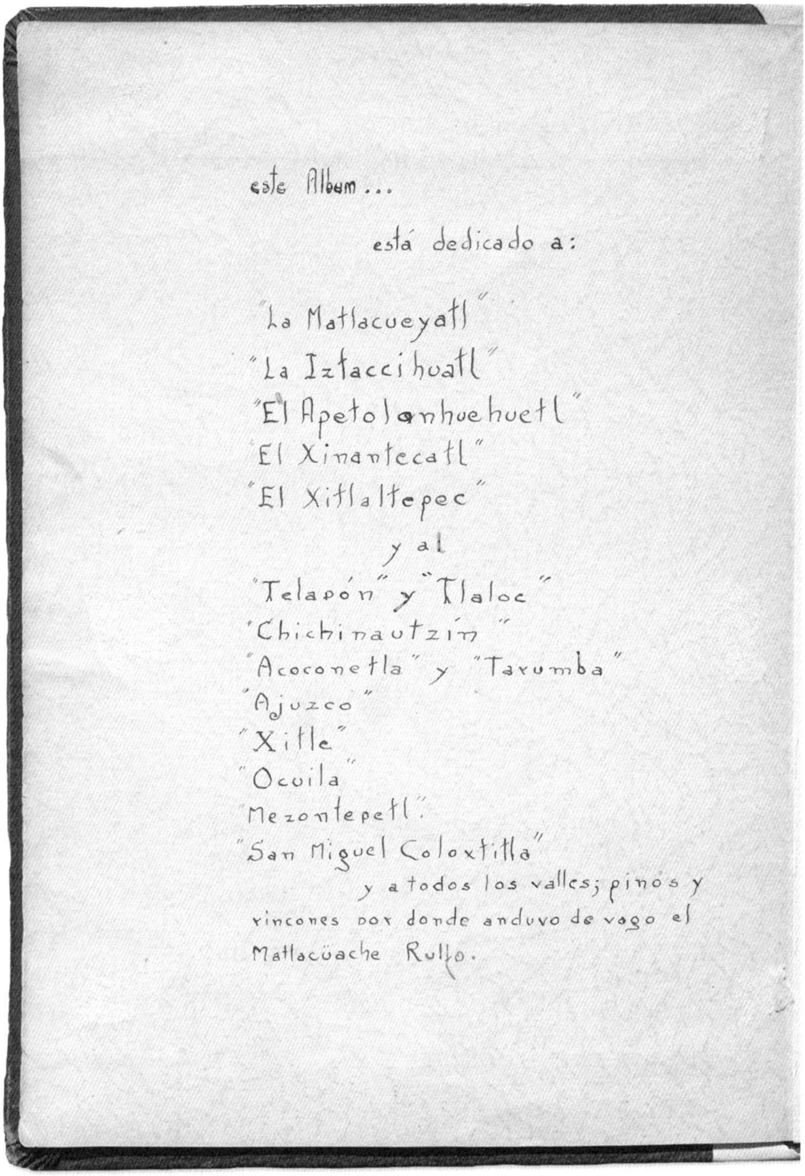

este Album...

está dedicado a:

"La Matlacueyatl"
"La Iztaccihuatl"
"El Apetolanhuehuetl"
"El Xinantecatl"
"El Xitlaltepec"
y al
"Telapón" y "Tlaloc"
"Chichinautzin"
"Acoconetla" y "Tarumba"
"Ajuzco"
"Xitle"
"Ocuila"
"Mezontepetl"
"San Miguel Coloxtitla"
y a todos los valles; pinos y rincones por donde anduvo de vago el Matlacüache Rulfo.

Página inicial del primer álbum fotográfico de Juan Rulfo (*ca*. 1940), donde registró los lugares en que tomaba fotografías. En esta página consigna los nombres de los volcanes y elevaciones del altiplano de México.

0

Presentación al léxico de la narrativa de Juan Rulfo

VÍCTOR JIMÉNEZ

Esta relación recoge aquellas voces que pueden plantear dudas a los lectores de lengua española de orígenes muy distintos. No se encuentran aquí sólo aquellos términos que podrían considerarse "mexicanismos", etiqueta en la que aún quedan vestigios de una noción centro-periferia de la lengua que a muchos nos hace preguntarnos si el español peninsular producirá "peninsularismos" (después de todo, en México vive la comunidad hispanohablante más numerosa del orbe). En México se hablan muchas lenguas originarias de nuestro territorio, que han producido palabras incorporadas al español (tema que interesaba de forma importante a Juan Rulfo) y algunas son comprensibles fuera de nuestras fronteras, como "chocolate" y "tomate", sin que nos recuerden que son mexicanismos, mientras que en la obra de Rulfo hay otras más, que aquí aparecen sin, en todos los casos, señalar su origen en nuestras lenguas originarias. Pero igualmente hay usos del español que han adoptado aquí acepciones peculiares, y en la medida de lo posible hemos tratado de incorporarlas aunque para nosotros su visibilidad no es inmediata.

No se ha intentado hacer un diccionario con todas las acepciones de un término y se han incorporado sólo aquellas que corresponden a su significado en la obra de Rulfo. Y aquí es necesaria una acotación: en algunos casos hay un matiz diferente, para el mismo vocablo, en un cuento de *El Llano en llamas*, en *Pedro Páramo* o en *El gallo de oro*. Se encontrará por lo mismo esa variación en la definición correspondiente.

En el caso de *El gallo de oro* el léxico incluye de manera especial un repertorio de términos usuales en el mundo codificado de las peleas de gallos, que Juan Rulfo debió conocer bien por su cercanía con David Pérez Rulfo, tío suyo que se dedicaba a la charrería, los caballos y los gallos. En algunos casos Rulfo hace una alusión al significado de un término, pero en la mayoría no es así.

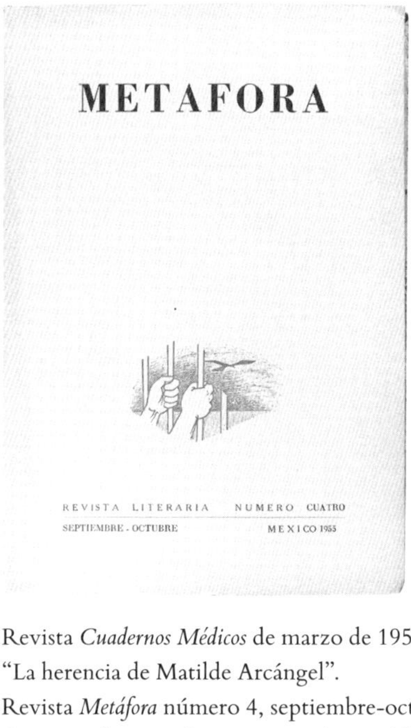

Revista *Cuadernos Médicos* de marzo de 1955, en que apareció por primera vez el cuento "La herencia de Matilde Arcángel".
Revista *Metáfora* número 4, septiembre-octubre de 1955, donde se publicó el cuento, así denominado aquí, "La presencia de Matilde Arcángel".

1 Léxico de *El Llano en llamas*

VÍCTOR JIMÉNEZ

A

Abajeños. De las zonas bajas de Jalisco, sobre todo cercanas al Bajío, como Guanajuato, por contraste con los nativos de Los Altos, también de Jalisco.

Abusionero. Abusador, abusón.

Acabalar. Completar un número o cantidad.

Acalambrar. Causar un "calambre" en sentido figurado: atemorizar, paralizar.

Acomedirse. Prestarse voluntariamente para ayudar, con desinterés y amabilidad.

Afigurarse. Figurarse, suponer, imaginar.

Afortinados. En posición defensiva, en un punto fuerte.

Agarrado. Tacaño.

Agarre. Pelea, enfrentamiento a golpes.

Agenciar. Conseguir, obtener.

Aguaje. Depresión del suelo donde se acumula agua para el ganado.

Aguasnieves. Lluvias en zonas altas en invierno, a punto de convertirse en nieve.

Ahi se lo haiga. Ahí se lo haya, allá usted.

Ahuatar. Llenarse de ahuates, cardos de distintas clases que se pegan a la ropa y pueden escoriar la piel.

Ajolote. En el cuento "El hombre" el término se refiere a los renacuajos, pues se trata de la manera común de referirse a ellos en el Occidente de la República. No se trata, de manera alguna, del *axolotl* presente en algunas áreas lacustres del Valle de México.

Ajuarear. Alistar, disponer las cosas para una ceremonia u ocasión; organizar.

Alabado. Himno religioso que comienza con las palabras "Alabado sea el Santísimo...".

Alborotado. Inquieto, entusiasmado, fastidioso.
Alcanfor. Nombre de diversas plantas aromáticas que se utilizan para hacer lociones caseras con alcohol, o perfumar el ambiente.
Alcantarilla. Hoyo en el suelo o un rincón, protegido o no con una rejilla, que sirve para recibir el agua de un piso y conducirla al drenaje.
Alegar. Decir, argumentar en forma activa, incluso excesiva o molesta.
Alrevesado. Al revés, confuso, mal hecho, que no se entiende.
Alumbrar. Echar luz, iluminar con fuego (lumbre) u otra fuente luminosa.
Aluzar. Echar luz, iluminar.
Amellar. Perder el filo o la punta un cuchillo o instrumento puntiagudo.
Amodorrado. Somnoliento, con modorra, falto de sueño, aturdido.
Amoles. Plantas de diversas especies que pueden usarse como jabón.
Amontonadero. Montón grande, agrupamiento desordenado de cosas o gente.
Ánimas, toque de. Repique de campanas de carácter fúnebre.
Apachurrar. Apretar, oprimir, aplastar.
Apalcuachar. Apalear, aplastar, aplanar a golpes.
Apeñuscar. Poner personas o cosas en poco espacio; contraerse.
Aplaque. Dar un aplaque: aplacar, poner bajo control.
Apretado. Tacaño.
Apretar. Oprimir, sujetar, ceñir.
Apretalar. Atar, amarrar, ceñir con fuerza.
Apuración. Apuro, preocupación, afán, prisa.
Argüende. Ruido, vocerío sin sentido, discusión desordenada, alegato no serio, chisme.
A ras. A nivel, en el lugar o momento justos.
Arrayán. Árbol hasta de 15 metros, común en patios y corrales de Jalisco y el Occidente de México; fruto de 1.2 a 2 cm, amarillo-verdoso, más bien agrio.
Arrearle. Empeñarse, entregarse a una actividad.
Arrebiatar. Unir con una reata el ronzal de una bestia con la que va por delante de ella, para hacerlas marchar en fila.
Arrejolar. Alejar, apartar, arrumbar, arrinconar, esconder.
Arrejuntar. Juntarse.
Arrendar. Tomar una dirección, alejarse, irse con alguien, remontarse.
Arribada, de. Punto o momento de arribo.
Arrieras. Hormigas de tamaño grande, con cabeza abultada y de color rojizo.
Arroba. Unidad de peso en desuso, que equivalía a unos 11.5 kilogramos.
Asustón. Asustadizo.

Atajo. Ato (también hato o hatajo) de bestias, pero también, despectivamente, de personas.

Averiguárselas. Encontrar la solución a una dificultad, ingeniárselas.

B

Bagazo. Residuo fibroso que queda después de extraer el jugo a una fruta o pedazo de caña de azúcar.

Barcino. Pelaje de un animal con varios colores mezclados.

Bastimento. Provisiones alimenticias que se llevan para consumir fuera de casa.

Bingarrote. Bebida de Jalisco hecha con maguey cocido en vasijas de pulque (*binguí*), aunque el nombre se usa también para otros licores.

Boquete. Agujero relativamente estrecho, *boca* en una superficie o volumen.

Bornear. Inclinar, torcer, desviar.

Boruca. Agitación, bullicio, animación.

Buenisano. Bueno y sano, de cuerpo o mente.

C

Cachete. Mejilla.

Calín. Polvo caliginoso.

Camichines. Árboles de diversas especies, frondosos y con tronco que crece por la suma de raíces que descienden de la copa formando pliegues.

Canicas ágatas. Canicas apreciadas por ser de vidrios de diversos colores.

Canijo. Persona de naturaleza incómoda o pérfida. Descalifica a alguien sin ser un insulto.

Cantera. Piedra utilizada en la construcción y lugar del que se extrae.

Caña. Caña de azúcar.

Cañuto. Trozo de caña de azúcar.

Carambas, viejas. Eufemismo socialmente aceptado por algo como "cabronas".

Casuarina. Conífera de origen australiano que se siembra por no requerir cuidados ni mucha agua; sirve para atajar el viento en lugares poblados.

Cataplasma. Curación consistente en un envoltorio de gasa saturado con una pasta caliente que se aplica directamente sobre la piel.

Catrincito. Catrín se refiere a persona vestida con pretensiones de elegancia. Suele aplicarse a empleados con traje formal. El diminutivo acentúa la connotación despectiva.

Chacamota. Insecto que da vueltas a una lámpara y por extensión cualquier cosa que da vueltas, como la pistola del borracho en "El día del derrumbe".

Chachalaca. Gallinácea de tamaño menor a un guajolote, de plumaje verde y graznidos proverbialmente escandalosos.

Chamuscado. Quemado por el borde, superficialmente.

Chapaleo. Voz onomatopéyica para referirse al oleaje del agua cuando golpea algún objeto.

Chapulines. Saltamontes.

Chicalote. Arbusto cercano al cardo, con hojas dentadas, espinas y flores de colores claros.

Chicharras. Cigarras.

Chicharrón. Piel del cerdo cocida en cazo, en la grasa del mismo animal, hasta dejarla esponjada y gruesa, además de dura y crujiente.

Chiflar. Silbar.

Chillido. Llanto ruidoso.

Chirimía. Flauta pequeña que se toca acompañada de un tamborcillo, generalmente en celebraciones religiosas.

Chorriar. Chorrear. Derramarse un líquido, gotear.

Chorretes. Manchas de líquido que quedan en una superficie, como la del rostro.

Clavellinas. Flores que crecen en arbustos o árboles de mediana altura, rosadas y con pétalos dentados o filamentosos. Su aspecto se acerca al del clavel.

Clarear. Iluminarse un lugar, amanecer.

Coamil. Predio rural con árboles o terreno desmontado para sembrar sin arado.

Coamileros. Campesinos que trabajan un terreno ajeno en el monte.

Cobija. Manta de algodón o lana para cubrirse en la cama o como abrigo.

Cochal. Barbas de pino que cubren el suelo de un bosque.

Comal. Disco delgado de barro (en el pasado), o de lámina metálica (hoy) que se pone sobre el fuego para hacer tortillas de maíz o calentar otros alimentos.

Comedera. Alimentación en general, acción de comer.

Congregante. Mujer perteneciente a una congregación religiosa, como las que visitan a Lucas Lucatero.

Contimás. Cuánto más.

Contrata. Contrato, contratación.

Convidar. Invitar, compartir un alimento, comportarse con cortesía.

Coraje. En México es siempre enojo, rabia.

Corretiza. Persecución, carrera.

Corva. Parte posterior de la pierna a la altura de la rodilla.

Coscorrón. Golpe en la cabeza con los nudillos.

Coyuntar. Unirse en matrimonio sin formalidad.

Creido. Creído: arrogante, vanidoso.

Criolina. Creolina: desinfectante común en el medio rural, elaborado a partir del alquitrán para tratar las heridas de las bestias.

Criminar. Incriminar.

Cristeros. Combatientes, generalmente campesinos, enrolados por el clero para luchar contra el gobierno. Juan Rulfo fue siempre muy crítico de la revuelta protagonizada por éstos y escribió una elogiosa reseña de la novela *Los cristeros* de José Guadalupe de Anda, que también hace una dura crítica a este levantamiento.

Culimpinarse. Inclinar el cuerpo hacia delante, con el trasero en lugar alto y prominente.

D

Damajuana. Vasija o jarra grande de vidrio, con boca estrecha, para el vino.

Dar carrera. Correr, despedir, alejar.

Dar guerra. Molestar, importunar, fastidiar.

De filo, caminar o seguir. Tomar una dirección sin detenerse o desviarse.

Derrengado. Caído por cansancio, enfermedad o violencia.

Derrumbadero. Lugar en que cambia abruptamente el nivel del suelo, con un talud accidentado.

Desahijar. Destetar un becerro.

Desentriparse. Arrojar el líquido que se ha bebido.

Desmerecer. Menospreciar.

Desmonte. Tirar árboles y otras plantas de un lugar para dedicarlo a la agricultura.

Desperdigados. Sueltos al azar, sin relación, desordenados.

Diantres. Literalmente "demonios" (diantre es un nombre antiguo del diablo).

Dulcamaras. Familia de arbustos silvestres de flores moradas, con uso medicinal.

E

Efipoco. Por *epifoco*, antigua manera de referirse al lugar de origen de un sismo.

Ejotes. Leguminosa (por lo común frijoles) que se come en vaina, aún verde.

Elote. Maíz tierno, que se cuece en agua con sal para comerlo directamente.

Embarrar. Ensuciar, untar algo (no necesariamente barro) sobre una persona o cosa.

Embrocar. Quedar algo o alguien boca abajo.

Encampanar. Entusiasmar, reclutar con ardides y sin un buen resultado probable.

Encandilar. Deslumbrar.

Enchinar. Llenarse algo de cosas menudas, con aspecto de pequeños rizos. Ponerse la piel de gallina.

Engarruñar. Contraerse, encogerse ("como una garra").

Enjaretar. Meterse, ponerse la ropa. De manera figurada, dejar algo a cargo de alguien.

En juicio. En paz, quieto.

Enlutecido. De luto.

Ensarapados. Con el sarape puesto, por lo común pasando la cabeza por la abertura central.

Entelerido. Tieso, rígido por cualquier causa.

Entrona. Mujer que no se detiene cuando persigue un fin.

Epa. Interjección para llamar a alguien, como en "¡Ea, tú!".

Escapulario. Pedazo de tela con una imagen religiosa que se colgaba en el pecho, sujeto con tiras que pasaban atrás del cuello.

Esculcar. Buscar, registrar a una persona o algunos objetos para encontrar algo.

Espolvorear. Esparcir un polvo. El gobernador en "El día del derrumbe" se limpia los bigotes de manera delicada, como si se aplicara un polvo con la servilleta.

Estilando. Escurriendo un líquido.

Estropajo. Fibra vegetal para tallarse el cuerpo en el baño o los trastos de la cocina.

F

Faldisterio. Sillón ceremonial, sede del poder.

Fletear. Alquilar un medio de transporte de carga.

Floripondio. Flor grande de la familia de la belladona, común en los jardines de México.

Fregar. Molestar, estropear.

Función. Fiesta, sea religiosa o civil.

G

Gabán. Pieza de vestir cerrada por la espalda con una abertura por delante que no se abotona.

Galleta. Mujer de un soldado durante la Revolución, que lo acompañaba en el campamento o la batalla. Soldadera.

Garambullo. Cactácea de tipo candelabro con fruto homónimo, muy parecido a las moras, con flores blanco-verdosas comestibles.

Gargajo. Escupitajo con moco nasal.

Garras. Hilachas, desgarraduras.

Garrudo. Fuerte, de buen cuerpo.

Gorgoreo. Sonido gutural, voz onomatopéyica que reproduce el efecto de respirar con la garganta.

Greñero. Pelambre, cabello desordenado.

Guachos. Soldados.

Guajes. Frutos cuya cáscara seca y hueca sirve como recipiente. También el árbol que los produce.

Guango. Machete de hoja más ancha de lo común en la mitad exterior.

Guardaganado. Arreglo del piso de un camino para evitar que el ganado avance sobre él. Suele ser un acomodo de piezas metálicas que impiden al animal caminar sobre ellas.

Güevos. Huevos, sean de ave o los testículos.

Güilotas. Por huilotas, palomas silvestres comunes en México; el término es usado asimismo para designar indirectamente a las huilas o prostitutas.

H

Hacer pelos. Tirar y torcer de los pelos del anca de un burro para obligarlo a caminar.

Hepático. Con este nombre se identificaban genéricamente algunos cólicos. Micaela, el personaje de “Anacleto Morones”, podría referirse a los menstruales, que habría combatido, según la creencia común, cuando “me junté con alguien”.

Higuerillas. Plantas de hojas grandes palmeadas que invaden cualquier predio abandonado, también conocidas como ricino, del que se obtiene un purgante.

Hobachón / a. De cuerpo lleno.

Hojasé. Hierba medicinal que también se emplea, como dice el texto de "Luvina", para hacer un "mezcal" o bebida embriagante.

Horcón. Tronco grueso que sirve como columna para cargar vigas o amarrar animales.

Horqueta. Tronco que crece separando dos brazos en forma de "Y" y que puede utilizarse en las construcciones.

Horquetado. Subido a una horqueta.

Huamúchil. Árbol que produce una fruta aromática muy apreciada del mismo nombre, con forma de vaina y pulpa blanca y semillas negras al interior.

Huitacoche. Ave negra canora. Tiene fama de que puede morir de enojo al verse presa en una jaula.

Huizache. Arbusto de zonas áridas, muy espinoso, de tronco y ramas torcidas.

Huizapoles. Semillas de algunas plantas con espinas delgadas que se adhieren a la ropa o la pelambre de los animales.

I

Ijares. Zonas laterales del vientre entre las costillas y las caderas.

Indina. Indigna de confianza, audaz, descarada.

Infestar. En "El hombre" mala dicción de "infectar".

Invencionista. Que inventa cosas.

J

Jarillas. Arbustos de ramas delgadas que salen del suelo, con flores. Rulfo recoge "jaras", con el mismo sentido, en su "Vocabulario de voces castellanas derivadas del tarasco".

Jedentina. Hedor.

Juilón. Huidizo, que huye, cobarde.

L

Lambiscones. Aduladores de los poderosos.

Legal. Entre personas, comportamiento justo, honesto, decente.
Llenadero. Límite para estar lleno, con el apetito saciado.
Llorido. Manera desdeñosa de referirse al llanto cuando no es muy creíble.
Lumbrada. Hoguera, fogata.

M

Madrugar. Anticiparse con astucia a otro, incluso de manera indebida.
Malas mujeres. Ortigas, plantas con hojas que irritan la piel.
Maldoso. Malvado.
Maleta. Pieza de equipaje. Veliz.
Maliciar. Pensar mal, sospechar algo malo, desconfiar.
Maloriar. Malorear: hacer maldad, tratar mal.
Marchantas. Manera usual de referirse tanto a las vendedoras como a las clientas en el mercado.
Maromas. Volteretas, saltos con giros en el aire.
Mascar. Masticar.
Matizar. Preparar tragos con alguna hierba aromática para mejorar su aroma y sabor.
Matojos. Matas, plantas bajas silvestres.
Matrero. De mal vivir, asaltante, forajido que vive en lugares apartados.
Mayates verdes. Escarabajos de tamaño mediano (dos a tres centímetros) que aparecen en junio. Los niños acostumbran sujetarlos con un hilo para controlar su vuelo.
Mechudo. De cabellos largos y desordenados.
Melcocha. Líquido dulce, muy denso, generalmente de piloncillo o azúcar oscura.
Menso. Tonto.
Mero. Calidad exacta de algo o alguien; preciso, eso mismo.
Mezcalera. Terreno sembrado con magueyes o mezcales.
Mezquite. Árbol de mediana altura, a veces grande, propio de suelos áridos. Su madera es dura y apreciada y sus frutos pueden comerse.
Mil Judas. Mil demonios.
Milpa. Sembradío en que predomina el maíz (cuya planta se llama igualmente milpa) pero que se complementa con frijoles, quelites y calabazas en beneficio del suelo.
Mitote. Alboroto, estrépito, reunión festiva.
Moledera. Molestia, fastidio, por moler: molestar, fastidiar.
Molenques. Chimuelos, con dientes faltantes.

Morrear. Dar vueltas, acomodar algo en torno a un palo, gancho o prominencia.

Mortificación. Preocupación, ansiedad.

Motilona. Bestia con el pelo corto o que se lo han cortado.

Mullir. En "El hombre", alusión al agua cuyo curso se suaviza por las vueltas del río.

N

Nomás. Solamente, apenas, sólo eso.

Nopal. Cactácea cuya penca (tallo plano y grueso) con espinas se utilizaba en las peregrinaciones, colgada al cuello, para hacer penitencia.

Novenas. Celebraciones religiosas que se extienden por nueve días.

O

Obelisco. Arbusto con flores de distintos colores, de cinco pétalos con forma de trompeta. Se conoce como hibisco.

Ocote. Pino mexicano de rápido crecimiento, de madera resinosa muy adecuada para encender fuego. Sus astillas se llaman "ocotes" y sirven para iluminar por un momento o iniciar una hoguera.

Olote. Residuo de la mazorca una vez desgranada. Se usa para alimento del ganado.

Ora, orita. Ahora, ahorita.

Orear. Airear, poner algo al exterior expuesto al viento.

Otate. Carrizo de diversos tamaños, bambú delgado que alcanza unos tres metros.

P

Pácatelas. Expresión de sorpresa ante una noticia; alusión a una caída o golpe.

Pajonal. Lugar en que crecen pastos de gran tamaño, paja y similares.

Pajuelear. Hacer avanzar o correr a una montura dándole golpes con una vara.

Pálpito. Corazonada, presentimiento.

Parálisis. Paralítico: "estar parálisis".

Paranera. Lugar en que crece la hierba forrajera conocida como pará.

Pasadera. Mujer que tiene un atractivo escaso, que apenas "pasa".

Pasmadas de burro. Pasmada es persona sin gracia, así como fruta pasada, e igualmente marca o llaga producida por el arnés o la silla en el lomo de un cuadrúpedo.

Pasojos de agua. Pedazos de tierra dura, sueltos, que quedan en el suelo seco de un lugar en que hubo agua no mucho tiempo antes.

Pelón, lomerío. Lomas sin vegetación.

Penca. Parte de algunas cactáceas como el centro del maguey o el tallo de forma ovalada, con espinas, del nopal.

Pepenar. Recoger, tomar algo que no es propio.

Petate. Estera tejida de tiras vegetales, de tule o palma. Material extraído de la palma, tejido del que están hechos los sombreros ligeros.

Pialados. Atados con piales (cuerdas).

Pila. Depósito para recibir agua construido con obra de albañilería. Montón de cosas apiladas.

Pilmama. Nana, niñera.

Piruja. Prostituta.

Pizcar. Cosechar.

Ponche. Infusión caliente con trozos de fruta y alcohol.

Pretil. Borde que refuerza una orilla, como en una acera o azotea.

Procurar. Buscar, frecuentar a alguien.

Q

Quelites. Plantas de distintas clases que se siembran y cosechan en la milpa. Sus hojas se comen como verduras y son el último recurso de los muy pobres en el campo.

R

Rajada. Cortada, cuarteada, abierta.

Ramada. Cubierta sencilla hecha con ramas y hojas de palma; espacio cubierto así.

Rebullir. Agitarse, revolverse algo o alguien.

Refilón, de. Ocurrir algo sin deliberación.

Reguilete. Rehilete.

Relajo. Desorden, bulla.

Reliz. Talud entre dos niveles del terreno.

Renegado. Reacio.

Repegarse. Caminar pegado a un muro o hilera de cosas.

Rescoldo. Restos de una hoguera, últimas brasas.

Resollar. Respirar: voz usual en el campo.
Respingo. Salto, brinco súbito.
Retachar. Devolver, rebotar.
Retobar. No dejarse sujetar, rebelarse.
Risión. Risa burlona.
Rogaciones. Ruegos y procesiones por una buena causa, como el éxito de las cosechas.
Rosillo. Color de un caballo con pelaje negro, blanco y café claro.
Ruidazal. Gran ruido, estrépito duradero.
Ruñir. Roer.

S

Sabañones. Inflamación de la piel, como manchas rojas, por frío o enfermedad.
Sácatelas. Expresión de sorpresa o asombro.
Saltapericos. Pequeños fuegos artificiales que se activan arrojándolos al suelo con fuerza, con estallido de ruido y luces, nombrados así por analogía con un insecto saltarín.
Sancochado. Hervido en agua.
Sarape. Manta que puede tenderse sobre la cama o usarse a manera de abrigo.
Sicua. Hoja seca de plátano, cuerda vegetal formada por fibras sin tejer. Recogido por Rulfo en su "Vocabulario de voces castellanas derivadas del tarasco".
Solferino. Color rosado chillante.
Somormujo. Ave palmípeda de tamaño mediano, acuática.

T

Tamarindo. Árbol tropical de gran tamaño y frutos agrios con forma de vainas, muy apreciados para preparar dulces y bebidas azucaradas.
Tambache. Manojo, bulto, cosas dentro de un envoltorio generalmente amorfo. Recogido por Rulfo en su "Vocabulario de voces castellanas derivadas del tarasco".
Tambora. Conjunto musical de instrumentos de aliento con un tambor vertical y platillos, usual en las fiestas de los pueblos. El volumen de su música es muy alto.
Tamo. Polvo fino que resulta de moler grano.

Tatemar. Asar carne de manera especial, tapándola en el proceso.

Tecatas. Pedazos de material duro desprendidos de una superficie por la erosión, el roce o un golpe. Recogido por Rulfo en su "Vocabulario de voces castellanas derivadas del tarasco".

Tecolote. Búho.

Tejaván. Cubierta ligera de tejas apoyadas directamente sobre tiras de madera, solamente; el nombre se aplica también al espacio así cubierto.

Teje y maneje. Maniobra concertada que puede ocultar algo indebido.

Tejocote. Árbol y fruto de origen mexicano emparentado con la manzana.

Tentalear. Tocar con los dedos, explorar a ciegas con el tacto.

Tepache. Bebida alcohólica ligera preparada con piña fermentada.

Tepemezquites. Variedad del mezquite de mayor altura y más frondoso.

Tepetate. Suelo arcilloso.

Tequesquite. Sal que se encuentra en trozos en el suelo de lagos desecados.

Tercio. Fardo.

Terciar. Cargar algo a la espalda.

Tildío. Pájaro que vive en riberas o pastizales. También se conoce como chorlito y chichicuilote.

Timbre, administración del. Oficina en que se expendían timbres fiscales.

Tirante. Tieso.

Tirlangas. Tiras de tela, harapos.

Torcacita. Sobrenombre de una mujer, tomado de una paloma silvestre.

Totochilos. Pájaros de color rojo, como dice su etimología náhuatl.

Trabada. Mujer tan flaca que parece tiesa.

Trácala. Manejo engañoso, estafa, fraude.

Trajinar. Realizar acciones deshonestas.

Trapiche. Lugar en que se muele la caña de azúcar.

Trasijado. Delgado, especialmente en la zona del vientre.

Tremolina. Ruido producido por el aire en movimiento.

Trespeleque. De mala condición, desaliñado.

Tronchar. Romper o romperse algo sin instrumentos.

Tupido. Que crece en abundancia.

V

Vaquetón. Individuo desobligado, poco útil.

Ventear. Percibir por el viento a alguien oculto o lejano.

Verdolagas. Planta comestible de hojas carnosas que se cultiva en los patios de las casas en el campo.

Verduguillo. Espadín de hoja recta y puntiaguda, con empuñadura separada por dos alas que forman una cruz. Se usa para rematar un toro después de la estocada.

Vereda. Camino estrecho abierto en el campo por el paso de la gente y el ganado.

Y

Yedra. Hiedra, enredadera trepadora.

Yunta. Antigua medida de superficie. Una hectárea tiene unas tres yuntas.

Z

Zacatal. Lugar en que crece zacate.

Zacate. Hierba alta de diversas especies que sirve como alimento para el ganado.

Zafado. Loco.

Zanate. Ave negra mediana, poco robusta, de cola larga y común en climas calientes.

Zancas. Piernas, especialmente si son delgadas.

Zanconzotes. Zancones, individuos de piernas muy largas.

Zangolotear. Sacudir, agitar, manipular con energía.

Zopilote. Ave carroñera mexicana, negra, semejante al buitre.

Zumbador. Juguete con una lámina redonda que gira y zumba al mover unos hilos con las manos, con la intención de cortar los hilos del zumbador del contrincante.

2 Léxico de *Pedro Páramo*

VÍCTOR JIMÉNEZ

A

Abullonada. Acojinada, en forma de bulto.

Accionar. Actuar, maniobrar, operar.

Ahi. Ahí. Forma coloquial, a veces voluntaria, sobre todo en expresiones hechas.

Ahi se lo haiga. Ahí se lo haya; allá usted.

Ajuarear. Alistar, disponer las cosas para una ceremonia u ocasión; organizar.

Aldaba. Pieza metálica articulada que se fija a las puertas para llamar con sus golpes.

Alevantar. Levantar.

Almorzar, almuerzo. En Jalisco, durante la primera mitad del siglo XX, desayunar, desayuno.

Aluzar. Echar luz, iluminar.

Ampollar el codo. "Doler el codo", "ser codo", "tener duro el codo": ser tacaño, avaro.

Apachurrar. Apretar, oprimir, aplastar.

Aparato de petróleo. Quinqué, lámpara de mesa portátil que consume ese combustible.

Apretadas (de arrugas). Llenas de, sin espacio libre.

Apriétenle. Dense prisa.

Arrayán. Árbol hasta de 15 metros, común en patios y corrales de Jalisco y el Occidente de México; fruto de 1.2 a 2 cm, amarillo-verdoso, más bien agrio.

Arriando, arriando parejo. Agarrando parejo, llevándose todo.

Asiste. Acude, acostumbra ir.

Asperjar. Rociar, salpicar.

Atole. Bebida caliente preparada con maíz cocido y molido más agua.

Atrinchilar. Acorralar a una persona, principalmente con los brazos; estrechar un hombre a la mujer contra la pared.

Aventar. En México no es "airear", sino arrojar, tirar, empujar o dispersar.

B

Bebederos. Lugar familiar.

Bendito, creer hasta el. Alguien crédulo: creer en una oración que comienza con "bendito y alabado ".

Borlote. Agitación, ruido, tumulto.

Bornear. Inclinar, torcer, desviar.

C

Cafiaspirinas. Variante de la aspirina con agregado de cafeína.

Calda. Carrera rápida. Rulfo también emplea la expresión en el relato "Ángel Pinzón se detuvo": "corrió repechado al paredón de la brecha como si el instinto tratara de zafarse de aquella balacera. Así, aún a toda calda, llegó hasta el portal".

Canelas. Infusión preparada con agua caliente y trocitos de canela, a la que se puede agregar alcohol cuando se sirve en los funerales, como revela el caso de Dorotea.

Capitana. Arbusto silvestre hasta de 6 metros, de crecimiento y propagación rápidos.

Caporala. Jefa del personal femenino de una hacienda.

Carrancistas. Revolucionarios seguidores de Venustiano Carranza.

Cebú. Bovino procedente de la India, común en las zonas de clima caluroso en México.

Chacha. Empleada doméstica, sirvienta.

Chaparreras. Perneras de cuero para la gente de a caballo, que cubren la parte anterior de las piernas y se sujetan por atrás con correas.

Chapotié. Chapoteé.

Chicote. Látigo, fuete.

Chincual. Prurito común en los niños pequeños en la zona del trasero. Viene de *tzin*, trasero y *cualiztli*, ardor, comezón. Propensión a la agitación y el desorden corporal.

Chuparrosas. Colibríes.

Cintarazo. Azote propinado con un cinturón.

Cobija. Manta de algodón o lana para cubrirse en la cama o como abrigo.

Cocuyo. Luciérnaga.

Collón. Cobarde.

Conchabar. Entenderse con alguien, granjearse maliciosamente a una persona.

Conque. Aunque, con eso.

Colorado, el. Caballo alazán (rojizo) de Miguel Páramo.

Copeteado. Lleno hasta el copete; es decir hasta arriba, sin lugar para más.

Corajudo. Colérico, enojado.

Correcaminos. Ave no volátil, de rápida carrera y común en los desiertos del norte de México (especialmente los de Sonora y Baja California). No se encuentra en el estado de Jalisco. *Morococcyx mexicanus.*

Costal. Saco, generalmente de yute, para guardar granos.

Coyunda. Soga o correa con la que se uncen los bueyes.

Cristeros. Combatientes, generalmente campesinos enrolados por el clero para combatir al gobierno. Juan Rulfo fue siempre muy crítico de la revuelta protagonizada por éstos y escribió una elogiosa reseña de la novela *Los cristeros* de José Guadalupe de Anda, quien también hace una gran crítica a este levantamiento.

Cuarraca. Coja, bamboleante.

Cuervos. Aves comunes en el hemisferio norte, de plumaje negro y fuerte graznido. *Corvus brachyrhynchos* es la única especie que existe en México, distribuida sólo en el norte de los estados de Sonora y Baja California; en el resto del territorio mexicano no se le encuentra.

Culebras de agua. Tornados delgados que se forman a partir de una nube y pueden causar destrozos en los cultivos, por lo que son muy temidos por los campesinos, quienes les tiran cohetes con la idea de disiparlos así.

D

Dar vuelo. Alentar, soltar, impulsar.

De a tiro. Por completo, en serio, de verdad, sin remedio.

Descarapeladura. Sin cáscara, de superficie resquebrajada.

Descombrado. Escombrado, despejado, arreglado.

Desconchinflado. Estropeado, descompuesto, inutilizable.

Desmorecimiento. Padecer una pasión con gran intensidad, sentimiento en exceso, turbación.

Díceres. Decires, rumores, chismes, habladurías.

Diyitas. Diminutivo popular de "días": diítas.

E

Emprestar. Recibir algo fiado, o en préstamo.

Encampanar. Entusiasmar, reclutar con ardides y sin un buen resultado probable.

Encarrerado. Con impulso, que no puede parar.

Encerrar los pájaros. Recoger por la tarde las jaulas del corredor y guardarlas en una habitación para evitar que las aves se expongan al frío de la noche.

Enchinar. Aparecer en una superficie pequeños bultos, o rizos (conocidos también como "chinos"). También erizar, como la piel.

Engarruñado. Contraído, encogido ("como una garra").

Entre. Golpe rápido, explorando el terreno, con retirada inmediata.

Equipal. Asiento de brazos usual en el Occidente de México, de origen indígena, hecho con carrizos y forrado de cuero.

Esculcar. Buscar, registrar a una persona o entre algunos objetos para encontrar algo.

F

Figuración. Aparición, visión, cosa imaginada.

Función. Festejo, fiesta religiosa. En la novela, particularmente, la de la Natividad e indirectamente la de la Inmaculada Concepción (**F 62**), cuya convocatoria mediante el repique de las campanas da lugar a una fiesta ruidosa y tumultuosa a la que se compara con "los días de la función" (**F 65**). En **F 15** los caporales que acaban de enterrar a Miguel se refieren a la lluvia de estrellas de las Oriónidas como un "borlote", agregando que podrían estarle "celebrando su función al Miguelito".

Fungir. Representar, actuar, desempeñar un cargo.

G

Galápago. Muro ancho y bajo cuyo remate superior adopta la forma curva.

Gallo de la pasión. Alusión al gallo que menciona Jesús en el Evangelio, cuyo canto se vincula a Pedro. Sería un ave merecedora de gran consideración.

Gatero. Proviene del despectivo "gato-gata" aplicado a los sirvientes. Se refiere al hombre que acostumbra relacionarse con sirvientas.

Gorda. Tortilla de maíz, sobre todo si es gruesa.

Gregorianas, misas. Serie de treinta misas (una al día) para los difuntos.
Güerito. De piel blanca, sobre todo de pelo rubio.
Guayaba de China. Variedad de la guayaba, más dulce, suave y apreciada, con frutos redondos de tres centímetros, rojos. El árbol es pequeño, casi un arbusto.
Gusano. Tornillo sin fin.

H

Hidrante. Filtro para purificar agua, labrado en piedra porosa, como cono hueco con la punta hacia abajo. Se coloca en un armazón de madera y el goteo, continuo, se recoge en un recipiente en la parte baja para su consumo.
Horcón. Tronco grueso que sirve como columna para sostener vigas o amarrar animales.

I

Ido, estar ido. Mentalmente ausente.
Indina. Indigna de confianza, audaz, descarada.

J

Jaiz. Jaez, aspecto, tipo (despectivo).
Jerga. Tela tosca de algodón absorbente, adecuada para limpiar y secar pisos.
Jerrar. Errar, equivocarse.
Jiote. Mancha rojiza en la piel generalmente producida por hongos, común en la infancia.

L

Latir. Tener una corazonada, intuir, sospechar.
Lienzo. Tramo de muro o barda.

M

Mais. Maíz: Es común su pronunciación como voz grave en el medio rural. Rulfo lo escribe así en su mecanuscrito: "maiz".

Mantecoso. Untuoso, de modales suaves pero engañosos. Hipócrita.

Maromas. Volteretas, saltos con giros en el aire.

Más te vale. Estás advertido, vete con cuidado, más vale que.

Milpa. Sembradío en que predomina el maíz (cuya planta se llama igualmente milpa) pero que se complementa con frijoles, quelites y calabazas en beneficio del suelo.

Mitote. Alboroto, estrépito, reunión festiva.

Molcates. Olotes, residuo de la mazorca de maíz desgranada.

Molote. Trapo o fibra vegetal enrollados para formar un atado.

Móndrigo. Mala persona, indigno de confianza, traidor.

Montonal. Montón grande.

N

Nixtenco. Fogón de leña, particularmente la zona en que se juntan las cenizas.

O

Ocote. Pino mexicano de rápido crecimiento, de madera resinosa muy adecuada para encender fuego. Sus astillas se llaman "ocotes" y sirven para iluminar por un momento o iniciar una hoguera.

Ofrece, si se. Si es oportuno o posible; con algo de suerte.

Ojos, por sus. La expresión se acompaña con un gesto del pulgar y el índice que sugiere el círculo de una moneda grande. Querer a alguien "por sus ojos": querer a alguien por su dinero.

Orear. Airear, poner algo al exterior, expuesto al viento.

Otate. Carrizo de diversos tamaños, bambú delgado que alcanza unos tres metros.

P

Pajuelazo. Azote dado a las bestias con una pajuela: fuete o látigo de fibras vegetales.

Papalote. Cometa.

Pará, yerba de. Pasto forrajero. Procede de Pará, Brasil.

Paraíso. Árbol de unos nueve metros con flores aromáticas rosadas o lilas, cultivado en climas cálidos.

Pardear. Disminuir la luz al caer la tarde.

Pegue. Dar un pegue: golpear sin aviso y retirarse.
Pelones. Soldados del gobierno formal, con el pelo muy corto.
Petaca. Del náhuatl *petlacalli*: maleta.
Petate. Estera tejida con tiras vegetales, generalmente de tule o palma.
Picarse. Entusiasmarse, seguir con algo sin poder parar.
Picos feos. Ave marina que busca su alimento en la playa cavando en la arena con un pico aplanado en el extremo.
Pilmama. Nana, niñera.
Plátano. Planta de origen asiático que da el fruto del mismo nombre, de hojas muy grandes y de cultivo muy extendido en las zonas calientes.
Platicar. Conversar sólo por pasar el tiempo o para decir algo preciso.
Pochote. Ceiba y también la fibra algodonosa de este árbol, empleada para rellenos de almohadas, cojines y colchones.
Pulque. Bebida que resulta del jugo fermentado del maguey, sin destilación. Su consumo era común en las zonas indígenas.
Pulsear. Tomar el pulso; por extensión, recorrer partes del cuerpo con los dedos.

R

Rebozo. Chal mexicano.
Rebullir. Agitarse, revolverse algo o alguien.
Recio. Rápido, velozmente.
Reconocer. Identificar las bestias un lugar como suyo.
Relente. Intemperie, aire libre, al fresco.
Remolinear. Moverse como en un remolino.
Repegarse. Acercarse al cuerpo de otra persona.
Rescoldera. Ardor, sensación quemante en estómago y esófago.
Rialada. Leva, reclutamiento forzoso, redada.
Rondín. Grupo de personas o animales que hacen una ronda.

S

Saltapericos. Pequeños fuegos artificiales que se activan arrojándolos al suelo con fuerza, con estallido de ruido y luces. Toman su nombre de un insecto saltarín.
Saponaria. Conocida en Jalisco como jaboncillo. Arbusto que produce en verano flores aromáticas.
Serenar. Enfriar, refrescar el tiempo sobre todo al avanzar la noche.

Sicua. Cuerda vegetal formada por fibras sin tejer. Recogido por Rulfo en su "Vocabulario de voces castellanas derivadas del tarasco".

Siguió de filo. Sin detenerse.

Sonsácales. Quítales con astucia o engaño.

T

Tafeta. Tela delgada lustrosa: tafetán.

Tentalear. Tocamiento con los dedos, explorar con el tacto.

Tierra de encino. Humus extraído de zonas boscosas, con hojas y bellotas de encino, muy apreciado para llenar las macetas.

Tiliches. Trebejos, cosas estorbosas.

Tirante. Rígido, tieso.

Tisis. Tuberculosis.

Trafaguear. Acción resultante del tráfago: faena, movimiento intenso, trajín, ajetreo.

Trasijaderas. Eufemismo malicioso por las áreas del cuerpo que se callan por pudor.

Turicata. Insecto acárido, chinche tarasca. Recogido por Rulfo en su "Vocabulario de voces castellanas derivadas del tarasco".

U

Usufruto. Usufructo.

V

Villistas. Revolucionarios seguidores de Francisco Villa.

Y

Yedra. Hiedra, enredadera trepadora.

Z

Zahorino. Zahorí, adivino, vidente.

Zangolotear. Sacudir, agitar, manipular con energía.

Zopilote. Ave carroñera mexicana, negra, cercana al buitre.

3 Léxico de *El gallo de oro*

VÍCTOR JIMÉNEZ

A

Abocinar. Hacer bocina con las manos para dirigir la voz.

Ajuarear. Disponer lo necesario para algunas ocasiones, en este caso un entierro.

Alazán tostado. Caballo con pelaje rojizo oscuro.

Albricias. Recompensa por dar buenas noticias.

Albur. También "monte". Juego de cartas a partir de las dos primeras que se destapan; cuando una de las siguientes coincide con el número de la elegida se gana la apuesta. En el texto se describe un caso: Dionisio apostó todo "a una sota de oros que estaba apareada con un as de copas". Ganará el tallador al aparecer un as.

Alza pelos. Gallo que levanta sólo la parte alta de las plumas de la golilla por estar atemorizado.

Alzar escobeta. Levantar unas cuantas plumas de la golilla un gallo, como muestra de temor ante el contrincante.

Amarrador. Encargado de preparar la pata del gallo para recibir la botana (véase) y fijar en ella la navaja con un hilo especial. Puede ser igualmente el soltador y su papel es muy importante. A Dionisio le ofrecen ser soltador de Benavides y él comenta que hay muchos amarradores y que él no sería indispensable.

Ametalado. Brillo de una tela, como seda o similar, para rebozos de lujo.

Andar en burro. Moverse con lentitud cuando las circunstancias exigen hacerlo con rapidez.

Apeñuscado. Hecho un ovillo, encogido.

Arrejolar. Arrinconar.

Arrendar. Tomar un rumbo, encaminarse hacia una dirección.

Atenerse. Aceptar las consecuencias de una decisión.

Averiguatas. Indagaciones, discusiones.

B

Bebederos. Rumbos habituales, por analogía con los sitios a que van a beber los animales.

Botana. Pieza de baqueta que se sujeta a la pata, con un orificio para recibir el espolón y sobre la cual se monta la navaja.

Brisca. Juego de cartas entre dos o por parejas, usando baraja española.

Búlique. Gallo de color amarillo oscuro, con manchas blancas.

C

Cale. Calar: probar, sacar una muestra de algo; medir a alguien: darle un "cale".

Canelas. Tragos calientes a partir de infusiones con canela a los que se agrega alcohol.

Capote. Gallo notoriamente pesado, grande y fuerte.

Capulín. Fruto negro cuyo color también designa al gallo retinto (u otro animal oscuro).

Careo. Primer encuentro entre dos gallos en la arena, antes de soltarlos.

Carpas. Instalaciones provisionales, generalmente de tela gruesa sobre armazón, donde se alojan las diversiones en las ferias.

Cerbatana, disparo. Las ruletas de las ferias eran verticales y al girar se tiraba contra ellas un dardo no arrojado con la mano sino expulsado al soplar por una cerbatana.

Chata. De nariz pequeña; forma común de referirse cariñosamente a una chica.

Chinampeado. Gallo que pelea perdiendo terreno, sin abandonar el enfrentamiento pero a la defensiva, sin atacar abiertamente. Lorenzo Benavides lo dice a Dionisio: "chinampeado", y luego se explica: "acobardado".

Chinchorro. Aquí, grupo no muy grande de animales y lugar donde se reúnen.

Chirimía. Originalmente una flauta de madera; en México se acompaña con un pequeño tambor. Ambos ejecutantes tocan al mismo tiempo.

Cincho. Cinturón ancho, casi una faja.

Cocolote. Gallo al que han cortado las plumas de la cola: cócolo. Los reglamentos permiten quitar algunas, pero se controla el número de las mismas.

Coime. Cuidador de un lugar de apuestas y prestamista de los jugadores.

Coleadores. Vaqueros que participan en el espectáculo de tirar novillos y toros sujetándolos por la cola.

Conquián. Juego de cartas entre dos o tres participantes con baraja española.

Contimás. Manera común, en el campo, de decir "Cuánto más".

Convite. En México, festejo o espectáculo público, así como la invitación o convocatoria al mismo.

Correlón. Gallo que evita el enfrentamiento o directamente huye.

Cuatas. Gemelas.

Cubilete. Juego de dados que toma su nombre de un vaso de piel gruesa que hace un ruido sordo al agitarlo con los dados en su interior.

D

Desestrañar. Quitar la distracción, el extrañamiento o el aturdimiento a un gallo, durante el careo o en un alto de la pelea, para obligarlo a enfrentar al contrincante con agresividad, a veces arrancándole unas plumas o pellizcándolos.

E

Empinar(se). Echarse un trago, sobre todo de un golpe.

Encomenderos. Encargados de alentar a los asistentes para que apuesten o suban las sumas ofrecidas.

Encorajinar. Provocar enojo, incitar al ataque a un gallo.

Engrifar. Expandir un gallo las plumas de la golilla.

Enjuague. Negociación ilícita, actividad convenida previamente, en secreto.

Enmorecido. Amoratado.

Ensartado. Comprometido a un arreglo, a veces de manera involuntaria.

Entejanados. Hombres vestidos con sombrero y botas como los usados en el norte de México o en Texas.

Estar de la araña. Estar picado de la araña: tener una afición muy arraigada. Bernarda es más explícita en otra mención: "Bien decía yo que estabas picado de la araña".

F

Falsa rienda. Rienda de entrenamiento para mantener baja la cabeza del caballo.

Fierro en ese. Marca con hierro caliente en la piel de un animal, en este caso con forma de "S".

Franela. Paño económico que reemplaza en las ferias populares al fieltro grueso de las mesas de juego.

G

Gambetear. Moverse un gallo, sobre todo oscilando la cabeza, para esquivar los golpes del contrincante.

Garabato. Gancho de acero para colgar los gallos muertos.

Garambullo. Mencionado en una canción. Cactácea de tipo candelabro con frutos homónimos muy parecidos a las moras, con flores blanco-verdosas comestibles.

Giro. Gallo en que predomina el color blanco, sobre todo en la parte superior y delantera del cuerpo. Su talla es grande y suele estar bien dispuesto para la pelea.

Golilla. Conjunto de plumas delgadas del cuello de los gallos, que pueden expandirse ("engrifar") para impresionar a un contrincante.

Golpe de Moza. Golpe definitivo; herida mortal recibida por un gallo.

Grosella. Bebida sin alcohol con sabor a esta fruta.

H

Hacer roncha. Formar un grupo, en este caso de curiosos o jugadores.

Hacerse chica la pelea. Perder el gallo favorito la pelea a favor del que menos se esperaba.

Hecho el tiro. Asunto arreglado o terminado.

Hinchar(se). Satisfacer un deseo o capricho.

Hoguío. Ahogo. En un gallo, generalmente por la sangre de una herida.

Hombres de posibles. Hombres "de posibilidades" económicas.

I

Indina. Ingrata, atrevida. Variante de "indigna", menos ofensiva.

J

Jacalón. Construcción utilitaria sin pretensiones (jacal grande), usada comúnmente como bodega o taller.

L

Ladrillera. Lugar abierto donde se elaboran ladrillos de barro.

M

Madrugar. Adelantarse a otro en el tiempo, con ganancia.

Malilla. Juego de cartas para cuatro participantes, por pares. Se utiliza la baraja española.

Mandarse. Excederse al pedir, apostar, cobrar o jugar fuerte.

Matutería. Matute: casa de juegos prohibidos.

Mentada. Famosa, mencionada por todos.

Mercar. Ser objeto de compra o venta.

Mero, merito. "Mero" alude a la calidad exacta de algo o alguien (el mero jefe, un mero subordinado), y por extensión, con adverbio o preposición, a lo que está o estuvo a punto: "ya mero", "por merito".

Mesas Imparcial, de Asiento y Contra. Función de los jueces, en el primer caso llamados de valla o arena, ajenos a los contendientes y que vigilan todo en la pelea. En el segundo caso, los llamados jueces de Asiento deciden sobre el orden general, además de pesar las aves y recibir el dinero de las apuestas. En el tercer caso se trata de jueces que atienden controversias. Cuentan con gritones y auxiliares.

Meter viruta. Engañar, hacer trampa sin que se pueda descubrir, aquí en el manejo físico de los gallos.

Milpas. No únicamente, pero también plantas de maíz, aquí empleadas como adorno.

Mirasoles, chiles. Chiles rojos que crecen con la punta hacia arriba. No son muy picantes pero los galleros creen que aumentan la bravura de sus aves.

Mochiller. El mismo texto de *El gallo de oro* define esta pelea: primer gallo que se juega en una tapada, distinguiéndose de los demás por ir con mayor cantidad de dinero. En esta pelea se desconocen las características de los contendientes, a diferencia de las peleas de compromiso.

Mona. El propio texto lo dice: gallo quemado y viejo utilizado sólo para incitar al ataque a un combatiente.

Monte, montero. También albur (véase). Juego a partir de dos cartas entre las que elige el apostador poniendo arriba el dinero. Gana si al destapar las siguientes aparece el número de ésta. Gana el montero (quien maneja las cartas) si aparece primero el número de la no elegida.

Motilona, vaca. Con poco pelo o cortado.

Música de viento. Bandas integradas sólo con instrumentos metálicos de aliento: tubas, trompetas, clarinetes, etcétera. Muy comunes en las ferias.

N

Nopales. Parte comestible (penca), cuando tierna, de la cactácea de este nombre. Alimento popular que se cultiva en los corrales de la propia casa en los pueblos.

Novenario. Serie de ritos religiosos (misas o rosarios) con nueve días de duración.

O

Orejano. Que no gusta de la compañía de la gente y se aleja o escapa; huraño.

Paco Grande. Juego con varios mazos de baraja española. En el texto se especifica que son ocho.

P

Palenque. Recinto cerrado cuyo centro es el ruedo con piso de arena (originalmente éste era el palenque) donde se celebran las peleas de gallos y espectáculos que las acompañan.

Paliacate. Pañuelo usual en el campo, algo más grande que el común, con estampado característico de formas curvas. Usualmente rojo.

Palomo, rebozo de. Rebozo de hilo negro y blanco con aspecto gris, de tenues dibujos geométricos escalonados.

Partidas. Juegos de azar: partidas de naipes.

Peleas de compromiso. Peleas pactadas con anterioridad por los criadores importantes, con grupos de gallos mejor cotizados.

Peleas libres. Peleas sin compromiso previo, jugadas a las once de la mañana.

Percha. Grupo de gente o, como en este caso, de gallos de pelea.

Pitaya. Fruto de una cactácea, de colores muy vivos. Se menciona en una canción.

Placero. Alimento servido en mesas de los portales y calles de las plazas públicas.

Ponerse al brinco. Enfrentar o retar a alguien; oponerse, desobedecer.

Pulir(se). Esmerarse.

R

Rayar(se). Alcanzar una marca alta.

Rebozo. Especie de chal alargado muy común en México, usado a veces como prenda de lucimiento con telas finas, como la seda, y acabados brillantes.

Recaudo, a buen. Lugar seguro para guardar algo.

Reguilete. Rehilete.

Reguindón. Gallo que empuja con el pecho o el cuello sin agredir con las patas o el pico.

Retachar. Rebotar, regresar.

Retapos. Las peleas en que un criador ajeno a las peleas de compromiso presenta dos gallos se llaman tapos; cuando son tres los gallos que propone se llaman retapos.

Retinto. Gallo de color rojo oscuro, casi negro ("capulín").

Romana. Báscula para pesar los gallos. En un extremo tiene el gancho y en el otro la pesa.

S

Salidora. Animosa, entrona (que no se retrae).

Sancochados, nopales. Hervidos en agua para ablandarlos y hacerlos comestibles.

Sesear. Ruido sibilante producido por un gallo medio ahogado.

Siete y Medio. Juego de cartas con número abierto de jugadores, sin exceder de ocho, usando baraja española.

Soltador. Encargado directo de manejar los gallos en la pelea. Comienza por soltarlos, debiendo azuzar al suyo para que ataque al rival desde el primer momento. El texto los menciona varias veces y recoge su fama de astutos e incluso tramposos.

T

Tallador. El que "talla" (reparte) las cartas del monte. Es conocido igualmente como repartidor o montero y equivale al *croupier* de los casinos.

Tambache. Manojo, bulto, cosas dentro de un envoltorio generalmente amorfo.

Tanda. En las carpas, funciones sucesivas.

Tapadas. Peleas en las que se permite presentar a los animales cubiertos (tapados) por las condiciones de la apuesta: así se lo exige el retador a Dionisio, quien "sacó del saco de harina" a su gallo antes de ponerlo en el ruedo. Suelen ser aves para una sola apuesta, como el gallo de Dionisio, al margen de las peleas importantes, llamadas de compromiso.

Tapado. Gallo que no se muestra por exigencias del tipo de apuesta. Son los que se presentan por la libre, únicos, al margen de las peleas importantes, de compromiso. Es la forma en que lo hace Dionisio cuando se presenta con su gallo dorado.

Tarugo. Tonto; expresión más usual cuando se refiere a alguien utilizado por otros.

Tejamanil. Lascas o láminas de madera, cuadradas, para revestir techos inclinados o paredes.

Terciado (como carrillera). Acomodo del rebozo que cruza el pecho de la mujer en diagonal, sea en uno o los dos sentidos.

Tololoche. Contrabajo.

Trato casado. Arreglo negociado para hacer trampa.

Trinquetero. Que acostumbra engañar, hacer trampas, fraudes y adulteraciones.

Tronchado. Apuesta dos a uno en las peleas de gallos.

V

Víbora. Cinturón como funda que sirve para guardar dinero en su interior, sobre todo monedas.

Viboreada. Término usual entre jugadores: baraja con cartas marcadas.

"Vieja". Ganancia adicional en una apuesta por la mitad de la cantidad original. El texto lo explica: "pagó el equivalente más la mitad de otro tanto". El montero agrega: "Ahí va el gane de la 'vieja' –dijo".

Z

Zacate. Pasto, césped, paja para recubrir cubiertas o para alimentar el ganado.

4 Guía de fragmentos de *Pedro Páramo*

VÍCTOR JIMÉNEZ
JORGE ZEPEDA

Para facilitar al lector una consulta rápida, en este cuadro se proporcionan los números de página en que comienza cada uno de los 69 fragmentos de la novela *Pedro Páramo* según la cuadragésima cuarta reimpresión de esta obra en Editorial RM (México, 2017 y reimpresiones subsiguientes), la vigésima quinta edición preparada por José Carlos González Boixo para la colección Letras Hispánicas de Ediciones Cátedra (Madrid, 2013 y reediciones sucesivas) y la primera edición de *Obra reunida* en Eterna Cadencia Editora (Buenos Aires, 2016).

		Página en:		
Número de fragmento	Palabras iniciales	Editorial RM	Ediciones Cátedra	Eterna Cadencia
1	Vine a Comala	5	73	159
2	Era ese tiempo	6	74	160
3	Era la hora	9	77	163
4	Me había quedado	11	79	164
5	—Soy Eduviges Dyada	12	79	165
6	El agua que	14	81	167
7	—Abuela, vengo a	15	83	168
8	Por la noche	17	85	170
9	—Pues sí, yo	18	86	171
10	«El día que	23	90	175
11	—¿Qué es lo	23	90	175
12	En el hidrante	26	93	178
13	«Hay aire y	27	94	179
14	Durante la cena	29	96	181
15	Un caballo pasó	31	97	183
16	Había estrellas fugaces	33	99	184

Número de fragmento	Palabras iniciales	Página en: Editorial RM	Ediciones Cátedra	Eterna Cadencia
17	—Más te vale,	35	101	186
18	«Fulgor Sedano, hombre	36	102	187
19	Tocó con el	37	103	188
20	«¿De dónde diablos	40	106	191
21	Fue muy fácil	41	106	192
22	—Ya está pedida	43	108	193
23	Tocó nuevamente con	44	109	194
24	—Este pueblo está	44	109	194
25	Oí que ladraban	46	111	196
26	La noche	47	112	197
27	—...Mañana, en amaneciendo,	48	113	198
28	Ruidos. Voces. Rumores.	49	114	199
29	Vi pasar las	49	114	199
30	La madrugada fue	51	115	200
31	Por el techo	57	121	206
32	Como si hubiera	58	122	208
33	—¿No me oyes?	60	124	209
34	Regresé al mediotecho	60	124	209
35	El calor me	61	124	210
36	—¿Quieres hacerme creer	62	125	210
37	Al amanecer, gruesas	66	128	214
38	—Allá afuera debe	69	132	217
39	Llamaron a su	71	133	219
40	El padre Rentería	73	135	221
41	Estoy acostada en	80	141	227
42	—¿Eres tú la	83	143	229
43	Fue Fulgor Sedano	86	146	232
44	Esperé treinta años	87	147	233
45	—Hay pueblos que	88	148	234
46	—¿Sabías, Fulgor, que	90	149	236
47	Sobre los campos	91	150	237
48	Era la medianoche	94	154	240
49	Muchos años antes,	95	155	241
50	Los vientos siguieron	97	156	242
51	Un hombre al	99	157	244

Número de fragmento	Palabras iniciales	Página en: Editorial RM	Ediciones Cátedra	Eterna Cadencia
52	«Mi cuerpo se	101	159	246
53	Pardeando la tarde,	102	160	247
54	—¿Quién crees tú	104	162	249
55	—¿Qué es lo	105	163	250
56	Esa noche volvieron	106	164	251
57	—¿Sabe, don Pedro	108	165	252
58	—Don Pedro, he	110	167	254
59	Faltaba mucho para	111	168	255
60	—Supe que te	113	170	257
61	En el comienzo	115	172	259
62	—¿Ve usted aquella	117	174	261
63	—Tengo la boca	119	175	263
64	—Yo. Yo vi	122	178	265
65	Al alba, la	122	178	265
66	El *Tilcuate*	124	179	267
67	Pedro Páramo estaba	125	180	267
68	A esa misma	125	181	268
69	Allá atrás,	131	185	273

Foto realizada el domingo 18 de agosto de 1968, durante uno de los festivales organizados por el Consejo Nacional de Huelga en la explanada de la Rectoría de la UNAM en Ciudad Universitaria. Ese día se concluyó el mural colectivo hecho por una veintena de pintores como apoyo al movimiento estudiantil. A la izquierda, Agustín Aparicio, hermano de Clara; al centro, Juan Rulfo, y atrás, de pie, Juan Francisco Rulfo. Fotografía tomada por Clara Aparicio de Rulfo.

5 Los personajes en *Pedro Páramo*: un acercamiento a la estructura de la novela

VÍCTOR JIMÉNEZ

Cuando los escritores y estudiosos más experimentados se ocupan de *Pedro Páramo* un asunto obligado es el de las peculiaridades de la estructura de esta compleja novela, como su aparente dislocación temporal y la dificultad de determinar si algún personaje ha muerto o no, o incluso la procedencia de algunas voces. Rulfo mismo hizo alusiones al tema, recomendando leer varias veces su novela. Y es cierto que en las lecturas sucesivas encontramos vínculos de distintas naturalezas que profundizan su comprensión. Sin embargo, quizá falta agregar que el lector que insista puede centrar su atención en un aspecto u otro y dejar a un lado una línea a la que Rulfo se refirió igualmente de manera repetida: para él, se debía trabajar *desde* los personajes en una obra literaria. Este sería el caso, por excelencia, de *Pedro Páramo*. Lo curioso es que, si bien existen aproximaciones parciales y generales a los personajes de esta novela, muy meritorios, no se ha intentado un análisis sistemático, con mayor detalle y más cercano a las características de todos ellos, siguiéndolos del principio al fin en todas las ocasiones en que aparecen, sea de manera destacada o marginal (a veces sólo insinuada), en la novela.

Esta sección nace de ese intento, y quien la consulte podrá evaluar si tal aproximación permite ver la estructura de la obra en una forma inesperada y quizá cercana a la forma en que Rulfo la concibió durante su larga gestación. No hay aquí sólo un elenco de "personas" que actúan, hablan y piensan cada uno de manera distintiva y coherente; también interactúan con los restantes personajes de forma sólidamente articulada (a veces con una mínima alusión) en los términos de cada uno, así como de la historia que van construyendo entre todos. Además de los personajes, en el relato aparecen hechos de distinta magnitud que no se hacen explícitos, pero cuyo sentido alguno de los personajes permite ya sea advertir, ya sea confirmar. En la presente aproximación estos hechos se comentan en el texto mismo si son breves o se explican con mayor extensión al pie de la página.

Algunas veces la evolución de un personaje es lineal de manera muy clara, generalmente desde el pasado hacia el futuro, pero también en sentido deliberadamente inverso, de lo más reciente a lo que lo precedió, con un remate que regresa al lector al punto de partida. Es muy común que los saltos hacia atrás en la narración, después de un momento o luego de años, resulten de la decisión de un personaje de recordar algo. En este ejercicio se acompaña a cada personaje en el orden de los fragmentos en que aparece (numerados según la tabla que antecede a esta sección), omitiendo los restantes, y el resultado se muestra no sólo *estructurado*, sino como parte esencial de la *estructura* total de la novela. En suma, no hay manera de hablar de la estructura de *Pedro Páramo* sin explorar a fondo sus personajes, incluso cuando su presencia es indirecta o apenas insinuada. Constituyen una clave esencial para la lectura de la novela de Juan Rulfo. Como veremos, el propio Rulfo vinculó a los personajes de su novela con la estructura de la misma, y si no hubiese más elementos (los hay, y sustanciales) esto bastaría para calibrar la escasa capacidad intelectual de quienes en el pasado aseguraban que *Pedro Páramo* era una obra desordenada, carente de un eje: como si no hubiesen existido previamente *En busca del tiempo perdido* (Claude Lévi-Strauss cita a Proust respondiendo a las críticas dirigidas a su novela: "Algunos querían que fuese una especie de desfile cinematográfico de cosas. Esta concepción era absurda. Nada se aleja tanto de lo que hemos percibido en realidad como semejante visión cinematográfica")[1] o el *Ulises*.

Ricardo Piglia es autor de un ensayo, "Cómo está hecho el *Ulysses*", muy útil para entender la pertinencia de un análisis como el que aquí se presenta. Vemos, gracias a Piglia, unos paralelos sorprendentes entre las estrategias de escritura de la novela de Joyce y la de Rulfo. Cita Piglia a dos formalistas rusos[2] porque "definen la relación con un texto en función de cómo ha sido construido y plantean los problemas de la construcción y no los problemas de la interpretación". No es difícil percibir, empero, que en el caso de *Pedro Páramo* la construcción de la novela (en particular si nos acercamos a los personajes) y su interpretación están muy cercanas. Ya inmerso Piglia en el caso del *Ulises*, hace observaciones que no podemos leer sin pensar en *Pedro Páramo*. Al hablar del uso de alguna palabra ("papa") por Joyce emprende un rastreo meticuloso: "para comprender esa expresión hay que avanzar en la lectura y seguir un hilo, unas hebras que se pierden en el texto. Tal es el modelo de lectura implícito en el *Ulysses*. El sentido depende del re-

1 Claude Lévi-Strauss, *Mirar, escuchar, leer*, 2010, p. 12.
2 Victor Shklovski y Boris Eikhenbaum. El ensayo citado se encuentra en *El último lector*, 2014, pp. 149-169.

lato y es siempre un punto de fuga". Quien haya leído la novela de Joyce convalidará esta percepción: la obra avanza sin que nuestra comprensión camine sobre seguro (lo opuesto ocurría en la novela decimonónica, o en la "visión cinematográfica" rechazada por Proust), alternándose de manera extrema la familiarización con los temas de la obra y la sospecha de que no la vamos a comprender totalmente. Los hilos sueltos pueden retomarse o no. Lo curioso es que Rulfo haya dicho en una entrevista, cuando hablaba de los personajes de su novela, que en ellos, dejándolos solos, había una estructura, si bien muy peculiar: "La práctica del cuento me disciplinó, me hizo ver la necesidad de que el autor desapareciera y dejara a sus personajes hablar libremente, lo que provocó, en apariencia, una falta de estructura. Sí hay en *Pedro Páramo* una estructura, pero es una estructura construida de silencios, de hilos colgantes, de escenas cortadas [...]. También perseguía el fin de dejarle al lector la oportunidad de colaborar con el autor y que llenara él mismo esos vacíos".[3]

Silencios, hilos rotos y escenas suspendidas determinados por la ausencia de los personajes de *Pedro Páramo*, pero no menos que por la presencia de esos personajes; por su continuidad entretejida con los hilos que sí podemos seguir, a veces de manera inmediata, a veces como reflejos distantes. Otras observaciones de Piglia suenan muy cercanas a lo que un lector atento de *Pedro Páramo* pensaría: "Joyce [...] jamás explica, más bien expande y disuelve las relaciones, disgrega el sentido. [...] El relato ha quedado sometido a la lógica interna de una lectura intensa (y extrema). [...] Joyce llega más lejos que nadie en la ilusión de escribir con una lengua propia. En esa línea describe un doble movimiento: al tiempo que corta las conexiones y cifra el sentido, tiende a disolver la figura del narrador, que es quien establece los nexos y la continuidad. Podría decirse que Joyce deriva hacia el lector la función ordenadora del narrador. O, mejor, el escritor pone al lector en el lugar del narrador. Un lector inspirado que sabe más que el narrador y que es capaz de descifrar todos los sentidos, un lector perfecto".

Ese lector postulado por Piglia –que sabe más que el narrador, que puede descifrar todos los sentidos, que llamaríamos "perfecto"–no existe, ni frente al *Ulises* ni ante *Pedro Páramo*, aunque a los más curiosos puede tentarles la idea de acercarse a él. Porque la complejidad de las grandes obras de la literatura permite que hagamos el intento.

3 Fernando Benítez, "Conversaciones con Juan Rulfo", *Sábado* [suplemento de *Unomásuno*], 142, 26 de julio de 1980, p. 4.

Personajes

Los nombres de los personajes se alfabetizan por el nombre de pila (cuando existe) seguido por el apellido, de haberlo, e incluyen el cargo o la ocupación. *Damiana Cisneros* debe buscarse como aquí se recoge, o *Donis* de esta manera, así como los *Fregosos*. El *padre Rentería* y el *doctor Valencia*, mencionados siempre por su cargo en la novela y sin nombre de pila, se encontrarán en las letras P y D, respectivamente, y sus apellidos no se incluyen por lo tanto en las letras donde se ubicarían por sí mismos: R y V. Una breve caracterización aparece después del nombre y a continuación las circunstancias en que aparece el personaje en los fragmentos respectivos, que son señalados así: **F n**: (**n** es el número respectivo y va seguido de dos puntos), de manera resumida o citando partes de sus dichos más relevantes. En ciertos casos puede aparecer un personaje apenas aludido en cierto fragmento. Cuando es necesario un comentario ajeno al tema explícito del fragmento se incorpora al comentario si es breve, y cuando es extenso se remite a una nota al pie de la página. Cuando dos personajes coinciden en una misma situación su presencia se consignará de manera separada para cada uno, con énfasis, en cada caso, en el que corresponda al nombre bajo análisis.

A

Abuela de Pedro Páramo. F 6: Pedro Páramo está en el excusado, pensando en Susana, y su madre le pide que salga de ahí. Para obligarlo arguye varias razones, siendo la última ésta: "¿Por qué no vas con tu abuela a desgranar maíz?" Pedro le responde que ya va con ella. **F 7**: Pedro se anuncia: "Abuela, vengo a ayudarle a desgranar maíz". Ella le dice que terminaron, pero que van a hacer chocolate y le pregunta dónde había estado. Pedro menciona el otro patio y la abuela quiere saber si estaba rezando, pero él sólo dice que veía llover. La abuela lo ve con aquellos ojos "que parecían adivinar lo que había dentro de uno". Lo manda a limpiar el molino, pero Pedro encuentra el gusano roto y sugiere a su abuela comprar otro, lo que le parece buena idea, pero "con los gastos que hicimos para enterrar a tu abuelo y los diezmos que le hemos pagado a la Iglesia nos hemos quedado sin un centavo". Estos serían los abuelos maternos de Pedro, como veremos por la forma en que la madre de éste habla del rezo del rosario esa misma noche. La abuela cree que pueden comprar otro molino si Inés Villalpando se los fía para octubre, pagándolo cuando las cosechas.

Agrega que le pida prestados un cernidor y una podadera: "con lo crecidas que están las matas ya mero se nos meten en las trasijaderas", y aquí habla de la mala situación económica de la familia: "Si yo tuviera mi casa grande, con aquellos grandes corrales que tenía, no me estaría quejando. Pero tu abuelo le jerró con venirse aquí. Todo sea por Dios: nunca han de salir las cosas como uno quiere". La abuela tendría una conciencia clara de los giros de la fortuna: tuvo una gran casa y ahora, por un error de su esposo (que acaba de morir) vive en una más reducida, compartida con la familia de su hija. El abuelo no dejó dinero alguno a su viuda, aunque sí los gastos de sus funerales, y viven de prestado. La madre de Pedro le encarga tela negra para hacer el moño luctuoso del abuelo, que también debe ser agregada a su cuenta. **F 8**: La noche de ese mismo día llueve y Pedro duerme, aunque no ha dejado de pensar en Susana. Escucha un rezo y la voz de su madre preguntándole por qué no estuvo en el rosario por el novenario de su abuelo. Pedro sólo responde "Me siento triste", su madre se da vuelta y después de cerrar la puerta "abrió sus sollozos", en una escena que Pedro verá de nuevo, casi igual, cuando su madre le comunique la muerte de su padre. **F 10**: Pedro, de nuevo en su casa, añora a Susana. Su abuela le pregunta: "¿Qué haces aquí a estas horas? ¿No estás trabajando?" Él no tiene intenciones de hacerlo, ya que Rogelio le encarga cuidar al niño además de atender el telégrafo y no le paga. La abuela le recuerda que no está ahí por un pago sino para aprender. Le pide paciencia y humildad además de hacer lo que le digan: "Es necesario que te resignes". Pedro responde que no está para eso y ella resume "¡Tú y tus rarezas! Siento que te va a ir mal, Pedro Páramo". Al utilizar el nombre completo del nieto hace más sentenciosa la advertencia sobre su irresponsabilidad frente al reto del futuro (veremos que su padre era de similar opinión). **F 22**: Fulgor informa a Pedro Páramo sobre sus visitas a Dolores y el padre Rentería. Éste ha aceptado pasar por alto las amonestaciones por la boda, que implican un pago, mencionó otros gastos necesarios, y habría rematado: "Dice que usted nunca va a misa. Le prometí que iría. Y desde que murió su abuela ya no le han dado los diezmos. Le dije que no se preocupara". Estos diezmos son los que la abuela había mencionado para explicar su insolvencia. Al morir ella dejaron de entregarse al cura.

Abundio Martínez. Arriero, hijo de Pedro Páramo y su posible asesino. En la versión de la revista *Dintel*, de 1954, su nombre era Bonifacio Páramo. **F 2**: Conduce a Juan Preciado a Comala al inicio de la novela, después de coincidir con él en Los Encuentros. Cuando Preciado le dice que va a buscar a su padre, Abundio comenta que éste le va a hacer una gran fiesta, luego de tanto tiempo de que nadie va a Comala, y que "se alegrará de verlo", aunque al final de este fragmento Abundio le dice que allá no vive nadie. Comenta el calor de Comala como si fuera el del Infierno. En el trayecto comunica a Juan las primeras noticias sobre Pedro Páramo: que también es su padre, así como un "rencor vivo" (lo que, veremos, se aplicaría también a Abundio). Agrega que es dueño de tierras muy extensas y que a pesar de eso abandonó a sus hijos, aunque los llevó a bautizar. Añade que en Comala no vive nadie y que el padre de ambos murió "hace muchos años". Abundio es el primero que se refiere a la muerte del amo de Comala, a la que no fue ajeno y que cierra la novela, pero Juan nunca sabrá que su primer encuentro en el camino fue con ese posible parricida. El arriero no es ningún personaje menor en la historia. La circularidad que lo involucra (la muerte de Pedro Páramo) no es la única presente en la obra, pero sí la primera de este alcance. **F 3**: Juan se refiere a Abundio como "aquel fulano" cuando llega a Comala y el lector puede suponer que fue él quien lo mandó con Eduviges cuando pregunta por ella a una mujer que pasa de manera extraña. **F 4**: En un breve salto atrás del relato de Juan sabremos que Abundio ofreció alojamiento a Preciado y que le había recomendado quedarse en Comala, a su riesgo ("ahi se lo haiga"), adelantándole algo ominoso: "tal vez encuentre algún vecino viviente". Al preguntarle Juan por alojamiento lo envió con "doña Eduviges, si es que todavía vive", enviándole otra señal preocupante. Juan sólo oye el nombre de Abundio, no su apellido, como también aclara. **F 9**: En casa de Eduviges Juan le dice que lo envió Abundio y ella le explica que el arriero acostumbraba encaminarle huéspedes, además de que servía de correo y transmisor de noticias "del otro lado del mundo" y que le gustaba platicar, pero que se había quedado sordo por la explosión de un cohete, aunque Juan replica que "Este de que le hablo oía bien". Eduviges afirma entonces que "no debe ser él", y que "debe haber muerto seguramente". **F 68**: Abundio reaparece al final, como protagonista del penúltimo fragmento (cuando sabremos su apellido), al haber muerto Cuca, su esposa. Acude a la tienda de los Villalpando a emborracharse, "para curarme la pena", como dice a Inés. Platican "a gritos, porque Abundio era sordo", dice ella, y él pide más alcohol ya que quiere emborracharse "más pronto. Y démelo rápido que llevo prisa". Informa a la dueña que el padre Rentería no estuvo con su mujer porque se fue con los cristeros, que "andan en la revuelta". Añade, ante un comentario de Inés al respecto, "a nosotros qué nos importa eso, madre Villa. Ni nos va ni nos viene". Promete tomarse el último trago frente a la muerta para que ruegue por Inés y se retira: "trató de ir derecho a su casa donde lo esperaba la Refugio; pero torció el camino", y se encaminó a la Media Luna. Pedro Páramo lo ve venir sin reconocerlo: "¡Damiana! Ven a ver qué quiere ese hombre". Su extrema embriaguez le dificulta sostenerse de pie, pues a veces avanza "en cuatro patas", pero finalmente Abundio se para frente a Pedro Páramo, le pide "una caridad para enterrar a mi mujer" y podría tener ya un cuchillo en la mano, asustando a Damiana, quien lo enfrenta "con la señal de la cruz". Esto sorprende a Abundio, quien repite que viene "por una ayudita para enterrar a mi muerta". El sol, casi horizontal, le llega por la espalda, y Pedro oculta su cara tras unas cobijas "como si se escondiera de la luz", aunque no necesariamente para protegerse, pues en el fragmento siguiente sabremos que espera su muerte como algo cercano e incluso deseable. Damiana grita de manera repetida y fuerte: "¡Están matando a don Pedro!". Abundio escucha los gritos y quiere acabar con los mismos. Sus ideas se dirigen a Cuca y la mala vida que le tocó llevar. Repite "¡Ayúdenme!", si bien la intención de matar a Pedro Páramo, que no expresa, habría sido lo que lo llevó a la cantina de los Villalpando, para armarse de valor, partiendo indecisamente, después, a la Media Luna armado de un cuchillo.[4] Los gritos de Damiana le impiden escucharse a sí mismo: "lo dejaban sordo". Unos hombres avanzan desde Comala y quedan cerca de él. Finalmente, Damiana deja de gritar, deshace la cruz de sus brazos, cae y abre la boca sin emitir sonidos. Los hombres se preocupan por Pedro Páramo, quien asoma la cara y con la cabeza da a entender, cuando le preguntan, que no le pasó nada. Sólo en este momento sabemos que Abundio trae un cuchillo "lleno de sangre" en la mano. Se va caminando tras los hombres, quienes le dicen: "En buen lío te has metido". Abundio vomita y se lo llevan a rastras. **F 69**: Pedro Páramo sigue sentado y ve "el cortejo que se iba hacia el pueblo", mientras advierte que no puede

4 Llevar un cuchillo sería común para algunos en el medio rural. El viejo Esteban, al declarar ante la justicia en el cuento "En la madrugada", hace alusión a ello: "¿Con qué dicen que lo maté? ¿Que dizque con una piedra, verdad? Vaya, menos mal, porque si dijeran que había sido con un cuchillo estarían zafados, porque yo no cargo cuchillo desde que era muchacho y de eso hace ya una buena hilera de años" (pp. 44-45).

mover una mano.[5] Asegura que todos se van por el mismo camino y continúa pensando en Susana. Sus recuerdos se acercan al presente, no puede mover la otra mano y comienza a caer, convencido de que por la noche, si vive para esa hora, "vendrá Abundio con sus manos ensangrentadas, a pedirme la ayuda que le negué", confesando así que reconoció a su hijo y que le ha negado ese dinero hace unos momentos. Aquí sabremos que Pedro "se escondió debajo de las cobijas" no necesariamente para defenderse de Abundio sino para no verlo: "ya no tendré manos para taparme los ojos y no verlo. Tendré que oírlo": si volviese Abundio no podría evitar verlo pues ya no controla sus manos, e igualmente estaría obligado a escucharlo. Regresa Damiana, de quien no sabemos si ha muerto por el ataque de Abundio.

Alodia o Elodia (virgen). F 16: Una de las santas mencionadas por el padre Rentería después de la visita de María Dyada. Su festividad es el 22 de octubre, cuando se produce la lluvia de estrellas de las Oriónidas (véase **Acontecimientos**), que el cura va a observar.

Ana Rentería. Sobrina del padre Rentería, en cuya casa vive y a quien cuida. **F 13**: Su padre, hermano del sacerdote, fue asesinado por Miguel Páramo, quien también la violó. Lo sabemos por Pedro Páramo al dirigirse a Rentería, a quien reconoce el derecho de sentirse agraviado: "El asesinato de su hermano, que según rumores fue cometido por mi hijo; el caso de su sobrina Ana, violada por él según el juicio de usted". **F 14**: Estos dos temas reaparecen en la conversación entre el cura y Ana, cuando su tío le informa que acaban de enterrar a Miguel Páramo:

---

5 No es evidente cómo pudo el ebrio Abundio herir a Pedro Páramo, pues de éste sólo sabemos que ocultó su cara tras unas cobijas, según él para no ver ni oír a Abundio. En el último fragmento Pedro prevé el regreso de Abundio "con sus manos ensangrentadas", lo que podría responder a su ataque contra Damiana. Una situación similar se presenta en el cuento "En la madrugada": Justo Brambila golpea con violencia al viejo Esteban, cae al suelo y muere. El vaquero alegará que perdió la conciencia y no fue responsable de la muerte de Brambila, quien cayó contra las piedras, perdiendo la visión, para finalmente expirar sin sentir dolor (Pedro Páramo no dice sentirlo después del ataque de Abundio): "Corrió [Brambila] y agarró al viejo por el cuello y lo tiró contra las piedras, dándole de puntapiés y gritándole cosas de las que él nunca conoció su alcance. Después sintió que se le nublaba la cabeza y caía rebotando contra el empedrado del corral. Quiso levantarse y volvió a caer, y al tercer intento se quedó quieto. Una nublazón negra le cubrió la mirada cuando quiso abrir los ojos. No sentía dolor, sólo una cosa negra que le fue oscureciendo el pensamiento hasta la oscuridad total" (pp. 45-46). Esteban alegará ante la justicia que Brambila murió del coraje (y después habría caído), pero que ambos estaban "ciegos": a causa de la ofuscación que le produjo la larga serie de agravios que había sufrido de parte de su patrón, Esteban no descarta que él pudiese haber golpeado a Brambila. Otro paralelo estaría en los tres intentos de Brambila por incorporarse: Pedro fracasa dos veces al intentar levantar los brazos y sólo en la tercera ocasión, con ayuda de los brazos de Damiana (o Pedro cree eso), alcanza a dar unos pasos antes de caer muerto, ya no contra las piedras sino como un montón de ellas.

"Estás segura de que él fue, ¿verdad?", y ella le responde que no le vio la cara por la oscuridad, aunque también le dice que Miguel se identificó por su nombre, lo que asombra al cura: "¿Pero sabías que era el autor de la muerte de tu padre, no?", y agrega: "¿Entonces qué hiciste para alejarlo?", para recibir una respuesta inesperada: "No hice nada. / Los dos guardaron silencio por un rato". Los detalles son más contundentes: "Sin moverme de la cama le avisé: 'La ventana está abierta.' Él entró". Miguel la abrazó y como reacción suya, dice, "le sonreí". Rentería insiste: "¿Pero sabías que era el autor de la muerte de tu padre, no?" Quiere descartar, por inaceptable, la idea de que Miguel se hubiese unido con ella de manera consentida: "debes tener alguna seguridad. La voz. ¿No lo conociste por la voz?" Ana asegura que no lo había visto ni escuchado antes o después y asegura que ha pedido a todos los santos que esté en el Infierno. Rentería matiza esta certeza pues algunos ruegos "mucho más hondos", como el de Pedro Páramo, pueden tener efecto. Reprime decirle que él mismo le ha dado ya el perdón, pues "No quiso maltratar el alma medio quebrada de aquella muchacha" y le pide que agradezcan juntos a Dios que se haya llevado a Miguel, aunque "ahora lo tenga en su Cielo". **F 40**: Ana pregunta al cura por su ausencia esa mañana, pues estuvo con el cura de Contla después del entierro de Miguel: "¿Dónde estuvo usted, tío? Vinieron muchas mujeres a buscarlo. Querían confesarse por ser mañana viernes primero". Rentería pide que les diga que regresen por la noche. Comenta que el aire está fresco, pero Ana lo corrige: "Hace calor, tío" (la acción ocurre en los primeros días de agosto, con la lluvia de estrellas de las Perseidas como referencia: véase **Acontecimientos**). **F 58**: El abogado Trujillo recuerda las veces que salvó a Miguel de la cárcel, una de ellas cuando asesinó al padre de Ana: "el muerto apellidado Rentería, al que le pusieron una pistola en la mano". Sólo menciona las violaciones de mujeres de Comala ejecutadas por Miguel en conjunto, ya que habrían sido numerosas.

Anercio, obispo. F 16: Uno de los santos mencionados por el padre Rentería luego de la visita de María Dyada. Su festividad es el 22 de octubre, cuando se produce la lluvia de estrellas de las Oriónidas (véase **Acontecimientos**), que el cura va a presenciar.

Ángeles. Una de las dos vecinas (la otra es Fausta) de Comala que presencian desde la calle indicios de la muerte de Susana San Juan, al final de la novela. Más incisiva que Fausta, sería la que toma las iniciativas. **F 62**: Dice: "Ve usted aquella ventana, doña Fausta...", y se pregunta si "¿No estará pasando algo malo en la Media Luna?", para agregar: "Dicen los que han estado allí que es el cuarto donde habita la mujer de Pedro Páramo, una pobrecita loca que le tiene miedo a la oscuridad. Y mire: ahora mismo se ha apagado la luz". Fausta responde compadeciendo a Pedro Páramo en dos intervenciones consecutivas: "Tal vez haya muerto. Estaba muy enferma. [...] Buen castigo ha de haber soportado Pedro Páramo casándose con esa mujer", dice la primera vez, para continuar en la segunda parte de su respuesta: "Pobre del señor don Pedro". Sin embargo, Ángeles no comparte esa compasión: "No, Fausta. Él se lo merece. Eso y más". Avanzan y un hombre cruza la plaza, lo que invita a Ángeles a preguntar si no se trataría del doctor Valencia. Fausta cree que sí, aunque su vista es mala. Ángeles retoma el tema del doctor: "Yo le apuesto a que está aconteciendo algo malo en la Media Luna", como si lo deseara. Sin que Fausta agregue nada, Ángeles continúa con la idea de que puede estar pasando "una cosa grave" y pondera si sería necesario regresar por el padre Rentería, dando por segura la muerte de Susana. Fausta responde "Ni lo piense, Ángeles" y se compadece de Susana, quien merecería los auxilios espirituales por sus sufrimientos. Ve la ventana de su cuarto pues la luz se ha encendido y espera que "todo salga bien", para evitar que se cancelen las festividades de la Navidad en que han estado involucradas. Ángeles, sin embargo, tiene ya una solución, aceptando que Fausta acertaría si ocurre "lo peor": "Mejor haga lo que yo: encomiéndelo todo a la Divina Providencia. Récele un Ave María a la Virgen y estoy segura que nada va a pasar de hoy a mañana. Ya después, que se haga la voluntad de Dios; al fin y al cabo, ella no debe estar tan contenta en esta vida". En sus palabras encontramos un "estoy segura que" idéntico al "Estoy seguro que" (**F 46**) de Fulgor a Pedro Páramo, que éste recibe con un "Quítale el 'estoy seguro que'. Quítaselo desde ahora y ya verás cómo todo sale bien". Ángeles anticipa así que esa muerte inminente no ocurrirá *públicamente*. Su "Rece un Ave María a la Virgen" implica que la fecha del siguiente día actuará a su favor: 8 de diciembre,[6] como se lee al

6 Se trata de la fiesta de la Inmaculada Concepción: en algunos pueblos mexicanos, como Ozumba (Estado de México), se inicia días antes del 8 de diciembre como una feria de larga duración extendida también después de esa fecha, con venta de comida, fuegos artificiales y juegos diversos. No se debe olvidar que al proclamarse el dogma de la Inmaculada Concepción hubo un enorme repique de campanas en Roma y todo el mundo católico (véase **Acontecimientos**). Un anticipo del papel de las campanas en Rulfo se encuentra al final de "En la madrugada": muerto Justo Brambila, anochece: "Y las campanas estuvieron doblando a muerto toda la noche, hasta el amanecer, hasta que fueron cortadas por el toque del alba" (p. 47). Con estas palabras termina el cuento. La duración del repique es aquí muy larga y puede pasar del nocturno, doblando a muerto, al otro, matutino y de la liturgia cotidiana, sin solución de continuidad.

inicio del **F 65**, anticipando el episodio del interminable repique de las campanas. Aunque en este último fragmento no se menciona a ninguna de estas mujeres ni al padre Rentería, que habría estado involucrado, las campanas y la fiesta que adelantaron implicaban el mayor desafío posible a Pedro Páramo, que éste no dejó de advertir.

B

Bartolomé San Juan. Padre de Susana, minero ambicioso. **F 41**: El largo monólogo de Susana en la tumba que escuchan Juan Preciado y Dorotea permite saber que Bartolomé no estuvo presente en Comala al ocurrir la muerte y el funeral de su esposa. **F 43**: Las obsesivas cavilaciones de Pedro Páramo giran sobre el día en que Susana se fue de Comala, muy joven, después de la muerte de su madre. De manera implícita, lo habría hecho con su padre. Años después (30, dirá Pedro), Bartolomé regresa con ella. Fulgor los ve acudir a la antigua casa de Pedro, directamente y con seguridad, e informa a su patrón que han llegado "él y su mujer". Pedro Páramo lo corrige: "¿No será su hija?". Fulgor explica que "por el modo como la trata más bien parece su mujer", lo que evidencia una relación que, pronto sabremos, Pedro decide suprimir. **F 44**: Pedro recuerda para sí las ocasiones en que mandó buscar a Susana, invitando a Bartolomé a trabajar para él, pero éste rompía sus cartas o no lo podía localizar. Supo por su mensajero que Susana se había casado y había enviudado poco después,[7] haciendo de nuevo compañía a su padre. Un enviado lo localiza en las minas de La Andrómeda y Pedro recibe el aviso de Bartolomé de que van a volver por la seguridad de Susana, pues se percibían "vientos raros". **F 45**: Bartolomé dice a Susana que son muy desafortunados al volver a Comala y que Pedro Páramo le ha confesado que sólo le interesa ella. Sus palabras muestran la violencia del padre: Pedro le ha dicho que de niños jugaban y se bañaban en el río: "de haberlo sabido te habría matado a cintarazos", a lo que Susana responde que no lo duda. Bartolomé censura que le responda así y que estuviese dispuesta a acostarse con Pedro Páramo, recordándole que es casado y que ha tenido muchas mujeres. Ella le dice repetidamente "Bartolomé" y él le recuerda: "¡Soy tu padre!" Sabe que regresará a La Andrómeda a morir por decisión de Pedro y que Susana será la hija de un minero muerto. Ha dicho a Pedro

7 Jorge Aguilar Mora piensa que Bartolomé pudo eliminar a Florencio; en cualquier caso, murió repentinamente. Véase "El gato de Justina", en Víctor Jiménez (coord.), *Pedro Páramo. 60 años*, 2015, p. 17.

que, aunque viuda, Susana continúa "viviendo" con su marido (como podremos comprobar). Bartolomé resume para ella: "Es, según yo sé, la pura maldad. Eso es Pedro Páramo". Sin embargo, el propio Bartolomé no estaría al margen de esa maldad, con una víctima extrema. Cuando Bartolomé insiste en que ella es su hija, Susana piensa de manera rápida sin expresar, al final, sino "No es cierto. No es cierto". Susana negaría así que la relación que mantiene con su padre sea estrictamente filial. Bartolomé, de manera inesperada, evade el tono admonitorio empleado antes y se queja de su destino: "¿Por qué se nos ha podrido el alma?", recordando por única vez a su esposa: "Tu madre decía que cuando menos nos queda la caridad de Dios", para acusar a Susana de rechazarla:[8] "Y tú la niegas, Susana", además de negarlo a él como padre. Complementa su admonición con un: "¿Estás loca?" y Susana le responde que sí, diciéndole de nuevo "Bartolomé", y agrega "¿No lo sabías?", señalando de alguna manera a su padre como origen de su locura. **F 46**: Pedro exalta a Susana ante Fulgor y le asegura que no la volverá a perder, por lo que le solicita que desaparezca a Bartolomé en su mina, como presentía éste, pero asegurándose de que Susana no llegue a saber nunca que él lo ordenó. Puntualiza que no debe permitir que se lleve a su hija, pero sí decirle que puede regresar a "su casa" en Comala. **F 47**: El cumplimiento de esta orden aún es desconocido en la Media Luna cuando Justina, la vieja nana de Susana, regresa del mercado bajo la lluvia. Ya en la habitación de Susana escucha un suspiro en la oscuridad y luego su nombre, más una respiración cercana mientras una mano se apoya en su hombro. La voz le ordena: "Vete de aquí, Justina", y cuando ella responde "¿Es usted, don Bartolomé?" habría comprobado que nadie más pudo hablar o poner su mano sobre ella, gritando tan intensamente que todos la escuchan, como Susana, ante quien niega haber gritado. Susana se queja del gato de Justina porque no la dejó dormir. Sobre este fragmento ha escrito Jorge Aguilar Mora,[9] quien piensa que la presencia advertida por Justina era la de Pedro Páramo. Pero hay más razones para imaginar que Bartolomé habría regresado muerto, como Miguel ante Eduviges. En la Media Luna sigue lloviendo. **F 48**: Es medianoche y la lluvia continúa; Susana se incorpora alejándose de la cama: ha sentido otra vez un peso sobre sus pies que recorre los bordes de su cuerpo "tratando de encontrarle la cara". Pregunta: "¿Eres tú, Bartolomé?", pero sólo escucha el chirri-

8 Véase adelante, en la entrada dedicada a Susana, el tema de la negación de Dios por ella.
9 Véase n. 7.

do de la puerta. Duerme hasta que siente la luz del día nublado; llama a Justina, quien aparece de inmediato, y le reclama de nuevo por el gato. Justina se compadece de ella y le hace saber que llegó la noticia de la muerte de su padre. Susana confirma, para sí misma, que era de él la presencia que sintió esa noche: "Viniste a despedirte de mí –dijo, y sonrió". Se insinuarían así algunas visitas nocturnas de "Bartolomé" a la cama de Susana, quien no podría llamarlo "padre" en tales circunstancias.[10] **F 49**: La destrucción de Susana por Bartolomé no se habría limitado a aquellos encuentros; también la ejerció cuando, por codicia, la hizo descender de niña a una tumba para buscar monedas de oro, encontrando sólo huesos humanos. Susana recuerda la experiencia traumática en la Media Luna: sus manos ensangrentadas y el desvanecimiento, la fiebre entre el hielo y la mirada helada de su padre. Es el hombre a quien reconoció por el peso sobre sus pies y el contacto con su cuerpo: "Supe que eras tú, Bartolomé". Ríe hasta la carcajada: no tiene motivos para lamentar la muerte de Bartolomé, aunque seguirá imaginando que llega a visitarla. **F 50**: Con los ojos cerrados Susana percibe la llama de una vela y dice "¿Eres tú, padre?", a lo que el sacerdote Rentería le responde "Soy tu padre, hija mía". Susana cree que es Bartolomé y piensa: "Ya sé que vienes a contarme que murió Florencio; pero eso ya lo sé". Siente de nuevo el gran dolor que la acompaña siempre, pero que lleva "guardado en un lugar seguro": se ha insensibilizado ante el mismo y ahora lo extiende al dolor físico: su cara se quema con la llama de la vela sin que reaccione. Intercambia palabras con Rentería y al retirarse el cura lo despide, insegura, como si fuese Bartolomé: "¿Para qué vienes a verme, si estás muerto?". El recuerdo de Bartolomé (incluyendo la confusión con Rentería), a quien asume ya muerto y quien desaparece aquí de la novela, será reemplazado en adelante por las imágenes de sus encuentros sexuales con Florencio.

C

Casildo. Revolucionario. **F 53**: Aparece en la Media Luna al lado de otros alzados en armas, como Perseverancio.

10 Una relación incestuosa explícita aparece en el cuento "En la madrugada", admitida por Justo Brambila y su sobrina, "la niña Margarita". Se desarrolla sólo por las noches ("Más vale dejar las cosas en secreto" (p. 45)) y termina en la madrugada. Pero la madre de Margarita lo sabe. El intento de Brambila de asesinar a Esteban, y la muerte del primero, podrían estar relacionados con el descubrimiento, por el segundo, de esta relación.

Chona. F 27: Una de las voces fantasmales que escucha Juan Preciado de noche en las calles de Comala. Dialoga con su novio, quien también menciona a Juliana.

Córdula, santa. F 16: Una de las santas mencionadas por el padre Rentería luego de la visita de María Dyada. Su festividad es el 22 de octubre, cuando se produce la lluvia de estrellas de las Oriónidas (véase **Acontecimientos**), que el cura va a presenciar.

Cristeros. Campesinos reclutados por el clero para combatir al gobierno. **F 42**: La primera noticia de esta revuelta en la novela proviene de Dorotea, cuando relata a Juan Preciado lo ocurrido en Comala a partir de la muerte de Susana, con la muerte de Pedro Páramo próxima: "Y ya cuando le faltaba poco para morir vinieron las guerras esas de los 'cristeros' y la tropa echó rialada con los pocos hombres que quedaban": alude así a la leva que hacía el gobierno federal para combatir a los alzados, lo que habría acentuado el despoblamiento de Comala. **F 66**: El *Tilcuate* informa a su patrón: "Se ha levantado en armas el padre Rentería", preguntándole si debe unirse a él. Intercambian opiniones y finalmente Damasio decide: "Me iré a reforzar al padrecito. Me gusta cómo gritan. Además lleva uno ganada la salvación": aquí el personaje de Rulfo se referiría al grito "Viva Cristo Rey", consigna de estos alzados, y al discurso del clero para convencer a sus reclutas: que tenían ganado el Cielo. **F 68**: Abundio comenta con Inés Villalpando las circunstancias de la muerte de su mujer, Cuca: la difunta lamentó que no hubiese quien la auxiliara espiritualmente en la hora de su muerte. Villalpando le pregunta si no había buscado a Rentería; Abundio agrega que sí, pero que le dijeron que "andaba en el cerro". A pregunta de Inés sobre ese "cerro" complementa lo dicho: "Pos por esos andurriales. Usted sabe que andan en la revuelta". Villalpando lo lamenta, pero Abundio concluye: "A nosotros qué nos importa eso, madre Villa. Ni nos va ni nos viene". En las últimas palabras de Abundio se percibe la postura de Juan Rulfo, muy crítica sobre estos combatientes y quienes los lanzaron a la lucha, como puede verse en el texto que escribió sobre la novela *Los cristeros*, de José Guadalupe de Anda, autor originario de San Juan de los Lagos, quien presenta en su obra una visión muy adversa a este levantamiento.[11]

Cuarraca, la. Sobrenombre (véase **Dorotea**) que se refiere a la cojera del personaje, peculiaridad que podría relacionarla con la estrella de la

11 "José Guadalupe de Anda", en Juan Rulfo, *Textos sobre José Guadalupe de Anda, Rafael F. Muñoz y Mariano Azuela*, 2011, pp. 20-43.

tarde,[12] ya que es una característica de Xólotl, quien tenía un pie en forma de bola o equino. **F 37**: Con este apodo la mencionan Fulgor y Miguel Páramo, quien se interesa por sus servicios como alcahueta.

Cuca. Refugio, esposa de Abundio Martínez. **F 68**: Su muerte ocupa parte importante del penúltimo fragmento de la novela, cuando Abundio llega a embriagarse a la tienda de los Villalpando para salir poco después a buscar ayuda con Pedro Páramo para enterrarla, aunque esto se podría haber convertido en un intento de asesinato, preámbulo de la muerte del mismo dueño de la Media Luna. Cuca perdió a un hijo, y los gastos de su enfermedad ("el mal de ojo y los fríos y la rescoldera") dejaron a Abundio en la pobreza total, pues vendió sus burros para pagar al doctor. Inés Villalpando pregunta a Abundio: "¿Se te volvió a desmayar la Refugio?", haciéndonos saber que su enfermedad era ya conocida. Frente a Pedro Páramo y Damiana, Abundio ruega: "Denme una caridad para enterrar a mi mujer". Una mujer en la máxima pobreza era la esposa de un hijo del amo de Comala; su muerte, empero, es el preámbulo de la de éste.

Cura de Contla. F 40: Cuando Rentería no puede dormir por lo ocurrido en torno a la misa fúnebre de Miguel Páramo, decide salir a la calle y, horas después, encaminarse a Contla, "donde hizo confesión general con el señor cura". Éste, pese a sus ruegos, le negó la absolución, pues le reprochó su sometimiento a Pedro Páramo: "Sé lo difícil que es nuestra tarea en estos pobres pueblos donde nos tienen relegados", y razona con una dureza que el cura de Comala no esperaba. Comenta que las frutas de Comala son siempre ácidas, y el cura de Contla vincula esto a Pedro Páramo: "dicen que las tierras de Comala son buenas. Es lástima que estén en manos de un solo hombre. ¿Es Pedro Páramo aún el dueño, no?" Rentería, como acostumbra, evade su responsabilidad: "Así es la voluntad de Dios". El cura de Contla no piensa igual: "No creo que en este caso intervenga la voluntad de Dios. ¿No lo crees tú así, padre?" Rentería continúa evadiéndose y se despide, aún más insatisfecho que antes, para regresar a Comala: "ahora aquí, vuelto a la realidad, no quería volver a pensar más en esa mañana de Contla". Ubicaría así al cura de Contla fuera de la "realidad" en la que él está metido hasta el fondo, aunque todavía a su pesar: "Un hombre malo. Eso siento que soy". El cura de Contla es el punto de referencia para entender cabalmente a Rentería.

12 "Una estrella para la muerte y la vida", en Víctor Jiménez (coord.), *Pedro Páramo. 60 años*, 2015, pp. 59-68.

D

Damasio, el *Tilcuate*. Empleado de cierta jerarquía en la Media Luna, que resume lo que Juan Rulfo tenía que decir sobre la Revolución en esta novela. Sería alguien de piel morena y aguerrido: el apodo se refiere a una serpiente de color oscuro a la que se atribuye azotar con su cola a la gente. **F 51**: Pedro Páramo lo manda llamar cuando irrumpen los alzados, comentando que éstos se llevarán unos "tilcuatazos". **F 53**: El amo de la Media Luna los recibe poco después y "detrasito de él, en la sombra, aguardaba el *Tilcuate*". **F 54**: Estando ya solos Pedro lo designa jefe de los insurrectos, asignándole 300 hombres y algo del dinero prometido. Cuidará los intereses de Pedro como parte de la insurrección, y para asegurarse su lealtad le da un rancho que el licenciado Trujillo le debe escriturar, además de algún ganado. Permanecerá en la zona para que otros "vean el campo ya ocupado", y debe informar cada tanto a su patrón sobre el estado de las cosas. **F 57**: Volvemos a saber de él con las novedades que llegan a la Media Luna: "¿Sabe, don Pedro, que derrotaron al *Tilcuate*?", le dice el licenciado Trujillo. **F 59**: Puede llegar de noche con sus hombres a la Media Luna, aporreando la puerta. **F 60**: "Supe que te habían derrotado, Damasio", le dice Pedro Páramo, pero no era así: "Le informaron mal, patrón", y lo actualiza sobre cuáles serían las últimas facciones revolucionarias dominantes. Pide dinero a Pedro Páramo, pero éste lo envía a asaltar Contla. Damasio agradece su consejo. **F 66**: Ya muerta Susana continúa visitando a Pedro Páramo y lo actualiza, mediante un diálogo que resume unas cuatro visitas ("Ahora somos carrancistas. / Está bien. / Andamos con mi general Obregón. / Está bien. [...]") que sólo cambian los protagonistas. El *Tilcuate* puede cambiar de bando o quedar libre, e incluso duda si sumarse a Rentería o combatirlo. Su patrón le aconseja lo segundo, pero el *Tilcuate* se inclina por lo primero: "Me gusta cómo gritan. Además lleva uno ganada la salvación".

Damiana Cisneros. Una de las mujeres de la Media Luna más cercanas a Pedro Páramo. **F 17**: Acude, ya muerta, a buscar a Juan Preciado. Él piensa que se trata de Eduviges cuando se abre la puerta de su cuarto en casa de ésta, pero ella le aclara que es Damiana. "¿Damiana Cisneros? ¿No es usted de las que vivieron en la Media Luna?": la pregunta de Juan supone que él la da por muerta. Damiana, sin embargo, responde "Allá vivo". Juan quiere asegurarse de quién es esta mujer y, como veremos, si está viva o no: "Mi madre me habló de una tal Damiana que me había cuidado cuando yo nací, ¿De modo que usted...?" Ella asiente y a pregunta de Juan sobre el grito que acaba de oir Damiana comenta que puede ser un "eco" del de Toribio Aldrete el día en que lo ahorcaron, en el cuarto en que Juan estuvo. Añade, cuando Juan la menciona, que Eduviges "debe andar penando todavía". **F 24**: Avanzan por las calles de Comala y Damiana dice a Juan que están llenas de ecos: crujidos, risas que terminarán por apagarse. Le da ejemplos: fiestas y hasta aullidos de perros, pero lo peor es cuando "oyes platicar a la gente", como a su propia hermana Sixtina, muerta hace mucho y quien le pidió, en un encuentro mientras iba a buscar a Juan, que rogara por ella. Asimismo le advierte que puede escuchar ecos más recientes. Es Damiana quien menciona por primera vez el nombre de Juan Preciado en la novela y él, recordando lo que le había ocurrido con Eduviges, le pregunta si también su madre le avisó que vendría. Ella no sabía que Dolores había muerto: "Hace muchos años que no sé nada" y Juan le pregunta ahora cómo dio con él, e incluso si está viva, sólo para advertir que se encuentra solo en la calle: grita su nombre y le responde el eco. No parece advertir que Damiana lo ha acercado a otro punto en el que no habrá de encontrar nada que le sirva, excepto más ecos de conversaciones viejas, algunas de las cuales le permitirán saber cómo era Pedro Páramo. **F 37**: En vida, Damiana daba de desayunar a Miguel Páramo cuando regresaba a la Media Luna después de una correría nocturna. Éste le pregunta, después de mencionarla Fulgor, por Dorotea *la Cuarraca*, y Damiana le dice que está ahí afuera. **F 40**: Pedro Páramo ordenó a Damiana encargarse de Miguel cuando se lo entregó, recién nacido, el padre Rentería, y así entendemos que era una sirvienta de mayor rango que las demás en la hacienda. **F 59**: Una noche Damiana escucha bramar a los toros y observa la incursión de Pedro Páramo al cuarto de una sirvienta, Margarita, y se pregunta por qué su patrón no le pidió que dispusiera las cosas. Recuerda cuando ella se negó, de joven, a los requerimientos sexuales de Pedro, aunque se dio a respetar por ello, convirtiéndose en la caporala de las sirvientas de la hacienda. No obstante, desearía estar en el lugar de Margarita en ese momento. Es discreta: cuando el *Tilcuate* y sus hombres golpean la puerta de la hacienda sólo piensa que "Son cosas que a mí no me interesan". **F 68**: La reencontramos al final de la novela, cuando Pedro le pide que indague qué quiere Abundio Martínez, quien se acerca. Está asustada, ve el cuchillo que lleva Abundio en la mano (instrumento que aún no se menciona), hace la señal de la cruz y grita "¡Están matando a don Pedro!". La versión de los hechos, confusa, involucra a un Abundio totalmente alcoholizado, apenas capaz de sostenerse en pie. Damiana cae al suelo y los hombres que oyeron sus gritos la levantan y meten a la casa. Sobre la posible muerte de Damiana en este ataque la ambigüedad sería la misma que rodea la muerte de Pedro Páramo (véase). **F 69**: En el último fragmento Pedro siente que Damiana toca sus hombros y le ofrece el almuerzo. Todavía es de mañana y Pedro le responde "Voy para allá. Ya voy", casi las mismas palabras que había dicho a su madre al inicio de la novela cuando ella lo llamaba con insistencia. No sabemos si Damiana realmente le habló y le prestó sus brazos (si estuviese viva) para que pudiera incorporarse o es sólo algo que él creía haber oído y visto antes de caer muerto.

Doctor Valencia. Médico de Susana San Juan. **F 62**: Ángeles y Fausta lo ven llegar por la noche a la Media Luna, de prisa, con saco negro y pantalón blanco. **F 63**: Susana agoniza en su cuarto, asistida por Rentería, quien ve las figuras en torno suyo: Pedro Páramo, "en seguida, el doctor Valencia, y junto a ellos otros señores. Más allá, en las sombras, un puño de mujeres".

Dolores Preciado. Primera esposa de Pedro Páramo y madre de Juan. **F 1**: Su agonía final y muerte frente a su hijo abren la novela. Pide a Juan buscar a Pedro Páramo, su padre (del que Juan no sabía nada antes: "un tal Pedro Páramo"), en Comala, con palabras contradictorias: "No dejes de ir a visitarlo", lo que complementa con "Estoy segura de que le dará gusto conocerte", pero igualmente le había dicho: "No vayas a pedirle nada. Exígele lo nuestro", y otras advertencias severas. No es fácil entender, en este momento, que ella envíe a su hijo en esta búsqueda. Juan, quien inicialmente no pensó honrar la promesa que hizo a Dolores de cumplir su último deseo, finalmente cede: "comencé a llenarme de sueños, a darle vuelo a las ilusiones". Parte de las mismas, como veremos muy pronto, son las palabras de Dolores que evoca y que pintan un Comala idílico. **F 2**: El recuerdo de su voz acompaña a Juan de manera intermitente, como una guía equívoca, idealizada (*"Hay allí, pasando el puerto de Los Colimotes, la vista muy hermosa de una llanura verde"*), mientras camina al lado del arriero Abundio. La mención del puerto de Los Colimotes puede contener una advertencia ominosa, ya que con este nombre se alude a los perros xoloitzcuintles, personificación de Xólotl, quienes acompañan a los muertos en su viaje al inframundo. Pese a esto, las bellas imágenes (*"Desde ese lugar se ve Comala, blanqueando la tierra, iluminándola durante la noche"*) podrían haber sido una estrategia de Dolores para convencerlo de ir a su pueblo. Una idea perversa, como el propio Juan habrá de comprender y comprobar. **F 3**: "Me acordé de lo que me había dicho mi madre":

Dolores había adelantado a Juan que en Comala la escucharía mejor, porque "Estaré más cerca de ti": parece revelar un conocimiento que ella tendría, pero no Juan: "Encontrarás más cercana la voz de mis recuerdos que la de mi muerte, si es que alguna vez la muerte ha tenido alguna voz". Juan, además de la de sus recuerdos, escuchará efectivamente su voz de muerta. Ya al dar sus primeros pasos en Comala, sin embargo, advierte que Dolores lo envió a una posible trampa: "Te equivocaste de domicilio. Me diste una dirección mal dada. [...] A un pueblo solitario. Buscando a alguien que no existe". **F 5**: Dolores es su referencia cuando se encuentra con Eduviges: "¿De modo que usted es hijo de ella?", y agrega: "Ella me avisó que usted vendría". Juan no le había dicho nada de esto y le aclara que su madre ya murió, pero Eduviges sólo comenta que eso explica que su voz se oyera tan débil. Prosigue contando a Juan quién era Dolores según ella, con historias difíciles de entender si no francamente absurdas. Juan sólo reflexiona: "Yo creí que aquella mujer estaba loca". El cansancio lo vence. **F 9**: Eduviges insiste en su cercanía con Dolores y pregunta a Juan si no le dijo nada de ella: "No. Sólo me contaba cosas buenas", le responde él. Cuenta a Juan una historia sobre su madre a partir de las vísperas de su boda con Pedro Páramo y cómo ella le había pedido que la reemplazara en la cama su noche de bodas. Eduviges había aceptado con gusto, pero Pedro estaba tan ebrio que no pudo realizar el acto sexual, como informó el día siguiente a Dolores, y concluye: "Quizá tu madre no te contó esto por vergüenza". Juan, en contraste, recuerda de nuevo las palabras de su madre sobre el paisaje paradisiaco de Comala: *"... Llanuras verdes. Ver subir y bajar el horizonte con el viento que mueve las espigas, el rizar de la tarde con una lluvia de triples rizos. El color de la tierra, el olor de la alfalfa y el pan. Un pueblo que huele a miel derramada..."* Eduviges retoma la frustrante historia de la relación de Dolores y su esposo: "Ella siempre odió a Pedro Páramo", con un matrimonio infeliz donde sólo recibía quejas humillantes de Pedro, que la agobiaban. Recuerda Juan, aquí, otra descripción contrastante e idílica de Comala por Dolores: *"... No sentir otro sabor sino el del azahar de los naranjos en la tibieza del tiempo."* Su madre habría comenzado a manifestar su inconformidad, añade Eduviges, con suspiros y alusiones sobre su hermana, lo que aprovechó Pedro para deshacerse de ella de inmediato. La habría desamparado deliberadamente, sin que nadie supiese más de ella, lo que ahora hace recordar a Juan otras palabras de su madre al inicio de la novela: *"... El abandono en que nos tuvo, mi hijo, cóbraselo caro."* Juan completa la historia: vivían "en Colima arrimados a la tía Gertrudis", quien se los recriminaba: "¿Por qué no regresas con tu marido?" Sin sentido de la realidad, Dolores le respondía: "¿Acaso él ha enviado por mí? No me voy si él no me llama". **F 19**: Un narrador externo cuenta cómo Fulgor Sedano dijo a Pedro Páramo que Dolores y su hermana eran sus principales acreedoras, y Dolores la dueña de todo: en ese instante Pedro le encarga que le proponga matrimonio en su nombre tan pronto como el día siguiente. Al mismo tiempo adelanta sus planes para quedarse con la tierra de Toribio Aldrete: las propiedades de Dolores son la otra parte que le interesa de ella. **F 20**: Fulgor prevé la incorporación de la tierra de Enmedio, de Dolores, a la Media Luna: "Vente para acá tierrita de Enmedio". Piensa en "Lo que significa una mujer después de todo" y asiente: "¡Vaya que sí!". A esto se reducía, para Pedro Páramo, Dolores Preciado. **F 21**: Fulgor cumplió el encargo: "Fue muy fácil encampanarse a la Dolores", valiéndose de que ella misma no se consideraba digna del interés de Pedro Páramo. Fulgor recurre a todas las mentiras y no le da tiempo alguno para prepararse, pues incluso está iniciando su período menstrual. Ella hace cuentas: "no estaré lista antes del 8 de abril. Hoy estamos a 1",[13] sin conseguir ningún cambio. Consiente, además, o no advierte, la intención de Pedro de despojarla, lo que Fulgor no descuida y anticipa que se lo va a recordar: "que no se le olvide decirle al juez que los bienes son mancomunados". Pero ella, sin advertir lo que ocurre, acepta todo: "'... ¡Qué felicidad! ¡Oh, qué felicidad! Gracias, Dios mío, por darme a don Pedro.' Y añadió: 'Aunque después me aborrezca'." **F 22**: Fue tal el abuso cometido contra Dolores que Fulgor evitó por pudor, como quería Pedro, pedirle dinero por adelantado. Sin interrupción Pedro adelanta a Fulgor las primeras medidas para apoderarse de las tierras de Toribio. **F 23**: Fulgor informa a Pedro Páramo que Toribio Aldrete ya fue asesinado y su patrón le dice que después atenderán otra cuestión semejante pues ahora, concluye con ironía, está "muy ocupado" con su luna de miel. **F 29**: Regresamos al relato de Juan, quien, ya sin Damiana en las calles de Comala, ve y escucha pasar unas carretas inexistentes y recuerda, de nuevo dentro del mayor contraste, las pala-

13 Habría en esta fecha una alusión a la tradición de lugares como Estados Unidos (*April Fools' Day*): este día cuenta con presencia en la literatura de ese país. Rulfo tuvo compañeros estadounidenses como becarios cuando escribía y presentaba adelantos de la novela en el Centro Mexicano de Escritores, cuya directora y fundadora, Margaret Shedd, era de la misma nacionalidad (los estadounidenses que ahí se encontrasen identificarían bien la alusión). La idea de que "hicieron tonta" a Dolores no resulta forzada, ya que ella no demuestra buen juicio en ningún momento: Pedro no se presenta siquiera con ella, sino que envía a un empleado a pedirla en matrimonio y Dolores acepta la humillación, a la que siguen la imposición de una fecha inconveniente y un contrato matrimonial que permitirá a Pedro despojarla de sus propiedades.

bras intensamente poéticas de su madre sobre las mismas "... *Todas las madrugadas el pueblo tiembla con el paso de las carretas. [...] Es la misma hora en que se abren los hornos y huele a pan recién horneado. [...] Puede venir la primavera*". El contraste de esta visión con lo que él percibe ("Carretas vacías, remoliendo el silencio de las calles. Perdiéndose en el oscuro camino de la noche. Y las sombras. El eco de las sombras") lo impulsa a salir de Comala: "Pensé regresar", y dice a la pareja que en ese momento se le acerca que vino a buscar a su padre. **F 30**: Juan dice a la hermana de Donis: "Debieron conocer a Dolores Preciado", pero ella le responde que quizá su hermano. En esa casa él no dirá nunca el nombre de Pedro Páramo. **F 33**: Muy diferentes a las palabras de su madre cuando vivía, aquellas que ha recordado hasta ahora, son las que escuchará de ella, ya muerta, en la casa de los hermanos poco antes de morir y luego de ver por última vez la estrella junto a la luna. Juan le pregunta "en voz baja" si no lo oye y ella responde "¿Dónde estás?". Él precisa que en su pueblo, junto a su gente, y ahora le pregunta si no lo ve: ella sólo dice "No, hijo, no te veo". Juan comenta que su voz era ubicua ("parecía abarcarlo todo. Se perdía más allá de la tierra") y escucha por último que ella repite "No te veo". Es un fragmento que sólo contiene esto y podemos conjeturar que Juan Preciado entiende ahora, finalmente, todo lo que Comala significaba para él y el propósito de su madre al enviarlo ahí. **F 36**: Ya en la tumba que comparte con Dorotea dice a ésta que lo mataron los murmullos; inmediatamente después recuerda por última vez las palabras de su madre, con otra imagen intensamente idílica de Comala: *"Allá hallarás mi querencia. El lugar que yo quise. [...] Mi pueblo, levantado sobre la llanura, como una alcancía donde hemos guardado nuestros recuerdos. Sentirás que allí uno quisiera vivir para la eternidad. [...] Allí, donde el aire cambia el color de las cosas; donde se ventila la vida como si fuera un murmullo; como si fuera un puro murmullo de la vida..."* Juan repite lo que dijo antes de esta evocación: "Sí, Dorotea. Me mataron los murmullos": éstos, más la ausencia de aire que ya adelantó, hacen el mayor contraste con el otro Comala, "*donde el aire cambia el color de las cosas; donde se ventila la vida como si fuera un murmullo*" y el "*puro murmullo de la vida*" de la evocación contenida en las palabras de Dolores. Describe Juan con detenimiento cómo lo mataron los murmullos que escuchó y la falta de aire. Dorotea le responde: "Mejor no hubieras salido de tu tierra. ¿Qué viniste a hacer aquí?" Juan le repite que vino a buscar a su padre, Pedro Páramo, y que lo trajo "la ilusión", que ya mencionaba en el fragmento inicial de la novela. **F 38**: Juan retoma por última vez las poéticas expresiones de Dolores en su conversación con Dorotea a propósito de los cambios del clima en Comala: "Mi madre me decía que, en cuanto comenzaba a llover, todo se llenaba de luces y del olor verde de los retoños". Lo último que dice sobre ella podría resumir lo que comprendió a un costo tan alto: "Mi madre, que vivió su infancia y sus mejores años en este pueblo y que ni siquiera pudo venir a morir aquí. Hasta para eso me mandó a mí en su lugar." Juan parece entender su propia muerte como una extensión de la de Dolores: es él quien permanecerá en Comala "para la eternidad". No encontró en Comala sino lo contrario, siempre, de lo evocado por ella. Al final todavía lo expresa: "Es curioso, Dorotea, cómo no alcancé a ver ni el cielo. Al menos, quizá, debe ser el mismo que ella conoció". Pero no es del todo cierto porque sí vio, "por el techo abierto al cielo", la estrella junto a la luna, así como "Un cielo negro, lleno de estrellas" y de nuevo esa estrella con la luna. Después vino el breve diálogo con su madre muerta en casa de Donis, y su propia muerte.

Donato (santo). F 16: Uno de los santos mencionados por el padre Rentería después de la visita de María Dyada. Su festividad es el 22 de octubre, cuando se produce la lluvia de estrellas de las Oriónidas (véase **Acontecimientos**), que el cura va a contemplar.

Donis. Hermano incestuoso; una de las dos personas vivas que, con su hermana, Juan Preciado encuentra en Comala. **F 29**: Juan recorre las calles de Comala, escucha y ve pasar carretas que no existen y siente "allá arriba" el camino que lo trajo al pueblo, mientras piensa en regresar. Pero en ese momento "alguien me tocó los hombros". Podemos pensar que es Donis, quien lo invita a pasar a su casa, en cuyo interior ve a este hombre y una mujer a los que pregunta si no están muertos. Donis cree que viene borracho. Los dos miembros de la pareja están desnudos. Donis dice a Juan que oyeron a alguien quejarse y golpear con la cabeza contra su puerta. Juan pide que lo dejen dormir y eso harán los tres. **F 30**: Juan escucha a Donis y su hermana cuando discuten. Donis quiere dormir, a diferencia de ella, quien no deja de hablar y lo exaspera. Juan duerme y al despertar conversa con ella extensamente. Se entera de que es hermana de Donis, quien pasa el tiempo fuera de la casa cuidando su ganado. Al regresar Donis avisa a su hermana que saldrá de nuevo, mientras Juan trata de ganar su confianza comentándole que sabe que son hermanos, pero Donis lo detiene. Cuando Juan le pregunta cómo irse de Comala Donis responde que mejor espere y Juan lo acepta. Posiblemente Donis quería retenerlo. **F 31**: Es de noche, Juan ve a la segunda hermana y los otros dos lo encuentran fuera de sí. Donis no simpatiza con Juan y lo considera un falso adivino, un "místico".

F 32: Juan ve dormir a la hermana; cuando ésta despierta le pregunta por Donis, quien, según ella, se fue de nuevo y "Quizá no venga esta noche", pues sospecha que él quiere abandonarla para que Juan la cuide. **F 34**: La hermana insiste en que Donis no volverá y que Juan debe cuidarla. Él va a la cama de ella y se acuesta. **F 36**: Dorotea dice a Juan en la tumba que ella y Donis encontraron su cuerpo en la plaza y lo llevaron a enterrar. Juan le preguntará, finalmente, "¿De modo que siempre volvió Donis?" Dorotea sólo comenta que "venía de no sé dónde". Parecería que Donis, más que escéptico sobre Juan, habría tenido un plan que lo involucraba, como suponía la hermana incestuosa.

Dorotea, *la Cuarraca*. Chismosa del pueblo, loca, mendiga y alcahueta de Miguel Páramo, se mete en todas partes. **F 30**: La hermana de Donis la menciona entre los aún vivientes de Comala. **F 36**: Comparte sepultura con Juan Preciado, a quien, entendemos, ha dicho antes su nombre. Preciado lo recuerda mal –"Doroteo"– y tienen una larga conversación sobre los últimos momentos de Juan y cómo lo encontraron muerto Donis y ella. Pregunta a Juan qué lo llevó a Comala, y él le dice que fue la ilusión. Dorotea recuerda sus dos sueños: el bendito, que le hizo creer que tuvo un hijo, y el maldito, con el que entendió que eso no era cierto. Cargaba un envoltorio que decía ser su hijo, aunque después admitió que no era tal. Recuerda el despoblamiento de Comala y su propia muerte: "Después que te encontramos a ti se resolvieron mis huesos a quedarse quietos". **F 37**: Sabemos de ella por Fulgor Sedano, quien se burla de Miguel Páramo mencionándola y agrega su sobrenombre, *la Cuarraca*, ya que es coja. Damiana explica a Miguel que carga "un molote" del que dice es su hijo, al parecer porque "le sucedió alguna desgracia allá en sus tiempos", y termina: nunca habla y vive de limosnas. Miguel le encarga que sea su alcahueta y ordena a Damiana que le dé de comer todos los días. **F 38**: Dorotea continúa platicando con Juan en la tumba: reprocha a Rentería que le hubiese dicho que no conocería la Gloria y está contenta de haberse desembarazado de los reproches de su alma. **F 40**: Rentería no ha podido dormir después del entierro de Miguel Páramo, va a Contla y regresa sin la absolución, lo que le impediría "seguir consagrando a los demás". Finalmente llega al templo y se le acerca Dorotea, quien huele a alcohol por haber bebido en el funeral de Miguel. La mujer se confiesa: que ella le conseguía muchachas a Miguel, lo que también dice como chisme. Rentería no quiere absolverla explícitamente y le sugiere que ella misma trate de perdonarse, recordándole su deseo de ir al Cielo para ver a su hijo, si allá estuviese, añadiendo que ya no podrá hacerlo.

F 42: Juan Preciado pregunta a Dorotea, en la tumba, si ella ha dicho las palabras que acaba de escuchar, pero Dorotea le aclara que se trata de "doña Susanita". Le explica que fue "la última esposa de Pedro Páramo" y también que la madre de Susana era rara y no visitaba a nadie, además de haber muerto de tisis, por lo que nadie fue a su funeral por temor a contagiarse. Después escuchan al hombre muerto en Vilmayo, quien recuerda cómo Pedro Páramo lo mató para vengar la muerte de Lucas Páramo dos meses antes. Dorotea agrega que Pedro causó "tal mortandad" después de la muerte de su padre que casi acabó con todos los asistentes a la boda en que mataron, accidentalmente, a Lucas. Retoman el tema de Susana, a quien, dice Dorotea, Pedro efectivamente quería, tanto que luego de muerta se sentó el resto de sus días en un equipal "mirando el camino por donde se la habían llevado al camposanto", además de destruir todos los enseres que hacían productiva la tierra. Continúa: la gente abandonó Comala y encargaba sus enseres; ella se quedó por no tener a dónde ir. Algunos esperaban la muerte de Pedro, pero "pasaron años y años" y él seguía ahí, "como un espantapájaros frente a las tierras de la Media Luna". Menciona a continuación un hecho previo a la muerte de Pedro: "cuando le faltaba poco para morir vinieron las guerras esas de los 'cristeros' y la tropa echó rialada con los pocos hombres que quedaban". Fue cuando Dorotea comenzó a morirse de hambre. Y todo lo anterior (el fin de Comala), resume, "por las ideas de don Pedro. Por sus pleitos de alma. Nada más porque se le murió su mujer, la tal Susanita. Ya te has de imaginar si la quería". Con esta explicación hace Dorotea una sinopsis de lo ocurrido en Comala a partir de la muerte de Susana e incluso la suya propia, anticipando así lo que vendrá en la segunda parte de la novela en el presente de la narración. **F 52**: Dorotea escucha, con Juan, las palabras de Susana en la tumba, cuando recuerda sus encuentros sexuales con Florencio a la orilla del mar. **F 55**: Continúa oyendo a Susana, con ayuda de Juan, cuando relata otros encuentros eróticos con Florencio y su reacción al ser informada de la muerte de su marido: Dorotea escucha el crujido de su ataúd. **F 63**: En los últimos momentos de Susana, en la Media Luna, Rentería la prepara para la muerte frente a Pedro Páramo, el doctor y otros señores. Igualmente, "Más allá, en las sombras, un puño de mujeres a las que se les hacía tarde para comenzar a rezar la oración de difuntos": Dorotea entre ellas. **F 64:** Finalmente sale Dorotea a esparcir la noticia: "Yo. Yo vi morir a doña Susanita", asumiendo el papel de quien da a conocer antes que nadie todo lo que ocurre en el pueblo.

E

Eduviges Dyada. Dueña de la posada y fonda de Comala. **F 3**: Al ingresar a las calles de Comala Juan Preciado pregunta por ella a una mujer que se cruza de manera extraña en su camino. Al llegar a la casa señalada, "junto al puente", antes de tocar la puerta ésta se abre y una mujer, aún sin nombre, lo recibe: "Pase usted". **F 4**: Juan retrocede un poco en su relato: al preguntar a Abundio por alojamiento, éste le había recomendado buscar a Eduviges, "si es que todavía vive", diciéndole que iba de su parte. **F 5**: Eduviges lo invita a pasar y se presenta con Juan mientras le dice que tiene la casa "toda entilichada" por las cosas que dejaron quienes se fueron del pueblo. Quiere que Juan le confirme que es hijo de "ella": Dolores, quien se habría comunicado con Eduviges, y luego le enseña su cuarto, vacío y con sólo una puerta. Eduviges precisa que apenas "ahora" le avisó Dolores que él llegaría. Cuando Juan le dice que está muerta Eduviges lo toma con naturalidad: "esa fue la causa de que su voz se oyera tan débil". Agrega que se prometieron morir juntas y que eran "muy amigas", mientras pregunta a Juan si nunca le habló de ella. Sigue una conversación llena de equívocos en la que Eduviges asegura haber querido mucho a Dolores. Eduviges insinúa que se habría suicidado: "Todo consiste en morir, Dios mediante, cuando uno quiera y no cuando Él lo disponga". Y continúa: "el hijo de Dolores debió haber sido mío", por lo que el desconcierto de Juan se hace enorme: "Yo creía que aquella mujer estaba loca". Está muy cansado, Eduviges lo deja en el cuarto y le pide que coma algo. **F 9**: Eduviges repite que él debió haber sido su hijo y Juan se ve obligado a decirle que su madre "sólo le contaba cosas buenas". Añade que Abundio lo mandó con ella y así se entera de que el arriero estaba sordo y posiblemente muerto. Juan se detiene en el aspecto de Eduviges: desmejorada y muy pálida, con manos arrugadas y un vestido "muy antiguo", con una imagen de la Virgen del Refugio colgada del cuello.[14] Eduviges continúa con su historia: que el Saltaperico era bueno para amansar potrillos, como decía Pedro Páramo, a quien llama su "compadre"; que este sujeto se metía con las mujeres con fines sexuales, como le ocurrió a ella; que a Dolores le dijo que "esa noche", la de su boda, no debía acostarse con un hombre. Dolores pidió así a Eduviges que la reemplazara en el lecho: entendemos

14 Esta imagen fue impulsada en el siglo XVIII para acoger a los pecadores extremos: sería su último *refugio* en el mundo católico.

paulatinamente que Eduviges ejerce la disimulada prostitución de los pueblos pequeños, y lo que Dolores pudo haberle pedido (algo insólito en otras circunstancias) sería que se acostara con su marido, lo que ella aceptó con un breve reparo, pero con naturalidad y gusto. Como Pedro estaba borracho no consumaron la cópula y por eso, argumenta Eduviges, Juan no nació de ella. Continúa con comentarios insidiosos: "Quizá tu madre no te contó esto por vergüenza", lo que Juan contrasta con las dulces palabras de su madre. Eduviges aborda el fracaso del matrimonio de Dolores y Pedro, detallando los reclamos de éste por todo lo que Dolores hacía mal, hasta que ella comenzó a suspirar e insinuar que podría irse con su hermana. Pedro aprovecha estas palabras y se deshace de ella sin contemplaciones. Juan recuerda ahora lo del "abandono en que nos tuvo" en las últimas palabras de su madre, y complementa lo dicho por Eduviges diciéndole que vivieron después como arrimados en la casa de su tía Gertrudis en Colima. Eduviges ya no lo escucha, pero se dirige a alguien: "¿Cuándo descansarás?", con lo que adelanta a Juan el episodio de la muerte de Miguel Páramo. **F 11**: Juan pregunta si pasa algo; la mujer se refiere a la carrera del caballo de Miguel Páramo, que galopa por el camino de la Media Luna, donde no vive nadie. Juan no escucha nada. Eduviges habla entonces de su "sexto sentido", que la ha hecho sufrir mucho. Finalmente relata la visita de Miguel a su casa recién ocurrida su muerte, después de tirarlo el caballo en el camino a Contla. Una confesión de que ofrecía sus servicios sexuales se desliza en sus palabras sobre Miguel: "hubo un tiempo que se pasaba las noches en mi casa durmiendo conmigo, hasta que se encontró esa muchacha que le sorbió los sesos". Juan sabe ahora que los muertos, en Comala, no desaparecen del mundo de los vivos, e incluso que Eduviges tuvo que informar a Miguel de que estaba muerto. Eduviges concluye cuando recuerda la invitación que le hicieron para ir al velorio de Miguel, y pregunta a Juan si ha "oído alguna vez el quejido de un muerto". A su respuesta negativa, ella remata con un "Más te vale" a manera de aviso sobre el grito de Toribio Aldrete que va a escuchar, pues fue asesinado en la misma habitación que le ha asignado. **F 16**: Hay estrellas fugaces y el padre Rentería no puede dormir mientras se recrimina por la forma en que van las cosas en Comala, donde está a favor de los ricos y olvida a los pobres, como María Dyada, que lo ha visitado para pedirle la salvación del alma de su hermana Eduviges, la que tuvo un hijo "de todos", que les puso enfrente para ver si alguien quería reconocerlo. Nadie lo hizo y Eduviges declaró entonces que era igualmente padre de su hijo. María argumenta que abusaron de la hospitalidad de Eduviges, quien no deseaba ofender a ninguno. Rentería le recuerda entonces que Eduviges se suicidó y no tiene salvación. María replica que podría salvarse, pues murió con grandes sufrimientos.[15] María habla de rezos, pero Rentería piensa en las misas gregorianas, muy caras, por lo que el problema no tiene solución. María enfrenta con valor la evasiva del cura, que, como Rentería admite para sí mismo, es arbitraria y sus tribulaciones se acercan a lo moral e incluso lo teológico, pero se distrae y termina rezando a los santos del día: para todos ellos la fiesta es el 22 de octubre, día igualmente de la lluvia de estrellas de las Oriónidas. A Rentería no le gusta ver el cielo inquieto. **F 17**: Regresamos a la conversación de Juan con Eduviges, en la que ella retoma el tema del quejido de un muerto (que se oirá poco después): "Más te vale, hijo. Más te vale", para levantarse y salir del lugar en que se encuentran. Juan se dirige a su cuarto, dormita y escucha un alarido. Asustado ve abrirse la puerta y cree que se trata de Eduviges, pero es Damiana, quien se acercó para invitarlo a dormir a su casa. Juan sabe de ella y dice que la seguirá porque los gritos no lo han dejado dormir. Ella afirma que se trata de Toribio Aldrete, a quien ahorcaron ahí (mucho antes de las visitas de Miguel a Eduviges), y que no hay llave para esa puerta. Juan le responde que Eduviges le abrió el cuarto. Eso sorprende a Damiana: "Pobre Eduviges. Debe de andar penando todavía". **F 18**: A continuación sabemos, por un narrador externo, que Fulgor Sedano pidió a Eduviges una habitación, sin decirle que piensa ahorcar ahí a Toribio Aldrete. El eco de sus gritos alcanzó a Juan Preciado en ese preciso cuarto, mismo al que lo condujo Eduviges.

Elodia (o Alodia), virgen. F 16: Una de las santas mencionadas por el padre Rentería el día que lo visita María Dyada. Su festividad es el 22 de octubre, cuando se produce la lluvia de estrellas de las Oriónidas (véase **Acontecimientos**), que el cura va a observar.

F

Fausta, doña. Una de las dos vecinas (la otra es Ángeles) de Comala que ven desde la calle indicios de la próxima muerte de Susana San Juan. **F 62**: Fausta parece tener una actitud menos hostil hacia Pedro Páramo que Ángeles, quien no lo compadecía en absoluto y la que finalmente habría concebido la idea de ocultar la muerte de Susana con los festejos

15 Tal vez envenenada, lo que podría recordar a Emma Bovary.

del 8 de diciembre para salvar los dedicados a la Navidad. Fausta, en cambio, es menos decidida y más compasiva: para ella Susana es "una pobrecita loca que le tiene miedo a la oscuridad", y se refiere al "Pobre del señor don Pedro". También desea que Susana pueda morir con "los auxilios espirituales" y es la primera que ve con temor las consecuencias de su muerte en ese momento: la cancelación de la celebración de la Navidad por "el poder que tiene don Pedro". Cuando Ángeles adelanta su estrategia (ocultar la muerte de Susana mediante la fiesta de la Inmaculada Concepción del día siguiente) Fausta dice que se le ha repuesto el ánimo y anticipa que se verá al día siguiente con Ángeles.

Felícitas. F 26: Esposa de Galileo, mencionada por una de las voces que escucha Juan Preciado después de la media noche mientras cruza las calles de la Comala desierta.

Filomeno. F 30: Vecino de Comala, mencionado por la hermana de Donis frente a Juan Preciado como uno de los habitantes aún vivos de Comala.

Filoteo Aréchiga. F 25: Mencionado por las voces de las primeras mujeres fantasmales que escucha Juan Preciado en las calles de Comala por la noche. Habría sido alcahuete de Pedro Páramo.

Florencio. Primer marido de Susana San Juan, ya muerto al regresar ésta a Comala y del que la trama nos permite saber muy poco. **F 45**: Bartolomé San Juan alude a él por vez primera, sin su nombre, y sabemos que ha muerto: "tú, aunque viuda, sigues viviendo con tu marido, o al menos así te comportas". **F 50**: Ella lo recuerda obsesivamente, como cuando confunde al padre Rentería con Bartolomé, quien le habría informado de la muerte de su esposo: "Ya sé que vienes a contarme que murió Florencio, pero eso ya lo sé". **F 52**: Dorotea escucha a Susana en la tumba y pide a Juan que haga lo mismo. Susana recuerda un diálogo con quien suponemos sería Florencio: "En el mar sólo me sé bañar desnuda –le dije. Y él me siguió el primer día, desnudo también, fosforescente al salir del mar". Su marido le habría respondido: "Es como si fueras un 'pico feo', uno más entre todos –me dijo–. Me gustas más en las noches, cuando estamos los dos en la misma almohada, bajo las sábanas, en la oscuridad": éstas son todas las palabras de Florencio de las que sabremos. Siguen las ensoñaciones eróticas de ella, con el mar y el cuerpo de Florencio fusionados: "Entonces me hundo en él, entera. Me entrego a él en su fuerte batir". Sólo que Florencio no las compartía: "Pero él no lo comprende". **F 55**: Juan transmite a Dorotea las palabras de Susana en la tumba, aún más cargadas de erotismo y sexualidad: ella calentaba sus pies entre las piernas de él, acurrucada, y sentía "que se quebraba su carne, que se abría como un surco abierto por un clavo ardoroso, luego tibio, luego dulce, dando golpes duros contra su carne blanda, sumiéndose, sumiéndose más, hasta el gemido". Y entonces habría recordado la muerte de Florencio, a quien Juan no puede identificar ("alguien que murió antes que ella, seguramente"), mientras repite que Susana lo esperó hasta muy tarde: que ella sintió que envolvían sus pies para darles calor y al despertar los encontró liados en un periódico que ella había dejado en el suelo, pero al despertar los encontró envueltos, momento en que "vinieron a decirle que él había muerto". **F 56**: Las ensoñaciones de Susana –"esa música tierna del pasado"– continúan, pero ahora en otro tiempo y en su cama de la Media Luna. En continuidad completa con el fragmento anterior leemos las palabras que ella había oído entonces: "Florencio ha muerto, señora". Las había dicho un hombre alto, de voz dura, seca y figura borrosa, como a través de la lluvia. Ella no puede aceptar la noticia: "¿Qué había dicho? ¿Florencio? ¿De cuál Florencio hablaba? ¿Del mío?". Susana recrimina a Dios, quien no cuidó a Florencio: "¡Señor, tú no existes! Te pedí tu protección para él. Que me lo cuidaras. Eso te pedí", y agrega que a Dios sólo interesan las almas, pero que ella, de Florencio, sólo quería su cuerpo: "Desnudo y caliente de amor; hirviendo de deseos, estrujando el temblor de mis senos y de mis brazos. Mi cuerpo transparente suspendido del suyo". Estos pensamientos sacrílegos incrementan su tono erótico y la hacen revolverse en la cama. Duerme y tira sus cobijas y sábanas hasta quedar desnuda, como la encontrará el padre Rentería horas después. **F 61**: Otro día, a hora temprana, llega el cura a darle la comunión; ella estira la lengua para recibir la hostia y decir enseguida: "Hemos pasado un rato muy feliz, Florencio", y así volver a hundirse "entre la sepultura de sus sábanas", reforzando la continuidad de los pasajes en que Susana recuerda a Florencio ya sea en la tumba, ya sea en su cama de la Media Luna. **F 63**: Rentería prepara a Susana para la muerte, atemorizándola. Se confiesa incapaz de adivinar sus pensamientos, pero el lector sí sabrá de ellos: "Él me cobijaba entre sus brazos. Me daba amor".

Fregosos, los. F 19: Vecinos de Comala mencionados por Fulgor Sedano como acreedores de la familia de Pedro. **F 23**: Pedro Páramo recuerda a Fulgor que aún les "queda la cuestión de los Fregosos. Deja eso pendiente", y podemos suponer que ambos aplicarán con ellos la misma solución que con Toribio Aldrete: el asesinato.

Fulgor Sedano. Administrador de la Media Luna desde el tiempo de Lucas Páramo. **F 11**: Eduviges lo menciona por primera vez cuando relata a Juan Preciado que un mozo de la Media Luna, por instrucciones de Fulgor, fue con ella para que asistiese al velorio de Miguel Páramo. **F 17**: Eduviges deja a Juan solo y éste regresa al cuarto que ella le asignó, donde dormita, despertando al escuchar el alarido de Toribio Aldrete al ser ahorcado, lo que sabrá enseguida: la explicación de Damiana al respecto adelanta el papel que Sedano tuvo en este episodio. **F 18**: Fulgor Sedano "Se acordaba" (expresión que aparece tres veces en este fragmento), con un acta en la mano (donde se asienta que tiene 54 años), de su acusación contra Toribio Aldrete por "usufruto", mientras tomaba copas con él, que desdeñaba la acusación. Estaban en la fonda de Eduviges y Fulgor pidió a ella que le prestase un cuarto, mientras Aldrete reconoce "lo hombre que es" Fulgor, quien ahorcará a Toribio ahí, acto seguido, llamándolo "collón" por haber gritado mientras lo asesinaban. Fulgor no perdonaba que Aldrete lo señalara como mero instrumento de Pedro Páramo. **F 19**: Fulgor toca la puerta de la casa de Pedro Páramo en Comala, a la que se presenta dos semanas después de la primera visita que le hizo. Observa de nuevo los moños de tela negra, uno más viejo que el otro, sobre la puerta. Recuerda que en su primera visita Pedro revirtió fácilmente la relación de subordinación que Fulgor pensaba establecer con él: al enlistar las deudas de la familia de Pedro éste encuentra la manera de liquidar la más grande casándose con su acreedora, Dolores Preciado, dueña de extensas propiedades. Pedro ordena a Fulgor que la pida en matrimonio para él. También aparece Aldrete en la lista de los problemas pendientes, aquí por un asunto de límites, pero lo primero es arreglar la boda: Pedro quiere que Fulgor la arregle "mañana". **F 20**: El capataz se retira asombrado por el contraste entre lo que esperaba y lo que ha encontrado. "¿De dónde diablos habrá sacado esas mañas el muchacho?", y recuerda la preocupación de don Lucas, padre de Pedro, sobre el futuro de su hijo, a quien consideraba un inútil. Al mismo tiempo Fulgor se entusiasma por lo que podría venir al agregar a la Media Luna las tierras de Dolores. **F 21**: Acude a verla utilizando toda la astucia, los engaños y las mentiras que consideró necesarios: "Fue muy fácil encampanarse a la Dolores". Le impone un matrimonio enteramente a conveniencia de Pedro Páramo: una fecha inmediata pese a la inminencia de su menstruación, sin un ajuar propio, y no olvida decirse a sí mismo, al final, que Pedro debe solicitar que el contrato matrimonial sea por bienes mancomunados. **F 22**: Fulgor informa de los buenos resultados a su patrón, quien pese a todo lo considera un niño por no obtener dinero inmediato de Dolores. Él dice de sí: "Con 55 años encima", como era habitual en México: la edad a la que se acercaba. Pedro Páramo se ocupa a continuación del conflicto con Toribio Aldrete: Sedano sabe que sus mediciones son correctas, lo que no tiene importancia para su patrón. Éste le pide que derribe los lienzos divisorios. Fulgor lo interroga: "¿Y las leyes?". La respuesta de Pedro es directa: "¿Cuáles leyes, Fulgor? La ley de ahora en adelante la vamos a hacer nosotros", expresión que va acompañada de la orden de mandar a algún "atravesado" a encargarse de Aldrete (asesinarlo), además de acusarlo de "usufruto" (el tema se ha visto en el **F 18**). **F 23**: Fulgor se encuentra de nuevo ante la puerta de la casa de Pedro, en la misma segunda visita del **F 19**, retomando lo que le sugerían los moños negros: la muerte de los padres de Pedro ha permitido a éste prepararse para iniciar una nueva etapa de prosperidad, ahora inminente: "Se ven bonitos esos moños negros, lo que sea de cada quien". Ya ante Pedro éste le pregunta por el "asunto" de Aldrete y Fulgor le dice que "está liquidado". Su patrón anticipa que se ocuparán de un caso similar después, mientras agrega con sorna que está ocupado con su luna de miel. **F 26**: Las funciones del capataz son conocidas por todos: entre las voces que escucha Juan Preciado en las calles de Comala está la del cuñado de Galileo, a quien asegura que sus tierras ya "son de Pedro Páramo", para agregar la pregunta: "¿No te ha venido a ver don Fulgor?" Esta sola mención equivale a una sentencia de muerte: "Requiescat in paz, amén, cuñado". **F 37**: Fulgor se ocupa de las tierras que ahora son de Pedro Páramo y de distribuir el ganado en ellas. Miguel Páramo llega a caballo y el capataz le pregunta "¿De dónde vienes a estas horas, muchacho?". Miguel responde que de ver mujeres y Fulgor bromea: sería de ver a *la Cuarraca*, la única a la "que le gustan los bebés". Miguel le responde: "Eres un imbécil, Fulgor". El capataz va a revisar el grano mientras piensa que Miguel es igual a su padre "pero comenzó demasiado pronto". Olvidó mencionar a Miguel que lo acusan de haber matado a uno. Ve su caballo sin desensillar y vuelve a pensar en el asesinato recientemente cometido por Miguel, que comentó el día previo con Pedro. Su padre simplemente le dice que no es posible tal cosa y que "La culpa de todo lo que él haga échamela a mí". Fulgor agrega que Miguel corre contra el tiempo y que acabará por perder. Añade que la viuda del hombre asesinado que estuvo la víspera estaba desconsolada y no aceptó compensaciones. Como Fulgor no sabía quién podría ser esa mujer Pedro le aconseja que no se preocupe: "Esa gente no existe". El capataz se retira y verifica las existencias de grano, satisfecho por las lluvias que se acercan. **F 39**: Fulgor llega por la noche a la Media Luna con el cadáver de Miguel y da la noticia de su muerte a Pedro Páramo; anticipándose a una reacción airada suya añade que nadie lo asesinó. Fulgor cree que el cuerpo "Parece más grande de lo que era". Pedro le encarga que mate al caballo y que pida a las mujeres reunidas que no hagan tanto escándalo. **F 43**: Fue Fulgor quien avisó a Pedro de la llegada de Bartolomé San Juan y su hija a la casa de los Páramo en Comala. Creyó que eran marido y mujer. **F 46**: Pedro le confía la importancia que tiene Susana para él, por lo que no desea perderla otra vez y da a Fulgor la orden de "desaparecer" a Bartolomé en su mina. Ante la cautela de Fulgor por la posibilidad de que Susana llegue a saberlo, Pedro le da a entender que eso no sucederá mediante una pregunta –"¿Quién se lo dirá?"–, que Fulgor responde con: "Estoy seguro que nadie", y escucha la orden de Pedro: "Quítale el 'estoy seguro que'", aumentando así la admiración que Fulgor siente por Pedro: "Me vuelve a gustar como acciona usted, patrón", al ver que conserva el mismo ánimo homicida: "como que se le están rejuveneciendo los ánimos", pese a que han pasado muchos años desde la primera vez que se vieron. **F 51**: Finalmente sabremos por el *Tartamudo* que lo mataron los revolucionarios que se acercaban a Comala, al reconocerlo como el administrador de la Media Luna. Los alzados mandaron a Sedano con un mensaje para Pedro Páramo, pero contradictoriamente lo matan mientras corría ("soltó la calda"). Su muerte no importa a Pedro Páramo, pues ya "Había dado de sí todo lo que tenía que dar; aunque fue muy servicial".

G

Galileo. F 26: La suya es una de las voces que escucha Juan Preciado en las calles de Comala por la noche. Su cuñado dice saber que sus tierras "son de Pedro Páramo", lo que Galileo desmiente, pero sólo para que le respondan "¿No te ha venido a ver don Fulgor?". Tal mención equivale a una sentencia de muerte –"Requiescat in paz, amén, cuñado"– de ejecución inminente, pues se despide de Galileo con "Dile a Felícitas que esta noche no voy a cenar, No me gustaría contar después: 'Yo estuve con él la víspera'".

Gamaliel Villalpando. Dueño de la tienda y cantina de Comala al final de la novela. **F 68**: Mientras su madre, Inés, barre la calle, Gamaliel duerme. Ella lo despierta al llegar Abundio Martínez para que lo atienda, pero sólo para que Gamaliel diga: "Yo no tengo la culpa de que a estas horas anden sueltos los borrachos". Inés lo disculpa alegando que pasó la noche bebiendo con unos clientes. Inés era la dueña de la tienda en la infancia de Pedro Páramo, cuando su abuela lo envió con ella a comprar un molino y su madre a adquirir tafeta negra.

Gerardo Trujillo. Abogado de la Media Luna que maneja las finanzas de Pedro Páramo. **F 54**: Su patrón lo menciona por primera vez cuando decide entregar un rancho al *Tilcuate*, enviándolo con Trujillo para que lo ponga a su nombre. **F 57**: Poco después Trujillo informa a su patrón, inexactamente, que el *Tilcuate* ha sido derrotado. Luego le dice que deja su trabajo para irse a Sayula, esperando obtener una indemnización. Menciona los papeles con temas delicados que ha manejado y que, por ello, le quiere entregar. Negocia mal y su patrón adelanta que quemará los documentos y no le ofrece la recompensa a que aspiraba por tantos años de servicio, desde la época de don Lucas hasta el tiempo de Miguel. Recuerda que comentó el asunto con su esposa y que ésta no compartía su seguridad de obtener algo, asombrándose de la intuición de su mujer. Sale de la Media Luna con las manos vacías pero aún esperando un aviso favorable de Pedro Páramo. **F 58**: Regresa para intentarlo de nuevo, argumentando ahora que no desea dejar las cosas así. Avanza en la petición de dinero y obtiene mucho menos de lo que esperaba. Lamenta que ya Lucas le quedara a deber, más todo lo que tuvo que hacer para librar a Miguel de la cárcel, incluso poniendo de su bolsillo. Pedro le entrega el dinero y le dice con sorna que cuide las monedas porque no regresan. Trujillo piensa en voz alta y le responde que "tampoco los muertos retoñan".

Gertrudis Preciado. Hermana de Dolores. **F 9**: Juan Preciado la menciona con Eduviges, pues era la tía que los acogió a él y Dolores en su casa de Colima. Si fuese la misma, aparece como Matilde en **F 19**, según Fulgor Sedano, quien no sabe si vive en Guadalajara o Colima.

Guzmanes, los. Acreedores de la familia de Pedro Páramo. **F 19**: Los menciona Fulgor Sedano junto a las Preciado, los Fregoso y Toribio Aldrete.

H

Hermana de Donis. Esta mujer sin nombre es a quien más escucha Juan Preciado poco antes de su muerte, sea por lo que platica con Donis o por lo que le confía directamente. **F 29**: Los hermanos incestuosos invitan a Preciado a pasar a su casa y él les pregunta si no están muertos. Ella sonríe y dice que está asustado. Como su hermano, también está desnuda. Juan duerme y al amanecer escucha a los hermanos hablar. Ella discute sobre diversas cosas con Donis y éste se irrita, sobre todo cuando ella quiere saber más sobre Juan y le preocupa lo que pensará de su relación. Donis quiere callarla sin éxito y la echa de la cama. Finalmente Juan se levanta e inician una conversación con diversos temas: uno, cómo irse de Comala, y mencionan los caminos a Contla, la Media Luna y Sayula. Ella aclara que Donis es su hermano y que sólo éste sabría de Dolores Preciado. Se siente llena de manchas por el pecado y habla de algunos vecinos vivientes, pero sin olvidar "el gentío de ánimas" que salen cuando oscurece y a las que ya no servirían los rezos. Agrega que confesó todo ante un obispo que pasó alguna vez por Comala, quien le dijo que no había perdón para su unión. Ella pidió que los casara porque al ser los únicos era lógico que se hubiesen convertido en pareja, además, así podrían poblar de nuevo el lugar. Eso no disminuyó el escándalo y el obispo se fue con "la cara dura". Regresa Donis, quien anuncia que saldrá de nuevo por la noche. Juan menciona la relación entre los hermanos y ambos le dan a entender que no es su asunto. Manifiesta de nuevo su deseo de irse y Donis no se lo aconseja en ese momento, por lo que pasará la noche de nuevo con ellos. **F 31**: Juan duerme y ve a la segunda hermana de la pareja en la casa y se asusta. Retornan los hermanos incestuosos y ella le da agua de azahar para quitarle el susto. Donis piensa que podría ser un místico. La mujer sugiere subirlo a la cama; Donis agrega que es sólo un charlatán. **F 32**: Juan despierta y siente a la mujer a su lado, quizá durmiendo, respirando junto a él y con sus piernas en contacto. Ella inicia una conversación sobre su hermano: que no regresará y la dejó con Juan para que la cuidara. Él se levanta y ella le sugiere ir a la cocina para comer algo que dejó la otra hermana, cuya visión lo espantó. **F 34**: Juan vuelve al cuarto y quiere dormir en el suelo, pero la mujer lo disuade y va a acostarse con ella. **F 35**: Juan despierta a medianoche por el calor y el sudor. El cuerpo de la mujer es ahora de tierra y se deshace como si fuera de lodo por el sudor que le escurre, mientras sale de su boca un estertor. Es la última persona que ve Preciado, quien siente que se ahoga y necesita salir a la calle, donde muere.

I

Indios de Apango. F 47: Llueve en los campos del valle de Comala. "Es domingo. De Apango han bajado los indios con sus rosarios de manzanillas, su romero, sus manojos de tomillo", pero no otras mercaderías porque están mojadas (Apango significa "lugar en el agua o con corrientes de agua"). Se instalan "bajo los arcos del portal, y esperan". Se trata de los únicos personajes identificados explícitamente como indios en la novela. Aparecen de la manera común en ciertas regiones de México: en los mercados. El domingo es un día propicio para esto. La lluvia, sin embargo, no los favorece. El agua impide que los hombres se acerquen al mercado: trabajan en el campo para evitar daños a la milpa tierna. La lluvia es más que un contratiempo: "Los indios esperan. Sienten que es un mal día. Quizá por eso tiemblan debajo de sus mojados 'gabanes' de paja; no de frío, sino de temor". Ya que "Nadie viene" no podrán adquirir los encargos de sus mujeres: "un poco de hilo de remiendo y algo de azúcar, y de ser posible y de haber, un cedazo para colar el atole". Esperan más y el temor es ya realidad, de la que se evaden: "Platican, se cuentan chistes y sueltan la risa". También piensan que "Si al menos hubiéramos traído tantito pulque, no importaría". Justina Díaz entra al portal y despierta su interés: "Los indios voltearon a verla. Vio la mirada de todos como si la escudriñaran". Compra diez centavos de romero y se va, "seguida por las miradas en hilera de aquel montón de indios": quizá fue su única clienta. "Los indios levantaron sus puestos al anochecer" para regresar a la lluvia con sus tercios a la espalda, pasando a rezar a la Virgen, a la que dejan un manojo de tomillo. "Ahi será otro día". Se alejan "contándose chistes y soltando la risa", pero la lluvia queda. Justina regresa a la Media Luna, donde escucha la voz de Bartolomé –quien acaba de morir por orden de Pedro Páramo (**F 46**)–, que le pide que se vaya. Grita, la lluvia se sigue oyendo y amortigua los ruidos, "hilvanando el hilo de la vida". Justina tranquiliza a Susana. La lluvia se ha apoderado de todo. **F 48**: No hay presencia de los indios de Apango en este fragmento, pero sí de la lluvia, que no cesa en toda la noche. Justina informa a Susana de la muerte de su padre y en lugar de llorar ella sonríe, como leemos dos veces. **F 49**: Susana revive la experiencia de Bartolomé al bajarla a una tumba para buscar monedas de oro. La experiencia la hace desmayar y sólo se recupera unos días después, frente a su padre. "Por eso reía ahora". Justina "tuvo que levantarse al ver que ella reía y que su risa se convertía en carcajada". Aquí reaparecen los indios en la narración, si bien no en Comala, pues salieron la noche anterior: "Afuera seguía lloviendo. Los indios se habían ido. Era lunes y el valle de Comala seguía anegándose en lluvia". Rulfo abre y cierra los tres fragmentos donde sabemos del regreso de Bartolomé –ya muerto– y de Susana introducida por él a una tumba para encontrar monedas de oro, con la persistente lluvia, la presencia de Justina y los indios de Apango en el mercado. Éstos y Susana comparten la risa como reacción ante la trágica adversidad de toda la historia en ellos, y la tragedia individual de su hija causada por Bartolomé San Juan.

Inés Villalpando. Dueña de la tienda de Comala en la infancia de Pedro Páramo. **F 7**: La abuela de Pedro Páramo manda a éste a comprar un molino a la tienda de Inés, añadiendo que también le pida prestados un cernidor y unas podaderas. Al verlo salir su madre agrega otro encargo: un metro de tafeta negra (con el que harán un moño por la muerte del abuelo, aunque esto es sólo implícito). **F 68**: Inés reaparece al final de la novela, cuando su hijo Gamaliel es ya el encargado de la tienda y cantina. Ella recibe a Abundio, quien le dice que su mujer ha muerto. Conversan mientras Abundio bebe. Inés le encarga que diga a la muerta que "la tenga en cuenta cuando llegue a la Gloria" y le pregunta si la asistió el cura Rentería, quien, como sabe Abundio y le responderá, anda "en la revuelta". Inés se sorprende, pero él le dice que es algo que a ellos "Ni nos va ni nos viene". Abundio aprovecha lo que Inés le ha pedido (que su esposa muerta interceda por ella) para obtener unos tragos más sin costo. Inés lo despide para que cumpla de inmediato su encargo con la muerta.

Inocencio Osorio, el *Saltaperico*. Adivino y embaucador. **F 9:** Lo menciona Eduviges al principio de la novela como "amansador" de potrillos, pero que era en realidad "provocador" de sueños, un embaucador que se presentaba como curandero y vidente, pasando a seductor de las mujeres que atendía. Le dijo a Dolores que "no debía repegarse a ningún hombre" la noche de su boda, por lo que ella habría recurrido a Eduviges. **F 31**: Donis habla de un "místico" que conoció en la Media Luna, que podría ser Osorio, a quien Pedro Páramo ordenó matar cuando descubrió sus chapucerías.

Isaías. Peón de la Media Luna. **F 15**: Estuvo en el entierro de Miguel Páramo.

J

Juan Preciado. Hijo legítimo de Pedro Páramo pese a no llevar su apellido. **F 1**: Primer narrador de la novela, que inicia cuando su madre, Dolores, está por morir. Casi todo lo que le concierne lo tiene como narrador, no siempre de manera continua, durante su viaje y estancia en Comala, así como en el cementerio. En sus palabras iniciales se advierte una situación peculiar: habría ignorado siempre que tenía un padre con otro apellido, que vivía en Comala. Esta revelación la obtiene *in extremis*, con un mandato: buscar a ese padre, agregando dos precisiones contradictorias (en orden inverso a su narración): que debe cobrar caro el olvido en que los tuvo y que a su padre le dará gusto verlo. Aunque Juan prometió hacerlo no tuvo tal intención; fueron los sueños, las ilusiones y la esperanza los que motivaron su viaje a Comala. El tema de la ilusión retornará.[16] **F 2**: Ya en camino a Comala no ve un paisaje como el que esperaba y dice al arriero que ha encontrado: "¿Y por qué se ve esto tan triste?", al tiempo que recuerda las idílicas descripciones hechas por su madre ("*Hay allí, pasando el puerto de Los Colimotes, la vista muy hermosa de una llanura verde...*"). Esto será una constante cada vez que recuerde la voz de su madre. Mientras camina continúa platicando con el arriero, a quien dice que va a buscar a su padre y el nombre de éste. Recuerda que encontró al arriero poco antes y decidió seguirlo pues también iba a Comala. El arriero le dice que también es hijo de Pedro Páramo; el calor aumenta y el arriero le dice que Pedro Páramo "es un rencor vivo". Lleva un retrato de su madre en la bolsa de la camisa, junto al corazón, para que su padre lo reconozca. El arriero le muestra las tierras que pertenecían a Pedro Páramo. Ya cerca del pueblo agrega que en Comala "no vive nadie" y que Pedro murió "hace muchos años". **F 3**: Juan se interna en las calles del pueblo y lo encuentra vacío, "sin ruidos", con casas invadidas por la hierba y una señora que desaparece de pronto, a la que pregunta por la casa de Eduviges. Recuerda las palabras de su madre: "*Allá me oirás mejor. [...] Encontrarás más cercana la voz de mis recuerdos que la de mi muerte, si es que alguna vez ha tenido alguna voz.*" Esto hace decir a Juan: "Mi madre... la viva": sabremos después que también escuchará la voz de su madre muerta. Oscurece, va a tocar la puerta y apaece una mujer: "Pase usted". **F 4**: Ahora Juan retrocede en el relato y recuerda las advertencias del arriero, que desatiende, internándose en un pueblo sin habitantes: "ahi se lo haiga", le dijo aquél, aunque podría haber "algún vecino viviente", y lo había mandado con Eduviges cuando le preguntó dónde podría alojarse. Sólo alcanza a oír el nombre, no el apellido, del arriero: Abundio. **F 5**: Eduviges lo lleva al interior y lo desconcierta hablándole de manera extraña de su madre, quien le habría avisado que su hijo llegaría ese día. Eduviges le pregunta cuándo murió Dolores y él le dice que hace ya siete días. Eduviges le asegura que pudo

16 Rulfo reflexionó en una entrevista sobre este personaje, lo que tendría interés en más de un punto de la novela. Por eso se incluye en este libro la entrevista realizada por Ignacio Ezquerra y Ramón Artiach, "Rulfo: 'no soy más que un aficionado'", *Disidencias* [suplemento de *Diario 16*], 14 de febrero de 1982, p. IV.

ser su madre. Juan piensa que está loca y cae en el suelo de su cuarto, muy cansado. **F 9**: La conversación continúa y Juan menciona a Abundio. Ella le dice que se quedó sordo y que ya habría muerto. Juan observa el aspecto de ella, quien se extiende sobre Dolores y su boda con Pedro, e igualmente sobre ella misma como participante en la noche nupcial. Juan recuerda otra vez las palabras de su madre, idílicas igualmente, y Eduviges llega al punto en que habla, por contraste, de la infelicidad de Dolores en su matrimonio y sobre cómo salió de Comala, lo que Juan complementa con algo sobre su difícil vida en Colima, arrimados con su tía. Eduviges dice de pronto: "¿Cuándo descansarás?", palabras que serían el primer indicio del episodio de la muerte de Miguel Páramo. **F 11**: Eduviges escucha el caballo de Miguel Páramo ("Corre por todas partes buscándolo y siempre regresa a estas horas"), pero no Juan. Ella añade: "Entonces es cosa de mi sexto sentido. Un don que Dios me dio, o tal vez sea una maldición", palabras que se aplicarían también a Juan Preciado, pues está comunicándose con espectros. Eduviges recuerda su encuentro con Miguel ya muerto y la invitación para que acudiera a su velorio. Pregunta a Juan si ha oído el quejido de un muerto y remata con un "Más te vale", que ya adelanta la historia de la muerte de Toribio Aldrete, ocurrida en el cuarto que asignó a Juan. **F 17**: Eduviges continúa: "Más te vale, hijo". Juan regresa a su cuarto, pues había salido de él, dormita y escucha "un grito arrastrado" que lo aterroriza y a continuación llega Damiana Cisneros, quien vino a invitarlo a dormir en su casa. Juan sabe por Dolores que ella lo cuidó de niño. Damiana le hace saber que el grito era de Toribio Aldrete, ahorcado ahí, y que Eduviges ya ha muerto. **F 24**: Damiana cuenta a Juan que las calles de Comala están llenas de ecos, como ladridos y conversaciones, y dice por vez primera el nombre del hijo de Dolores: "no te asustes si oyes ecos más recientes, Juan Preciado". Él le pregunta, ya experimentado, si también su madre le avisó que vendría, lo que extraña a Damiana. Juan quiere saber cómo dio con él, sin obtener respuesta, y al gritar su nombre sólo le responde el eco (palabra que aparece al inicio de este fragmento). **F 25**: Juan escucha ladridos, ve a un hombre que no responde a su llamado y escucha voces cercanas: dos mujeres hablan de Filoteo Aréchiga, alcahuete de Pedro Páramo, y deciden alejarse. **F 26**: Después de medianoche Juan sabrá más de Pedro Páramo al seguir el diálogo de Galileo y su cuñado, quien le asegura que sus tierras son ya de Pedro Páramo, lo que Galileo niega. El cuñado le pregunta si no ha venido a verlo Fulgor Sedano, quien se encargaría de matarlo, lo que da por seguro: "Requiescat in paz, amén, cuñado". **F 27**: También oye fragmentos de conversaciones banales, como la de Chona y su novio, quien la amenaza con buscar a "la Juliana" si no se va con él en ese momento. **F 28**: Escucha igualmente "Ruidos. Voces. Rumores. Canciones lejanas". **F 29**: Después no sólo oye, también ve carretas, bueyes y hombres como dormidos, lo que le hace recordar unas palabras de Dolores, de nuevo intensamente poéticas y en el extremo opuesto de lo que ahora presencia ("Carretas vacías. [...] El eco de las sombras") en esa madrugada en Comala. Piensa en regresar y siente arriba de él el camino por el que llegó al pueblo, pero en ese momento tocan sus hombros: le preguntan qué hace, responde a medias que vino en busca de su padre y lo invitan a pasar a una casa con la mitad del techo caída, donde están un hombre y una mujer desnudos, que hablan de él. Le dicen que oyeron cómo daba cabezazos a la puerta. Se disponen a dormir. **F 30**: Juan tendrá ahora otro tipo de experiencias en Comala, distintas a las previas. Escucha voces reales, medio dormido, y los dos de la casa hablan largamente sobre su huésped, del que no están seguros quién sea y a qué fue a Comala. Juan escucha la conversación absurda de los hermanos. Despierta a mediodía y pregunta a la mujer cómo puede irse. Ella ha estado siempre encerrada, le dice, revelándole que su pareja es al mismo tiempo su hermano, lo que la atormenta. La conversación se extiende y también menciona ella algunos vivientes en Comala, como Dorotea, así como "el gentío de ánimas" que vagan por la noche. Regresa el hermano, Donis, quien lo disuade de salir en ese momento de Comala. El lector puede pensar, lícitamente, que la pareja sólo desea retener a Juan con ellos. **F 31**: Cae la tarde y Juan ve la estrella de la tarde, a la que acompaña poco después la luna. Aquí conviene recordar que el primer título que pensó dar Rulfo a su novela, en 1947, fue "Una estrella junto a la luna", y que este astro, Xólotl en el panteón del México antiguo, tendría una relación con los hermanos incestuosos, en cuyo dominio, la casa sin techo, se encuentra ahora Juan, e igualmente que se trata de una deidad vinculada al deambular de los muertos.[17] Los hermanos salieron y Juan ve a otra mujer, casi al mismo tiempo en que, por segunda ocasión, se fija en la estrella junto a la luna, asustándose. Dirá poco después, ya de regreso los hermanos: "Veo cosas y gente donde quizá ustedes no vean nada". Donis, hablando con su hermana, compara su caso con

17 Véase "Una estrella para la muerte y la vida", en Víctor Jiménez (coord.), *Pedro Páramo. 60 años*, 2015, p. 63.

otro, un "místico", quizá el *Saltaperico* (sin nombrarlo) al que Pedro Páramo hizo matar por chapucero. **F 32**: Juan recuerda ahora, en un *flash back* construido por él mismo –"Como si hubiera retrocedido el tiempo"– la primera vez que vio la estrella junto a la luna, el día previo, al llegar por la tarde a Comala. Puede haber aquí un reconocimiento de su extraña situación, del lugar donde está y de los hermanos que ahí viven, asociado todo a la estrella vespertina, pero entendida ésta con su significado en el México antiguo. Recuerda en este momento a Abundio mandándolo con Eduviges "si todavía vive". Siente entonces a la mujer en la misma cama y sus piernas desnudas. Ella le dice que Donis salió de nuevo y ya no regresará: "me dejó con usted para que me cuidara". Juan encuentra algo de comer en la cocina y la hermana le explica que esa comida la trajo su hermana, esa "que lo asustó tanto". A continuación observa de nuevo el cielo: "Y junto a la luna la estrella más grande de todas". **F 33**: Juan sabe ahora a ciencia cierta el significado de esta estrella y pregunta a continuación a su madre muerta, con naturalidad, "¿No me oyes?", para agregar "¿No me ves?". Escucha su respuesta negativa de manera igualmente natural. **F 34**: Regresa Juan al "mediotecho" y la hermana lo hace subir a su cama: "Entonces fui y me acosté con ella". **F 35**: Despierta por el calor a medianoche, ve el cuerpo de la mujer deshacerse como tierra o lodo, siente nadar en el sudor que escurre de ella y que le falta el aire. La hermana de Donis duerme emitiendo un estertor y Juan se levanta para salir a la calle. Retornan los temas del inicio de su viaje a Comala: el extremo calor, propio de "la canícula de agosto", como vuelve a decir aquí, y ahora se agrega la falta de aire. Cree haber visto espuma sobre su cabeza: "fue lo último que vi". **F 36**: Juan y Dorotea, muertos, platican en la tumba y sabemos ahora que lo dicho hasta aquí era parte de una conversación entre ellos. Dorotea y Donis encontraron su cuerpo en la plaza; Juan murió de miedo por lo que escuchaba: "me mataron los murmullos", aunque recuerda asimismo otras palabras de Dolores, en contraste absoluto de nuevo, como una cruel ironía, que hablan de "un puro murmullo de la vida" en el contexto de una Comala idílica. Su miedo había aumentado al llegar a la plaza, los murmullos le hicieron sentir frío y lo mataron. Agrega que llegó a Comala por la ilusión de encontrar a Pedro Páramo: Dorotea rechaza la ilusión hablando de su propio caso, retorna al momento de la muerte de Juan y, poco después, la suya propia, por lo que fue arrojada a la misma tumba. Cuenta sus dos sueños y para terminar dice que afuera "está lloviendo", aunque Juan cree que alguien camina sobre ellos.

Dorotea le pide que no sienta miedo. **F 38**: La conversación continúa sobre la lluvia en Comala, tal como la recordaba Dolores: "Mi madre, que vivió su infancia y sus mejores años en este pueblo y que ni siquiera pudo venir a morir aquí. Hasta para eso me mandó a mí en su lugar". Así interpreta Juan ahora el sentido de las últimas palabras de su madre: ella lo envió a morir a Comala, lo que acepta con naturalidad. Dorotea recapitula para Juan su propia vida, siempre en riña con su alma, hasta el momento de su muerte. **F 41**: Otra voz se oye en el cementerio: Susana San Juan. Aún no se sabe quién es. **F 42**: Sólo Juan ha escuchado la voz: "¿Eres tú la que ha dicho todo eso, Dorotea?" Ella responde que no y que no pudo oírla por estar dormida, agregando que se trata de Susana, la mujer de Pedro Páramo, y otra voz los interrumpe: es un hombre, también identificado por Dorotea; ella pide a Juan prestar atención a esa voz pues "tienes los oídos muchachos". Finalmente ésta explica a Juan cómo la muerte de Susana causó, por la reacción de Pedro Páramo, el fin de Comala al cesar la actividad económica del lugar, que dependía enteramente de él –"Le perdió interés a todo"–, pues los habitantes se fueron: "lo cierto es que echó fuera a la gente y se sentó en su equipal". **F 52**: La voz de Susana la escuchan de nuevo Juan y Dorotea desde la tumba. Las ensoñaciones de Susana son ahora de carácter erótico y es Juan, con mejor oído, quien las transmite a Dorotea. **F 55**: Dorotea pregunta de nuevo a Juan Preciado qué dice Susana. Sabremos de sus palabras al ser repetidas por Juan: ella recuerda un intenso encuentro sexual con Florencio y después el momento en que supo de la muerte de su marido: ya muerto se acercó a envolver los pies de Susana con un periódico, pues no los podría calentar más con sus piernas. No volveremos a saber más de Juan y Dorotea, pero Susana conservará en adelante el mismo tema y tono de sus delirios: encuentros eróticos y sexuales con Florencio, que no cambian cuando la narración retorna a la cama en que ella agoniza en Comala.

Juliana, rival de Chona. F 27: La menciona una de las voces que escucha Juan Preciado en Comala, quien habla con Chona. El hombre buscaría a Juliana si Chona no quiere fugarse con él.

Justina Díaz. Nana de Susana San Juan y posteriormente su sirvienta y acompañante. **F 41**: Susana se refiere a ella por primera vez cuando recuerda, en su tumba, los funerales de su madre: "¿Te acuerdas, Justina?". Justina habría dispuesto todo para el funeral: atendió a quienes llegaron por dinero para unas misas, pero Susana negó que necesitase esas misas para salir del Purgatorio, lo que alarma a Justina: "¿Dices que estoy loca?"; ésta sería la primera vez que la forma de ser de Susana es calificada como "locura", precisamente por Justina. Susana, que enfrenta con dureza la muerte de su madre, no admite que Justina llore. **F 47**: Justina reaparece muchos años después, cuando Susana vive ya en la Media Luna, luego de regresar a Comala. Va a comprar al mercado apenas unas hierbas, con su paraguas y bajo la lluvia, sorteando los chorros de agua: "Entró en el portal. Los indios voltearon a verla. Vio la mirada de todos como si la escudriñaran". Nadie ha salido y los vendedores fijan su atención en ella, que podría ser su única compradora del día, y regresa a la Media Luna. De nuevo en el cuarto de Susana, totalmente a oscuras, escucha una voz que la llama por su nombre y la exhorta a irse: "Ya no te necesitamos". Ella responde que Susana sí la necesita y pregunta a quien le habla: "¿Es usted, don Bartolomé?" lanzando a continuación un grito que se escuchó hasta muy lejos. Sin embargo, su principal preocupación sería ahora, como siempre, proteger a Susana, quien le pregunta si ella gritó y Justina, como cabe esperar, lo niega. Susana se queja del gato de Justina, que no la ha dejado dormir, por lo que ella le anticipa que se irá, probando así su capacidad de entender las cosas, pero de inmediato la tranquiliza: "No, no me iré", lo que concluye con un "te cuidaré siempre". Recuerda finalmente cuando tenía a Susana recién nacida en los brazos, jugando a amamantarla. **F 48**: Justina reaparece unas horas después en el cuarto de Susana cuando ésta la llama con la misma queja sobre el gato, pero ella se recuesta en el pecho de Susana sólo para decirle que le avisaron que Bartolomé ha muerto y ya ha sido enterrado. **F 49**: Recuerda Susana el episodio traumático de su niñez provocado por su padre y termina riendo a carcajadas, lo que sumerge a Justina, "que lloraba sobre su corazón", en la tristeza, y debe incorporarse. **F 61**: El fragmento inicia con la descripción, nada explícita, de un sismo. En su cuarto Susana se dirige a Justina y le pregunta: "¿No oyes cómo rechina la tierra?". Justina le dice que no, mostrando de nuevo su decisión de no inquietar a Susana por nada que ocurra, y continúa poniendo orden en el cuarto: un florero se ha roto, por lo que recoge los vidrios y las flores, además de secar el piso. Susana le pregunta por la muerte de los pájaros y luego por la propia, para llegar al tema del Infierno, en el que Justina sí cree, además del Cielo. Cuando Susana duerme Justina sale y se encuentra con Pedro Páramo, al que comunica su visión pesimista de lo que ocurre a Susana: "está perdida para todos", además de, probablemente, que "no debe estar en gracia", por lo que Pedro la reprende. **F 63**: Asistimos al largo encuentro en que Rentería intenta conseguir el arrepentimiento de Susana. Un instante antes de su muerte Susana escucha el sollozo de una mujer y pronuncia sus últimas palabras: "¡Justina, hazme el favor de irte a llorar a otra parte!"

L

Lucas Páramo. Padre de Pedro. **F 12**: Sabemos de él, sin su nombre, cuando acaba de morir: la madre de Pedro, entre sollozos y convulsiones, se lo dice. La escena, que recordará Pedro muchos años después, poco antes de su propia muerte, está narrada desde ese momento final. **F 19**: Fulgor Sedano lo evoca, con su nombre, al visitar a Pedro como su nuevo patrón, quien lo sorprendió por su dominio de la situación: "¿Quién era aquel muchacho para hablarle así? Ni su padre don Lucas Páramo se había atrevido a hacerlo". Había pintado a Pedro una situación económica desastrosa, de subsistencia (como ya se advierte en los fragmentos iniciales de la novela, en la misma casa de Pedro, pues vivían de prestado): "la familia de usted lo absorbió todo. Pedían y pedían, sin devolver nada". Lucas dejó sólo deudas y Pedro encontrará una manera drástica de eliminarlas, a manera de primer paso. **F 20:** Al salir de la casa de Pedro, Fulgor vuelve a recordar a Lucas Páramo y lo que pensaba sobre su hijo: "Es un inútil", "Un flojo de marca", "Se me malogró, qué quiere usted, Fulgor". La economía familiar era tan precaria en tiempos de Lucas que le preocupaba que Pedro no pudiese siquiera "comer y mantener a su madre cuando yo les falte". Pero en realidad a Fulgor le agrada la idea de que Pedro no sea el "inútil" que su padre imaginó, y ya anticipa la expansión de la Media Luna: "'Vente para acá, tierrita de Enmedio'. La veía venir". **F 21**: Al hablar con Dolores, Fulgor le dice, mintiendo, que Lucas Páramo, muerto hacía poco, pensaba que ella "no era digna" de su hijo, pero que pese a esto Pedro quería desposarla. Sobre todo, Fulgor tiene ya muy claro su papel en la nueva etapa de prosperidad que ve acercarse. **F 22**: El mismo Pedro recurre al nombre de su padre para que sepa Toribio Aldrete, a través de Fulgor, que ahora podrá despojarlo de sus tierras y hasta de la vida, como ocurrió, de acuerdo a sus intereses: "Y recuérdale que Lucas Páramo ya murió. Que conmigo hay que hacer nuevos tratos", enfatizando el contraste entre dos formas de gestión de las propiedades familiares. **F 39**: Pedro recuerda la noche remota en que su madre le había dicho "¡Han matado a tu padre!", cuando escuchaba "Ruidos vagos" en los corredores de la Media Luna mientras cargaban el cadáver de Miguel: "Vino hasta su memoria la muerte de su padre que arrastró otras muertes y en cada una de ellas estaba la imagen de la cara despedazada, roto un ojo, mirando vengativo el otro". Finalmente habría dado por concluida su venganza por esa cara destrozada cuando "ya no hubo nadie que se la recordara". Con esa muerte iniciaba Pedro su camino hacia el completo dominio de Comala, causando también la muerte de su madre, que Pedro no quería recordar: "Nunca quiso revivir ese recuerdo". **F 42**: Finalmente sabremos por Juan Preciado y Dorotea, quienes escuchan en el cementerio el testimonio de un muerto, que Lucas falleció el día de San Cristóbal (25 de julio) a causa de una bala que no iba dirigida a él, durante una boda en Vilmayo. Este testigo, quien habla ahora desde el cementerio, fue asesinado por Pedro dos meses más tarde.

M

Madre de Pedro Páramo. La novela no menciona su nombre. **F 6**: Ella se dirige a Pedro: "¿Qué tanto haces en el excusado, muchacho?" Pedro recuerda sus últimos encuentros con Susana y su madre insiste en que deje el excusado, mientras le pregunta "¿Qué haces aquí?", y finalmente lo manda a que ayude a su abuela. Pedro le responde "Ya voy, mamá. Ya voy". Esta escena la recuerda el Pedro anciano, que en el fragmento final de la novela reproducirá de manera muy cercana estas mismas palabras, dirigidas ahora a Damiana. **F 7**: Pedro se dirige a la tienda de Inés Villalpando por encargo de su abuela y su madre le pide también un metro de tela negra, que se sumará a la deuda que ya tienen; de regreso habrá de comprarle unas cafiaspirinas y le señala dónde encontrará una moneda. **F 8**: La noche de ese mismo día vuelve a llover. En su cuarto Pedro escucha rezos cuando su madre se acerca a preguntarle por qué no fue a rezar el novenario del abuelo. La ve en el umbral, con una vela en la mano que proyecta su sombra hacia arriba, a las vigas del techo, que la despedazan. Pedro le dice que se siente triste (ha estado pensando en Susana) y su madre se da vuelta, apagando la vela. Cierra la puerta y el ruido de sus sollozos se mezcla con el de la lluvia. Este llanto sería el indicio más preciso de que el abuelo de Pedro que acaba de morir es el materno. **F 12**: Una escena muy parecida a la del novenario del abuelo se presenta en la muerte de su padre: otra vez agua, pasos. La voz de su madre que le dice "¡Despierta!" y el llanto. Ve la cara de ella, con su cuerpo recargado en el marco de la puerta, sollozando. Él le pregunta por qué llora y ella anuncia: "Tu padre ha muerto", para dar vueltas sobre sí misma, hasta que la detienen. Atrás, luces imprecisas, pasos, "Ruidos callados". Más llanto y la precisión: "Han matado a tu padre", que adelanta la venganza de Pedro y su consecuencia: "¿Y a ti quién te mató, madre?" Esta noche sería la del 25 de julio, día de San Cristóbal, cuando se celebraba la boda en que Lucas Páramo (véase) fue alcanzado por una bala. **F 19**: Fulgor Sedano toca la puerta de la casa de Pedro en Comala y recuerda su primera visita, dos semanas atrás, cuando observó los dos moños negros sobre la puerta, colgados por las muertes de sus padres. El nuevo es el de la madre. Es el 31 de marzo (Pedro le ordenó que fuera a ver a Dolores Preciado "mañana"; ella dirá que es 1 de abril) y la muerte de la madre sería posterior a la matanza causada por Pedro como venganza por la de su padre. La muerte del hombre de Vilmayo habría ocurrido a fines de septiembre (dos meses después del día de San Cristóbal, como dice), y algo después pudo producirse la de la madre de Pedro. Fulgor ve un moño descolorido y otro muy nuevo, "como si fuera de seda", que sería el de ella. **F 21**: Fulgor dice algo en el sentido de esta cronología al hablar con Dolores, cuando miente sobre la supuesta oposición del padre de Pedro a un matrimonio con ella: "Don Lucas Páramo, que en paz descanse, le llegó a decir que usted no era digna de él. Y se calló la boca por pura obediencia. Ahora que él ya no existe, no hay ningún impedimento. Fue su primera decisión; aunque yo había tardado en cumplirla por mis muchos quehaceres". Dolores se preocupa por su vestido y pide unos días. Fulgor tiene la solución para no demorar la boda: "Él quisiera que fuera ahora mismo. Si es por los ajuares, nosotros se los proporcionamos. La difunta madre de don Pedro espera que usted vista sus ropas. En la familia existe esa costumbre". Lo dicho por Fulgor es compatible con la muerte de Lucas Páramo ocho meses antes, así como la de la madre de Pedro un tiempo menor (seis meses a lo sumo) contando desde la visita de Fulgor. **F 39**: Mientras la muerte de su padre marcó el inicio de la violencia con que Pedro Páramo vengó ese asesinato y lo preparó para hacerse de todo el poder en Comala y su comarca, la muerte de su madre era el resultado de la pena por este hecho más la que le hubiese causado ver a su hijo convertido en un asesino despiadado. Al escuchar los ruidos que acompañan el traslado del cadáver de Miguel a la Media Luna, Pedro Páramo recuerda de nuevo la forma en que supo de la muerte de su padre: "… una mujer conteniendo el llanto, recostada contra la puerta. Una madre de la que él ya se había olvidado y olvidado muchas veces diciéndole: '¡Han matado a tu padre!' Con aquella voz quebrada, deshecha, sólo unida por el hilo del sollozo. / Nunca quiso revivir ese recuerdo porque le traía otros, como si rompiera un costal repleto y luego quisiera contener el grano. La muerte de su padre que acarreó otras muertes…". Pedro reprime explícitamente el recuerdo de la muerte de su madre, aunque la misma lo alcance en dos ocasiones: cuando le llevan el cuerpo de Miguel y cuando recuerda la misma escena desde su vejez, sentado en un equipal, haciéndose la pregunta "¿Y a ti quién te mató, madre?"

Margarita. Una de las sirvientas de la Media Luna, a la que Damiana identifica como la chacha Margarita. **F 59**: Damiana está despierta esa noche. Escucha el bramido de los toros y algunos golpes en la pared. Al asomarse por la ventana ve a Pedro Páramo, cuyo cuerpo enorme "se columpiaba sobre la ventana de la chacha Margarita", lo que la lleva a comentar que a su patrón "No se le quita lo gatero", usando la expresión despectiva para referirse a los sirvientes y subordinados: "gato". Y asume el papel que era de esperar en un mundo como el de la Media Luna: "con habérmelo avisado, yo le hubiera dicho a la Margarita que el patrón la necesitaba para esta noche, y él no hubiese tenido ni la molestia de levantarse de su cama". Se acuesta y "luego se puso a pensar en lo que le estaría pasando a la chacha Margarita". Damiana se acalora, se levanta para quitarse el camisón y recuerda la noche, muchos años antes, en que Pedro la buscó a ella, cómo lo rechazó ("Le temblaba el corazón como si fuera un sapo brincándole entre las costillas") y él ya nunca volvió. Su pensamiento es más claro ahora: "Y se acostó pensando en lo feliz que sería a estas horas la chacha Margarita". **F 60**: Damasio, el *Tilcuate*, visitaba a Pedro Páramo esa noche, con sus hombres, pero su patrón lo despide. Se van y recuerda el momento que acaba de pasar con Margarita, a quien ha poseído como alternativa: "Pensó en Susana San Juan. Pensó en la muchacha con la que acababa de dormir apenas un rato. Aquel pequeño cuerpo azorado y tembloroso que parecía iba a echar fuera su corazón por la boca. 'Puñadito de carne', le dijo. Y se había abrazado a ella tratando de convertirla en la carne de Susana San Juan. 'Una mujer que no era de este mundo'". Esto permite entender la idealización con que Pedro Páramo había envuelto a Susana San Juan, a la que no consideraba como "carne", sino como alguien "que no era de este mundo". El agitado corazón de Margarita se enlaza en este punto con el de Damiana años atrás, como aún recordaba.

María Dyada. Hermana de Eduviges. Visita al padre Rentería después de la muerte de su hermana. **F 16**: Rentería "se revolcaba en su cama sin poder dormir" porque el recuerdo de la visita de María Dyada se lo impedía. La dueña de la posada habría muerto recientemente y María fue, como el cura dice, "a pedirme salvara a su hermana Eduviges". María presenta su caso de manera oblicua, pues no ignora la vida que llevaba Eduviges: "Ella sirvió siempre a sus semejantes. Les dio todo lo que tuvo. Hasta les dio un hijo, a todos". Y trata de dar vuelta al suicidio de su hermana: "Murió con muchos dolores". Rentería recomienda a María rezar y menciona las misas gregorianas, muy caras. Pero María sólo es "una pobre mujer llena de hijos". La mirada desafiante de la hermana de Eduviges (imposible que ignorase que Rentería perdonó a Miguel en su momento) hace pensar al cura que no le ha dado la única respuesta: él podría perdonar a Eduviges, "decir una palabra o dos, o cien palabras si fueran necesarias para salvar el alma". Pero prefiere evadirse recordando una "hilera de santos", lo que sería característico de él, aunque la lluvia de estrellas que ve lo inquieta.

María Santísima del Refugio. Imagen de la Virgen María cuyo culto llega a México a finales del período colonial. Se buscaba con ella acoger a los pecadores extremos, como criminales o mujeres dedicadas a la prostitución. **F 9**: Eduviges lleva esta imagen colgada del cuello, con el letrero "Refugio de pecadores".

Matilde Preciado. Hermana de Dolores. **F 19**: Fulgor Sedano la menciona como una de las acreedoras de la familia Páramo: "Tengo entendido que una de ellas, Matilde, se fue a vivir a la ciudad. No sé si a Guadalajara o a Colima". Juan Preciado dice a Eduviges que "Vivíamos en Colima arrimados a la tía Gertrudis", que podría ser o no la misma persona mencionada por Fulgor, con imprecisión sobre su lugar de residencia.

Melquiades. Vecino de Comala. **F 30**: Lo menciona la hermana de Donis, frente a Juan Preciado, como uno de los aún vivos de Comala.

Micaela. Sirvienta de la casa de Pedro Páramo en Comala. **F 7**: Su abuela manda a Pedro a limpiar el molino, pero él encuentra que el gusano está roto. Su abuela le responde: "Esa Micaela ha de haber molido molcates en él. No se le quita esa mala costumbre; pero, en fin, ya no tiene remedio". Este incidente es uno de los que apuntan a una mala situación en la casa de Pedro, pues la abuela lo manda por otro, que pagará algunos meses después.

Miguel Páramo. Hijo reconocido de Pedro. **F 9**: Mientras platica con Juan en su casa Eduviges inclina la cabeza "como si escuchara un rumor lejano" y dice: "¿Cuándo descansarás?": es la primera alusión a la muerte de Miguel Páramo. **F 11**: Juan le pregunta por lo que ella ha dicho y Eduviges responde: "Es el caballo de Miguel Páramo, que galopa por el camino de la Media Luna". Al avanzar la conversación Eduviges agrega: "Todo comenzó con Miguel Páramo. Sólo yo supe lo que había pasado la noche que murió". Agrega que entonces "Iba a platicar con su novia a un pueblo llamado Contla, algo lejos de aquí". Sigue escuchando el caballo y regresa a esa noche: "No había acabado de pasar su caballo cuando sentí que me tocaban por la ventana". Indecisa, se había asomado: "Y era él, Miguel Páramo. No me extrañó verlo, pues hubo un tiempo que se pasaba las noches en mi casa durmiendo conmigo, hasta que encontró esa muchacha que le sorbió los sesos". Aparece aquí la relación sexual que cabe esperar en un personaje como Eduviges en el pueblo de Comala, con un joven como Miguel. Ella le pregunta qué ha ocurrido, pero él no lo sabe: "Lo que sucede es que yo no pude dar con ella. Se me perdió el pueblo. Había mucha neblina o humo o no sé qué; pero sí sé que Contla no existe". Añade que se lo cuenta a ella "porque tú sí me comprendes. Si se lo dijera a los demás de Comala dirían que estoy loco". Eduviges concluye: "No. Loco no, Miguel. Debes estar muerto". Miguel todavía habría intentado reconstruir lo que le pasó, como el salto con su caballo sobre un lienzo de piedra puesto por Pedro, pero luego sólo vio más humo. Finalmente, un mensajero de Fulgor Sedano, en nombre de Pedro Páramo, convoca a Eduviges al velorio de Miguel. **F 13**: El padre Rentería termina la misa con imágenes agradables en su mente, que invitan a la esperanza, sólo para dar un giro que le complace: "Pero no para ti, Miguel Páramo, que has muerto sin perdón y no alcanzarás ninguna gracia". Da por concluida la misa sin bendecir el cuerpo de Miguel, aunque se lo piden (Pedro convocó a su gente), y aclara que no intercederá por él para no contrariar a Dios. Trata de controlarse, camina hacia el cadáver evitando rozar a Pedro Páramo, rocía agua bendita sobre Miguel y murmura algo como oraciones. Vuelve la cólera a Rentería y se llevan el cuerpo. Pedro se acerca y se muestra comprensivo con Rentería, ya que Miguel asesinó al hermano del cura y violó a Ana, su sobrina, además de otras ofensas. Concluye su petición de perdón depositando "un puño de monedas de oro" en el reclinatorio y sale. Rentería admite que Pedro "puede comprar la salvación" de Miguel. Reflexiona sobre la voluntad de Dios, llora y da por concluido el asunto con un "Está bien, Señor, tú ganas". **F 14**: En casa con su sobrina, Rentería aborda su violación por Miguel, quien habría llegado con ella para pedirle "disculpas y que lo perdonara" por haber asesinado a su padre. La cita pudo concertarla Dorotea y Ana esperaba ya a Miguel, pues le señala la ventana abierta y se deja abrazar con una sonrisa: "Pensé en lo que usted me había enseñado: que nunca hay que odiar a nadie". Agrega Ana que ha pedido a todos los santos que Miguel esté en el Infierno. Muestra el cura su claudicación al referirse a quienes rogaban por el perdón de Miguel, que él ya le ha concedido, sin decírselo a Ana para "no maltratar el alma medio quebrada de aquella muchacha". Le pide que ambos den gracias a Dios por habérselo "llevado de esta tierra donde causó tanto mal, no importa que ahora lo tenga en su Cielo". **F 15**: El caballo de Miguel aparece de manera ambigua en las conversaciones de la noche del entierro de Miguel. Los caporales que cargaron el ataúd bromean y uno dice "Pienso que se murió muy a tiempo". Los chismes que llegan hablan ahora del ánima de Miguel buscando a una muchacha en su ventana. Hay estrellas fugaces (sabremos que se trata de las Perseidas por un indicio durante la visita de Rentería al cura de Contla) y las bromas se dirigen a la fiesta que le estarían haciendo a Miguel. Un peón opina: "¿No será mala señal?", dando pie a una broma acorde con la fama de Miguel: "Quizá tu hermana esté nostálgica por su regreso". La lluvia de estrellas permite que el siguiente fragmento (**F 16**), donde no figura Miguel ni se trata de la misma noche, inicie con otra lluvia de estrellas, las Oriónidas, presenciada por Rentería mientras le impide dormir un caso de conciencia: la muerte de Eduviges. **F 37**: Fulgor organiza a los hombres de la Media Luna, quienes salen a caballo, y ve llegar a Miguel, a quien pregunta de dónde viene. Su respuesta es "Vengo de ordeñar" y Fulgor le dice que podría tratarse de Dorotea, *la Cuarraca*, porque es "la única que le gustan los bebés". Miguel le dice que es un imbécil y llega con Damiana Cisneros para almorzar. Vuelve a responder, de mal modo, que viene "De por ahi, de visitar madres", y cuando Damiana quiere saber cómo debe hacerle los huevos la respuesta es de nuevo irrespetuosa: "Como a ti te gusten". Le pregunta, además, por *la Cuarraca*. Ya enterado se sabe burlado, pero encuentra la forma de usar a Dorotea en su provecho (sabremos que como alcahueta), por lo que ordena a Damiana darle de comer lo mismo que a él. Fulgor ve el caballo de Miguel sin desensillar y piensa en lo consentido que lo tiene su padre, quien no lo reprende ni por un asesinato como el que le comentó el día previo. Pedro dice que Miguel es apenas un niño ("Tendrá diecisiete"), y Fulgor comenta que "va jugando carreras con el tiempo" y que "acabará por perder". **F 39**: Es la noche en que llevaron a la Media Luna el cadáver de Miguel. Pedro oye ruidos y recuerda cuando le dijeron que su padre había muerto. Fulgor da instrucciones sobre cómo colocar el cuerpo; Pedro ve los movimientos y pregunta quién es el muerto. Fulgor le dice que Miguel y se apresura a agregar que "Nadie le hizo nada. Él solo encontró la muerte", para evitar la ira de su patrón. Tienden a Miguel en su cama, donde el cuerpo "Parece más grande de lo que era", según Fulgor. Pedro dice que está comenzando a pagar, pero "No sintió dolor". Ordena que maten al caballo y que las mujeres no lloren tan ruidosamente: "es mucho alboroto por mi muerto". **F 40**: La narración retoma la secuencia de los hechos a partir de la muerte de Miguel. La noche del entierro (como se dice en el **F 15**: aunque aquí leemos "la noche de la muerte", pese a que ya han pasado el velorio, la misa y el entierro) Rentería no puede dormir y la dureza de su cama lo hace salir. Presencia todavía la lluvia de estrellas (las Perseidas) reflejada en los remansos del río y admite su responsabilidad en lo ocurrido con Pedro Páramo: cuando "de cosa baja que era se alzó a mayor". Sus abusos no eran desconocidos, pero él se limitó a esperar que acudiese a acusarse de ellos, lo que no ocurrió. "Y después estiró los brazos de su maldad con ese hijo que tuvo. Al que él reconoció, sólo Dios sabe por qué. Lo que sí sé es que yo puse en sus manos ese instrumento". Recuerda cuando le llevó al recién nacido diciéndole que su madre había muerto al alumbrarlo y que había dicho que era suyo. Pedro le sugiere que se quede con él y lo haga cura, pero Rentería dice que no, porque la sangre que lleva implica una gran responsabilidad. El niño se retorcía "como una víbora". Pedro no ve problema y dice a Damiana que se encargue de "esa cosa" y que es su hijo. Pedro invita a brindar al cura por la madre difunta del niño y por Rentería, quien pregunta si no lo hará por el niño: "¿por qué no?", responde Pedro, y lo hacen ambos. Rentería suspende sus recuerdos y se encamina a Contla. Regresa de allá y en Comala decide ir a la Media Luna para dar el pésame por Miguel a Pedro Páramo, quien vuelve a disculparse con el cura "por las inculpaciones que le habían hecho a su hijo". De regreso, en el templo, Rentería escucha en confesión a Dorotea, quien aún olía a alcohol por lo bebido en el velorio de Miguel. Ella se confiesa: "Ya que no puedo causarle ningún perjuicio, le diré que era yo quien le conseguía muchachas al difunto Miguelito Páramo". Rentería le pregunta, por rutina, "desde cuándo", y Dorotea precisa: "Desde que él fue hombrecito. Desde que le agarró el chincual". Y repite, a petición del cura: "Pos que yo era la que le conchababa las muchachas a Miguelito". La pregunta es ahora si ella se las llevaba, a lo que responde: "Algunas veces sí. En otras nomás se las apalabraba. Y con otras nomás le daba el norte. Usted sabe: la hora en que estaban solas y en que él podía agarrarlas descuidadas".

Quizá Rentería entiende aquí la forma en que Miguel pudo llegar a su sobrina Ana. Finalmente pregunta: "¿Fueron muchas?", por costumbre, y Dorotea concluye con "Ya hasta perdí la cuenta. Fueron retemuchas". Rentería comprende la magnitud del desastre que significó para Comala (su familia incluida) el hijo de Pedro Páramo. La historia de Miguel ha comenzado en la novela con su muerte, avanza hacia su nacimiento y concluye, circularmente, de nuevo con su muerte.

N

Nulina, virgen. F 16: Una de las santas mencionadas por el padre Rentería: su festividad es el 22 de octubre, cuando se produce la lluvia de estrellas de las Oriónidas (véase **Acontecimientos**) que el cura va a presenciar.

Nunilona, virgen y mártir. F 16: Una de las santas mencionadas por el padre Rentería: su festividad es el 22 de octubre, cuando ocurre la lluvia de estrellas de las Oriónidas (véase **Acontecimientos**) que el cura va a presenciar.

P

Padre Rentería. Sacerdote de Comala. **F 13**: Sabemos de él cuando concluye la misa que ha celebrado en el templo frente al cuerpo de Miguel Páramo. Celebra el buen día que hace, con "aire y sol, hay nubes. Allá arriba un cielo azul y detrás de él tal vez haya canciones; tal vez mejores voces... Hay esperanza, en suma. Hay esperanza para nosotros, a nuestro pesar". Pero aquí ya no piensa sólo en la bóveda celeste, sino en el Cielo, donde se ubica el paraíso de los católicos. Por eso concluye, con ánimo de venganza: "Pero no para ti, Miguel Páramo, que has muerto sin perdón y no alcanzarás ninguna gracia". Tiene motivos para pensar así y con esa actitud concluye apresuradamente el rito y abandona el lugar sin bendecir a los presentes (que podrían haber sido congregados por Fulgor, ya que igualmente convocó a Eduviges), quienes le piden que bendiga al muerto. Mueve la cabeza negativamente y ahora es explícito en no bendecirlo: "No lo haré. Fue un mal hombre y no entrará al reino de los Cielos. Dios me tomará a mal que interceda por él". Tiembla de ira, pero no puede desafiar el poder de Pedro Páramo y regresa a bendecir el cadáver. Pasa junto al amo de Comala –quien observaba el desafío– tratando de no tocar sus hombros, agita el hisopo y murmura algo que podrían ser oraciones. Se arrodilla y dice: "Ten piedad de tu siervo, Señor", lo que puede relacionarse con Miguel pero también con el propio Rentería, atrapado por las circunstancias. Los fieles le responden "Que descanse en paz, amén", dando el sentido habitual a lo expresado por el cura. Se llevan el cadáver y Pedro se acerca, arrodillándose al lado de Rentería: "Yo sé que usted lo odiaba, padre", pues no puede ignorar los hechos ni lo que acaba de ver: "Y con razón. El asesinato de su hermano, que según rumores fue cometido por mi hijo". Agrega las ofensas personales hechas al cura y dice: "Considérelo y perdónelo como quizá Dios lo haya perdonado". Conoce el discurso religioso del perdón, aunque no se reduce a eso: "Puso sobre el reclinatorio un puño de monedas de oro y se levantó". Se trata de una limosna para su iglesia, dice, y se aleja con los que llevan a hombros el ataúd. Rentería reúne las monedas y se dirige a Dios: "Son tuyas". Reconoce que Pedro "puede comprar la salvación" y concluye: "Por mí, condénalo, Señor". Se echa en un rincón y llora "de pena y de tristeza". Termina con un "Está bien, Señor, tú ganas", con lo que atribuye a Dios el perdón a Miguel que Pedro necesitaba y que él igualmente le acaba de otorgar. **F 14**: En su casa informa a Ana, su sobrina, violada por Miguel, que lo acaban de enterrar y la interroga: "Estás segura de que fue él, ¿verdad?". Ana responde con evasivas, pero acepta que él le dijo, en la oscuridad, "Soy Miguel Páramo". Asoma la posibilidad de que ella hubiese colaborado en el encuentro: "Sin moverme de la cama le avisé: 'La ventana está abierta.' Él entró". Miguel la abrazó y como reacción suya, dice, "le sonreí". No sería ajeno esto al papel de alcahueta de Dorotea, del que Rentería sabrá por su confesión la tarde del día siguiente. Podrá concluir unas horas después que Ana se contaba entre aquellas que Dorotea había convencido (**F 40**: "yo era la que le conchababa las muchachas a Miguelito"; a veces se las llevaba, "Y con otras nomás le daba el norte. Usted sabe: la hora en que estaban solas y en que él podía agarrarlas descuidadas"). Rentería duda, escandalizado: "¿Pero sabías que era el autor de la muerte de tu padre, no?" Enterado de la forma en que Ana facilitó su encuentro quiere descartar, por inaceptable, la idea de que fuese Miguel quien se unió con ella. No le basta que Miguel se hubiera identificado con su nombre y desea más: "debes tener alguna seguridad. La voz. ¿No lo conociste por la voz?" Ana no lo había visto o escuchado antes ni después y espera que esté en el Infierno. Rentería atenúa esta última certeza por algunos ruegos "mucho más hondos", como el de Pedro Páramo, pero reprime decirle que él mismo le ha dado ya el perdón. Sólo pide a Ana que agradezcan juntos a Dios que se haya llevado a Miguel, aunque "ahora lo tenga en su Cielo". **F 16**: "Había estrellas fugaces": el inicio de este fragmento ha hecho pensar a algunos que se trata de la misma lluvia de estrellas que aparece al final del fragmento anterior (**F 15**), con las mismas palabras: "Había estrellas fugaces" la noche siguiente al entierro de Miguel Páramo. Pero son ocasiones diferentes (véase adelante la visita de Rentería a Contla: **F 40**), ya que la lluvia de estrellas la noche del entierro de Miguel corresponde a las Perseidas por la fecha que se puede deducir. La continuidad ilustra dos comportamientos de Rentería ante causas semejantes: en este caso (**F 16**) tenemos que "El padre Rentería se revolcaba en su cama sin poder dormir", culpándose por su tolerancia hacia lo que le impone Pedro Páramo: "El temor de ofender a quienes me sostienen. Porque ésta es la verdad", por una parte, y "De los pobres no consigo nada", pues recuerda la visita que le ha hecho María, la hermana de Eduviges Dyada, quien se acaba de suicidar. La escena sería posterior al menos por dos meses y medio a la muerte de Miguel. María destaca la generosidad de su hermana, incluso en un caso poco favorable a su causa: "Hasta les dio un hijo, a todos". Rentería opone: "Pero ella se suicidó". La tenacidad de María cuenta con el dolor de Eduviges al morir, pero Rentería sólo responde: "Vamos rezando mucho", en un sentido perverso: "Digo tal vez, si acaso, con las misas gregorianas; pero para eso necesitamos pedir ayuda, mandar traer sacerdotes. Y eso cuesta dinero". Él sabe que María, "una pobre mujer llena de hijos" no puede pagar eso y recurre de nuevo a la fórmula para descargar su responsabilidad: "Esperemos en Dios". Le llama la atención la dureza de la mirada de María, a quien no engaña la negativa del cura, y éste reacciona: "Qué le costaba a él perdonar, cuando era tan fácil decir una palabra o dos, o cien palabras si éstas fueran necesarias para salvar el alma". Pero no está frente a un caso como el del perdón a Miguel, resuelto por la decisión de Pedro Páramo, y de inmediato se distrae rezando a los santos "del día". Sale al exterior y ve el cielo: "Llovían estrellas. Lamentó aquello porque hubiera querido ver un cielo quieto". La noche cubre entonces la tierra, "este valle de lágrimas". El conflicto de conciencia queda atrás y sólo le inquieta el posible mal augurio de la lluvia de estrellas. Los santos que recuerda corresponden al 22 de octubre y las estrellas fugaces son las Oriónidas. **F 19**: Pedro Páramo, de joven, instruía a Fulgor para que pidiera la mano de Dolores en su nombre: "De pasada, dile al padre Rentería que nos arregle el trato. ¿Con cuánto dinero cuentas? / Con ninguno, don

Pedro. / Pues prométeselo. Dile que en teniendo se le pagará. Casi estoy seguro de que no pondrá dificultades". **F 22**: [En el fragmento previo, **F 21**, Fulgor Sedano se ha encargado de arreglar con Dolores su boda con Pedro Páramo.] Fulgor comunica a Pedro el resultado de sus gestiones con Rentería: "El padre cura quiere sesenta pesos por pasar por alto lo de las amonestaciones. Le dije que se le darían a su debido tiempo. Él dice que le hace falta componer el altar y que la mesa de su comedor está toda desconchinflada. Le prometí que le mandaríamos una mesa nueva. Dice que usted nunca va a misa. Le prometí que iría. Y desde que murió su abuela ya no le han dado los diezmos. Le dije que no se preocupara. Está conforme". Rentería se muestra básicamente interesado por el dinero, haciendo previsible lo que ocurrirá años después, cuando Pedro Páramo le solicite el perdón de Miguel Páramo. **F 38**: En la tumba, Dorotea se queja con Juan de que Rentería le quitó toda esperanza de ir al Cielo: "le perdí todo interés desde que el padre Rentería me aseguró que jamás conocería la Gloria. Fue cosa de mis pecados, pero él no debería habérmelo dicho". El cura, como siempre, se mostraba intransigente con los pobres. **F 40**: El malestar que causó en el sacerdote su actitud hacia Pedro Páramo cuando ocurrió la muerte de Miguel le impide dormir esa misma noche, pero se trata, además, de algo que recordaría por mucho tiempo: "El padre Rentería se acordaría muchos años después de la noche en que la dureza de su cama lo tuvo despierto y después lo obligó a salir. Fue la noche en que murió Miguel Páramo". Pero su insomnio no responde tanto a la dureza de la cama sino a su conciencia de culpa por todo lo relacionado con Miguel. La noche no es estrictamente aquella "en que murió Miguel Páramo", cuando llevan el cadáver a la Media Luna, sino la siguiente, cuando Rentería ofició la misa y fue sepultado Miguel. El cura sale de su casa y camina por las calles de Comala mientras ve en los remansos del río "las estrellas que se estaban cayendo del cielo": se trata de la misma lluvia de estrellas que los caporales de la Media Luna veían cuando descansaban después del entierro. Son las Perseidas, cuya actividad se registra de la segunda mitad de julio (el 17 de ese mes) a finales de agosto (el día 24), con mayor intensidad entre el 11 y el 13 del último mes. Lo ocurrido en la misa de Miguel Páramo no lo deja en paz y se remonta al origen de todo: "El asunto comenzó –pensó– cuando Pedro Páramo, de cosa baja que era, se alzó a mayor". Rentería admite su responsabilidad, pues se limitaba a escuchar en confesión a quienes tenían alguna relación o colaboración con el amo de Comala mientras esperaba que Pedro acudiese a "acusarse de algo", lo que nunca hizo. Recuerda luego que fue él quien llevó al recién nacido Miguel con su padre, quien se lo queda, pues Rentería rehuía tal responsabilidad. Interrumpe sus recuerdos, ve pasar las carretas y su primer impulso es esconderse: "¿De quién te escondes?" Se dirige a Contla y regresa. Ana le pregunta dónde estuvo, ya que el día siguiente será viernes primero y hay mujeres que quieren confesarse (una acotación: se trata de la primera semana de ese mes y en esos días hay una lluvia de estrellas). Ya en su casa Rentería dice a su sobrina que el aire está fresco, aunque según ella hace calor. Lo que ocurre es que el padre "No quería pensar para nada que había estado en Contla". Había hecho confesión general con el cura de Contla y éste le había negado la absolución. Las palabras de aquel cura fueron tan duras como precisas: Pedro Páramo "ha despedazado tu Iglesia y tú se lo has consentido". Se extiende y Rentería teme incluso que suspendan su estado sacerdotal. Intenta que el cura de Contla le dé una absolución provisional para atender cosas urgentes, pero no lo consigue. Finalmente, "Se sentaron bajo una enredadera donde maduraban las uvas" y conversaron sobre la acidez de las mismas. (Este dato permite precisar que la lluvia de estrellas de la noche posterior al entierro de Miguel es la de las Perseidas, que se extiende, como hemos visto, de la segunda mitad de julio hasta finales de agosto, con mayor intensidad entre el 11 y el 13 del último mes, y si hablamos de la primera semana de algún mes, así como de la maduración de las uvas además del calor que siente Ana, la lluvia de estrellas es la de las Perseidas.)[18] Después de hablar de la acidez de otras frutas en Comala, la conversación regresa a Pedro Páramo, con lo que el cura de Contla refuerza su determinación de negar el perdón a Rentería, quien se despide. Ya en Comala, "vuelto a la realidad, no quería volver a pensar en esa mañana de Contla". Sintiéndose mal aún ("Mal no, Ana. Malo. Un hombre malo.") sale hacia la Media Luna, donde "dio el pésame a Pedro Páramo". Con esta decisión termina Rentería de cerrar el episodio de Contla, para volver a lo de siempre. Al regresar se dirige a la iglesia a confesar. La primera que lo espera es Dorotea, que aún huele a alcohol por lo que ha bebido en el velorio de Miguel y está decidida ahora a hablar de su papel como alcahueta y cómplice de él. Esto despierta el interés del cura, quien se entera de que Dorotea a veces sólo arreglaba las cosas para que Miguel pudiera acercarse a las muchachas. En este

18 La más antigua planta vitivinícola de América (según la tradición local), o al menos de México, se ubica en Parras, Coahuila, y la fiesta de la vendimia se celebra ahí los días 9 y 10 de agosto.

punto Rentería pudo ver la forma en que habría llegado con Ana, entrando por su ventana para acostarse con la sonriente muchacha. El cura no sabe cómo reaccionar y tampoco se atreve a perdonarla (por impedírselo la negativa por el cura de Contla de absolverlo). Le dice a Dorotea "Ve si tú puedes perdonarte" y luego le quita la esperanza en la salvación: "Pues bien, no podrás ir ya más al Cielo". Rentería se siente personalmente agraviado y remite de nuevo el perdón a Dios. La despacha y continúa con la siguiente mujer, más confundido aún y mareado. Finalmente se dirige a los feligreses sin darles la cara: "Todos los que se sientan sin pecado, pueden comulgar mañana". Podemos suponer que el día siguiente habría decidido seguir administrando los sacramentos. **F 50**: Susana San Juan está en su cuarto de la Media Luna. La muerte de su padre es reciente y el padre Rentería está entregado a los cuidados de Susana. Ella escucha susurros y percibe alguna luz. Tiene los ojos cerrados y pregunta: "¿Eres tú, padre?" y es Rentería quien le responde: "Soy tu padre, hija mía". Abre los ojos y ve una figura difusa y piensa en el momento en que le avisaron de la muerte de Florencio. Acerca su cuerpo a Rentería y él la deja acercarse hasta "juntar su cara al pabilo inflamado, hasta que el olor a carne chamuscada lo obligó a sacudirla". Le dice que ha venido a confortarla y ella lo despide: "¿Para qué vienes a verme si estás muerto?" Rentería sale y cierra la puerta. **F 56**: Susana continúa con el recuerdo de Florencio. Sus sueños son agotadores, Pedro Páramo la contempla y al amanecer ella tira cobijas y sábanas: "Así fue como la encontró horas después el padre Rentería; desnuda y dormida". **F 61**: Susana interroga a Justina y el intercambio alcanza niveles irracionales. Justina sale del cuarto y se encuentra con Pedro Páramo, quien pregunta por ella. Justina no duda: "La señora está perdida para todos", mientras Pedro no tiene ya otra solución: "¿No ha venido el padre Rentería a verla?" Justina lo actualiza: "Anoche vino y la confesó. Hoy debía de haber comulgado, pero no debe estar en gracia porque el padre Rentería no le ha traído la comunión". Pedro rechaza la respuesta y contempla a Susana, hablándole, cuando Rentería abre la puerta. Pedro la sostiene para que el cura le dé la comunión mientras ella cree estar con Florencio. **F 62**: Ya de noche, Ángeles y Fausta platican en la calle sobre la posible muerte de Susana. La primera se preocupa: "Me dan ganas de regresar y decirle al padre Rentería que se dé una vuelta por allá, no vaya a resultar que esa infeliz muera sin confesión". **F 63**: Rentería asiste a Susana en sus últimos momentos: "Sólo vine a platicar contigo. A prepararte para la muerte". Dice al oído de ella palabras que la deberían aterrorizar para inducirla al arrepentimiento, aunque ella sólo tiene sueño. El cura sabría que Susana no se entrega a sentimientos religiosos y sí, en cambio, a ensoñaciones eróticas, que no abandona incluso en sus últimos minutos. Rentería recurre a imágenes más escalofriantes, pero ella continúa con Florencio y el sacerdote no le aplica los santos óleos, pues duda que tenga algo que perdonar a Susana. Ella repite que tiene sueño, pide a Justina que deje de llorar y muere. La postura de Rentería –ablandarse frente a Pedro Páramo y endurecerse cuando de seres indefensos se trata– se mueve entre un extremo y otro con Susana. **F 66**: Muerta Susana y arruinada la economía de Comala por Pedro Páramo, el *Tilcuate* lo visita cada tanto para informarlo sobre los cambios en las facciones revolucionarias e incluso sobre la revuelta cristera. Lo que parece un diálogo continuo son sólo fragmentos de conversaciones muy separadas. Así, dice el *Tilcuate*: "Se ha levantado en armas el padre Rentería. ¿Nos vamos con él o contra él?" La respuesta: "Eso ni se discute. Ponte al lado del gobierno". Pero Damasio concluye: "Me iré a reforzar al padrecito. Me gusta cómo gritan. Además lleva uno ganada la salvación". Rentería habría sufrido las consecuencias del abandono de Comala y alzarse podría ser una salida obligada para él. El grito que gusta al *Tilcuate* sería el muy conocido "Viva Cristo Rey". **F 68**: Abundio Martínez se lamenta con Inés Villalpando: Cuca, su mujer, "se murió compungida porque no hubo quien la auxiliara", y ella le pregunta: "¿Qué, no fuiste a ver al padre Rentería?" Abundio responde que lo "informaron de que andaba en el cerro". Inés quiere más precisión y Abundio agrega: "Pos por esos andurriales. Usted sabe que andan en la revuelta". Villalpando lo lamenta: "¿De modo que también él?", pero Abundio cree que no es algo que les deba preocupar: "A nosotros qué nos importa eso, madre Villa. Ni nos va ni nos viene".

Pedro Páramo. El personaje principal aparece, directamente o mencionado, en la mayoría de los fragmentos. **F 1**: Juan Preciado declara desde el inicio el motivo de su viaje a Comala: "porque me dijeron que acá vivía mi padre, un tal Pedro Páramo". Sabemos así que es padre del narrador y que su madre nunca le habló de él. La madre está por morir y lo exhorta a buscar la compensación que cree merecer: "el olvido en que nos tuvo, mi hijo, cóbraselo caro". Aunque lo dudó, termina aceptando la idea de hacer el viaje. **F 2**: Juan va camino a Comala y recuerda las palabras de su madre sobre el paisaje. Su acompañante, un arriero, dice a Juan que también es hijo de Pedro, que éste es un "rencor vivo" y que posee casi todo lo que está a la vista, pese a lo cual sus madres los "malparieron en un petate", pero que "lo más chistoso es que él nos llevó a bautizar", aludiendo al cuidado de Pedro ante los ritos religiosos. Concluye aclarando que Pedro Páramo "murió hace muchos años". **F 5**: Después de Abundio será Eduviges quien diga a Preciado algo más sobre su padre: que ella podría haberlo concebido, y suponemos que de Pedro Páramo. **F 6**: Un narrador en estilo indirecto libre, que no es sino el anciano Pedro Páramo, se recuerda a sí mismo en el corral de su casa después de la lluvia.[19] El "muchacho" está sentado en el excusado y lo llama su madre. Recuerda, además –entre comillas–, que pensaba entonces en Susana, con el hilo del papalote en las manos, roto por el viento "en la época del aire", que los hacía reír, y ve de nuevo los labios mojados de ella. Su madre lo llama de nuevo y él responde "Ya voy, mamá. Ya voy" (palabras muy semejantes a las que dirigirá a Damiana momentos antes de morir, en las últimas líneas de la novela). **F 7**: Llega con su abuela, quien le encarga limpiar el molino mientras el anciano Pedro (de nuevo entre comillas) piensa en Susana, ya muerta: "Escondida en la inmensidad de Dios". La abuela le encarga que vaya a la tienda y se queja de la situación económica de la familia, por lo que tendrán que pedir fiado. Pedro sabe dónde hay unas monedas y toma una; su madre le encarga algo más y le dice dónde hay más dinero, con lo que aumenta lo que será para él: "me sobrará dinero para lo que se ofrezca". Lo llaman y oímos su nombre: "¡Pedro!". **F 8**: En la noche llueve de nuevo, Pedro duerme, despierta y continúa pensando en Susana con las palabras de su vejez: "cada vez que pensaba, pensaba en ti, Susana", mientras escucha los rezos por su abuelo y su madre se acerca a mostrarle su pena. Una referencia al rápido paso de las horas podría ser una alusión al tiempo que transcurrirá para que reaparezca Pedro Páramo, en su mismo cuarto y en circunstancias parecidas. **F 9**: Eduviges, de nuevo con Juan Preciado, le cuenta que Dolores le pidió que se acostara con Pedro en su noche de bodas y el mal resultado de ese matrimonio, ya que Pedro trataba mal a Dolores y finalmente ésta debió trasladarse a Colima. Eduviges habría preguntado por ella a Pedro meses después y a él no le preocupaba de qué vivirían ella y su hijo. **F 10**: Pedro recuerda a Susana cuando se marchó, "teñida de rojo por el crepúsculo ensangrentado del cielo", entendiendo que no volvería. Ella le dijo que sólo quería el pueblo "por ti; pero lo odio por todo lo demás".

19 Se trata de un pasaje que recuerda el de Emma Bovary después de despedirse de Léon, a quien evoca mientras contempla una lluvia repentina sobre el jardín.

La ensoñación se interrumpe por la voz de su abuela, que no esperaba verlo en su casa sino trabajando. Pedro le dice que no le pagan y debe atender dos cosas, el telégrafo y un niño. La abuela se preocupa, le recomienda paciencia y humildad y sobre todo resignación, lo que él rechaza de lleno. Ella le responde "Siento que te va a ir mal, Pedro Páramo". **F 11**: De regreso con Eduviges y Juan Preciado irrumpe el sonido del caballo de Miguel Páramo, cuya muerte ocurrió tiempo atrás. Eduviges dice a Juan que Pedro la convocó, mediante un enviado de Fulgor Sedano, al funeral de su hijo. **F 12**: El joven Pedro duerme, pero oye las gotas de agua cayendo en el cántaro, pasos y una voz: "¡Despierta!". Luego el llanto, la figura de su madre en la puerta, que le dice "Tu padre ha muerto", precisando: "Han matado a tu padre". Una voz, la del Pedro adulto, pregunta: "¿Y a ti quién te mató, madre?,"[20] como una alusión a la violencia con que Pedro vengó la muerte de su padre, como sabremos más adelante por las intervenciones del muerto de Vilmayo y Dorotea. **F 13**: Los pensamientos del padre Rentería se detienen en el contraste entre el bonito día que hace y la muerte sin salvación de Miguel Páramo, que le satisface. Acaba de terminar la misa de difuntos y no bendice el cuerpo de Miguel: "Fue un mal hombre y no entrará al Reino de los Cielos". Avanza evitando el contacto con Pedro Páramo, bendice el cuerpo sin convicción y se arrodilla. La ira vuelve a él y Pedro se hinca a su lado para decirle que sabe que odiaba a Miguel por el asesinato de su hermano, la violación de su sobrina y otras ofensas. Le pide que, pese a todo, lo perdone, mientras pone un puñado de monedas de oro frente al cura. Vuelve a apreciarse el cuidado de Pedro Páramo frente a los ritos religiosos, pero manifestando su poder. Sale Pedro con los que cargan el ataúd. El sacerdote toma las monedas y pide a Dios que condene a Miguel. Llora "de pena y de tristeza" por haber sido humillado y comprado por Pedro Páramo. **F 15**: El mismo narrador actualiza las noticias sobre el sepelio de Miguel, en continuidad con el relato de Eduviges y a partir de la escena del templo. Los caporales que cargaron el ataúd bromean: Pedro Páramo ordenaría a Miguel, cuya aparición ya se menciona, que no siguiese buscando mujeres, pues las querría para sí. **F 18**: El narrador aborda la muerte de Toribio Aldrete en casa de Eduviges. Aldrete subestimaba el alcance de lo que habían preparado para él Pedro Páramo y Fulgor Sedano, quien lo ahorcó ahí

20 Podemos recordar a este propósito lo que dice su padre a Ignacio en "No oyes ladrar los perros" a propósito de su madre: "tú la hubieras matado otra vez si ella estuviera viva a estas alturas" (p. 133).

de manera expedita. Aparece así Pedro en el relato cuando ha decidido, luego de la muerte de sus padres y de su boda con Dolores, adueñarse de todo. **F 19**: Fulgor toca la puerta de la casa de los padres de Pedro Páramo, donde estuvo por vez primera dos semanas atrás (habría sido entonces un 31 de marzo). Los moños negros son por los padres de Pedro.[21] Fulgor pensaba en aquella visita que encontraría a un muchacho que podría manipular fácilmente. Pedro le impone que le hable de usted. De acuerdo con sus planes, Fulgor le presenta un mal panorama de los negocios de la Media Luna, pero Pedro sospecha que Fulgor quiere quedarse con sus tierras y tiene otra estrategia: enterado de que debe más a las Preciado instruye a Fulgor que pida la mano de Dolores "mañana". También se ocupará de un conflicto de límites con "el Aldrete", que ya sabemos cómo resolvió. **F 20**: Fulgor regresa a la Media Luna y recuerda, sorprendido, cómo Lucas Páramo pensaba que su hijo era un inútil, sin futuro. Pero también le gusta el cambio que anticipa ("Vente para acá, tierrita de Enmedio") como resultado del matrimonio con Dolores. **F 21**: "Fue muy fácil encampanarse a la Dolores", empieza Fulgor. La engaña y ella no quiere oponerse a la petición de matrimonio que él le transmite. Fulgor le impone una fecha inmediata para la boda (será el 2 de abril) pese a las protestas de la mujer, y lo importante es solamente que el contrato matrimonial debe permitir a Pedro hacerse de los bienes de ella. **F 22**: Pedro queda enterado. El cura quiere que acuda a la iglesia y pague el diezmo. Pedro recrimina a Fulgor que no hubiese obtenido dinero de Dolores. A continuación avanza en los preparativos para eliminar a Aldrete, sin excluir un falso recurso legal. Debe ir a verlo "la semana venidera". Ante un reparo de Fulgor –"¿Y las leyes?"– le responde su patrón: "¿Cuáles leyes, Fulgor? La ley de ahora en adelante la vamos a hacer nosotros", lo que se complementa con "¿Tienes en la Media Luna trabajando a un atravesado?" **F 23**: Fulgor está frente a la casa de Pedro en Comala durante la misma segunda visita que le hizo (**F 19**). Observa de nuevo los moños negros y los identifica, con cinismo, como el origen del giro violento, que encuentra positivo, en la conducta de su patrón: "Se ven bonitos esos moños negros,

21 Lucas Páramo murió el día de San Cristóbal, el 25 de julio anterior, como sabemos por el muerto que estuvo en la boda de Vilmayo. Después de la matanza desatada por Pedro dos meses más tarde (lo dice el mismo muerto: sería a fines de septiembre) entre los asistentes, habría ocurrido la muerte de su madre. Fulgor visita por primera vez a Pedro el 31 de marzo posterior, ya que habría visto a Dolores "mañana" por órdenes de Pedro: ella hace cuentas y dice "Hoy estamos a 1", mientras pide a Fulgor una semana más para la boda (el 8 de abril), sin conseguirlo, y se casará el 2 de abril.

lo que sea de cada quien". **F 25**: Juan Preciado recorre solitario las calles oscuras y desiertas de Comala, tras la desaparición de Damiana, y escucha voces que siguen conversando, algunas refiriéndose a Pedro Páramo: Filoteo Aréchiga "es el que se encarga de conseguirle muchachas a don Pedro". **F 26**: "Y las voces": su cuñado dice a Galileo: "la tierra no es tuya [...] se la has vendido a Pedro Páramo". Galileo lo niega y su cuñado lo ve ya muerto: "Requiescat in paz, amén, cuñado". **F 29**: Juan Preciado entra a la casa de Donis y su hermana. Reprime a medias una mención de su padre, pero lo dice: "vine a buscar a mi padre". Da inicio una larga parte de la novela sin la presencia de Pedro Páramo, excepto al principio, cuando los hermanos se preguntan quién sería su huésped: la mujer dice a su hermano: "Como que le oí decir algo de su padre". Donis añade: "Yo también le oí decir eso". **F 36**: Ya muerto Juan conversa con Dorotea, quien le pregunta qué vino a hacer a Comala, y él responde "Vine a buscar a Pedro Páramo", lo que no tiene ningún interés para ella. **F 37**: El narrador impersonal retoma la narración con la actividad cotidiana en una próspera Media Luna, años después de que Pedro Páramo expandiese sus límites. Llega Miguel a caballo y Fulgor recuerda cuántos abusos le tolera su padre: cuando le dijo que acusaban a Miguel de un asesinato, Pedro había respondido que "él es incapaz de hacer eso". Miguel aparece aquí como un *alter ego* de su padre. Fulgor presiente una muerte cercana para Miguel y habla de la viuda del hombre asesinado. Pedro le pregunta quién es, por lo que Fulgor agrega: "Es gente que no conozco", y Pedro replica en una frase que resume su relación con Comala: "Esa gente no existe". **F 39**: El estilo indirecto libre, con Pedro recordando este momento, revive la noche en que llevaron a la Media Luna el cadáver de Miguel Páramo, con el presentimiento de Fulgor como antecedente inmediato. Ya no es la visita de Miguel muerto que contó Eduviges a Preciado, sino lo que vino horas después, en el avance cronológico de la vida de Pedro que, por etapas, venimos conociendo. Acude a la memoria de éste la ocasión en que su madre le dijo que habían matado a su padre, "también en un amanecer como éste"; esa "madre de la que él ya se había olvidado muchas veces". También vuelve "La muerte de su padre que arrastró otras muertes y en cada una de ellas estaba la imagen de la cara despedazada". Pero fue Pedro el que causó esa secuela de muertes: para olvidar esa imagen "la había borrado del recuerdo cuando ya no hubo nadie que se la recordara". Reprime por completo que esa sangre había arrastrado la muerte de su madre. Cuando finalmente le informaron que el cuerpo que le llevaban es el de

Miguel se quedó "sin expresión ninguna, como ido. Por encima de él sus pensamientos se seguían unos a otros sin darse alcance ni juntarse". Sabemos cuáles podrían ser cuando al fin habla: "Estoy comenzando a pagar". Ordena matar el caballo de Miguel y pide que las mujeres que lloran no hagan tanto "alboroto por mi muerto", pues sabe que su llanto es falso, de compromiso, ya que nadie realmente lamentaría esa muerte. **F 40**: El padre Rentería no puede dormir durante "la noche en que murió Miguel Páramo" (en realidad la correspondiente a su entierro), después del encuentro con Pedro en la iglesia y con Ana en su casa. Sale a la calle y ve en los remansos del río "el reflejo de las estrellas que se estaban cayendo del cielo". Piensa: "Pedro Páramo, de cosa baja que era, se alzó a mayor". Él se responsabiliza de la maldad de alguien siempre presente en las confesiones de sus fieles. Se limitó a esperar que lo buscara, lo que nunca ocurrió. Considera a Miguel una extensión de su maldad y lamenta que él lo pusiera en manos de Pedro, quien lo recibe con estas palabras: "¡Damiana! Encárgate de esa cosa. Es mi hijo". Rentería regresa al presente, va a Contla y regresa aún más desalentado, pues el cura de allá lo ha recriminado por no evitar que Pedro Páramo hubiese "despedazado tu Iglesia", abandonando a sus feligreses: "Se sentaron bajo una enramada donde maduraban las uvas" (indicio de que la lluvia de estrellas de la noche anterior es la de las Perseidas (véase **Acontecimientos**). El cura de Contla continúa con Rentería, preguntándole si Pedro Páramo es aún el dueño de las tierras de Comala. Rentería dice que "Así es la voluntad de Dios", lo que su confesor rechaza. Se dirige a la Media Luna, da el pésame a Pedro Páramo y éste se disculpa de nuevo por las ofensas de Miguel. "Lo dejó hablar. Al fin ya nada tenía importancia". **F 41**: El monólogo de Susana San Juan en el ataúd devuelve la narración al cementerio. Ella no se refiere a Pedro, pero se entiende por qué dejó Comala, lo que ya lamentaba Pedro. **F 42**: Dorotea explica a Juan a quién acaban de escuchar: "La última esposa de Pedro Páramo", con la interrupción de otra voz, la de alguien que asesinó Pedro Páramo por haber estado en Vilmayo, lugar en que murió Lucas Páramo dos meses antes, el día de San Cristóbal (25 de julio). Dorotea no sabe quién era: "Alguno de tantos. Pedro Páramo causó tal mortandad después que le mataron a su padre, que se dice casi acabó con los asistentes a la boda en la cual don Lucas Páramo iba a fungir de padrino". Agrega que Pedro quería tanto a Susana que "le perdió interés a todo" tras su muerte. Hace una síntesis de lo ocurrido a partir de entonces, que corresponde a la parte final de la novela. Sólo aquí sabremos del éxodo de los habitantes de Comala, así como de la leva por el gobierno cuando la revuelta cristera, que incrementó el despoblamiento del lugar. Adelanta la imagen de Pedro en su equipal viendo el camino del cementerio por donde se llevaron a Susana. **F 43**: Fulgor informa a Pedro que Bartolomé San Juan acaba de llegar "a la antigua casa de usted" en Comala. Fulgor especifica que llegó con "su mujer". Pedro lo corrige: "¿No será su hija?" **F 44**: Pedro celebra el retorno de Susana después de 30 años de ausencia. Revela su estrategia para conseguirlo: "Esperé a tenerlo todo. No solamente algo, sino todo lo que se pudiera conseguir de modo que no nos quedara ningún deseo, sólo el tuyo, el deseo de ti". Entendemos por qué a la muerte de ella la vida de Pedro no tendrá ya ningún sentido, pero en este momento se detiene en las dificultades que tuvo que vencer. Cree haber alcanzado la felicidad. **F 45**: Bartolomé no ve nada bueno en su regreso a Comala, revelando una relación difícil con Susana a causa de Pedro Páramo. Sabe que éste lo alejará de nuevo y lo hará morir. Tiene una conciencia clara sobre él: "Es, según yo sé, la pura maldad. Eso es Pedro Páramo". **F 46**: Pedro no quiere perder de nuevo a Susana e instruye a Fulgor que asesine a Bartolomé en su mina, sin que nadie se lo haga saber a Susana ("Estoy seguro que nadie", dice Fulgor, y Pedro precisa: "Quítale el 'seguro que'. Quítaselo desde ahorita y ya verás que todo sale bien"), aumentando la admiración de Fulgor hacia su patrón: "como que se le están rejuveneciendo los ánimos". **F 47**: Susana se queja de que el gato no la deja dormir. Justina asegura que se va a quejar con Pedro Páramo por el mal trato que ella le da. **F 48**: Justina asegura ahora que dirá a Pedro Páramo que Susana es buena. **F 51**: El *Tartamudo* pregunta por Pedro Páramo en la Media Luna. Cuando lo tiene enfrente le informa que "una manada de hombres" mató a Fulgor, lo que no le importa a Pedro; éste pide que lo visiten los insurrectos mientras manda llamar al *Tilcuate*. Sobre Fulgor sólo piensa que "Había dado de sí todo lo que tenía que dar", y en realidad "Pensaba más en Susana San Juan, metida siempre en su cuarto, durmiendo", sin saber "qué era aquello que la maltrataba por dentro". Susana "le serviría para irse de la vida alumbrándose con aquella imagen que borraría todos los demás recuerdos", sin nunca tener idea de cuál era el mundo de Susana: "Esa fue una de las cosas que Pedro nunca llegó a saber". **F 53**: Llegan los alzados ("cerca de veinte") a la Media Luna y Pedro los invita a cenar y los sorprende al ofrecerles ayuda: hombres y dinero. Se retiran: "he tenido mucho gusto en conocerlos". **F 54**: Pedro instruye al *Tilcuate*: reunirá 300 hombres de los que será el jefe y se enrolará con los alzados, a quienes dará sólo una parte del dinero prometido. También debe pasar con el licenciado Gerardo Trujillo para que le escriture un rancho, además de llevarse unas vacas. Pedro le pide que no se aleje de la región para mostrar "el campo ya ocupado". **F 56**: Susana sigue en su cuarto, revolviéndose inquieta. Pedro presiente la cercanía de su fin. **F 57**: El licenciado Trujillo visita a Pedro: se va a Sayula y dejará de llevar sus asuntos. Pedro no da importancia al episodio ni está dispuesto a compensarlo, pese a que Trujillo recuerda para sí los servicios prestados a la familia desde don Lucas y sin excluir a Miguel. Se retira mientras recuerda que su mujer no esperaba que obtuviera algo de Pedro Páramo. **F 58**: Trujillo regresa para negociar su retiro, Pedro regatea y comienza a contar las monedas. Trujillo recuerda que don Lucas ya quedó a deberle y que Miguel también representó una carga para él. **F 59**: El narrador impersonal contempla la noche y Damiana, en su recámara, escucha a Pedro Páramo entrar por la ventana al cuarto de una sirvienta. Se excita y recuerda cuando ella, de joven, había estado en el mismo caso, pero se resistió, con lo cual se ganó el respeto de Pedro y se convirtió en la caporala de la Media Luna. Unos hombres tocan la puerta a culatazos. **F 60**: El *Tilcuate* actualiza a su patrón sobre los combates. Ahora tiene setecientos hombres y se ha enfrentado a los villistas. Le pide dinero, pero Pedro lo manda a asaltar Contla. Se queda solo, piensa en Susana y en la muchacha con quien acaba de acostarse, "tratando de convertirla en la carne de Susana San Juan. 'Una mujer que no era de este mundo'", todo lo cual sugiere que nunca pensó en tener relaciones sexuales con ella. **F 61**: Justina sale del cuarto de Susana y Pedro Páramo le pregunta por ella: le dirá que Rentería pasó a confesarla y ya debería haber ido a darle la comunión. Pedro la encuentra desnuda, convulsionándose, y la cubre. Entra Rentería, Pedro ayuda a incorporar a Susana y el cura le da la comunión. Ella se traga la hostia, dice al Florencio de sus ensoñaciones que pasó un rato feliz con él y se vuelve "a hundir en la sepultura de sus sábanas". **F 62**: Dos vecinas ven apagada la ventana de Susana y especulan sobre su posible muerte. Una de ellas, Ángeles, dice que esa luz ha estado encendida por "más de tres años" (los transcurridos desde que Susana regresó a Comala) porque Susana es "una pobrecita loca que le tiene miedo a la oscuridad". Fausta piensa que ha muerto y se compadece de Pedro Páramo, pero Ángeles le responde que merece el castigo. Ven pasar al doctor y temen que la muerte de Susana esté por ocurrir. Fausta no desea que eso estropee la fiesta de Navidad que han estado preparando: "Con el poder que tiene don

Pedro, nos desbarataría la función en un santiamén". Ángeles dice que "nada va a pasar de hoy a mañana", pues sabe cuál es la fecha del día siguiente. **F 63**: Rentería insiste en inculcarle algún arrepentimiento a Susana, sin suerte. Pedro Páramo, el doctor Valencia y otros hombres, más unas mujeres en el rincón, aguardan la muerte de Susana. **F 65**: Amanece el 8 de diciembre, día de la Inmaculada Concepción, importante fiesta católica (véase **Acontecimientos**). Las campanas parecen repicar como todos los días, pero se extienden de manera anormal, ambigua. Algunos piensan que es por la muerte de Susana, aunque se instala, convocada por ellas, una gran fiesta profana. El duelo de Pedro Páramo, que sólo se hizo realidad en la Media Luna, es ignorado en las iglesias y calles de Comala. En la Media Luna caminaban descalzos, Susana fue enterrada y sólo unos pocos se enteraron. "Don Pedro no hablaba. No salía de su cuarto. Juró vengarse de Comala: / Me cruzaré de brazos y Comala se morirá de hambre. / Y así lo hizo". Este episodio ha sido objeto de un análisis en el Centro Financiero de Londres.[22] **F 66**: El *Tilcuate* continúa informando a su patrón de los vuelcos de la lucha armada. Entre ellos, que "Se ha levantado en armas el padre Rentería". Pedro le aconseja aliarse con el gobierno, pero el *Tilcuate* prefiere seguir al cura. Dorotea dijo a Juan (**F 42**) que después de la muerte de Susana pasaron "años y años" para que Pedro Páramo muriese y que poco antes se produjo la revuelta de los cristeros. **F 67**: Como lo había adelantado Dorotea, Pedro Páramo pasó muchos años sentado en un equipal, a las puertas de la Media Luna, viendo el camino por donde se llevaron a Susana al cementerio. Un narrador externo y el estilo indirecto libre recuerdan en el inicio de este fragmento el tono de las evocaciones de su niñez del pricipio de la novela. Comienza a amanecer y él ya casi no duerme. Ve cercana su propia muerte: "No tarda ya. No tarda". Ahora recuerda la partida de Susana, pero no viva, sino en su camino hacia el cementerio. "Fue la última vez que te vi. Pasaste rozando con tu cuerpo las ramas del paraíso que está en la vereda", para terminar, confundiendo los tiempos, con un "Te dije: '¡Regresa, Susana!'". Sigue susurrando, cierra la boca y entreabre los ojos. **F 68**: "A esa misma hora" Abundio llega a la tienda de los Villalpando, comunica a Inés que ha muerto Cuca, su esposa, y con ese motivo bebe hasta la total embriaguez. Se dirige inicialmente a su casa, pero "torció el camino" para llegar a la Media Luna. Pedro lo ve acercarse y ordena a Damiana que se

22 Véase, en esta misma *Guía*, "Letras que sanan empresas".

ocupe de "ese hombre", que apenas puede sostenerse en pie. Abundio pide ayuda para enterrar a su mujer y el resto de la escena está narrado desde un punto de vista semejante al suyo, con la confusión resultante. Pedro se oculta tras unas cobijas "como si se escondiera de la luz", Damiana grita que están matando a su patrón, cae y acuden algunos hombres al lugar, la levantan y la meten a la casa. Pedro asoma la cara y da a entender que no le ha pasado nada mientras se llevan a Abundio con un cuchillo ensangrentado en las manos. **F 69**: Pedro continúa en el equipal y ve alejarse el cortejo de los que se llevan a Abundio. Su mano izquierda no le responde, ve sacudirse al paraíso, lo que le recuerda el cortejo que se llevó a Susana e insiste en que regrese, ya confundida enteramente su muerte y su salida de Comala. Recuerda el rostro de Susana en la noche, iluminado por la luna e irisado de estrellas. Quiere levantar la mano izquierda para aclarar la visión "pero sus piernas la retuvieron como si fuera de piedra", mientras la otra "fue cayendo despacio, de lado, hasta quedar apoyada en el suelo como una muleta", en anticipación de lo que ocurrirá a su cuerpo entero en unos momentos: "Ésta es mi muerte". El sol asciende y Pedro ve la tierra en ruinas mientras el calor entra a su cuerpo. Sus ojos "saltaban de un recuerdo a otro, desdibujando el presente". Siente que "su corazón se detenía y parecía como si también se detuviera el tiempo". Teme que vuelva a vivir una noche más, con Abundio llegando de nuevo, pero "yo no tendré manos para taparme los ojos y no verlo. Tendré que oírlo". Siente unas manos en los hombros y endurece el cuerpo. "Soy yo, don Pedro": Damiana le ofrece traerle el almuerzo, pero podría ser sólo otro recuerdo. La respuesta de Pedro es casi la misma que dirigió a su madre cuando lo mandaba a ayudar a su abuela: "Voy para allá. Ya voy". Se habría apoyado en los brazos de Damiana sólo para caer, con su cuerpo –no sólo sus manos– convertido en "un montón de piedras".[23]

Perseverancio. F 53: Revolucionario que aparece en la Media Luna con otros alzados, como Casildo.

Prudencio. Vecino de Comala. **F 30**: Mencionado por la hermana de Donis, frente a Juan Preciado, como uno de los pobladores aún vivos de Comala.

23 Puede haber en esta imagen una relación con la parte final de *La muerte de Virgilio*. Véase *Ladridos, astros, agonías: Rilke y Broch en el lector Rulfo*, 2017, pp. 63-70.

R

Refugio. Véase Cuca.

S

Saltaperico. Insecto o pequeño fuego artificial arrojado con la mano que brinca repetidamente. Sobrenombre de Inocencio Osorio (véase **F 9**), y podría ser el "adivino" mencionado por Donis (**F 31**).

Sixtina Cisneros. F 24: Hermana muerta de Damiana, que asistía a un velorio y es mencionada por Damiana cuando platica con Juan Preciado mientras caminan por las calles desiertas de Comala. Le habría dicho a su hermana: "¡Damiana! ¡Ruega a Dios por mí, Damiana!"

Sóstenes. F 30: Vecino de Comala, mencionado por la hermana de Donis frente a Juan Preciado como uno de los aún vivos de Comala.

Susana San Juan. Las menciones del principal personaje femenino de la novela son, no podía ser de otra manera, múltiples. **F 6**: Aunque no es explícito, Pedro Páramo recorre con la memoria, en la vejez y desde su equipal frente a la Media Luna, el momento de su niñez en que, sentado en el excusado del corral de su casa, observaba el fin de la tormenta y pensaba en Susana –a quien se dirige en el texto con comillas: "Pensaba en ti, Susana"– cuando volaban papalotes en la época del aire –generalmente febrero–, tocando sus manos mientras el aire los hacía reír y rompía el hilo. Ve de nuevo sus labios mojados: "De ti me acordaba". **F 7**: Pedro, niño, busca después a su abuela: "vengo a ayudarle a desgranar maíz"; como anciano se dirige al mismo tiempo a Susana, muerta: "mucho más allá de todo, estás escondida tú, Susana. Escondida en la inmensidad de Dios". **F 8**: Llueve por la noche y el anciano Pedro se recuerda niño, en su cama: "cada vez que pensaba, pensaba en ti, Susana". Dice a su madre que se siente triste. **F 10**: Ahora es explícito que Susana se ha ido de Comala, lo que habría ocurrido poco después de la muerte de su madre, también en febrero. Las palabras del anciano Pedro son reiterativas: "El día que te fuiste entendí que no te volvería a ver". Ella le había dicho, sobre Comala, que "Lo quiero por ti, pero lo odio por todo lo demás". Pedro sabe que Susana "no volverá nunca" y se recuerda a sí mismo en su casa, pensativo. **F 41**: No serán ya los recuerdos de Pedro desde su equipal los que cuentan la historia de Susana, sino los de ella en su ataúd, que confunde con una cama (asociación que volverá en la novela), los que explican por qué se fue de Comala: la muerte de su madre, que debió enfrentar sola con su entonces nana Justina, pues Bartolomé no estaba ahí. En una tumba cercana, la escuchan Juan Preciado y Dorotea. Susana recuerda la muerte de su madre en febrero: el aire rompía los helechos, y quizá son los mismos días en que, poco antes, volaba papalotes con Pedro "en la época del aire": por ello estos recuerdos serían tan intensos en Pedro, casi los últimos que tenía de ella. Al pensar en esos días ventosos Susana resume: "En febrero, cuando las mañanas estaban llenas de viento, de gorriones y de luz azul. Me acuerdo", para añadir: "Mi madre murió entonces". Da indicios de su edad: "En mis piernas comenzaba a crecer el vello entre las venas, y mis manos temblaban tibias al tocar mis senos". Recuerda cómo ella y Justina, solas (no hay mención alguna de Bartolomé), enfrentaron la muerte y velación de su madre, sin otros dolientes. La sepultaron con ayuda de hombres alquilados. Llegan a su casa a ofrecer unas misas y Susana dice a Justina que no son necesarias. Ante su reacción añade: "¿Dices que estoy loca?": sería la primera vez que alguien piensa que Susana está loca. Podemos pensar que poco después Susana se irá de Comala, al retornar su padre, y Pedro Páramo cree que la ha perdido para siempre. **F 42**: Juan pregunta a Dorotea si era ella quien hablaba y ésta le responde que debe ser "La que habla sola. La de la tumba grande. Doña Susanita". Dorotea termina para él la historia de Susana: fue la última esposa de Pedro Páramo, unos decían que estaba loca y otros que no: "La verdad es que ya hablaba sola desde en vida", y murió "hace mucho". Había nacido en Comala y "ya de añejita desaparecieron" (en plural: ella y su padre; lo de "añejita" podría aludir a que no era una niña pequeña), mientras que su madre, quien nunca salía, murió de tisis. Retoma Dorotea el relato diciendo que Pedro Páramo la quiso más que a ninguna mujer y que "Ya se la entregaron sufrida y quizá loca". Cuenta a Juan que la muerte de Susana acarreó la ruina de Comala, pues Pedro abandonó todo y se sentó en un equipal el resto de su vida, sin interés por nada, iniciándose la despoblación del lugar, agravada cuando "las guerras esas de los 'cristeros' y la tropa echó rialada con los pocos hombres que quedaban", y concluye: "Ya te has de imaginar si la quería". A partir de aquí la historia de Susana ocurre en el presente de la narración, aún viva, pero su monólogo en la tumba no desaparecerá e incluso se confunde con los delirios, algunos en el mismo tono erótico, que la obsesionan en su cama de la Media Luna. **F 43**: Susana ha vuelto a Comala acompañada de su padre, como informa Fulgor a Pedro Páramo, aunque aquél cree que Bartolomé es su esposo: "él y su mujer". Pedro lo corrige: "¿No será su hija?", aunque Fulgor, quien ha advertido bien la forma anómala del comportamiento de ambos, se justifica: "Pues por el modo como la trata más bien parece su mujer". Pedro lo manda a dormir, cavilando ya en la forma de deshacer una relación como ésa. **F 44**: "Esperé treinta años a que regresaras, Susana. Esperé a tenerlo todo. No solamente algo, sino todo". En estas palabras resume Pedro Páramo su vida hasta ese momento. Cree ser feliz por haber recuperado a Susana luego de invitar a Bartolomé repetidamente a ser administrador de la Media Luna, sin éxito. Su mensajero le informó alguna vez que Susana se había casado, pero "pronto me enteré que te habías quedado viuda y le hacías otra vez compañía a tu padre". La búsqueda no debía interrumpirse, sin importar costos. Se enteró así de que vivía en las minas de La Andrómeda, en coincidencia con los inicios de la Revolución: "Eso fue lo que aventó a tu padre por aquí". "Sentí que se abría el Cielo", termina, pensando que con él Susana estará rodeada "de alegría". **F 45**: Bartolomé lamenta ante Susana verse de nuevo en Comala, pese a que Pedro Páramo le permite disponer de todo. Ve próxima su desgracia: "Lo presiento". Sabe que a Pedro sólo le interesa Susana y no su mina y comienza a evidenciar una relación cruel con su hija al comentar que sabe que era compañera de juegos de Pedro en la infancia. No tolera que se hubiesen bañado en el río, añadiendo que "de haberlo sabido te habría matado a cintarazos". La violencia verbal no es la única, ya que Susana le responde "No lo dudo". Esto lo sorprende y no acepta que ella esté dispuesta a acostarse con él, pues es casado y ha tenido "infinidad de mujeres", lo que no importa a Susana, quien se refiere a su padre como "Bartolomé". Él le exige que no lo llame así: "¡Soy tu padre!", lo que nos remite a la impresión que tuvo Fulgor Sedano de que no eran padre e hija sino marido y mujer. En este punto Bartolomé advierte que esa percepción va a costarle la vida a él, en La Andrómeda: "Tendré que ir allá a morir". Dice a su hija que ha hablado con Pedro y le ha dicho que ella, aunque viuda, se comporta como si aún viviese con su marido, pero que Pedro sólo cierra los ojos sin hacer caso. Complementa: "Es, según yo sé, la pura maldad". En este punto Susana le pregunta a su padre: "¿Y yo quién soy?". Cuando él le responde que su hija, en la mente de ella se suceden los pensamientos para terminar de manera atropellada: "No es cierto. No es cierto". Una relación cercana al incesto quedaría así esbozada y Bartolomé no la contradice, sino que parece justificarse con ideas sobre la dureza de la vida y la admisión de lo injustificable: "¿Qué hemos hecho? ¿Por qué se nos ha podrido el alma?". Reprende a Susana por negar la caridad de Dios y también a él mismo como padre: "¿por qué me niegas a mí como padre? ¿Estás loca?", lo que ella admite repetidamente: "¿No lo sabías?", dirigiéndose de nuevo a él como "Bartolomé". **F 46**: Pedro intercambia algunas palabras con Fulgor sobre Susana sólo para llegar al punto en que le ordena que lo haga "desaparecer" sin posibilidad de que Susana se entere. Este encargo criminal produce gran satisfacción a Fulgor, quien recuerda el tiempo en que su patrón, joven, le encargaba homicidios. **F 47**: Justina, la nana de Susana, reaparece ya instalada ésta en la Media Luna. Regresa del pueblo bajo la lluvia y una vez en la habitación escucha su nombre, "¡Justina!"; no ve a nadie, pero siente una mano en el hombro y una voz "en secreto" que le dice que se vaya y no se preocupe por Susana: "Yo me quedaré aquí a cuidarla". Ella pregunta "¿Es usted, don Bartolomé?" y lanza un grito que habrían escuchado todos, aún a lo lejos, así como Susana, quien después se queja de que el gato no la dejó dormir. Justina habla de irse y quizá advierte que el gato no era el que rondaba sobre Susana. Aún así le dice que no se irá: "te cuidaré siempre", quizá como un desafío a la presencia que la invitó a irse y abandonarla. Recuerda que conoció a Susana desde su nacimiento. La lluvia continúa sin pausa. **F 48**: No deja de llover. Susana advierte también una presencia extraña en el cuarto, como un peso en la cama, que la hace levantarse, alejándose del lecho: "otra vez el peso, en sus pies, caminando por la orilla de su cuerpo, tratando de encontrarle la cara" (antes de recibir la noticia de otra muerte, veremos después, Susana ya experimentó algo en sus pies), y pregunta casi lo mismo que Justina: "¿Eres tú, Bartolomé?", escuchando el rechinar de la puerta como toda respuesta. No parece preocupada, escucha la lluvia y duerme hasta sentir luz del día. Llama a Justina, quien aparece enseguida, como si ya esperase acudir, y Susana la reprende otra vez por su gato. Justina responde: "Pobrecita de ti, Susana", para luego abrazarla. Susana habla de los sustos que le da el gato y Justina sólo le dice "Tu padre ha muerto". Susana confirma su sospecha: "Entonces era él –y sonrió–. Viniste a despedirte de mí –dijo, y sonrió". **F 49**: A continuación de esa sonrisa Susana recuerda una experiencia traumática de su niñez: Bartolomé, por codicia, la hizo bajar a la oscuridad de una tumba ("No veo nada, papá") para buscar monedas de oro, pero ella sólo se laceró las manos y encontró una "calavera de muerto" y un esqueleto que le fue pasando en pedazos, mientras Bartolomé le decía "Busca algo más, Susana. Dinero. Ruedas redondas de oro". Se desmayó y varios días después despierta "entre el hielo, entre las miradas llenas de hielo de su padre": "Por eso reía ahora" (al saberlo finalmente muerto). "Supe que eras tú, Bartolomé". Justina, que lloraba sobre el pecho de Susana, atestigua cómo "su risa se convertía en carcajada". **F 50**: El padre Rentería visita a Susana acompañado por el viento que ha reemplazado a la lluvia. Ella está en su cama, con los ojos cerrados, pensando mientras escucha el viento; su corazón se agita y pregunta "¿Eres tú, padre?", dirigiéndose a Bartolomé (aunque muerto), por primera vez en la novela, como "padre". Rentería le responde: "Soy tu padre, hija mía". Ella piensa que Bartolomé va a decirle que murió Florencio y que ya lo sabe. Puede haber una relación entre la muerte de Florencio y Bartolomé: pide a éste no afligirse "por los demás; no te apures por mí" y "Yo tengo guardado mi dolor en un lugar seguro", mientras le asegura que ella es más desgraciada que él: "Déjame consolarte con mi desconsuelo". Se quema el rostro con la vela como demostración de que es insensible también al dolor físico, para refugiarse en sus sábanas. Rentería sólo le dice que ha venido a confortarla. Ella lo despide creyendo que es Bartolomé, y escucha sus pasos, "que siempre la dejaban con una sensación de frío, de temblor y de miedo", mientras recuerda que su padre ya no vive: "¿Para qué vienes a verme, si estás muerto?". Susana excluirá en adelante a Bartolomé de sus pensamientos, que entregará a Florencio tanto en la tumba como en la Media Luna: en este lugar la confusión será sólo entre su esposo muerto y Rentería. **F 51**: Llega un peón de la Media Luna con noticias urgentes sobre unos hombres armados que acaban de matar a Fulgor y desean hablar con Pedro Páramo, pero él tiene otras preocupaciones: "Pensaba más en Susana San Juan, metida siempre en su cuarto, durmiendo", o bien cuando observaba "el cuerpo en movimiento de Susana"; la cara sudorosa, las manos agitando las sábanas". Pedro piensa que no puede haber "ningún recuerdo por intenso que sea que no se apague", pues tendría una idea de lo que la atormenta, pero su recuperación sólo le serviría para irse de la vida borrando "todos los demás recuerdos". Eso le habría impedido conocer de verdad lo que atormentaba a Susana: "¿Pero cuál era el mundo de Susana San Juan? Ésa fue una de las cosas que Pedro Páramo nunca llegó a saber". **F 52**: Susana se recuerda en la playa, con los ojos cerrados igualmente, permitiendo que el mar dejase restos de espuma en sus pies. Pero no está en su cama sino en el cementerio: escuchamos a Dorotea mientras habla con Juan Preciado, quien debe prestar atención a lo que oye. El monólogo de Susana es intensamente erótico: se encuentra desnuda en la playa, con un hombre, "desnudo también", fosforescente en la noche, que la prefiere en su cama. Ella se entrega casi sexualmente al mar, pero él (Florencio, cuyo nombre no necesita mencionar) no lo comprende.

F 55: Continuamos en el cementerio, donde Juan narra a Dorotea lo que escucha desde la tumba de Susana: que ella escondía sus pies, calentándolos, entre las piernas de él, y abría su carne "como un surco abierto por un clavo ardoroso" alcanzando la culminación de la cópula, "hasta el gemido". Pero que "le había dolido más su muerte". Se trata de Florencio, aunque no lo saben Dorotea y Juan, pero éste continúa diciendo a su compañera de tumba que el hombre de Susana tardó en venir una noche y ella lo sintió en la madrugada, pues notó que sus pies fríos eran envueltos por alguien y les daba calor. Despertó y los vio envueltos en el periódico que había dejado en el suelo. Fue entonces cuando le dijeron que él había muerto. Vuelven aquí los pies de Susana en el contexto de otra muerte. Juan y Dorotea escuchan los crujidos del ataúd de Susana. No vuelven a aparecer en la novela. **F 56**: Ahora estamos en el cuarto de Susana, aunque la continuidad es completa desde el fragmento previo: "volvieron a sucederse los sueños". Y el anuncio: "Florencio ha muerto, señora". Susana reacciona desesperada e increpa a Dios: "¡Señor, tú no existes![24] Te pedí tu protección para él. Que me lo cuidaras". El reclamo alcanza muy pronto el tono erótico: Susana "se revolvía inquieta". Pedro Páramo contempla ese sueño desapacible deseando que fuese dolor lo que la aquejase y no "esos interminables y agotadores sueños". Sale del cuarto, Susana despierta, tira las cobijas, queda desnuda y vuelve a dormir: es como la encuentra Rentería. La desnudez como en las noches en la playa que ella recordaba en la tumba. **F 60**: Damasio actualiza a Pedro Páramo sobre el avance de las facciones revolucionarias. Lo despide y Pedro queda solo, "como un tronco duro comenzando a desgajarse por dentro. / Pensó en Susana San Juan" y en la muchacha con la que acababa de sostener relaciones sexuales "tratando de convertirla en la carne de Susana San Juan, 'Una mujer que no era de este mundo'". Su idealización de Susana la ha ubicado más allá de la posibilidad de una relación física. **F 61**: Amanece; el momento es descrito como el giro de los goznes de la tierra, "la vibración de esta tierra vieja", forma en que Susana percibe el temblor de tierra que ocurre al terminar la noche. Susana dice a Justina "¿Verdad que la noche está llena de pecados, Justina?", para llegar a otra pregunta: "¿No oyes cómo rechina la tierra?" Justina, como antes con Bartolomé muerto, no confirma las inquietudes de Susana y

24 La franca beligerancia contra Dios o su negación por parte de Susana San Juan han sido exploradas por Adrián Gerardo Rodríguez en "Amor y tiempo en *Pedro Páramo*. Los monólogos sobre Susana San Juan y 'el fin de los tiempos' en Comala", en Víctor Jiménez (coord.), *Pedro Páramo. 60 años*, 2015, pp. 139-150.

continúa "poniendo orden en el cuarto": recoge los vidrios, las flores y el agua de un florero roto. La conversación con Justina se extiende hacia la muerte de los pájaros y la propia. Susana está a medio incorporar en la cama, ve y escucha todo con gran atención. Pregunta a Justina por el Infierno. Ésta sale del cuarto y se encuentra con Pedro: responde a una pregunta suya que Susana está mal. Pedro cree que se quejaría, pero Justina le dice que no es eso, sino que "los muertos ya no se quejan. La señora está perdida para todos". Pedro Páramo pregunta por Rentería y Justina responde que la confesó y debe venir a darle la comunión, pero que quizá no está en gracia de Dios. Pedro le dice que no sea tonta y se queda en la puerta viendo los gestos de Susana, "como cuando se siente un dolor interno", contemplando su desnudez al quitarse las sábanas, observando sus convulsiones. Camina hacia ella, la cubre, los movimientos crecen como espasmos "cada vez más violentos" y se acerca a su oído para decirle, dos veces, "Susana". Se abre la puerta y Rentería entra con la comunión. Pedro la levanta un poco y ella, semidormida, estira la lengua y traga la hostia. Lo que dirá a continuación revela cuál es su mundo: "Hemos pasado un rato muy feliz, Florencio". Se acerca a la tumba, confundida ya con su cama: "Y se volvió a hundir en la sepultura de sus sábanas". **F 62**: La muerte inminente de Susana la presienten Fausta y Ángeles desde la calle al notar una ventana de la Media Luna a oscuras, luego de haber estado iluminada "desde hace más de tres años", que serían los que lleva Susana en la hacienda. Hablan de la locura de ella: "Buen castigo ha de haber soportado Pedro Páramo casándose con esa mujer". Ven pasar al médico y dudan si avisar a Rentería para que le dé los últimos auxilios, aunque saben que a los locos no les sirve la confesión, y aún con "el alma impura son inocentes". Temen que esa muerte cause la suspensión de los festejos de la Navidad que organizan en esos días con Rentería, aunque saben que la muerte de Susana no sería una tragedia por sí misma: "al fin y al cabo, ella no debe estar tan contenta en esta vida". **F 63**: El cura prepara a Susana para la muerte, pero ella sólo quiere que la deje en paz. Rentería, casi en secreto, recita ideas aterradoras a su oído sin que Susana abandone sus recuerdos eróticos con Florencio y los besos apasionados. Rentería continúa con los tormentos del Infierno, pero Susana se mantiene quieta, e incluso parece insinuar una sonrisa. La lista de suplicios sólo hace pensar otras cosas a Susana: "Él me cobijaba entre sus brazos. Me daba amor". Hombres y mujeres en la habitación esperan la muerte de Susana. Rentería no puede advertir señales de arrepentimiento y ella lo despide con fuerza: "¡Ya váyase, padre!".

Susana reprende entonces a Justina por llorar (Susana no lloró en el funeral de su madre, pero el pañuelo de Justina, varias veces exprimido, estaba húmedo de lágrimas): "¡Justina, hazme el favor de irte a llorar a otra parte!", y muere sintiendo que la cara se le hunde en el vientre. **F 64**: Dorotea, como chismosa del pueblo, quiere ser la primera en divulgar la noticia de la muerte de Susana: "Yo. Yo vi morir a doña Susanita". **F 65**: La mañana del 8 de diciembre, día de la Inmaculada Concepción, ya fallecida Susana, Comala es invadida por el repique creciente de las campanas. La gente piensa que es normal, pero éste se extiende y generaliza. Algunos piensan que las campanas doblan por Susana (una situación semejante se presenta en el cuento "En la madrugada").[25] La situación en Comala sería el resultado de la decisión de Ángeles de impedir que la muerte de Susana frustrase las celebraciones navideñas y para ello habría contado con la complicidad necesaria del padre Rentería, que poco tendría ya que esperar de Pedro Páramo tras la muerte de Susana. La atmósfera de feria de la fiesta católica se vuelve interminable. El repique cesa, pero la feria se extiende. Comala nunca vio tanta gente en sus calles, mientras en la Media Luna caminaban descalzos y se hablaba en voz baja. "Enterraron a Susana San Juan y pocos en Comala se enteraron". Pedro Páramo "juró vengarse de Comala", y abandona toda actividad, como ya había anticipado Dorotea. "Me cruzaré de brazos y Comala se morirá de hambre". **F 67**: Muchos años después un anciano Pedro Páramo, en su equipal ante la puerta de la Media Luna, sólo piensa en Susana, a la que ya no evoca viva, como al principio de la novela, sino muerta, y desea alcanzarla: "No tarda ya. No tarda". Recuerda el momento en que salió su ataúd hacia el cementerio (de manera no explícita aquí), con una luz bermeja, al alba, y esta evocación recuerda la que hacía en su adolescencia al ver a Susana abandonar Comala, cuando iba "teñida de rojo por el sol de la tarde". **F 69**: Pedro ve alejarse a los que se llevan a Abundio y dice que es el camino que siguen todos los que se van. Mira caer las hojas del paraíso y recuerda la partida de Susana nuevamente. Sus recuerdos se actualizan, sólo que ahora en la inminencia de la muerte, y ve la imagen de Susana a la luz de una luna sólo imaginada aquí: "No me cansaba de ver esa aparición que eras tú. Suave, restregada de luna, tu boca abullo-

25 Al inicio del cuento Esteban escucha las campanas del alba, se baja de una vaca y ora con los brazos extendidos. Al final del relato, muerto Justo Brambila, anochece: "Y las campanas estuvieron doblando a muerto toda la noche, hasta el amanecer, hasta que fueron cortadas por el toque del alba" (p. 47). Con estas palabras termina el cuento. La duración del repique es larga y puede pasar del dedicado a los muertos a otro, de la liturgia cotidiana, sin solución de continuidad.

nada, humedecida..." y termina su última exclamación dedicada a ella: "Susana, Susana San Juan", visión fuertemente vinculada a las primeras del joven Pedro, en los fragmentos iniciales de la novela: los labios mojados o húmedos, su imagen iluminada por el sol o la luna.

T

***Tartamudo*, el**. Peón de la Media Luna. **F 51**: Este peón busca a Pedro Páramo en la Media Luna. Lo hacen esperar y finalmente llega su patrón y le dice que mataron a Fulgor Sedano, con quien iba. "Le dijeron que eran revolucionarios". El *Tartamudo* esperó al anochecer y decidió ir con Pedro Páramo para enterarlo. Ya existían indicios: el mismo Pedro (**F 44**), cuando llegaron Bartolomé y Susana a Comala, sabía que "para entonces soplaban vientos raros. Se decía que había gente levantada en armas". Pedro ordena al *Tartamudo* que vaya sin tardanza a decir a los alzados que los espera "para lo que se les ofrezca", pero que antes pase por La Consagración para decir al *Tilcuate* que quiere verlo cuanto antes.

Terencio Lubianes. **F 15**: Peón de la Media Luna, hermano de Ubillado. Estuvo en el entierro de Miguel Páramo.

Tilcuate. Serpiente común, de color negro, que se alimenta de peces, ratones y animales pequeños (véase Damasio).

Toribio. F 15: Peón de la Media Luna. Estuvo en el entierro de Miguel Páramo.

Toribio Aldrete. Terrateniente de Comala. **F 11**: Eduviges pregunta a Juan Preciado: "¿Has oído alguna vez el quejido de un muerto?". Cuando él le dice que no, ella agrega: "Más te vale". Aún es pronto para saber que se trata del grito de Toribio Aldrete. **F 17**: Eduviges repite: "Más te vale, hijo. Más te vale". La mujer sale y Juan regresa a la habitación en que lo instaló. Ahí dormita y escucha un "grito arrastrado como el alarido de algún borracho: '¡Ay vida, no me mereces!'". Lo escuchó muy cerca y después de un silencio regresa: "¡Déjenme aunque sea el derecho de pataleo que tienen los ahorcados!" En ese momento llega Damiana Cisneros, a quien Juan pregunta si escuchó el grito, "Como que estaban asesinando a alguien". Ella le dice que puede ser un eco encerrado: "En este cuarto ahorcaron a Toribio Aldrete hace mucho tiempo. Luego condenaron la puerta, hasta que él se secara; para que su cuerpo no encontrara reposo". **F 18**: Fulgor ha levantado un acta "contra actos de Toribio Aldrete", pero éste lo reta: "A usted ni quien le quite lo hombre, don Fulgor. Sé que usted las puede. Y no por el poder que tiene atrás, sino por usted mismo". Recuerda Fulgor que estuvieron emborrachándose juntos en la fonda de Eduviges, donde Toribio se había burlado del "usufruto" citado en el acta, con la que "nos vamos a limpiar". Aunque había un simulacro de acción jurídica iniciado, Fulgor decide terminar las cosas y pide un cuarto a Eduviges. Aldrete aún ensalza la hombría de Fulgor, que contrasta con lo que piensa de Pedro Páramo, "ese hijo de la rechintola". Fulgor se mofa de "lo último que le oyó decir en sus cinco sentidos. Después se había comportado como un collón, dando de gritos". **F 19**: Fulgor estuvo en casa de Pedro Páramo por primera vez después de la muerte de los padres de éste y le informó del estado de cosas en la Media Luna, donde habría mencionado el asunto de Toribio Aldrete: "Le repasó una lista de nombres. Y terminó: / No hay de dónde sacar para pagar". Se extienden ambos sobre Dolores Preciado y Fulgor le dice a continuación: "¿Y lo del Aldrete?" A pregunta de Pedro precisa el problema: "Cuestión de límites. Él ya mandó cercar y ahora pide que echemos el lienzo que falta para hacer la división". Pedro desestima la importancia del asunto: "La tierra no tiene divisiones. Piénsalo, Fulgor, aunque no se lo des a entender". **F 22**: El día siguiente Pedro retoma los pendientes con Fulgor: "La semana venidera irás con el Aldrete. Y le dices que recorra el lienzo. Ha invadido tierras de la Media Luna". Fulgor le comenta que Aldrete midió bien, pero Pedro tiene todo calculado: "Pues dile que se equivocó", desdeña explícitamente la ley y pasa al episodio del que ya sabemos algo: "¿Tienes trabajando en la Media Luna a algún atravesado?", que complementa con el simulacro de un acto legal: "Le levantas un acta acusándolo de 'usufruto' o de lo que a ti se te ocurra". En este momento sabemos ya cómo terminó tal episodio. **F 23**: En la visita que hace dos semanas después a Pedro, éste pregunta a Fulgor: "¿Está arreglado el asunto de Toribio Aldrete?" La respuesta del capataz: "Está liquidado, patrón", con el doble sentido del verbo.

U

Ubillado. Peón de la Media Luna, hermano de Terencio. **F 15**: Estuvo en el entierro de Miguel Páramo.

6 Lugares en *El Llano en llamas*, *Pedro Páramo* y *El gallo de oro*

VÍCTOR JIMÉNEZ

En esta relación de *lugares* se incluyen aquellos que son mencionados en la obra de Juan Rulfo, reuniendo en una misma lista los de *El Llano en llamas*, *Pedro Páramo* y *El gallo de oro*. No se trata de sitios pertenecientes a una geografía real en todos los casos: se puede presentar la circunstancia de que un paraje o población estén en el mapa de manera parecida a como figurarían en su obra, pero también ocurre que no hay rastros de ellos en el mundo real, o bien que sean homónimos de otros existentes pero muy distintos en todo a estos *lugares* literarios. Todo ello se menciona después de cada nombre según el caso de que se trate.

A

Aguascalientes. Capital del estado homónimo y donde tiene lugar la Feria de San Marcos, muy importante para las peleas de gallos.

Alima, San Juan de. Una población de este nombre se localiza en la costa del Estado de Michoacán, muy cerca del límite con el Estado de Colima. En "¡Diles que no me maten!" Juvencio Nava dice: "Aquel asunto de cuando tuvo que matar a don Lupe. No nada más por nomás como quisieron hacerle ver los de Alima". El coronel le pregunta (y repite el sargento) que "si ha vivido alguna vez en Alima". No hay datos para pensar que el Alima michoacano tenga algo que ver con el de la narración, o si se trata de un nombre que eligió Rulfo por razones literarias y no geográficas, como algunos más en su narrativa (Comala, Contla, Luvina...).

Altos, Los. Región del Estado de Jalisco cuya parte norte pertenece al Bajío y limita con los estados de Guanajuato, San Luis Potosí y Aguascalientes, siendo sus ciudades más conocidas San Juan de los Lagos y Lagos de Moreno. La parte sur está próxima a Guadalajara y colinda con Guanajuato. Dos soldados de "La noche que lo dejaron solo" se refieren a Los Altos como centro de actividades de los cristeros, en la sierra de

Comanja, cercana a Lagos de Moreno: "dejarlos pasar para que les dieran guerra a los compañeros de los Altos".

Amula, San Juan de. Población en el municipio de El Limón, al oriente del municipio de Tonaya y al norte de la Sierra de Tuxcacuesco. Las beatas que visitan a Lucas Lucatero en el cuento "Anacleto Morones" llegan a la casa del rancho donde él se ha escondido "por el camino de Amula" y después precisan: "Somos de Amula".

Andrómeda, la. Nombre de una constelación que Rulfo elige para designar las minas en las que habría terminado viviendo Bartolomé San Juan en compañía de Susana (**F 44, 46**). Dijo Rulfo en la Universidad Central de Venezuela en 1974: La mina "se llama la Andrómeda. La Andrómeda está muy lejos en el universo, está más allá de la Vía Láctea".[1]

Apango. Población del municipio de San Gabriel, Jalisco, con unos 700 habitantes. Por su etimología significa "lugar con corrientes de agua". Pudo inspirar el nombre del pueblo (**F 47**) del que provendrían los indios que llegan a vender a la plaza de Comala un domingo de lluvia. Apango se localiza al pie de un antiguo camino que une a San Gabriel con Sayula. No parece tener pobladores que hablen alguna lengua indígena hoy, aunque el día del santo patrón, San Andrés Apóstol (30 de noviembre), hay una peregrinación de danzantes vestidos con trajes de inspiración indígena.

Árbol Grande. Cuando Bernarda desaparece de Santa Gertrudis en *El gallo de oro*, Secundino Colmenero informa a Dionisio que la vio en Árbol Grande, "no muy lejos de ahí".

Armería. Río homónimo de una ciudad del Estado de Colima cercana a la costa. Cruza parte del sur de Jalisco en la zona . El narrador de "El Llano en llamas" lo menciona.

Arandas. Ciudad de Jalisco, al oriente del estado, muy cercana al límite con el Estado de Guanajuato. Mencionada en *El gallo de oro* como lugar del que provienen importantes jugadores de gallos.

Arrabal, barrio. En *El gallo de oro* barrio de San Miguel del Milagro donde vive, al inicio de la narración, Dionisio Pinzón con su madre anciana y enferma. "Arrabal" es una designación común para una zona periférica y abandonada de un centro poblado.

Autlán. Ciudad y cabecera regional ubicada al oeste del Llano Grande. En "El Llano en llamas" los federales salen "por el rumbo de Autlán" en busca de la gente de Zamora.

---

1 "Juan Rulfo examina su narrativa", *Escritura: Teoría y Crítica Literarias*, I, 2, julio-diciembre 1976, p. 307.

B

Bajío. Región del centro de México que abarca las zonas no montañosas de los Estados de Querétaro, Guanajuato, Aguascalientes y Jalisco. En *El gallo de oro* un apostador es "ganadero del Bajío".

C

Celaya. Ciudad del Estado de Guanajuato mencionada en el texto de una canción en *El gallo de oro*.

Cerro Grande. Es parte de la Sierra de Manantlán, en el municipio de Tolimán. Se trata de una zona prácticamente deshabitada aún hoy. En "El Llano en llamas" sirve como guarida a la gente de Zamora: "ganamos para el Cerro Grande y arrastrándonos como víboras pasábamos el tiempo mirando hacia el Llano".

Chalchicomula. Importante ciudad del Estado de Puebla, al oriente. Antes San Andrés Chalchicomula, hoy se llama Ciudad Serdán. Mencionada en *El gallo de oro* como lugar de procedencia de jugadores de gallos de pelea.

Chihuahua. En *El gallo de oro* un gallo dorado proviene de ahí. Es el favorito de la pelea y la pierde ante otro, ciego, y Dionisio grita: "Se hizo chica la pelea".

Chicontepec. Población y municipio de Veracruz limítrofe con el Estado de Hidalgo. Mencionado en *El gallo de oro* como un sitio importante para los que juegan a las peleas de gallos.

Chupaderos. Localidad de la que era originaria Matilde Arcángel en el cuento que lleva su nombre. Existe un caserío llamado así en el municipio de Lagos de Moreno.

Ciudad Juárez. Lugar de destino del protagonista de "Paso del Norte". Ciudad de la frontera norte vecina de El Paso, Texas.

Cocotlán. En *El gallo de oro* se trata de "un pueblo arrumbado en los rincones más aislados de México". Pertenece al municipio de Bolaños, en la región Norte de Jalisco, en la sierra, muy aislado del resto del estado. Ahí deja la novela, en sus últimas líneas, a Bernarda Pinzón cuando se inicia en los palenques como cantadora.

Colima. Capital del Estado del mismo nombre, a la que se fue a vivir Dolores Preciado con su hijo Juan (en casa de su hermana) cuando no puede sostener más su relación con Pedro Páramo (**F 9**). El nombre aludiría a un antiguo gobernante de esa nación, Colimán, y el gentilicio –"colimote"–

se aplica igualmente a los perros xoloitzcuintles de la región, cuyas representaciones en cerámica procedentes de las excavaciones arqueológicas son muy apreciadas.

Colimotes, Los. Puerto de tierra en un lugar elevado desde el que se domina la llanura en que se ubica Comala, según las palabras de Dolores que recuerda Juan Preciado (**F 2**).

Comala. El nombre significa "Lugar de comales" y se encuentra en varias poblaciones de la República Mexicana. La más grande (rebasando los 20 mil habitantes) y conocida está en las proximidades de la ciudad de Colima y es la que suele vincularse al pueblo en que ocurre la acción de *Pedro Páramo*. En el fragmento de la novela publicado en marzo de 1954, en la revista *Las Letras Patrias*, aún se llama "Tuxcacuexco" (actualmente Tuxcacuesco). Hay tres poblaciones más con el nombre de Comala en México, una de ellas en Jalisco, cerca de la región de Juan Rulfo: se trata de una pequeña localidad (unos 250 habitantes) en el municipio de Chiquilistlán, al que se llega desde Tapalpa, pueblo que aparece en algunas fotografías de Rulfo (no se puede descartar que hubiese conocido la Cascada de Comala en su época de excursionista, ya que es uno de los atractivos de la zona). Otra Comala se ubica en el municipio de San Pedro Pochutla, Oaxaca, en la costa del Pacífico, y una más pertenece al municipio de Huazalingo, Hidalgo, en una zona montañosa. En esta parte de Hidalgo están Lolotla y Tlanchinol, dos localidades sobre las que escribió Rulfo.[2]

Comanja, sierra de. Comanja es un pueblo del municipio de Lagos de Moreno, cerca del límite con Guanajuato, y de León, Guanajuato. Toda la zona fue centro de actividades durante la revuelta cristera. En "La noche que lo dejaron solo" un soldado dice que "Todos están arrendando para la sierra de Comanja a juntarse con los cristeros del *Catorce*".

Contla. Población del municipio de Tamazula de Gordiano, al este de Ciudad Guzmán, a unos 80 kilómetros tanto de San Gabriel como de Comala, Colima. En la novela se encuentra, sin embargo, a una distancia tan corta de Comala que el padre Rentería puede recorrerla a pie, ida y vuelta, en una sola mañana (**F 40**), o Miguel Páramo tener una novia ahí (**F 11**). Pedro Páramo sugiere al *Tilcuate* que asalte esta población porque está llena de ricos (**F 60**).

Corazón de María. Mencionada en "La herencia de Matilde Arcángel",

2 "Lolotla" se publicó en el libro con textos y fotografías de Juan Rulfo, *Letras e imágenes*, 2002, p. 30. El texto sobre Tlanchinol aún permanece inédito.

no existe registro de una localidad de este nombre en la Republica Mexicana. Ahí vivían los dos Euremio Cedillo, personajes del cuento.

Cuastecomate. El nombre se aplica a los graneros de forma circular comunes todavía a mediados del siglo xx en algunas regiones de México. No existe en el Llano Grande, en la actualidad, una población de este nombre. Fue quemada por la gente de Zamora en "El Llano en llamas" y ahí juegan "a los toros", que es sólo el asesinato de sus prisioneros.

Cuesta de la Piedra Cruda. La "piedra cruda" es usualmente la que se utiliza para la producción de cal, por lo que el hombre que la menciona en "Luvina" puede referirse a muchos parajes, particularmente de regiones rocosas, lo que no es el caso en la Sierra Juárez de Oaxaca, donde se encuentra la Luvina (véase) cuyo nombre (mas no sus características físicas) habría tomado Rulfo para su relato.

Cuesta de las Comadres. El cuento homónimo ubica esta localidad en las cercanías de Zapotlán, hoy Ciudad Guzmán. Al oriente de ésta, sin separación, se encuentra el Parque Las Peñas, promontorio donde destacan dos peñascos gemelos conocidos como Los Compadres, que podrían haber inspirado el nombre del paraje en el cuento de Rulfo. Al publicarse el relato por vez primera en la revista *América* (número 55, 29 de febrero de 1948) se ilustró con un dibujo (de autor no identificado) que representa una elevada formación rocosa con dos prominencias.

Cuquío. Población de Jalisco próxima a la región de Los Altos y donde tienen lugar ferias con peleas de gallos.

E

El Grullo. Población y municipio de la región Sierra de Amula. Se encuentra al oeste del poblado de Amula. En "Anacleto Morones" las mujeres de Amula acusan a Lucas Lucatero de haber obligado a las hijas de Hermelindo a irse a vivir a El Grullo por la mala fama que les hizo.

El Pochote. Rancho mencionado en "El día del derrumbe". El único lugar de este nombre en Jalisco, en la actualidad, está muy distante (en el municipio de Ameca) de la región aludida en el cuento.

Enmedio, rancho de. Rancho de las Preciado, acreedoras de Lucas Páramo; para cancelar su deuda y hacerse de esta propiedad Pedro decide casarse con Dolores por bienes mancomunados (**F 19, 37**).

Estagua. Una de las propiedades de Pedro Páramo que Fulgor Sedano menciona cuando distribuye a los hombres de la Media Luna hacia sus áreas de trabajo, incluyendo Enmedio y Vilmayo (**F 37**).

G

Guadalajara. La capital de Jalisco es mencionada por Fulgor Sedano como uno de los dos posibles lugares en que viviría la hermana de Dolores Preciado.

J

Jazmín, el. Antigua hacienda y hoy pueblo del municipio de San Gabriel, a unos diez kilómetros en línea recta al sureste de la cabecera. En "El Llano en llamas" el *Pichón* dice que era muy fácil asaltar aquel lugar: "mientras en las faldas del volcán se estaban quemando los ranchos del Jazmín, otros bajábamos de repente sobre los destacamentos".

Jiquilpan. Localidad mencionada por el viejo Esteban en el cuento "En la madrugada", donde Justo Brambila tenía un potrero al que Esteban llevaba a pastar las vacas. Jiquilpan pertenece al municipio de San Gabriel y se encuentra a unos tres kilómetros al norte de la cabecera municipal.

L

Las Ánimas. Rancho propiedad de Euremio padre en "La herencia de Matilde Arcángel".

Llano Grande. Lo que Juan Rulfo llama así en dos cuentos, "Nos han dado la tierra" y "El Llano en llamas", no coincide con su descripción geográfica real. José Eduardo Zárate Hernández[3] considera que el Llano Grande se extiende sobre cinco municipios: San Gabriel, Tonaya, Tuxcacuesco, Tolimán y Zapotitlán. No se trata, empero, de una planicie sino de una vasta superficie accidentada, con barrancas, cerros (el Petacal) y arroyos, como el río Tuxcacuesco o Armería. Los límites del mismo son las faldas de distintas elevaciones: el Volcán de Colima, la Sierra de Manantlán y parte de la de Tapalpa. Estas zonas elevadas son más húmedas que la parte central, más seca, aunque no en el grado que sugiere la literatura de Rulfo[4] (sin embargo, el mismo Rulfo tiene fotografías con áreas del Llano inundadas).[5] En las décadas recientes la

3 José Eduardo Zárate Hernández, "El Llano Grande como región geográfica y como representación simbólica", en *Procesos de identidad y globalización económica. El Llano Grande en el sur de Jalisco*, El Colegio de Michoacán, Zamora, 1997, pp. 26-41.
4 Particularmente en "Nos han dado la tierra".
5 Puede verse una de ellas en *El fotógrafo Juan Rulfo*, 2017, p. 100.

tecnología agrícola ha convertido esta zona en un área muy productiva, como recoge el citado Zárate Hernández, quien habla igualmente de la dimensión "simbólica" del Llano Grande por influencia de Juan Rulfo. En "Nos han dado la tierra" los campesinos a quienes dieron tierras en el Llano y el burócrata que se las entrega reconocen la diferencia entre un "llano" cualquiera y el "Llano", que sería el inhóspito terreno que los primeros atraviesan a pie. Rulfo utiliza la minúscula y la mayúscula inicial con una intención clara al respecto.[6]

Los Alcatraces, hacienda. Mencionada en "El día del derrumbe". No existe en la actualidad una localidad de este nombre en el Estado de Jalisco.

Los Confines. Lugar mencionado por la hermana de Donis cuando ambos se preguntan por la procedencia de su visitante, Juan Preciado (**F 30**).

Los Encuentros. Encrucijada en que Juan Preciado se topó con Abundio Martínez por primera vez (**F 2**).

Los Volcanes. Se trata de un puerto de montaña entre el Volcán de Colima y el Nevado de Colima, elevado y sin vegetación, como se lee en el pasaje de "El Llano en llamas" relativo a los nativos de Mazamitla, acostumbrados al frío: "Pedro Zamora los mandó a cuidar el puerto de Los Volcanes, allá arriba, donde no había sino pura arena y rocas lavadas por el viento".

Luvina, San Juan. Existe un pueblo con este nombre en el municipio oaxaqueño de Abejones, en la Sierra Juárez, y hay un manuscrito de Juan Rulfo, de fecha indeterminada, dedicado al municipio de Abejones, en el que menciona Luvina. Se reproduce en la primera edición de *Noticias sobre Juan* Rulfo (2003), p. 133. En su primer informe como becario del Centro Mexicano de Escritores (15 de enero de 1953) se refiere Rulfo a este pueblo como Loobina. Las características del Luvina oaxaqueño nada tienen que ver con las del pueblo del cuento de Rulfo. Una autora y su editor, con el descuido que caracteriza a cada quien en su campo, han insistido en la identidad de ambos.[7]

6 Los campesinos engañados durante el reparto de tierras reaccionan de una manera cuando creen que les están dando tierras en un "llano" y de otra cuando confirman que se trata del "Llano", superficie llana, dura, estéril donde nunca llueve, que no representa en realidad parte alguna del Llano Grande. Véase el artículo de Víctor Jiménez, "Editar a Juan Rulfo", *Altertexto: Revista del Departamento de Letras,* 2, 3, enero-junio de 2004, pp. 85-96.

7 Se trata de Cristina Rivera Garza y de Ricardo Cayuela, autora y editor, respectivamente, de *Había mucha neblina o humo o no sé qué.*

M

Magdalena, la. Posiblemente un paraje cercano a Los Altos, donde ocurriría la acción del cuento "La noche que lo dejaron solo": "De la Magdalena para acá, la primera noche".

Mascota. Población ubicada al oeste de Jalisco en la Sierra Madre Occidental, cerca de Talpa de Allende. El nombre es una deformación de Mazacotla ("lugar de venados y serpientes"). Región montañosa de acceso complicado. Cuando Fulgor Sedano busca a Bartolomé y Susana San Juan mediante un mensajero éste le informa que "salieron de Mascota" (**F 44**) y que es difícil seguir su rastro.

Mazamitla. Pueblo y municipio serrano al sureste de Guadalajara, elevado (2,200 metros sobre el nivel del mar) y de clima templado, de donde habrían llegado refuerzos a Zamora en "El Llano en llamas", junto a los "indios güeros" de Zacoalco: se trata de "aquellos otros de la tierra fría, que se decían de Mazamitla".

Media Luna. Hacienda de Lucas Páramo y posteriormente de su hijo Pedro. Abundio Martínez señala a Juan Preciado una panorámica de la totalidad de los terrenos de la hacienda (**F 2**), y podría tratarse de una extensión cuyos límites se aproximen a un semicírculo. Aunque en un lugar muy próximo a Comala, la casa de la hacienda no se encuentra en el pueblo mismo. El nombre Media Luna es relativamente común en México para todos aquellos parajes que tengan un contorno semicircular.

México (ciudad). La ciudad de México es uno de los lugares por los que transita el protagonista de "Paso del Norte" en su viaje "al Paso".

N

Norte, el. Designación genérica empleada en México para referirse a Estados Unidos. Así, el hijo anuncia al padre, en las primeras líneas de "Paso del Norte", su intención de ir allá: "Me voy pal Norte", y Lucas Lucatero recuerda en "Anacleto Morones" que el personaje homónimo, habiendo escapado de la cárcel, le pidió dinero "porque necesito hacer un viaje al Norte", desde donde supuestamente le escribiría.

O

Ojinaga. Ciudad fronteriza en el Estado de Chihuahua, alejada de Ciudad Juárez. La menciona el protagonista de "Paso del Norte".

Oregon. Uno de los posibles destinos del protagonista en "Paso del Norte". Estado del Oeste de los Estados Unidos.

P

Palo de Venado. Huyendo de la justicia, Juvencio Nava, en "¡Diles que no me maten!", dice: "Por eso me vine a vivir junto con mi hijo a este otro terrenito que yo tenía y que se nombra Palo de Venado". Se trataría de un nombre puesto por Rulfo a una pequeña localidad sin asignación geográfica precisa. Cuando entregan a Juvencio al coronel le dicen que es el hombre "de Palo de Venado, mi coronel. El que usted nos mandó traer".

Paso del Norte. Anterior nombre de la región en que se localizan Ciudad Juárez (Chihuahua) y El Paso (Texas). Esta designación, y también Paso, es empleada por el protagonista del cuento homónimo "Paso del Norte".

Petacal. Cerro aislado en el municipio de Tolimán, muy notorio en la planicie que lo rodea. Juan Rulfo tiene fotografías del mismo. Sus paredes son escarpadas y desde ciertos ángulos parece un cajón. Al inicio del quinto fragmento de "El Llano en llamas" los hombres de Zamora se encaminan "hacia San Pedro. Le prendimos fuego y luego la emprendimos rumbo al Petacal".

Piedra Lisa. Al sur de Tolimán y al poniente de Zapotitlán, próximo al río Armería, existe un paraje identificado con este nombre, cerca de Loma del Camichín. En el fragmento del cuento "El Llano en llamas" en que se menciona la Piedra Lisa se dice al principio: "Nos quedamos agazapados detrás de unas piedras grandes y boludas", por lo que podría haber una asociación con éstas.

Pinos. En *El gallo de oro* un rico minero proviene de aquí. El municipio de este nombre pertenece a Zacatecas y colinda con los Estados de San Luis Potosí, Guanajuato y Jalisco.

Potrero Hondo. En *El gallo de oro*, localidad cercana a San Miguel del Milagro donde se habría extraviado un caballo alazán que Dionisio vocea.

Puerta de Piedra. Nombre de la propiedad de don Lupe Terreros, a la que Juvencio Nava llevaba su ganado a pastar y que dio origen al asesinato de don Lupe.

S

San Buenaventura. Pequeña población en el municipio El Limón, cercana a San Juan de Amula y al norte de la Sierra de Tuxcacuesco, no lejos de

Tonaya, en una de las zonas planas del Llano Grande. En "El Llano en llamas" el "tal Alcalá" envía a los hombres de Zamora a buscarlo a San Buenaventura.

San Gabriel. Esta pequeña población (y municipio) forma parte del Llano Grande y las estribaciones que lo rodean. Juan Rulfo vivió en ella una parte importante de su infancia y en la actualidad alcanza los 15 mil habitantes. Es la población (con sus inmediaciones) en la que se desarrolla el cuento "En la madrugada".

San Juan del Río. Importante ciudad del Estado de Querétaro, en el límite del Bajío. Al morir su madre, Dionisio Pinzón, en *El gallo de oro*, sale en busca de trabajo como gritón en las peleas de gallos: "uno de los primeros lugares adonde llegó fue San Juan del Río". Lleva el gallo dorado que le dará fortuna inicial pues ahí lo inscribe en una pelea y gana. Conoce en este lugar a la *Caponera*.

San Marcos, Aguascalientes. Barrio y jardín de la ciudad de Aguascalientes en que tiene lugar una de las ferias anuales más grandes de México. Tiene un palenque de gran importancia. En *El gallo de oro* se le menciona, con otras ciudades, como lugar de procedencia de "jugadores famosos [...], todos portando gallos tan finos que daba pena verlos morir".

San Miguel del Milagro. Población de Tlaxcala donde existe un importante santuario y feria con peleas de gallos. Aquí viven Dionisio Pinzón y su madre al inicio de *El gallo de oro*.

San Pedro Toxín. Localidad perteneciente al municipio de Tolimán, donde se ubica el cerro del Petacal. En el inicio del quinto fragmento de "El Llano en llamas" se vincula este pueblo al cerro del Petacal (véase).

Santa Gertrudis. Rancho de Lorenzo Benavides, perdido por él en una partida de cartas con Dionisio Pinzón, quien permanecerá ahí por años, jugando a las cartas, hasta perderlo a su vez y morir enseguida.

Santa Inés. Localidad en que las mujeres de Amula, en "Anacleto Morones", buscaron a Lucas Lucatero. No existe actualmente un lugar de este nombre en la región de Amula.

Santo Santiago. Localidad en que las mujeres de Amula, en "Anacleto Morones", buscaron a Lucas Lucatero. No existe actualmente un lugar de este nombre en la región de Amula.

Sayula. Importante ciudad en el municipio del mismo nombre, que sirve como centro administrativo, eclesiástico y comercial de una amplia región del sur de Jalisco. La familia de Juan Rulfo siempre tuvo presencia en ella. Su nombre significa "Lugar de moscas (o moscos)", aludiendo a la presencia de cuerpos de agua que se han ido desecando. Juan Preciado habría llegado a Sayula el día previo a la jornada que lo llevó a Comala (**F 3**), y ya ahí, cuando quiere regresar, la hermana de Donis identifica el camino que va a Sayula entre los que le señala Juan por el hueco del techo (**F 30**). En "El Llano en llamas" el tren es descarrilado "en la cuesta de Sayula".

T

Talpa. Este importante centro de peregrinación se encuentra en el municipio del mismo nombre, Talpa de Allende, al occidente del estado de Jalisco, en la Sierra Madre Occidental, y aunque todo el año hay peregrinaciones al santuario, la más importante termina en Talpa entre el 11 y el 19 de marzo (este último, día de la fiesta de San José). Rulfo escribe en el cuento "Talpa": "habíamos salido de Zenzontla a mediados de febrero, y ahora que comenzaba marzo amanecía muy pronto". Y reitera. "Habíamos salido a mediados de febrero y llegamos a Talpa a finales de marzo, cuando ya mucha gente venía de regreso". Además de la enfermedad de Tanilo, la tardanza responde a que Zenzontla (véase) se encuentra a más de 200 kilómetros de Talpa. Habría algo más: "Talpa" significa, en náhuatl, "sobre la tierra", y no sería casual que Rulfo mencione que Tanilo sabía que tendrían "que caminar mucho debajo del sol de los días y del frío de las noches de marzo". Su hermano dirá después: "Siempre sucedía que la tierra sobre la que dormíamos estaba caliente. Y la carne de Natalia, la esposa de mi hermano Tanilo, se calentaba en seguida con el calor de la tierra". Ambos traicionan a Tanilo *sobre la tierra*, caliente pese al frío de las noches.

Teocaltiche. Se ubica en la región de Los Altos de Jalisco, al norte de Guadalajara, cerca de los límites de Zacatecas y en la zona más amplia del Bajío (no muy lejos de León, Guanajuato). En "El Llano en llamas" se habla de "gente aguantadora y entrona; con alteños traídos desde Teocaltiche, revueltos con indios tepehuanes: unos indios mechudos, acostumbrados a no comer en muchos días". También aparece en *El gallo de oro* como lugar de procedencia, entre otros sitios, "de jugadores famosos" en las peleas de gallos.

Telcampana. Era una hacienda (de la que quedan ruinas) y sobrevive un caserío, a unos tres kilómetros de San Gabriel. En "El Llano en llamas" el *Pichón* recuerda "el agua fría de la tormenta que estaba cayendo sobre Telcampana, esa noche que entramos allí y arrasamos el pueblo". Ahí mataron al padre de la muchacha que raptó y con la que tuvo un hijo. Ella lo esperaba cuando salió de la prisión.

Tepec. Localidad del municipio de Amacueca, al norte de Sayula. Mencionada en "El día del derrumbe" como lugar de procedencia de los músicos que fueron a tocar en la comida con el gobernador.

Tequisquiapan. Población del Estado de Querétaro de donde provienen los partidarios de un gallo en *El gallo de oro*.

Texas. Uno de los posibles destinos del protagonista en "Paso del Norte" al principio del cuento, y donde es agredido, con su compañero, en el intento de cruzar a Estados Unidos.

Tlaquepaque. Población cercana (hoy unida) a Guadalajara, con importantes ferias y peleas de gallos.

Tolimán. Población (algo más de 8 mil habitantes) y municipio al sur de Jalisco, vecino de Tuxcacuesco. En el cuento "Talpa", Tanilo "iba todos los años a Tolimán, en el novenario del señor, y bailaba la noche entera".

Tonaya. Pueblo y municipio en la región del Llano Grande. Limita con los municipios de San Gabriel, Tuxcacuesco y Chiquilistlán. Es el lugar al que el padre de Ignacio desea llegar en el cuento "No oyes ladrar los perros".

Totolimispa. Pueblo a unos 10 kilómetros al suroeste de San Gabriel. Uno de los que la gente de Zamora incendia en "El Llano en llamas", junto a Tuzamilpa (véase) y Zapotitlán (véase).

Tozín, cañón del. En la actualidad es Toxín, y el pueblo San Pedro Toxín (véase), en el municipio de Tolimán (véase), cercano a la sierra y al Estado de Colima. La referencia en "El Llano en llamas" lo vincula a un escondrijo: "allí donde el río Armería se encajona durante muchas horas para dejarse caer sobre la costa".

Tuxcacuesco. Uno de los municipios que forman parte del Llano Grande, con una sierra que lleva su nombre. La cabecera es un pequeño pueblo de 5 mil habitantes, cercano (unos 30 kilómetros al suroeste en línea recta) a San Gabriel. Quizá por este motivo el nombre del lugar en que ocurre *Pedro Páramo* sería Tuxcacuexco (*sic*), hoy Tuxcacuesco, más próximo al mundo familiar de Juan Rulfo. Comala se localiza a casi el doble de distancia en línea recta (55 kilómetros) de San Gabriel, al sur. Tuxcacuesco es mencionado también en el cuento "El día del derrumbe" como el lugar en que uno de los personajes experimentó el temblor de tierra.

Tuzamilpa. Pueblo del municipio de Zapotitlán, que la gente de Pedro Zamora quema, junto con los cercanos: "veíamos arder [...] los ranchos y algunos pueblos más grandes, como Tuzamilpa y Zapotitlán [...]; pero cuando llegaban, comenzaba a arder Totolimispa".

V

Vilmayo. Tierras mencionadas por Fulgor Sedano ("cerros") como propiedad de Pedro Páramo (**F 37**). La voz de uno de los muertos que escuchan Juan Preciado y Dorotea (**F 42**) dice que Lucas Páramo murió durante una boda que se celebraba en Vilmayo, donde había unos ranchos ya desaparecidos. No tenemos información sobre un sitio real que lleve este nombre y que pudiese haber inspirado el de Rulfo.

Z

Zacatecas. Capital del Estado del mismo nombre. Se menciona en *El gallo de oro* como lugar del que venían jugadores de peleas de gallos muy finos. Del sitio le dijeron a Dionisio "que allá se mandaban fuerte" en las apuestas.

Zacoalco. Ciudad y municipio al sur de Guadalajara, de donde provendrían los "indios güeros" mencionados en "El Llano en llamas" como parte de las fuerzas de Pedro Zamora.

Zapotitlán. Municipio colindante con el estado de Colima, al este de Tuxcacuesco y cubriendo la ladera poniente del Volcán de Colima. Su cabecera del mismo nombre, con unos 15 mil habitantes hoy, es uno de los pueblos quemados por la gente de Zamora al lado de Tuzamilpa (véase) y Totolimispa (véase).

Zapotlán. Municipio vecino al de San Gabriel cuya capital es Ciudad Guzmán. Mencionado en el cuento "La Cuesta de las Comadres" como la población de referencia comercial para los lugareños. En el límite oriente de Ciudad Guzmán está la prominencia de Las Peñas, en la que sobresalen dos grandes peñascos conocidos como Los Compadres.

Zenzontla. Es el pueblo de Natalia, Tanilo Santos y el hermano de éste. Pertenece al municipio de Tuxcacuesco y está realmente alejado de Talpa, a la que van en peregrinación a pie: por carretera la distancia es de algo más de 200 kilómetros.

En un informe redactado durante su paso por la Comisión del Papaloapan Rulfo menciona dos veces el problema ecológico representado por el sistema de "tumba, roza y quema" arraigado en la agricultura de la zona, ya que se erosionaban las laderas de forma acelerada. Uno de los objetivos de la Comisión era erradicar este sistema y reemplazarlo por una agricultura de riego en las partes bajas y planas. Fotografía de Juan Rulfo que documenta el problema. Aparecería en una revista de la Comisión, dirigida por él, que no llegó a salir.

7 Acontecimientos en *Pedro Páramo*

VÍCTOR JIMÉNEZ

Si bien existe un momento histórico que la novela permite ubicar como el fondo contra el que ocurren los sucesos de *Pedro Páramo* –las décadas finales del siglo XIX e iniciales del XX–, llama la atención la escasez y parquedad de los indicadores de esa temporalidad: los rumores que llegan a oídos de Bartolomé San Juan, los alzados que se presentan en la Media Luna, cuando el *Tilcuate* se les une para mantener informado a Pedro Páramo sobre la lucha armada, incluyendo la revuelta cristera con reclutamiento forzoso de soldados para combatirla, más un par de menciones adicionales de esta última, con Rentería incorporado a la misma. La vida en Comala no resulta afectada centralmente por aquellos hechos, que Pedro Páramo logra mantener a distancia y bajo su control.

Pero igualmente el mismo Rulfo vinculó al personaje epónimo con el encomendero colonial del siglo XVI y, en el mismo texto, relacionará la pregunta que dirige Juan Preciado a los hermanos incestuosos con las corporaciones y sociedades anónimas que prolongan el coloniaje y la miseria que éste causa.[1] La relación con nuestro presente es asimismo el tema de dos textos de esta *Guía crítica*, firmados por Eduardo Bautista y Julio Moguel. Tendría poco sentido, así, pensar en unas correspondencias de la trama novelística y el calendario de la historia mexicana de las décadas mencionadas, sin olvidar el texto de José Pascual Buxó aquí incluido.

Sí, en cambio, hay mucho que advertir sobre la relación que Rulfo estableció, de manera a veces evidente, a veces indirecta, a veces parcialmente oculta, con otros acontecimientos: los astronómicos (astros vespertinos, lluvias de estrellas), climáticos (temporadas de viento, de lluvias, de calor canicular, de maduración de las uvas) y humanos: muertes, un matrimonio, épocas de volar papalotes, así como celebraciones religiosas... Tales son los hechos recogidos aquí, cuyas fechas no pertenecen a un año determina-

1 Las menciones hechas por Rulfo en el cuestionario que respondió por escrito a Máximo Simpson son parte de "Entrevista a Juan Rulfo", en el libro de Alberto Vital, *Noticias sobre Juan Rulfo*, 2017, pp. 397-407.

do sin dejar por esto de poseer una presencia real. La revuelta cristera asoma, sin datarse, por su relación con algunos personajes. Un acontecimiento natural no advertido hasta hoy, que hacemos explícito en las secuencias de dos personajes, Susana San Juan y Justina Díaz (**F 61**), no aparece en esta relación por tratarse de un temblor de tierra, fenómeno ajeno a la periodicidad y, adicionalmente (a diferencia del temblor de "El día del derrumbe"), tampoco es posible ubicarlo en fecha alguna por la carencia de indicios.

Parecería que Rulfo, como lector del Hermann Broch de *La muerte de Virgilio*, se hubiese sentido atraído por la cíclica regularidad del mundo de este antiguo poeta romano, tal como la recogió, con los años de su infancia en el campo como origen, en las *Geórgicas*. Estos indicadores llegaron de manera directa o velada a *Pedro Páramo* y es posible encontrarlos en el relato –no tan frontalmente histórico– que sirve como eje de la novela.

C

Canícula. Período más caluroso del año, que cae en la parte central del verano. Suele ubicarse en un lapso que va del 15 de julio al 15 de agosto. En *Pedro Páramo* la menciona Juan Preciado dos veces: cuando se encuentra en el camino que lo llevará a Comala (**F 2**), bajo el sol de agosto, y al acercarse el momento de su muerte durante la asfixiante noche que lo hace salir de la casa de los hermanos incestuosos en Comala (**F 35**). El término "canícula" proviene de la constelación del Can Mayor, a la que pertenece Sirio, la estrella más brillante del cielo nocturno cuya aparición en el horizonte, hace siglos, coincidía con el inicio del calor más seco e intenso del verano en el hemisferio norte. La canícula tendría en la novela de Rulfo un lugar destacado: no sólo ocurren en ella el viaje y la muerte de Juan Preciado; también muere Dolores Preciado e igualmente se ubican aquí los días de la lluvia de estrellas de las Perseidas y la maduración de las uvas, hechos vinculados, ambos, a la muerte de Miguel Páramo. También en estos días sucede la de Lucas Páramo, el 25 de julio.

D

Día de la Inmaculada Concepción. Se celebra el 8 de diciembre, fecha que asigna Rulfo a la muerte de Susana San Juan. Fiesta importante que da origen, en la novela, a una celebración fuera de control. Las beatas Ángeles y Fausta se refieren a una "función" (**F 62**) vinculada a la Natividad, celebración que deciden adelantar con la Inmaculada Concepción como arranque al considerar inminente la muerte de Susana San Juan. Con esta estrategia desean evitar que el deceso "desbarate" la fiesta en cuyos preparativos se han ocupado. Las campanas son el medio para lograrlo y el ambiente festivo se instala como era de esperar: "Comala hormigueó de gente, de jolgorio y de ruidos, igual que en los días de la función en que costaba trabajo dar un paso por el pueblo" (**F 65**). En algunos pueblos mexicanos, como Ozumba (Estado de México), la celebración se inicia días antes del 8 de diciembre como auténtica feria de larga duración, extendida después de esa fecha, con juegos, venta de comida, fuegos artificiales y música. No sería ajeno al papel de las campanas en la novela que la proclamación del dogma de la Inmaculada Concepción por el papa Pio IX en Roma, el 8 de diciembre de 1854, fuese acompañada por el repique de las campanas de 300 iglesias de esa ciudad y por las campanas de la totalidad de los templos del mundo católico.

M

Matrimonio de Dolores Preciado y Pedro Páramo. Fulgor Sedano visita a Dolores para pedir su mano en nombre de Pedro Páramo un primero de abril: "Hoy estamos a 1", dice ella (**F 21**), y ésta es curiosamente la fecha del *April Fool's Day* (véase Dolores Preciado en **Personajes**). Fulgor decide: "La boda será pasado mañana": 3 de abril. Por este mismo fragmento sabemos que han muerto ya, recientemente, los padres de Pedro: "Lucas Páramo, que en paz descanse" (no haría mucho tiempo), y la "difunta madre de don Pedro" más cercana en el tiempo. Al inicio de este episodio (**F 19**) Fulgor observaba por segunda vez "el moño negro que colgaba del dintel de la puerta. Pero no comentó consigo mismo: '¡Vaya! Los han encimado. El primero está ya descolorido, el último relumbra como si fuera de seda; aunque no es más que un trapo teñido.'" La muerte de Lucas Páramo habría ocurrido el 25 de julio anterior, día de San Cristóbal (**F 42**), por lo que el moño negro más antiguo tendría poco más de ocho meses, mientras que el nuevo dataría de la muerte de la madre de Pedro, sin fecha en la novela pero tan reciente como ese moño que "relumbra como si fuera de seda". La muerte de Lucas Páramo acaece dentro de la canícula.

Muerte de Dolores Preciado. Sucede en la ciudad de Colima, en casa de su hermana, donde vivía con su hijo Juan. Éste se traslada a Comala "siete días" (**F 5**) después de la muerte de ella, durante el mes de agosto (**F 2**), y quizá en este mismo mes habría ocurrido la muerte de Dolores, o a finales de julio, siempre dentro de la canícula.

Muerte de Eduviges Dyada. Tuvo lugar un día o dos antes del apogeo de la lluvia de estrellas de las Perseidas, la noche del 22 de octubre, cuando se celebra el día de los santos Numilona, Anercio, Salomé, Alodia o Elodia, Nulina, Córdula y Donato (**F 16**).

Muerte de Juan Preciado. Se produce en Comala durante la segunda noche que pasó ahí y tanto el mes de agosto como la canícula son explícitos: "no había aire; sólo la noche entorpecida y quieta, acalorada por la canícula de agosto" (**F 35**).

Muerte de la madre de Pedro. No existe una fecha en la novela, pero algunos datos (**F 19, 21**) permiten ubicarla entre la muerte de Lucas Páramo (25 de julio, día de San Cristóbal) y la primera visita de Fulgor Sedano a la casa de Pedro, a mediados del mes de marzo posterior.

Muerte de la madre de Susana San Juan. Susana recuerda (**F 41**) que sucedió en el mes de febrero: "Pienso cuando miraba los limones. En el viento de febrero que rompe los tallos de los helechos", y "Mi madre murió entonces". Es muy posible que la muerte de la madre de Susana se produjese poco después del momento en que Pedro y Susana volaban papalotes "en la época del aire", una manera de aludir al ventoso mes de febrero (**F 6**). Bartolomé San Juan no está presente en ningún momento de los evocados por Susana en relación con la muerte de su madre.

Muerte de Lucas Páramo. Ocurre el día de San Cristóbal, que ya no existe en el santoral católico, pero se celebraba el 25 de julio. El muerto de Vilmayo así lo afirma (**F 42**). Añade que Pedro fue a averiguar lo relativo a la muerte de su padre dos meses después, por lo que a partir de entonces, aproximadamente en septiembre, habría iniciado su venganza.

Muerte de Miguel Páramo. Coincide con la lluvia de estrellas (**F 15, 40**) de las Perseidas, cuyo apogeo se ubica entre el 11 y el 13 de agosto. Los peones que cargaron el ataúd la comparan con una "función". Esta lluvia de estrellas se extiende durante una temporada (del 17 de julio al 24 de agosto) coincidente con la maduración de las uvas, como se podía ver en casa del cura de Contla (**F 40**), donde estuvo Rentería la mañana siguiente al entierro de Miguel. La plantación más antigua de vid en América se hizo en Parras, Coahuila, y las fiestas de la vendimia tienen ahí como centro el 10 de agosto. Por lo demás, Ana Rentería informa a su tío que vinieron a buscarlo las mujeres para confesarse, "por ser mañana viernes primero" (**F 40**): ese jueves sólo puede ser del 1 al 6 de cualquier mes, con lo que la muerte de Miguel habría ocurrido a finales de julio o durante, como máximo, los cinco primeros días de agosto, y de nuevo estamos ante algo ocurrido en la canícula.

Muerte de Susana San Juan. Sucedió la víspera del 8 de diciembre o iniciándose esta fecha. Véase Día de la Inmaculada Concepción (**F 65**).

Muerte de Pedro Páramo. Sucede algunas horas después de la muerte de Refugio (Cuca), la mujer de Abundio Martínez. Éste afirma (**F 68**) que el padre Rentería andaba "en el cerro", es decir, "en la revuelta" cristera, extendida entre 1926 y 1929. Abundio sale a la Media Luna y protagoniza el posible ataque a Pedro. Otra referencia a la proximidad entre la revuelta cristera y la muerte de Pedro la proporciona Dorotea (**F 42**): "cuando le faltaba poco para morir vinieron las guerras esas de los 'cristeros' y la tropa echó rialada con los pocos hombres que quedaban". Posiblemente la muerte de Pedro sucediese durante el otoño o principios del invierno, pues el árbol mencionado es de hoja caduca: "Vio cómo se sacudía el paraíso dejando caer sus hojas" (**F 69**).

Muerte de Refugio (Cuca). Se produjo pocas horas antes que la muerte de Pedro Páramo, durante la revuelta cristera, según informa Abundio Martínez (**F 68**).

Muerte de Toribio Aldrete. Se habría producido después de la segunda visita de Fulgor a Pedro (**F 22**). El capataz le informa de ella después del 3 de abril, cuando Pedro está ya "muy ocupado" con su luna de miel (**F 23**).

O

Oriónidas. Lluvia de estrellas cuyo clímax es el 22 de octubre: "Había estrellas fugaces" (**F 16**). Es el día de los santos Nunilona, Anercio, Salomé, Alodia o Elodia, Nulina, Córdula y Donato. El suicidio de Eduviges habría ocurrido un día o dos antes.

P

Papalotes. Pedro y Susana vuelan papalotes en las lomas cercanas a Comala (**F 6**): "Cuando volábamos papalotes en la época del aire". Posiblemente se trata del mes de febrero, tradicionalmente ventoso y propicio para volar papalotes. Con seguridad es el mismo mes en que poco después fallece la madre de Susana (**F 41**): "Pienso cuando maduraban los limones. En el viento de febrero que rompía los tallos de los helechos", e igualmente "El viento bajaba de las montañas en las mañanas de febrero".

Partida de Susana. Pudo ocurrir después de la muerte de la madre de Susana. Pedro recuerda: "Entendí que no te volvería a ver" (**F 10**). La evocación está definida por el color rojo: "Ibas teñida de rojo por el sol de la tarde, por el crepúsculo ensangrentado del cielo". Este recuerdo ocurriría mientras Pedro estaba muy cerca ya del momento de su muerte, "sentado en un viejo equipal, junto a la puerta grande de la Media Luna" (**F 67**). Ahora se trata del amanecer: "Hace mucho tiempo que te fuiste, Susana. La luz era igual entonces que ahora, no tan bermeja; pero era la misma pobre luz sin lumbre", aludiendo a la otra "partida", la de su muerte, con la que se confundiría, en el recuerdo de Pedro, la salida de Susana de Comala en la juventud. Su idea obsesiva gira en torno a esta doble partida: "Tan la quiso, que se pasó el resto de sus años aplastado en un equipal, mirando el camino por donde se la habían llevado al camposanto".

Perseidas. Lluvia de estrellas perceptible del 17 de julio al 24 de agosto, con máxima actividad entre el 11 y el 13 de agosto. Los caporales que llevaron el ataúd de Miguel Páramo la contemplan (**F 15**) y Rentería la ve al salir de su casa por la noche (**F 40**), cuando "se entretuvo mirando en los remansos el reflejo de las estrellas que se estaban cayendo del cielo". Amaneciendo se traslada a la casa del cura de Contla: "Se sentaron bajo una enramada donde maduraban las uvas". (En México esta maduración se produce en los meses de julio y agosto.) Como se señala en la entrada correspondiente a la muerte de Miguel Páramo, la plantación más antigua de vid en el continente americano se hizo en Parras, Coahuila, y las fiestas de la vendimia tienen ahí como centro el 10 de agosto, por lo que nos encontramos ante algo sucedido en la canícula.

R

Revuelta cristera. En la novela las referencias a la misma son pocas, breves y prácticamente circunstanciales. Dorotea menciona la misma (**F 42**) al hablar con Juan Preciado de Pedro Páramo: "cuando le faltaba poco para morir vinieron las guerras esas de los 'cristeros' y la tropa echó rialada con los pocos hombres que quedaban". Cuando Pedro Páramo manda al *Tilcuate* a sumarse a la Revolución para controlar parte de la insurrección éste cambiará de bando varias veces: con los villistas, los carrancistas y con Obregón, o "sueltos" (**F 60, 66**). El *Tilcuate* añade a esta relación que el padre Rentería "se ha levantado en armas" y que piensa irse "a reforzar al padrecito". La última mención de la revuelta ocurre (**F 68**) cuando Abundio dice a Inés Villalpando que Rentería se ha sumado a los cristeros: "Usted sabe que andan en la revuelta". Rulfo mantuvo siempre una postura crítica sobre este episodio, como puede verse en su texto sobre *Los cristeros*, novela de José Guadalupe de Anda.

38 Juan Rulfo en traducción

JORGE ZEPEDA

El cuadro que constituye la parte principal de esta entrada amplía, rectifica y retoma el que, bajo el título "Algunas traducciones de *Pedro Páramo*" apareció hace trece años como apéndice de una investigación sobre la respuesta crítica a la novela de Rulfo durante sus primeros nueve años de circulación.[1] La información disponible entonces fue ampliamente utilizada sin citar la fuente, en particular los datos referentes a la traducción de la novela de Rulfo al inglés a cargo de Frances Elizabeth Waddell.[2]

Las traducciones de la obra narrativa de Rulfo aún no han sido cuantificadas, pero puede adelantarse que *Pedro Páramo* supera ya las sesenta o está en las setenta, incluyendo dos que no se publicaron y las que son la segunda o tercera versión en algunos idiomas. La profusión de versiones publicadas sin el consentimiento del autor (y después, de sus herederos) representa un serio obstáculo para sistematizar el caudal de información que necesariamente se presenta de forma fragmentaria. En el archivo de Juan Rulfo se conserva una carpeta donde el escritor consignaba cuantos datos podía allegarse sobre traducciones de su obra, ya sea que ésta fuese contratada directamente por las editoriales con él o por medio del Fondo de Cultura Económica, ya sea que la publicación se concretara por mediación de Mariana Frenk (de cuya versión de *Pedro Páramo* al alemán se desprendió un proceso expansivo a Europa del Este, donde el pago de regalías a Rulfo solía ser moroso, cuando no inexistente), ya sea que se tratara de publicaciones totalmente al margen de la legalidad.[3]

1 Véase *La recepción inicial de* Pedro Páramo *(1955-1963)*, 2005, pp. 304-305.
2 El periodista Roberto García Bonilla tomó el dato de la primera versión del cuadro aludido, perteneciente a una tesis de licenciatura. Véase "Síntesis conflictiva: la recepción inicial de *Pedro Páramo* (1955-1963)", 2002, p. 280. García registra el apellido de la traductora con la misma errata que figura en ese documento, con una sola *d*. Uno más de tantos ejemplos de plagio que su perpetrador minimiza con desparpajo.
3 Ejemplos recientes de esta práctica son las ediciones de *El Llano en llamas* en hñähñu (traducción de Raymundo Isidro Alavez, 2013) y en francés (traducción de Justine Ladaique, 2015) y de *Pedro Páramo* en tamil (traducción de S. Balachandran a partir de la versión en inglés de Margaret Sayers Peden, 2001) e indonesio (2016).

De cualquier forma, el cuadro que aquí se presenta contiene de forma resumida los datos que ha sido posible extraer de los ejemplares existentes en el archivo de la familia Rulfo, los asequibles por medio de la consulta de bibliografías previas y los que los datos proporcionados por fuentes como los mismos traductores, especialistas y noticias indirectas facilitan al indagador.

Puesto que la experiencia demuestra la necesidad de glosar los datos aquí reunidos, será pertinente comenzar por afirmar lo que los números muestran de manera inequívoca, aunque resulte obvio a los ojos del lector. Juan Rulfo es el autor mexicano más traducido, y sólo por el peso de su obra misma. La literatura, fuera de México, suele prosperar sin permanecer bajo la sombra de la política.

Contrariamente a lo que se ha creído durante décadas, la primera traducción de un libro de Rulfo fue al inglés (como ya queda expuesto en el artículo "La primera traducción de *Pedro Páramo* y el Centro Mexicano de Escritores"),[4] y no al alemán. A Mariana Frenk, no obstante, le cabe el título de primera traductora de todos los libros canónicos de Rulfo a cualquier idioma –tarea en que le secundan Eric Nepomuceno, Gabriel Iaculli y Andrea Imrei. Por su parte, Eliane Zagury, Jean M. Lechner, Akira Sugiyama, Francesca Perujo, Tarja Roinila y Süleyman Doğru han traducido tanto *El Llano en llamas* como *Pedro Páramo*. Paolo Collo ha traducido al italiano *Pedro Páramo* y *El gallo de oro*.

La lengua a la que con mayor frecuencia se ha traducido la primera novela de Rulfo es el inglés, hecho que resulta lógico dada la cercanía geográfica de México y Estados Unidos. Siguen de cerca las versiones al árabe (3 distintas), al portugués brasileño (3 distintas) y al italiano (3 distintas). Con dos versiones figuran al menos: alemán, búlgaro, francés, noruego, danés, hebreo, japonés, chino, portugués de Portugal, lituano, malayalam, griego, turco, húngaro y esloveno.

El japonés es el único idioma, por el momento, que cuenta con dos versiones distintas de *Pedro Páramo* debidas al mismo traductor. Cabe agregar en este punto que originalmente (1979, 1990) las traducciones de *Pedro Páramo* y *El Llano en llamas* al japonés no contaban con la aprobación de rigor en cuanto a contratos oficiales y pago por derechos de autor. Esto, en virtud de que una ley japonesa dicta que la traducción de libros considerados como imprescindibles y de interés nacional para la cultura en ese

4 Disponible en Víctor Jiménez, Julio Moguel y Jorge Zepeda (coords.), *Juan Rulfo: otras miradas*, 2ª ed., Juan Pablos Editor-Fundación Juan Rulfo-Ayuntamiento de Morelia-Secretaría de Cultura del Estado de Michoacán-Secretaría de Educación del Estado de Michoacán-Secretaría de Turismo del Estado de Michoacán, México, 2011, pp. 272-298.

país deben traducirse sin importar el trámite de derechos ante los titulares. A pesar de ello, la traducción de *Pedro Páramo* ya está regularizada, aunque no es el caso, todavía, de la versión de *El Llano en llamas* a ese idioma, cuyas negociaciones contractuales continúan.

En Taiwán ya está publicada la primera traducción al chino tradicional; las ediciones preexistentes en chino emplean su versión simplificada. La traducción al gaélico, lengua celta de las islas británicas, es entre las más recientes la que podría suscitar atención particular. Su traductor, Tomás Mac Síomóin, avecindado en Barcelona, quizá haya captado la dimensión fantástica que haría atractiva la novela a los lectores de su comunidad, familiarizados con innumerables leyendas de apariciones y fantasmas.

Es notorio que entre finales de los sesenta y principios de los setenta sobrevino una oleada de traducciones de *Pedro Páramo* a las lenguas eslavas. Mientras tanto, la rapidez con que la novela fue traducida a las lenguas nórdicas parece una respuesta adecuada a la admiración de Rulfo por escritores como Bjørnstjerne Martinus Bjørnson, Frans Eemil Sillanpää, Knut Hamsun o Selma Lagerlöf. Tanto en danés como en noruego existen dos versiones de *Pedro Páramo*, y ambas lenguas, además del sueco, cuentan con su respectiva versión de *El Llano en llamas*. De confirmarse la traducción de la novela al finés a principios de los sesenta (de la cual Rulfo estaba al tanto, aunque se trataría de uno de los muchos casos en que nunca recibió ejemplares, como también ocurrió con la primera traducción de *Pedro Páramo* al italiano), al menos cuatro lenguas de la región estarían en el mismo caso. La relativamente reciente aparición de versiones a lenguas asiáticas como coreano, indonesio y tailandés es paralela a la renovación de una de las dos traducciones de la novela a las lenguas de las repúblicas bálticas que datan de la década de los setenta (lituano).

Con respecto a *El Llano en llamas*, existen al menos diez excepciones al proceso inverso de traducción de *Pedro Páramo*. Se trata de los idiomas: checo, esloveno, rumano, griego, chino, ucraniano, ruso, kurdo, húngaro y croata. Las versiones al griego, al croata, al kurdo y al húngaro son claramente previas a la traducción de la novela a esos mismos idiomas, en tanto que las traducciones al rumano, esloveno, ruso, checo, ucraniano, chino y albanés aparecieron en los respectivos volúmenes junto con la obra de 1955. Con los datos aquí ofrecidos pueden contabilizarse 42 traducciones distintas de la colección de cuentos de 1953, cifra claramente inferior a las 70 versiones que se consignan de esa novela.

Las lenguas que cuentan con dos versiones de *El Llano en llamas* son búlgaro, húngaro, inglés, malayalam y turco. El francés, el italiano y el portugués son las únicas lenguas que tienen representación triple (en el segundo caso hay dos versiones brasileñas y una portuguesa).

El gallo de oro es la obra menos traducida de Rulfo, a tan sólo siete idiomas, con once versiones (traducciones respectivas al italiano (1982, 2015) y al portugués de Brasil y de Portugal incluidas (1999, 2005, 2017)). Próximamente se publicará la traducción al chino. Entre los cuatro traductores que se distinguen por haber vertido los libros canónicos de Rulfo a sus propios idiomas, Mariana Frenk y Gabriel Iaculli siguieron un proceso exactamente inverso, puesto que Frenk comenzó su labor con *Pedro Páramo* y la culminó con *El gallo de oro*, mientras que Iaculli comenzó con este último libro y finalizó con la primera novela de Rulfo. Por su parte, Andrea Imrei parece haber seguido un orden semejante al de Frenk en sus traducciones de la narrativa de Rulfo, pues apareció primero su versión de la novela *Pedro Páramo*, a continuación *El Llano en llamas* y finalmente *El gallo de oro*, los tres en la misma colección y editorial. Es llamativo que hasta 2017 no existiera una traducción completa de *El gallo de oro* al inglés.

En este 2018 aparecerá la traducción de *El Llano en llamas* al coreano. Así como sigue habiendo lenguas en las que la narrativa de Juan Rulfo aparecerá por primera vez, en otros idiomas se renuevan las versiones en un proceso constante que muestra la vigencia de libros como *El Llano en llamas*, *Pedro Páramo* y *El gallo de oro*.

Algunas traducciones de la narrativa de Juan Rulfo

Año	Lengua	Traductor	Editorial	Ciudad
1955	Inglés	Irene Nicholson	Centro Mexicano de Escritores	México
1958	Alemán	Mariana Frenk	Carl Hanser Verlag	Munich
1959	Francés	Roger Lescot	Gallimard	París
1959	Inglés	Lysander Kemp	Grove Press	Nueva York
1960	Sueco	Karin Alin	Almqvist & Wiksell / Gebors Förlag Ab	Estocolmo
1960	Italiano	Emilia Mancuso	Feltrinelli	Milán
1961	Noruego	Per Wollebaeck	J.W. Cappelens	Oslo
1961	Danés	Uffe Harder	Aschehoug Dansk, Levende Literatur	Copenhague
1962	Holandés	Jean M. Lechner	De Tijdstroom	Lochem
1963*	Italiano	Giuseppe Cintioli	Mondadori	Milán
1964*	Alemán	Mariana Frenk	Carl Hanser	Munich

Algunas traducciones de la narrativa de Juan Rulfo

Año	Lengua	Traductor	Editorial	Ciudad
1966	Serbocroata	Radoje Tatić	Nolit	Belgrado
1966	Húngaro	Giörgy Hargitai	Európa Könyvkiadó	Budapest
1966*	Francés	Michelle Levi-Provençal	Denoël	París
1966	Polaco	Kalina Wojciechowska	Ksiazka Wiedza	Varsovia
1967*	Inglés	George D. Schade	Texas University Press	Austin
1969	Portugués	Jurema Finamour	Brasiliense	São Paulo
1970	Eslovaco	Vladimir Oleriny	Tatran	Bratislava
1970**	Esloveno	Alenka Bole-Vrabec	Cankarjeva Založba	Ljubljana
1970	Hebreo	Natan Yonatan	Sifriat Poalim	Tel-Aviv
1970**	Rumano	Marieta Patri	Univers	Bucarest
1970**	Ruso	P. Glazova	Khudozhestvenniia Literatura	Moscú
1970	Turco	Tomris Uyar	Hur Basimeti	ø
1971*	Polaco	Jan Zych	Wydawnictwo Literackie	Cracovia
1971	Inglés	Frances Elizabeth Waddell	Sul Ross State University	Alpine
1976	Búlgaro	Emilia Tsenkov	Norodna Koultura	Sofía
1977	Italiano	Francesca Perujo	Einaudi	Turín
1977**	Portugués	Eliane Zagury	Paz e Terra	Rio de Janeiro
1978**	Holandés	J.M. Lechner	Meulenhoff	Amsterdam
1978**	Húngaro	Ana Belia, Giörgy Hargitai, Pál Kürti	Európa Könyvkiadó	Budapest
1979	Estonio	Tatjana Hallap	Periodika	Tallinn
1979	Japonés	Akira Sugiyama, Yoshio Masuda	Iwanami Gendai Sensho~	Tokio
1979	Lituano	Elena Marcwkeviciute-Aperane	Vaga	Vilna
1980**	Chino (simplificado)	Tu Mengchao	Ren Min Wen ChuBanshe	Beijing
1980	Portugués	António José Massano	Ediçoes 70	Lisboa
1981*	Griego	Philippos D. Dracontanides	Kedros	Atenas
1981*	Noruego	Inger Elisabeth Hansen	Gyldendal Norsk Forlag	Oslo

Algunas traducciones de la narrativa de Juan Rulfo

Año	Lengua	Traductor	Editorial	Ciudad
1982*	Búlgaro	Ana Zlatkova, Lachezar Mishev, Valentina Rafailova, Miroslava Mateva, Rumen Stoyanov	Norodna Koultura	Sofía
1982***	Italiano	Dario Puccini	Riuniti	Roma
1982*	Turco	Celâl Üster	Can Yayinlari	Estambul
1983	Árabe	Salah Ilmani	Ministerio de Cultura	Damasco
1983**	Checo	Eduard Hodoušek	Odeon	Praga
1984***	Alemán	Mariana Frenk	Carl Hanser	Munich
1984	Persa	Ahmad Gulshiri	Kitab-I Tihran	Teherán
1984*	Sueco	Margareta Marin, Lars Axelsson	Förlaget Nordan	Estocolmo
o**	Ucraniano	Ivan Saluk	Horotok	Llvov
1985	Islandés	Guðbegur Bergsson	Iðunn	Reykiavík
1987	Malayalam	Vilasini	Malayalam Publication	Calcuta
1988*	Danés	Ane Ipsen	Samleren	Copenhague
1990*	Italiano	Francesca Perujo	Einaudi	Turín
1990*	Japonés	Akira Sugiyama	Kaze-No-Bara	Tokio
1991	Árabe	Marwan Ahmed	Dar Al-Ma'mun	Bagdad
1991	Finés	Tarja Roinila	Like	Helsinki
1992	Inglés	Margaret Sayers Peden	Northwestern University	Evanston
1992	Japonés	Akira Sugiyama, Yoshio Masuda	Iwanami~	Tokio
1993***	Francés	Gabriel Iaculli	Gallimard	París
1996	Griego	Ioanna Karatsafeni	Pataki	Atenas
1997****	Holandés	J.M. Lechner, Mariolein Sabarte Belacortu	Belcortu Meulenhoff	Amsterdam
1998	Danés	Annette Rosenlund	Gyldendal	Copenhague
1998*	Finés	Tarja Roinila	Like	Helsinki
1999*	Croata	Mirjana Polić-Bobić	Naklada Jurcic	Zagreb
1999***	Portugués	Eric Nepomuceno	Civilização Brasileira	Río de Janeiro
2000	Euskera	Juan Garzia Garmendia	Ibaizabal Argitaletxea	Amorebieta
2000*	Eslovaco	Eva Palkovičova	Vydal Slovenský Spisovatel'	Bratislava

Algunas traducciones de la narrativa de Juan Rulfo

Año	Lengua	Traductor	Editorial	Ciudad
2001*	Francés	Gabriel Iaculli	Gallimard	París
2001	Tamil	S. Balachandran	Vitiyal Pathippagam	Coimbatore
2002*	Árabe	A. Abdel-Rauf Albahbi	Consejo Superior de Cultura	El Cairo
2003	Coreano	Chong Ch'ang	Minumsa	Seúl
2003	Hebreo	Rami Saari	Carmel-Publishers	Gan Yavne
2003	Tailandés	Raúl N.	Poema Books	Bangkok
2003*	Portugués	Ana Santos	Cavalo de Ferro	Lisboa
2004	Noruego	Christian Rugstad	J.W. Cappelens	Oslo
2004**	Portugués	Eric Nepomuceno	Record	Rio de Janeiro
2004**	Búlgaro	Emilia Tsenkova, Valentina Slavova	Abagar	Veliko Tarnovo
2004	Portugués	Rui Lagartinho, Sofia Castro Rodrigues	Cavalo de Ferro	Lisboa
2004	Italiano	Paolo Collo	Einaudi	Milán
2005	Francés	Gabriel Iaculli	Gallimard	París
2005	Lituano	Jurga Katkuvienė	Baltos Lankos	Vilna
2005***	Portugués	Sofia Castro Rodrigues, Virgilio Tenreiro Viseu	Cavalo de Ferro	Lisboa
2007	Chino (simplificado)	Tu Mengchao	Yilin Press	Nanjing
2007	Griego	Efi Giannopulos	Pataki	Atenas
2007	Letón	Guntis Valujevs	Atena	Riga
2007	Malayalam	Jaya Krishnan	Dc Books	Kottayam
2008	Gaélico	Tomás Mac Síomóin	Coiscéim	Dublín
2008	Alemán	Dagmar Ploetz	Carl Hanser	Munich
2010	Feroés	Marianna Hoydal	Sprotin~	Vestmanna
2010*	Chino (Simplificado)	Tu Mengchao	Yilin Press	Nanjing
2011	Árabe	Abdelghani Abou el aazm	Ghani	Rabat
2011*	Griego	Efi Giannopulos	Pataki	Atenas
2011*	Hebreo	•	Achbooks	Haifa
2012	Chino (tradicional)	•	Rye Field	Taiwán

Algunas traducciones de la narrativa de Juan Rulfo

Año	Lengua	Traductor	Editorial	Ciudad
2012*	Inglés	Ilán Stavans, Harold Augenbraum	University of Texas Press	Austin
2012*	Italiano	Maria Nicola	Einaudi	Turín
2012	Turco	Süleyman Doğru	Dogan Kitap	Estambul
2013*	Hñähñu	Raymundo Isidro Alavez	UNAM/Facultad de Estudios Superiores Acatlán~	México
2013*	Turco	Süleyman Doğru	Dogan Kitap	Estambul
2013*	Kurdo	Ciwanmerd Kulek	Çîrok	Ankara
2014	Húngaro	Andrea Imrei	Bookart	Csikszereda
2014*	Húngaro	Andrea Imrei	Bookart	Csikszereda
2015**	Albanés	Bajram Karabolli	Pika Pa Sipërfaqe	Tirana
2015*	Francés	Justine Ladaique	Éditions 11-13~	París
2015***	Húngaro	Andrea Imrei	Bookart	Csikszereda
2015***	Italiano	Paolo Collo	Einaudi	Turín
2016	Indonesio	•	Gambang~	Yogyakarta
2017	Esloveno	Vesna Velkovrh Bukilica	Mladinska Knjiga	Ljubljana
2017	Indonesio	Zaky Yamani	Gramedia Pustaka Utama	Yakarta
2017***	Inglés	Douglas J. Weatherford	Deep Vellum	Dallas
2017	Náhuatl	Victoriano de la Cruz	Editorial RM	México
2017***	Portugués	Sofia Castro Rodrigues, Virgilio Tenreiro Viseu, Carlos Aboim de Brito	Cavalo de Ferro	Lisboa
2018***	Euskera	P. Onaindía	El Gallo de Oro	Bilbao

* *El Llano en llamas*
** *El Llano en llamas* y *Pedro Páramo* en un solo volumen
*** *El gallo de oro y otros textos para cine / El gallo de oro y otros relatos*
**** *El Llano en llamas*, *Pedro Páramo* y *El gallo de oro* en un solo volumen
Las no señaladas con asteriscos corresponden a traducciones de *Pedro Páramo*

ø No hay datos sobre la ciudad en que se encuentra la editorial.
~ Traducciones publicadas sin convenio previo con Rulfo, su familia, la Agencia Carmen Balcells o el Fondo de Cultura Económica.
• Información no disponible por el momento.
° No hay certeza sobre la fecha de esta traducción, pero Rulfo la menciona en el texto "*Pedro Páramo* treinta años después", de 1985.

9 Galería: portadas de traducciones de la narrativa de Juan Rulfo

Ediciones de *El Llano en llamas* en hebreo, 2011; en chino, 2010; en italiano, 2012; en kurdo, 2013; en griego, 2011. Edición de *El gallo de oro* en alemán, 1984.

Ediciones de *Pedro Páramo* en inglés, 1959; en japonés, 1979; en árabe, 1991; en chino, 1980; en malayalam, 1987; en ruso, 1970; en tailandés, 2003; en árabe, 2011; en hebreo, 2003.

Ediciones de *Pedro Páramo* en griego, 2007; en coreano, 2003; en malayalam, 2007; en hebreo, 1970. Ediciones de *El Llano en llamas* y *Pedro Páramo* en ruso, 2009; en checo, 1983; en húngaro, 1978. Edición de *Aire de las colinas. Cartas a Clara* en alemán, 2003. Edición de *Cartas a Clara* en francés, 2012.

La más reciente adición de José Carlos González Boixo a su bibliografía sobre Rulfo: *Juan Rulfo. Estudios sobre literatura, fotografía y cine*, Cátedra, Madrid, 2018 (*Crítica y Estudios Literarios*).

Bibliografía comentada sobre Juan Rulfo

JORGE ZEPEDA

La siguiente es una relación de títulos de artículos y libros dedicados a Juan Rulfo, su vida y obra. No persigue la exhaustividad puesto que está confeccionada a partir del hecho de que la lectura de un texto equivale a transitar por una ruta que puede resultar novedosa cuando se recorre por primera vez, y sin embargo muchos ya han circulado por ella en más de una ocasión. La intención es servir como mínima orientación e itinerario para quienes empiezan a familiarizarse con el legado de Juan Rulfo en sus distintas áreas de interés sin descartar necesariamente a los que desean alejarse de los lugares comunes, la impostura de los biógrafos *no autorizados* y de supuestos especialistas como algunos glosadores, notorios plagiarios y nostálgicos de cuando la figura y la obra de Juan Rulfo eran consideradas bienes mostrencos por la mayoría de los protagonistas del campo cultural en México.

Biografía

Con respecto al relato de la vida de Rulfo, es preciso tomar en cuenta el libro *Cartas a Clara* (2012, primera edición en 2000 titulada *Aire de las colinas*). Se trata de las cartas que Rulfo envió a su entonces novia (y después esposa), Clara Aparicio, a finales de la década de los cuarenta. Hay numerosos apuntes sobre la ruta que Rulfo siguió como escritor, pero también pueden encontrarse en esas cartas testimonios de su trabajo como fotógrafo, su afición por el cine, la música y su admiración por los escritores de las generaciones que lo precedieron.

Hablando de biografía, la aportación más seria es la de Alberto Vital, *Noticias sobre Juan Rulfo*, cuya primera edición es de 2003 y precisamente en el año del centenario del nacimiento de Rulfo se publicó la segunda, corregida y aumentada (2017). La primera tiene formato de libro de arte e incluye numerosas fotografías de Rulfo, además de imágenes de documentos y objetos del archivo familiar, todo lo cual la hizo muy atractiva, pero igualmente difícil de conseguir en estas fechas.

La obra fotográfica

Sobre la obra fotográfica de Rulfo, dos libros muy recientes: *En los ferrocarriles* (2014), con fotografías donde el tema principal es ese tipo de transporte que en México actualmente está reservado casi por completo a mercancías y que en los cincuenta, cuando tales fotos fueron tomadas, se modernizaba para dar paso a nuevos proyectos de urbanización en el área de patios de Nonoalco-Tlatelolco, en la zona norte de la ciudad de México. Hay mucha información nueva sobre el vínculo entre la producción fotográfica de Rulfo y su convergencia con la actividad cinematográfica en México, que en esos años aún era una industria económicamente viable.

El segundo libro reciente es *El fotógrafo Juan Rulfo*, con una selección de fotos semejante a la que fue incluida en la exposición homónima en el Museo Amparo, de la ciudad de Puebla, entre abril y julio de 2017. En él también hay artículos sobre la trayectoria de Rulfo como fotógrafo y la difusión de sus imágenes en los años en que adquiría prestigio como escritor. Contiene, además, una útil cronología a cargo de Paulina Millán –con el apoyo y la colaboración de la Fundación Juan Rulfo–, quien sistematiza la información disponible hasta el momento en torno al quehacer fotográfico de Rulfo. Monique Sarfati-Arnaud (1998) es pionera en la exploración del carácter específico de la obra narrativa y la obra fotográfica de Rulfo, dos campos de producción autónoma dentro de su legado. El testimonio de Lon Pearson (2006) sobre la primera exposición fotográfica de Rulfo es crucial para seguir su evolución dentro de una actividad que desarrolló de forma paralela a su obra literaria.

Ediciones de la narrativa de Rulfo

En el rubro de las ediciones anotadas y precedidas de introducciones a cargo de especialistas en la narrativa de Rulfo, destacan la edición de *El Llano en llamas* preparada por Françoise Perus (2016) y la edición de *Pedro Páramo* con introducción, notas al texto y apéndices de José Carlos González Boixo (2013 y posteriores). Estas dos ediciones cuentan con bibliografías amplias y clasificadas por artículos, libros monográficos y otros apartados que resultan muy útiles para el lector interesado en profundizar su lectura de Rulfo.

La novela corta *El gallo de oro* tiene ahora una edición (2017) donde se reúnen también dos textos ajenos a la colección *El Llano en llamas* y a la temática rural. Se trata de "La vida no es muy seria en sus cosas" y "Un pedazo de noche". Otros nueve cuentos, fragmentos narrativos y esbozos provenientes del libro *Los cuadernos de Juan Rulfo* (1994, reimpreso en 1995) aparecen aquí como parte de un esfuerzo por difundir la labor de escritura que Rulfo nunca abandonó a pesar de no continuar publicando libros después de *Pedro Páramo* (1955) y *El gallo de oro y otros textos para cine* (1980). Esta nueva edición del libro contiene, además, el único ejemplo que puede considerarse, estrictamente hablando, como poema dentro de la producción de Rulfo. Se trata del texto que lee Jaime Sabines como voz en *off* dentro del mediometraje "La fórmula secreta" (1964), de Rubén Gámez. Dylan Brennan fijó ese texto a partir de la versión que puede escucharse en dicha película, ganadora del premio del Concurso de Cine Experimental en México en 1965.

Otras ediciones de la narrativa de Rulfo destacan por su importancia para la historia del texto. Es ejemplo de ello la edición de *El Llano en llamas* de 1970 en la Colección Popular del Fondo de Cultura Económica, que fue en su momento la primera en incluir una nueva versión (más corta que la original de 1953) del cuento "Paso del Norte", además de incorporar "La herencia de Matilde Arcángel" y "El día del derrumbe", publicados en revistas y suplementos culturales en los mismos momentos en que el medio literario en México discutía acaloradamente la novela *Pedro Páramo*.

La cronología de las ediciones del Fondo de Cultura Económica aún está por esclarecerse, ya que no hubo un criterio explícito ni sistemático para enumerarlas y las que en un primer momento se consideraban segundas ediciones y sucesivas pasaron a la categoría de reimpresiones sin que ese tránsito quedara suficientemente claro siquiera para sus editores. A finales de los setenta y principios de los ochenta el FCE comisionó a Felipe Garrido para encargarse del proceso de revisión de las ediciones de *El Llano en llamas* y *Pedro Páramo*. Con los años, Garrido ha sobredimensionado el papel de Rulfo en dicha tarea en varias oportunidades para imponer la versión de que la edición base para cualquier establecimiento del texto de ambos libros sería justo ésa en la cual intervino él mismo y que se reeditó con un cintillo impreso en diagonal sobre el extremo exterior derecho de la portada que llevaba la leyenda "Edición revisada por el autor" desde principios de los ochenta hasta la salida de la obra de Rulfo del FCE. Las ediciones más próximas a la voluntad de Rulfo como autor son las que fijó en el primer lustro del siglo XXI la Fundación Juan Rulfo cotejando los mecanoscritos originales tanto de *El Llano en llamas* como de *Pedro Páramo* una vez que fueron devueltos por el Fondo de Cultura Económica a su legítima propietaria, la señora Clara Aparicio de Rulfo.

Las ediciones de la narrativa de Juan Rulfo en el Fondo de Cultura Económica

El mismo Rulfo se encargó de desmentir la versión de Garrido en entrevista con Cristina Pacheco a principios del verano de 1983:

> —¿Cuál es tu relación con *El llano en llamas*?
> —No muy profunda. Lo releí una vez y mal. Ahora que el Fondo de Cultura Económica hizo la edición ilustrada lo tuve que leer con otras personas para decidir ciertos ajustes. En realidad no tomé en serio ese trabajo: fue Felipe Garrido quien se ocupó de ver los originales de *El llano en llamas* y de *Pedro Páramo* que estaban en el archivo del Centro Mexicano de Escritores. (Cristina Pacheco, "'Ni el éxito me importa, ni la mala fama me preocupa…' Juan Rulfo: Más Allá de la Vida", *Siempre!*, 1567, 6 de julio de 1983, p. 40)

Conviene agregar el testimonio de Rulfo a González Boixo sobre el supuesto uso de los mecanoscritos depositados en el Centro Mexicano de Escritores, que data de fechas cercanas a la entrevista de Pacheco:

> —Originariamente, el F.C.E., cuando empezó a hacerse la edición de «Letras Mexicanas», me pidió que le diera yo algo para ver si lo podían publicar. Entonces yo les entregué un borrador que tenía de *Pedro Páramo* –el original estaba en el Centro Mexicano de Escritores, donde yo tuve una beca de la Rockefeller, y ahí se quedó el original y yo me quedé con un borrador– y como ellos no más querían ver qué era o de qué se trataba y si convenía publicarlo, pues me pidieron el borrador. Cuando me fui por ella ya la habían editado. Hasta el año 1980 en que el director del F.C.E. encontró el original en el Centro Mexicano de Escritores. Entonces me dijo que si no convendría sacar el original, que estaba allí, en sustitución de éste (se refiere a las ediciones anteriores del F.C.E.). Claro, le dije que era el original. Por eso hay esos cambios.
> ("Aclaraciones de Juan Rulfo a su novela «Pedro Páramo»", Apéndice III a *Pedro Páramo*, 25a ed. revisada y actualizada, ed. de José Carlos González Boixo, Cátedra, Madrid, 2013 (*Letras Hispánicas*, 189), pp. 255-256)

Es evidente que el tema de la revisión de los textos no preocupaba mucho a Rulfo, quien convirtió el episodio en uno de esos numerosos "experimentos con la verdad" (para tomar como referencia el título del libro de Paul Auster) que él formulaba para rehuir preguntas que quizá rebuscaban en temas desagradables en la esfera de lo personal. Rulfo no estaba ya a gusto con las ediciones de su narrativa en el Fondo de Cultura Económica y es fácil comprobarlo a partir de las declaraciones de José Luis Martínez en el aniversario LXX de la mayor editorial del Estado mexicano:

> En aquel tiempo, Rulfo –cuyo *Pedro Páramo* se convirtió en el primer libro que vendió un millón de ejemplares en México– tenía problemas con los pagos de regalías, por lo que estuvo a punto de irse, recuerda Martínez.
>
> "Yo, que era su amigo, fui a su casa. Me hizo esperar dos o tres horas hasta que me atendió. Pero logré que se quedara". En cambio, Martínez decidió sustituir a su gerente de producción, Chumacero, quien había retornado al Fondo seis años después de su expulsión.
>
> "Mi compadre se salía de la oficina a beber sus copas a Sanborns; además, se llevaba a otra gente y estaban descuidando la edición. Lo puse como asesor". (María Eugenia Sevilla, "Fondo de Cultura Económica: 70 años a la vanguardia", *Reforma*, 4 de septiembre de 2004, sección Cultura, p. 1).

En el tema de las erratas que al *establishment* le gusta tener presente, quizá la memoria de corto plazo no le permita recordar a sus distintos voceros que incluso en la primera edición de *Pedro Páramo* hay una errata realmente aparatosa en una de las últimas páginas de la novela (la número 152), que consiste en un par de líneas empasteladas. Dos aspectos de esta discusión quedan zanjados en esta oportunidad: la siguiente edición de *Pedro Páramo* no habría podido dejar sin atención ese desperfecto. Según dicta el criterio para distinguir *edición* de *reimpresión*, cualquier cambio en la caja del texto obliga a considerar como nueva edición la que se imprima a partir de ese ajuste, por mínimo que sea, y al parecer no tan drástico en este caso. El segundo aspecto que es necesario ventilar es que, a pesar de las palabras de elogio de sí mismo que Alí Chumacero pronunció en entrevista en 2001 con respecto a su trabajo de corrección de estilo, no hizo en realidad un gran trabajo con la primera edición de la novela de Juan Rulfo.

Comentarios de Alí Chumacero sobre la primera edición de *Pedro Páramo*

El siguiente pasaje de su entrevista con Lorena Lona es elocuente con respecto a la opinión de Chumacero sobre su papel como corrector de estilo y de pruebas en el proceso de edición de la novela de Rulfo. La periodista le pregunta:

> *Juan Rulfo escribe* Pedro Páramo, *¿y se lo da a publicar a usted?*
> Sí, yo publiqué el *Pedro Páramo* de Juan Rulfo. Lo diseñé porque trabajaba —y trabajo— en el Fondo de Cultura Económica. Corregí las pruebas. Lo acaricié mucho y salió muy bien. Fue de los primeros libros de la serie Letras Mexicanas de esta editorial.
> *Es usted autor de los puntos y comas…*
> Naturalmente soy autor de los puntos y comas. Para eso me pagaban, para colocar guiones, comas y puntos y aparte. (Lorena Lona, "Alí Chumacero, revisitado", *Arena: Suplemento Cultural de* Excélsior, 3, 3, 115, 15 de abril de 2001, p. 4)

Sobre la narrativa de Rulfo

El primer texto de índole académica dedicado a un tema específico a partir de la novela *Pedro Páramo* (y también, en general, de la narrativa toda de Juan Rulfo) es la nota "La estructura de *Pedro Páramo*", de Luis Leal, en el cuarto número del *Anuario de Letras* (1964). En 1965 el académico paraguayo Hugo Rodríguez Alcalá publicó su libro *El arte de Juan Rulfo: historias de vivos y difuntos* bajo el sello del Instituto Nacional de Bellas Artes. El volumen integra los análisis de cuatro cuentos de *El Llano en llamas* aparecidos previamente en diversas revistas y un trabajo de interpretación completamente nuevo de la novela *Pedro Páramo*. Es el primer libro monográfico sobre la obra de Rulfo. En 1969, George Ronald Freeman presentó su tesis doctoral "Archetype and Structural Unity: The Fall-from-Grace in Rulfo's *Pedro Páramo*", dirigida por Joseph Sommers, quien al año siguiente la publicó en el original en inglés en la capital del estado mexicano de Morelos, sede del Centro Intercultural de Documentación (CIDOC). Juan Francisco Rulfo recuerda que su padre consideraba este libro como uno de los más certeros dedicados al estudio de su narrativa.

Uno de los títulos escritos por José Carlos González Boixo al examen de la obra de Rulfo es *Claves narrativas de Juan Rulfo*, que cuenta con dos ediciones, una bajo el sello del Colegio Universitario de León (1980) y otra a cargo de la Universidad de León (1984). En 1983 Luis Leal dio a conocer el que tal vez pueda considerarse como el primer *Companion* dedicado a Rulfo y su obra con el conciso título de *Juan Rulfo* para la editorial Twayne, de Boston. Otro tanto ocurre en el año de la muerte de Rulfo, cuando Milagros Ezquerro da el mismo título a su libro publicado en París por L'Harmattan. En 1993 apareció *Lenguaje y poder en* Pedro Páramo, primer libro de Alberto Vital sobre la obra de Rulfo. Se trata de un ensayo sin una sola nota al pie, que ejerce las mejores prácticas de la crítica literaria sin perder un solo momento la perspectiva ensayística. Para quien desee profundizar en el análisis pormenorizado de algunos de los cuentos de *El Llano en llamas* y *Pedro Páramo*, el libro *Juan Rulfo, el arte de narrar* (2012), de Françoise Perus, le permitirá percibir matices muy sutiles en detalles no advertidos antes en algunos cuentos y la primera novela de Rulfo.

Rulfo, lector

El vínculo entre Rulfo y la poesía fue un tema que el periodista Francisco Zendejas percibió de manera muy temprana al reseñar *El Llano en llamas* (1953) y *Pedro Páramo* (1955). En 2006, para conmemorar el vigésimo aniversario de la muerte de Rulfo, Editorial RM publicó el libro *Tríptico para Juan Rulfo: poesía, fotografía, crítica*. En él aparece la versión de las *Elegías de Duino* de Rainer Maria Rilke que Rulfo produjo a partir de otras versiones y traducciones. Se trata de una edición bilingüe, la cual permite también verificar qué elementos tomó Rulfo de cada una de las traducciones consultadas para ofrecer su propia interpretación. En 2015, la editorial Sexto Piso de España publicó una edición bilingüe con epílogo de Alberto Vital. En el mismo *Tríptico para Juan Rulfo* se reúnen artículos sobre distintos aspectos de la obra y la vida de Rulfo, pero pensando en esta misma dimensión de su obra, la lectura de "Palabra llana y poesía en Juan Rulfo", de Víctor Jiménez, ofrece un atisbo complementario del tema a partir de la poesía de otros autores frecuentados por Rulfo. El mismo Jiménez ofrece una aproximación a las resonancias de Rilke y Hermann Broch en la narrativa de Rulfo en su libro *Ladridos, astros, agonías: Rilke y Broch en el lector Rulfo* (2017).

La recepción "dirigida" de la obra de Juan Rulfo

Ya en fechas tan tempranas como 1955, a raíz de la aparición de la novela *Pedro Páramo*, había rastros de inconformidad con la obra de Rulfo. El disenso es uno de los componentes propios de la convivencia humana, y en el caso de la crítica literaria es parte del desarrollo de la discusión sobre autores, escuelas, estilos e intereses artísticos. Sin embargo, en lo que respecta a la obra de Rulfo, hay una tendencia que a lo largo de décadas se ha propuesto restar mérito al escritor y al fotógrafo, al editor y al lector avezado de historia de México y de literatura llevando la discusión sobre su legado a la esfera de la privacidad para desacreditarlo en todas las áreas en que están presentes su actividad e inquietudes artísticas e intelectuales. A Juan Rulfo se le juzga como a ningún otro escritor mexicano, con parámetros fuera de la realidad, incluso –sobre todo– si se toma en cuenta la realidad de México.

Las biografías *no autorizadas* de Juan Rulfo han menudeado desde 2003, pero se remontan hasta poco más de 30 años antes, cuando Reina Roffé publicó *Juan Rulfo: Autobiografía armada*, selección y reacomodo de las respuestas de Rulfo en distintas entrevistas que la periodista argentina entretejió no sin agregar pasajes irreconocibles que no dejan al lector otra sensación que la de un lienzo en blanco cuyo contenido se improvisa de manera atrabiliaria para ofrecer el peor retrato posible de alguien a quien sus detractores no consideran humano (un apunte de Rulfo en las páginas de su ejemplar del libro de Roffé exhibe sus debilidades expositivas). Reina Roffé volvió a esta área de la producción bibliográfica sobre Rulfo justo en 2003, con el título *Juan Rulfo: las mañas del zorro*. En 2012, por iniciativa de Blas Matamoro, Roffé presentó la nueva edición de ese último libro, con una serie de cambios con respecto al contenido de su publicación de 2003, rebautizado con objetivos claramente comerciales como *Juan Rulfo: biografía no autorizada*, reeditado –ahora en pasta dura– en 2017.

Juan Rulfo opina sobre la *Autobiografía armada*

Rulfo se refiere en nota aparte a su primer antepasado identificable: "... parte de su vida la dedicó a combatir a Giordano (*sic*) Guzmán en los rumbos de Tamazula de Guzmán y Zapotlán el Grande, hoy ciudad Guzmán". Casi enseguida: "... –los Rulfo, una familia muy numerosa, sobre todo por el lado de las mujeres– nunca hubo mucha paz; todos morían temprano..., y todos eran asesinados por la espalda". Apenas se inicia la obra de Reina Roffé, y en once líneas hay nueve disparates: dos abuelos paternos con nombres distintos, un Giordano cuyo nombre debió ser Gordiano; un Tamazula de Guzmán que se llama en realidad Tamazula de Gordiano. Además una familia Rulfo llena de mujeres asesinadas por la espalda. ¡Vaya pues! Luego viene la muerte de mi padre (pues se supone que yo soy el relator) "... lo mataron una vez cuando huía..." ¿cuántas veces lo mataron? Allí sólo se indica una vez. ¿Y de quién o de qué huía? (Nota manuscrita de Rulfo a los párrafos 2 y 3 del libro de Reina Roffé, *Juan Rulfo: Autobiografía armada*, Corregidor, Buenos Aires, 1973 (*Serie Breve*), pp. 30-31).

De nuevo en España, Nuria Amat publicó también en 2003 el libro *Juan Rulfo: el arte del silencio*. Bajo la idea de que Rulfo es un artista (propuesta que difícilmente rechazaría un lector entusiasta de su obra), Amat incurre, por ejemplo, en la consabida asociación entre la literatura y la fotografía de Rulfo. No habría mayor novedad si la escritora catalana se limitara a ello. El verdadero problema es que para reforzar ese lugar común Amat afirma que Rulfo ilustraba con sus propias fotografías los cuentos que publicó en la revista *América* entre 1945 y 1951. Ya en 1992 Sergio López Mena mencionaba las distintas viñetas que acompañan esos ocho primeros cuentos de Rulfo en la revista dirigida por Marco Antonio Millán.

Sobre las ilustraciones de los cuentos de Rulfo en la revista *América*

"Ilustraron los cuentos las viñetas de Benjamín Molina y Jenés [Jesús] Ortiz Tajonar" (Nota filológica preliminar a Juan Rulfo, *Toda la obra*, coord. Claude Fell, Association Archives de la Littérature Latino-américaine, des Caraïbes et Africaine du XXème siècle-Consejo Nacional para la Cultura y las Artes, México, 1992 (*Archivos*, 17), p. XXXII).

El intento más reciente de presentar a Rulfo desde la peor perspectiva posible es el que ha llevado adelante Cristina Rivera Garza en *Había mucho humo o neblina o no sé qué* (2016), libro que, quizá por encargo, editó Literatura Random House. El respaldo temprano de Jorge Volpi a Rivera da a este episodio todo el aspecto de un intento de fabricar escándalo para promocionar gratuitamente un libro carente de contenido real.

Comentarios críticos

Entre otras frases que muestran su entusiasmo, Volpi afirma: "[...] Rulfo, su 'Rulfo suyo de ella', surge como un escritor experimental volcado hacia un futuro que aún no llega. Un Rulfo excéntrico, migrante, urbano, queer y feminista: un retrato que será recibido como una bofetada para nuestros críticos conservadores" ("Rulfo, caminante", *Reforma*, 29 de octubre de 2016, p. 11). Al lector curioso le vendrá bien conocer el video que Damiana Leyva dedicó a reseñar el libro de Rivera Garza en la entrega titulada "Mi Cristina mía de mí" de su videocast semanal "El Estudio de Damiana", transmitido desde su cuenta de YouTube y disponible en <https://bit.ly/2J6nzl8>, 15 de abril de 2017, fecha de consulta: marzo 14, 2018. Volpi coincidiría en que la perspectiva de Damiana Leyva ni remotamente puede considerarse acartonada ni retrógrada.

Rivera Garza altera de forma directa dos anécdotas entresacadas de la investigación de la tesis de maestría en Historia del Arte de Paulina Millán para dar un efecto "literario" y moderno a un intercambio entre Walter Reuter y Juan Rulfo que en realidad transcurrió de manera bastante convencional, según los usos léxicos de aquellos años. La autora, además, incurre en plagio cuando sobreinterpreta un momento específico de la conversación entre Dorotea *la Cuarraca* y Juan Preciado desde la tumba que comparten, y que ya había llamado la atención de Felipe Garrido hace poco más de una década.

Dorotea/Doroteo: excesos de interpretación

Felipe Garrido exponía en diciembre de 2005:

> [...] en este camino abierto a la ambigüedad, ¿qué decir de lo que sigue? Al llegar a la mitad de la novela, nos enteramos: lo que hemos leído es lo que Juan Preciado le ha contado a alguien que está enterrado con él:
> —Tienes razón, Doroteo. ¿Dices que te llamas Doroteo?
> —Da lo mismo. Aunque mi nombre es Dorotea. Pero da lo mismo.
> —Es cierto, Dorotea. Me mataron los murmullos.
> [...]
>
> ¿Dorotea o Doroteo? ¿Quién, en la tumba, está acomodado entre los brazos de Juan Preciado? ¿Un hombre que cambió de sexo, que quiso ser mujer, tener un hijo? En otras lecturas, al seguir a Dorotea *la Cuarraca*, la contrahecha, no tenía conciencia de esto. Hoy tomo por buena la respuesta que un santo le da en el cielo a la propia Dorotea, o a Doroteo, después de hundir la mano en su estómago "como si la hubiera hundido en un montón de cera", para sacar "algo así como una cáscara de nuez: 'Esto prueba lo que te demuestra.'" ("Una lectura de tantas", *La Jornada Semanal*, 564, 24 de diciembre de 2005, p. 4)

Lo llamativo es que Felipe Garrido en ningún momento reivindicó ante Rivera Garza su primicia en torno a esta peculiar sobreinterpretación de las palabras de *la Cuarraca*, que en realidad aluden al hecho de que ya no importan los nombres de quienes permanecerán enterrados durante mucho tiempo hablando de su vida desde su propia muerte.

La clave de la incomprensión de Rivera Garza con respecto a las labores y objetivos de la Comisión del Papaloapan está en el desconocimiento del esfuerzo por reemplazar la técnica de desmonte, quema y roza que es, hasta la fecha, la utilizada por las comunidades indígenas en contra de sus propios intereses, como expone Víctor Jiménez en esta misma *Guía crítica* (véase la entrada correspondiente al año 1955 en la Cronología).

La recepción crítica de la narrativa de Rulfo

La primera edición de *Toda la obra*, coordinada por Claude Fell dentro de la colección Archivos de la UNESCO, supuso uno de los intentos más ambiciosos por reconocer a Rulfo como protagonista en el canon de la literatura latinoamericana. A pesar de las numerosas erratas de la primera edición (1992) y cierta desconexión entre los esfuerzos comunes de varios de sus colaboradores todavía notorios en la segunda edición (1996, reimpresa en 1997), la "Nota filológica preliminar" de Sergio López Mena en 1992 es mucho mejor que la presentada en la versión de 1996. En lo que atañe a la edición crítica publicada en ese volumen, López Mena fijó solamente los textos de *El Llano en llamas* y *Pedro Páramo*, mientras que la versión de *El gallo de oro* corresponde a la que publicó ERA. No es el procedimiento que cabe esperar en una edición crítica. La aportación más importante, sin embargo, figura en la sección dedicada a la historia del texto, donde Jorge Ruffinelli y Gerald Martin examinan en sendos estudios la "leyenda negra" que ha persistido en torno a la figura de Rulfo escritor, en el primer caso, y en el segundo se ofrece una panorámica si no exhaustiva de la respuesta crítica a la narrativa de Rulfo, sí muy útil como repaso cronológico y temático de la misma. El mérito adicional de Martin reside en su diagnóstico del agotamiento perceptible en la trayectoria de la tradición crítica en cuanto a Rulfo se refiere y en el inicio de una nueva etapa, que es ésta en la que se encuentran los estudios sobre Rulfo desde hace poco más de 24 años. Entre 1992 y 1996 Alberto Vital publicó su tesis de doctorado por la Universidad de Hamburgo, titulada *El arriero en el Danubio: recepción de Rulfo en el ámbito de la lengua alemana* (1994), que por medio de calas cronológicas muestra la acogida de las traducciones de Mariana Frenk-Westheim, los antecedentes de la discusión crítica en torno a *Pedro Páramo* (en especial dentro del campo literario mexicano) y establece un nuevo estándar como parámetro del estudio y la investigación con respecto a quien podría considerarse el escritor más importante dentro de la accidentada historia de la literatura en México. En lo que respecta a la recepción de la obra de Rulfo entre escritores contemporáneos y su traducción a otras lenguas, la segunda edición del libro *Juan Rulfo: otras miradas* (2011) aporta muchas claves de lectura e información concreta sobre la respuesta crítica que la narrativa de Rulfo ha cosechado fuera de México. En ese campo de estudio, el libro *La recepción inicial de* Pedro Páramo *(1955-1963)* contiene datos concretos de los primeros nueve años de circulación de la primera novela de Rulfo no sólo en México sino también en países como Alemania, Estados Unidos, Francia, Inglaterra e Italia, principalmente.

Bibliografías

Una bibliografía sobre Rulfo necesariamente tendría que enumerar las bibliografías que la preceden, pues gracias a ellas se puede rastrear el discurso crítico sobre el autor desde sus primeras manifestaciones hasta las más recientes. Cuando aparecieron los dos primeros títulos de la narrativa de Rulfo en los cincuenta no había una tradición explícita que rastrear. En esos momentos en que fue surgiendo el consenso sobre la relevancia de *El Llano en llamas* y *Pedro Páramo* fue el esfuerzo pionero de Aurora Ocampo el que definió un primer listado de referencias a partir de su tesis de licenciatura (1965), cuya información poco tiempo después se integró al *Diccionario de escritores mexicanos*, firmado por la bibliógrafa en coautoría con Ernesto Prado Velázquez (1967). Cuarenta años después, y como responsable principal del *Diccionario de escritores mexicanos: siglo* XX, el tomo VII incluyó numerosas fichas bibliográficas y hemerográficas cuyo anticipo en las dos versiones de la edición crítica de la narrativa de Rulfo coordinada por Claude Fell ya había dejado claro el legado más importante de Ocampo en cuanto atañe a la obra de Rulfo. En ámbitos como el de la academia norteamericana sientan precedente las bibliografías de Arthur Ramirez y E. Lioret Kent, ambas publicadas en el mismo año (1974) por la *Revista Iberoamericana*. Once años después, la aportación más seria y sistemática corrió a cargo de José Carlos González Boixo, primero en la edición monográfica de la revista *Cuadernos Hispanoamericanos* dedicada a Rulfo por el XXX aniversario de la novela *Pedro Páramo* (1985) y meses más tarde en la actualización a la que de nuevo dio cabida en sus páginas la *Revista Iberoamericana* a finales del año en que ocurrió el deceso de Rulfo (1986). Este conjunto de repertorios son los esenciales para seguir la trayectoria de la tradición crítica sobre Juan Rulfo hasta principios del segundo lustro de este siglo XXI, y comprenden, así mismo, los primeros años de éste.

Un segundo grupo de bibliografías dedicadas a Rulfo es el conformado, entre otras, por las aportaciones de David William Foster en las dos ediciones disponibles hasta el momento de su libro *Mexican Literature: A Bibliography of Secondary Sources* (1981, 1992). En un momento muy cercano y como parte final de la edición monográfica de *Inti: Revista de Literatura Hispánica* (1981, pie de imprenta 1983) centrada en el evento académico organizado por el Barnard College en torno a Rulfo, la sección bibliográfica de Olga Juzyn contiene numerosas entradas no consignadas hasta ese momento. En el *Dictionary of Mexican Literature* (1992) editado por Eladio Cortés, Kenneth M. Taggart complementa su breve nota biográfica sobre Rulfo con un grupo de referencias básicas. Por su parte, el *Diccionario Enciclopédico de las Letras de América Latina* (DELAL, 1995) dedica tres entradas a Rulfo y sus dos primeros libros, con una bibliografía elemental en cada caso. El esfuerzo más reciente de acopio bibliográfico es el de Andréa Cesco (2004), quien, entre otras perspectivas, agrega información sobre numerosas ediciones de las traducciones de la narrativa de Rulfo no tomadas en cuenta con anterioridad.

Coda

La tradición crítica en torno a Rulfo y su obra es vasta. Sus lectores merecen mucho más que la enésima reiteración de ideas recibidas de generaciones anteriores que no hacen sino acumularse para ser usadas como murallas y repeler el interés genuino en un legado que ha trascendido en cada oportunidad las estridencias de quienes procuran medrar a su sombra practicando la simulación. Los casos abundan, pero a modo de ejemplo remito al lector a las biografías de Rulfo perpetradas por Amat, Ascencio y Roffé, sin olvidar que Roberto García Bonilla fagocita el trabajo de aquellos cuya labor pretende descalificar sin aportar más que reiteraciones mecánicas de su intromisión en la vida privada de Rulfo. En este último caso también se encuentra la "novela gráfica" *Juan Rulfo. Una vida gráfica*, con guión de Oscar Pantoja e ilustraciones de Felipe Camargo Rojas. Las viñetas son de pésima calidad, casi tanto como la narración, que se abandona a especulaciones so pretexto de volver más "literaria" toda una serie de suposiciones que ni siquiera se articulan de manera consistente.

Los lectores que no buscan las certezas fáciles son los mismos a quienes Rulfo se refería en su texto dedicado al XXX aniversario (1985) de su novela *Pedro Páramo*. Para ellos está pensado este acopio de comentarios, glosarios léxicos, guías de lectura y bibliografía verificable.

Referencias

Biografía

Rulfo, Juan, *Cartas a Clara*, Editorial RM-Fundación Juan Rulfo, México, 2012.

——, *Aire de las colinas: cartas a Clara*, Plaza & Janés, México, 2000 (*Areté*).

Vital, Alberto, *Noticias sobre Juan Rulfo. La biografía: 1762-2016*, Editorial RM-Fundación Juan Rulfo, México, 2017.

La obra fotográfica

Millán, Paulina, "Cronología: Juan Rulfo fotógrafo", en Juan Rulfo, *El fotógrafo Juan Rulfo*, Editorial RM-Fundación Juan Rulfo-Museo Amparo, México, 2017, pp. 289-318.

Pearson, Lon, "Juan Rulfo: una exposición fotográfica olvidada" Alberto Vital y Jorge Zepeda (coords.), *Tríptico para Juan Rulfo: poesía, fotografía, crítica*, Congreso del Estado de Jalisco-Editorial RM-Fundación Juan Rulfo-Universidad Autónoma de Aguascalientes-Universidad de Colima-Universidad Iberoamericana-Universidad Nacional Autónoma de México/Dirección General de Publicaciones-Facultad de Filosofía y Letras, México, 2006, pp. 233-247.

Rulfo, Juan, *El fotógrafo Juan Rulfo*, Editorial RM-Fundación Juan Rulfo-Museo Amparo, México, 2017.

——, *En los ferrocarriles: fotografías*, Editorial RM-Fundación Juan Rulfo-Universidad Nacional Autónoma de México/Dirección General de Publicaciones y Fomento Editorial-Centro Cultural Universitario Tlatelolco-Coordinación de Humanidades/Instituto de Investigaciones Filológicas-Instituto de Investigaciones Sociales, México, 2014.

Sarfati-Arnaud, Monique, "El otro mundo en blanco y negro de Juan Rulfo", *Revista Canadiense de Estudios Hispánicos,* XXII, 2, 1998, pp. 381-396.

Ediciones de la narrativa de Rulfo

González Boixo, José Carlos, "Aclaraciones de Juan Rulfo a su novela «Pedro Páramo»", Apéndice III a Juan Rulfo, *Pedro Páramo*, 25a ed. revisada y actualizada, ed. de José Carlos González Boixo, Cátedra, Madrid, 2013 (*Letras Hispánicas*, 189), pp. 255-259.

Lona, Lorena, "Alí Chumacero, revisitado", *Arena: Suplemento Cultural de* Excélsior, 3, 3, 115, 15 de abril de 2001, pp. 4-5.

Pacheco, Cristina, "'Ni el éxito me importa, ni la mala fama me preocupa...' Juan Rulfo: Más Allá de la Vida", *Siempre!*, 1567, 6 de julio de 1983, pp. 38-41, 138.

Rulfo, Juan, *El Llano en llamas*, ed. de Françoise Perus, Cátedra, Madrid, 2016 (*Letras Hispánicas*, 768).

——, *Pedro Páramo*, ed. de José Carlos González Boixo, 25ª edición revisada y actualizada, Cátedra, Madrid, 2013 (*Letras Hispánicas*, 189).

——, *El gallo de oro y otros relatos*, Editorial RM-Fundación Juan Rulfo, México, 2017.

—, *Los cuadernos de Juan* Rulfo, ed. de Yvette Jiménez de Báez, Ediciones ERA, México, 1994.

—, *El llano en llamas*, Fondo de Cultura Económica, México, 1970 (*Colección Popular*, 1).

Sevilla, María Eugenia, "Fondo de Cultura Económica: 70 años a la vanguardia", *Reforma*, 4 de septiembre de 2004, sección Cultura, p. 1.

Sobre la narrativa de Rulfo

Ezquerro, Milagros, *Juan Rulfo*, L'Harmattan, Paris, 1986 (*Classiques pour Demain*).

Freeman, George Ronald, *Paradise and Fall in Rulfo's Pedro Páramo: Archetype and Structural Unity*, Cuernavaca, Centro Intercultural de Documentación, 1970 (CIDOC *Cuaderno*, 47).

—, "Archetype and Structural Unity: The Fall-from-Grace in Rulfo's *Pedro Páramo*", tesis de doctorado, The University of Washington, Seattle, 1969.

González Boixo, José Carlos, *Claves narrativas de Juan Rulfo*, Colegio Universitario de León, León, 1980 (*Publicaciones del Colegio Universitario de León: Unidad de Investigación*, 16).

—, *Claves narrativas de Juan Rulfo*, 2ª ed., Universidad de León/Secretariado de Publicaciones, León, 1984.

Leal, Luis, "La estructura de *Pedro Páramo*", *Anuario de Letras*, IV, 1964, pp. 287-294.

—, *Juan Rulfo*, Twayne, Boston, 1983 (*Twayne's World Author's Series*, 692).

Perus, Françoise, *Juan Rulfo, el arte de narrar*, Universidad Nacional Autónoma de México/Dirección de Literatura-Centro de Investigaciones sobre América Latina y el Caribe-Fundación Juan Rulfo-Universidad Autónoma de Guerrero-Editorial RM-Universidad Nacional de Colombia/Facultad de Ciencias Humanas, sede Bogotá, México, 2012.

Rodríguez Alcalá, Hugo, *El arte de Juan Rulfo: historias de vivos y difuntos*, Instituto Nacional de Bellas Artes/Departamento de Literatura, México, 1965 (*Estudios Literarios*, 1).

Vital, Alberto, *Lenguaje y poder en* Pedro Páramo, Consejo Nacional para la Cultura y las Artes/Dirección General de Publicaciones, México, 1993 (*Luzazul*).

Rulfo, lector

Jiménez, Víctor, *Ladridos, astros, agonías: Rilke y Broch en el lector Rulfo*, Editorial RM-Fundación Juan Rulfo, México, 2017.

—, "Palabra llana y poesía en Juan Rulfo", en Víctor Jiménez, Alberto Vital y Jorge Zepeda (coords.), *Tríptico para Juan Rulfo: poesía, fotografía, crítica*, Congreso del Estado de Jalisco-Editorial RM-Fundación Juan Rulfo-Universidad Iberoamericana-Universidad Autónoma de Aguascalientes-Universidad de Colima-Universidad Nacional Autónoma de México/Dirección General de Publicaciones-Facultad de Filosofía y Letras, México, 2006, pp. 349-367.

Rilke, Rainer Maria, *Elegías de Duino*, versión de Juan Rulfo, ed. bilingüe, Sexto Piso España, Madrid, 2015 (*Poesía*).

—, "*Duineser Elegien/Elegías de Duino*", en Víctor Jiménez, Alberto Vital y Jorge Zepeda (coords.), *Tríptico para Juan Rulfo: poesía, fotografía, crítica*, Congreso del Estado de Jalisco-Editorial RM-Fundación Juan Rulfo-Universidad Autónoma de Aguascalientes-Universidad de Colima-Universidad Iberoamericana-Universidad Nacional Autónoma de México/Dirección General de Publicaciones-Facultad de Filosofía y Letras, México, 2006, pp. 92-215.

Zendejas, Francisco, "Donde los sollozos hablan", *México en la Cultura*, 318, 24 de abril de 1955, pp. 2, 5.

—, "Los Libros de Última Hora: 'El llano en llamas', por Juan Rulfo", *México en la Cultura*, 241, 1 de noviembre de 1953, p. 2.

La recepción "dirigida" de la obra de Juan Rulfo

Amat, Nuria, *Juan Rulfo, el arte del silencio*, Omega, Barcelona, 2003 (*Vidas Literarias*).

Ascencio, Juan, *Un extraño en la tierra: biografía no autorizada de Juan Rulfo*, Debate, México, 2005 (*Historias*).

Garrido, Felipe, "Una lectura de tantas", *La Jornada Semanal*, 564, 24 de diciembre de 2005, p. 4.

Roffé, Reina, *Juan Rulfo: biografía no autorizada*, 2ª ed., prólogo de Blas Matamoro, Fórcola, Madrid, 2017 (*Periplos*, 27).

—, *Juan Rulfo: biografía no autorizada*, prólogo de Blas Matamoro, Fórcola, Madrid, 2012 (*Señales*, 10).

—, *Las mañas del zorro*, Espasa Calpe, Madrid, 2003.

——, *Juan Rulfo: Autobiografía armada*, Corregidor, Buenos Aires, 1973 (*Serie Breve*).

Leyva, Damiana, "El Estudio de Damiana: Mi Cristina mía de mí", disponible en <https://bit.ly/2J6nzl8>, 15 de abril de 2017, fecha de consulta: marzo 14, 2018.

López Mena, Sergio, "Nota filológica preliminar" a Juan Rulfo, *Toda la obra*, coord. Claude Fell, Association Archives de la Littérature Latino-américaine, des Caraïbes et Africaine du XXème siècle-Consejo Nacional para la Cultura y las Artes, México, 1992 (*Archivos*, 17), pp. XXXI-XXXIX.

Millán Vargas, Paulina, "Las fotografías de Juan Rulfo en la Comisión del Papaloapan: 1955-1957", tesis de maestría en Historia del Arte, Universidad Nacional Autónoma de México/Facultad de Filosofía y Letras, México, 2010.

Rivera Garza, Cristina, *Había mucho humo o neblina o no sé qué*, Literatura Random House, México, 2016.

Volpi, Jorge, "Rulfo, caminante", *Reforma*, 29 de octubre de 2016, p. 11.

La recepción crítica de la narrativa de Juan Rulfo

Jiménez, Víctor, Julio Moguel y Jorge Zepeda (coords.), *Juan Rulfo: otras miradas*, 2ª ed., Juan Pablos Editor-Fundación Juan Rulfo-Ayuntamiento de Morelia-Secretaría de Cultura del Estado de Michoacán-Secretaría de Educación del Estado de Michoacán-Secretaría de Turismo del Estado de Michoacán, México, 2011.

Martin, Gerald, "Vista panorámica: La obra de Juan Rulfo en el tiempo y en el espacio", en Juan Rulfo, *Toda la obra*, coord. Claude Fell, Association Archives de la Littérature Latino-américaine, des Caraïbes et Africaine du XXème siècle-Consejo Nacional para la Cultura y las Artes, México, 1992 (*Archivos*, 17), pp. 471-545; 2ª ed., 1996, pp. 573-647.

Ruffinelli, Jorge, "La leyenda de Rulfo: Cómo se construye el escritor desde el momento que deja de serlo", en Juan Rulfo, *Toda la obra*, coord. Claude Fell, Association Archives de la Littérature Latino-américaine, des Caraïbes et Africaine du XXème siècle-Consejo Nacional para la Cultura y las Artes, México, 1992 (*Archivos*, 17), pp. 447-470; 2ª ed., 1996, pp. 549-572.

Vital, Alberto, *El arriero en el Danubio: Recepción de Rulfo en el ámbito de la lengua alemana*, Universidad Nacional Autónoma de México/Instituto de Investigaciones Filológicas/Centro de Estudios Literarios, México, 1994 (*Letras del Siglo XX*).

Zepeda, Jorge, *La recepción inicial de* Pedro Páramo *(1955-1963)*, Editorial RM-Fundación Juan Rulfo-Consejo Nacional para la Cultura y las Artes-Instituto Nacional de Bellas Artes-Universidad de Guadalajara-Universidad Nacional Autónoma de México-Secretaría de Cultura del Estado de Jalisco, México, 2005.

Bibliografías

Cesco, Andréa, "Un inventario tentativo de la bibliohemerografía de y sobre Rulfo", *Fragmentos: Revista de Lingua e Literatura Estrangeiras*, 27, julho-dezembro 2004, pp. 93-132.

Foster, David William, "Rulfo, Juan (1928 [*sic*])", en su libro *Mexican Literature: A Bibliography of Secondary Sources*, 2nd ed., Scarecrow, Metuchen, 1992, pp. 532-567.

——, "Rulfo, Juan (1928 [*sic*]-)", en su libro *Mexican Literature: A Bibliography of Secondary Sources*, Scarecrow, Metuchen, 1981, pp. 306-323.

González Boixo, José Carlos, "Bibliografía de Juan Rulfo: nuevas aportaciones", *Revista Iberoamericana*, LII, 137, octubre-diciembre 1986, pp. 1051-1059.

——, "Bibliografía de Juan Rulfo", *Cuadernos Hispanoamericanos*, CXLI, 421-423, julio septiembre 1985, pp. 469-490.

Juzyn, Olga, "Serie Bibliográfica Inti I: Juan Rulfo", *Inti: Revista de Literatura Hispánica*, 13-14, Los mundos de Juan Rulfo, primavera-otoño 1981, pp. 127-151.

Lioret, E. Kent, "Continuación de una bibliografía de y sobre Juan Rulfo", *Revista Iberoamericana*, XL, 89, octubre-diciembre 1974, pp. 693-705.

Ocampo, Aurora, "Rulfo, Juan (1917-1986)", en *Diccionario de escritores mexicanos siglo XX: desde las generaciones del Ateneo y Novelistas de la Revolución hasta nuestros días*, Universidad Nacional Autónoma de México/Instituto de Investigaciones Filológicas/Centro de Estudios Literarios, México, 2004, t. VII (R), pp. 468-503.

——, "Una contribución a la bibliografía de y sobre Juan Rulfo", en Juan Rulfo, *Toda la obra*, 2ª ed., coord. Claude Fell, Association Archives de la Littérature Latino-américaine, des Caraïbes et Africaine du XXème siècle-Fondo de Cultura Económica, Paris-México, 1996 (*Archivos*, 17), pp. 997-1037.

——, "Una contribución a la bibliografía de y sobre Juan Rulfo", en Juan Rulfo, *Toda la obra*, coord. Claude Fell, Association Archives de la Littérature Latino-américaine, des Caraïbes et Africaine du XXème siècle-

Consejo Nacional para la Cultura y las Artes, México, 1992 (*Archivos*, 17), pp. 883-943.

—, y Ernesto Prado Velázquez, *Diccionario de escritores mexicanos*, Panorama de la literatura mexicana por María del Carmen Millán, Universidad Nacional Autónoma de México/Coordinación de Humanidades/ Centro de Estudios Literarios-Dirección General de Publicaciones, México, 1967, pp. 346-347.

—, "Rulfo, Juan", en "Literatura mexicana contemporánea: biobibliografía crítica", tesis de licenciatura en Lengua y Literaturas Hispánicas, Universidad Nacional Autónoma de México/Facultad de Filosofía y Letras, México, 1965, pp. 260-261.

Prado Oropeza, Renato, "*El Llano en llamas*", en José Ramón Medina (dir.), *Diccionario Enciclopédico de las Letras de América Latina*, Biblioteca Ayacucho-Monte Ávila Editores Latinoamericana, Caracas, 1995, t. II, pp. 2724-2732.

Ramírez, Arthur, "Hacia una bibliografía de y sobre Juan Rulfo", *Revista Iberoamericana*, XL, 86, enero-marzo 1974, pp. 135-171.

Ruffinelli, Jorge, "Rulfo, Juan", en José Ramón Medina (dir.), *Diccionario Enciclopédico de las Letras de América Latina*, Biblioteca Ayacucho-Monte Ávila Editores Latinoamericana, Caracas, 1995, t. III, pp. 4246-4256.

Taggart, Kenneth M., "Rulfo, Juan (1918-1986)", en Eladio Cortés (ed.), *Dictionary of Mexican Literature*, Greenwood, Westport, 1992, pp. 610-612.

Volek, Emil, "*Pedro Páramo*", en José Ramón Medina (dir.), *Diccionario Enciclopédico de las Letras de América Latina*, Biblioteca Ayacucho-Monte Ávila Editores Latinoamericana, Caracas, 1995, t. III, pp. 3683-3691.

Coda

Rulfo, Juan, "*Pedro Páramo* treinta años después", en Jorge Zepeda, *La recepción inicial de* Pedro Páramo *(1955-1963)*, Editorial RM-Fundación Juan Rulfo-Consejo Nacional para la Cultura y las Artes-Instituto Nacional de Bellas Artes-Universidad de Guadalajara-Universidad Nacional Autónoma de México-Secretaría de Cultura del Estado de Jalisco, México, 2005, pp. 335-337.

41 Lecturas recomendadas

I. Circunstancia, obra y persona

"Semblanza biográfica de Juan Rulfo", de Jorge Zepeda

Anónimo, "Libros del siglo", *Babelia*, 423, 24 de diciembre de 1999, pp. 8-9.

Báez-Jorge, Félix, "Juan Rulfo y el quehacer editorial indigenista", en Jorge Zepeda (coord.), *Nuevos indicios sobre Juan Rulfo: genealogía, estudios, testimonios*, Juan Pablos Editor-Fundación Juan Rulfo-Secretaría de Cultura del Estado de Michoacán-Secretaría de Educación del Estado de Michoacán/Instituto Michoacano de Ciencias de la Educación, México, 2010, pp. 223-231.

Bertrán, Antonio, "Proponen cien obras al lector del Siglo 21: Juan Rulfo, el único mexicano de la lista", *Reforma*, 12 de agosto de 2002, p. 1C.

Dempsey, Andrew, "Las fotografías de Juan Rulfo", en esta *Guía*, 2018, pp. 73-84.

Esteva Fabregat, Claudio, "Rulfo en la novela mexicana", *Armas y Letras*, XII, 9, septiembre de 1955, pp. 1, 7.

Europa Press, "Ediciones Cátedra revisa títulos emblemáticos de la literatura hispánica y universal en la colección 'Mil Letras'", EPCultura.es <https://bit.ly/2KWLAQG>, fecha de consulta: marzo 1, 2018.

García Márquez, Gabriel, "Breves nostalgias sobre Juan Rulfo", *Proceso,* 4, 204, 29 de septiembre de 1980, pp. 46-47.

• Disponible en: <https://bit.ly/2ugj2XV>, fecha de consulta: febrero 20, 2018.

González Bermejo, Ernesto, "'Juan Rulfo: La literatura es una mentira que dice la verdad'. Una conversación con Ernesto González Bermejo", *Revista de la Universidad de México*, XXXIV, 1, septiembre 1979, pp. 4-8.

González Boixo, José Carlos, "El realismo mágico y *Pedro Páramo*: una asociación paradójica", en Víctor Jiménez (coord.), *Pedro Páramo. 60 años*, Editorial RM-Fundación Juan Rulfo, México, 2015, pp. 47-57.

Irby, James East, "La influencia de William Faulkner en cuatro narradores hispanoamericanos", tesis de maestría en Letras Españolas, Universidad Nacional Autónoma de México/Escuela de Verano, México, 1957.

México Indígena. Juan Rulfo. Número extraordinario, 1986.

Millán, Paulina, "Cronología: Juan Rulfo fotógrafo", en Juan Rulfo, *El fotógrafo Juan Rulfo*", Editorial RM-Fundación Juan Rulfo-Museo Amparo, México, 2017, pp. 289-318.

—, "Juan Rulfo y sus trabajos en la cuenca del Papaloapan", *Alquimia: Sistema Nacional de Fototecas*, 14, 42, mayo-agosto 2011, pp. 29-37.

Prado, Benjamín, "Cien escritores en español eligen los 100 libros que cambiaron su vida", *El País Semanal*, 1663, 10 de agosto de 2008, pp. 46, 48, 55-57.

Rulfo, Juan, *El fotógrafo Juan Rulfo*, Editorial RM-Fundación Juan Rulfo-Museo Amparo, México, 2017.

—, *En los ferrocarriles: fotografías*, Editorial RM-Fundación Juan Rulfo-Universidad Nacional Autónoma de México/Dirección General de Publicaciones y Fomento Editorial-Centro Cultural Universitario Tlatelolco-Coordinación de Humanidades/Instituto de Investigaciones Filológicas-Instituto de Investigaciones Sociales, México, 2014.

—, *Pedro Páramo en 1954*, Editorial RM-Fundación Juan Rulfo-Universidad Nacional Autónoma de México/Coordinación de Difusión Cultural/Dirección de Literatura-Centro Cultural Universitario Tlatelolco, México, 2014.

—, *Cartas a Clara*, Editorial RM-Fundación Juan Rulfo, México, 2012.

Simpson, Máximo, "Entrevista a Juan Rulfo", en Alberto Vital, *Noticias sobre Juan Rulfo. La biografía: 1762-2016*, Editorial RM-Fundación Juan Rulfo, México, 2017, pp. 397-407.

Vital, Alberto, *Noticias sobre Juan Rulfo. La biografía: 1762-2016*, Editorial RM-Fundación Juan Rulfo, México, 2017.

—, *El arriero en el Danubio: Recepción de Rulfo en el ámbito de la lengua alemana*, Universidad Nacional Autónoma de México/Instituto de Investigaciones Filológicas/Centro de Estudios Literarios, México, 1994 (*Letras del Siglo* XX).

Zepeda, Jorge, "La recepción crítica de *El Llano en llamas*", en esta *Guía crítica*, 2018, pp. 107-111.

—, "La recepción crítica de *Pedro Páramo*", en esta *Guía crítica*, 2018, pp. 129-133.

—, "La recepción crítica de *El gallo de oro*", en esta *Guía crítica*, 2018, pp. 149-153.

—, "Juan Rulfo en traducción", Apéndice a Víctor Jiménez, Julio Moguel y Jorge Zepeda (coords.), *Juan Rulfo: otras miradas*, 2ª ed., Juan Pablos Editor-Fundación Juan Rulfo-Ayuntamiento de Morelia-Secretaría de Cultura del Estado de Michoacán-Secretaría de Educación del Estado de Michoacán-Secretaría de Turismo del Estado de Michoacán, México, 2011, pp. 487-495.

• Versión actualizada en esta *Guía crítica*, 2018, pp. 339-346.

—, Preámbulo a "Testimonios sobre Juan Rulfo", en Víctor Jiménez, Julio Moguel y Jorge Zepeda (coords.), *Juan Rulfo: otras miradas*, 2ª ed., 2011, pp. 21-74.

——, Introducción a Jorge Zepeda (coord.), *Nuevos indicios sobre Juan Rulfo: genealogía, estudios, testimonios*, 2010, pp. 9-21.

——, "Rulfo en el Papaloapan: algunos documentos", *La Jornada Semanal*, 610, 12 de noviembre de 2006, p. 7.

——, *La recepción inicial de* Pedro Páramo *(1955-1963)*, Editorial RM-Fundación Juan Rulfo-Consejo Nacional para la Cultura y las Artes-Instituto Nacional de Bellas Artes-Universidad de Guadalajara-Universidad Nacional Autónoma de México-Secretaría de Cultura del Estado de Jalisco, México, 2005.

"Algunas notas sobre la biblioteca de Juan Rulfo", de Juan Francisco Rulfo

Anderson Imbert, Enrique, *Historia de la literatura hispanoamericana: Época contemporánea*, Fondo de Cultura Económica, México, 1961 (*Breviarios*, 156), t. 2, pp. 303-304.

Báez-Jorge, Félix, "Juan Rulfo y el quehacer editorial indigenista", en Jorge Zepeda (coord.), *Nuevos indicios sobre Juan Rulfo: genealogía, estudios, testimonios*, 2010, pp. 223-231.

Jiménez, Víctor, *Ladridos, astros, agonías: Rilke y Broch en el lector Rulfo*, Editorial RM-Fundación Juan Rulfo, México, 2017.

——, Presentación: "Rulfo lector, Rulfo escritor", en Juan Rulfo (comp.), *Retales*, ed. de Víctor Jiménez, Alberto Vital y Sonia Peña, Terracota-Fundación Juan Rulfo-Universidad Nacional Autónoma de México, México, 2008 (*La Escritura Invisible*, 1), pp. 11-23.

——, "Juan Rulfo: la escritura y la preservación del enigma. Conversación con Daniel Sada", en Víctor Jiménez, Alberto Vital y Jorge Zepeda (coords.), *Tríptico para Juan Rulfo: poesía, fotografía, crítica*, Congreso del Estado de Jalisco-Editorial RM-Fundación Juan Rulfo-Universidad Iberoamericana-Universidad Autónoma de Aguascalientes-Universidad de Colima-Universidad Nacional Autónoma de México/Dirección General de Publicaciones-Facultad de Filosofía y Letras, México, 2006, pp. 303-325.

Reyes, Alfonso, "Las Burlas Veras: Nuevos rumbos de nuestra novela", *Revista de Revistas*, 2335, 12 de diciembre de 1954, p. 6.

Rulfo, Juan, "José Guadalupe de Anda", en su libro *Textos sobre José Guadalupe de Anda, Rafael F. Muñoz y Mariano Azuela*, Fundación Juan Rulfo-Universidad Autónoma de Aguascalientes, Aguascalientes, 2011, pp. 20-43.

—— (comp.), *Retales*, ed. de Víctor Jiménez, Alberto Vital y Sonia Peña, Terracota, México, 2008 (*La Escritura Invisible*, 1).

——, "Queremos tanto a Julio", en *Queremos tanto a Julio*, ed. de Hugo Niño, Nueva Nicaragua, Managua, 1984 (*Palabra de Nuestra América*), pp. 159-161.

——, Prólogo a Joaquín María Machado de Assis, *Memorias póstumas de Blas Cubas*, trad. de Antonio Alatorre, Universidad Nacional Autónoma de México-Secretaría de Educación Pública, México, 1982 (*Clásicos Americanos*, 24), pp. 1-4.

Rulfo, Juan Francisco, "La biblioteca de Juan Rulfo", en Jorge Zepeda (coord.), *Nuevos indicios sobre Juan Rulfo: genealogía, estudios, testimonios*, 2010, pp. 221-222.

Vital, Alberto, *Noticias sobre Juan Rulfo. La biografía: 1762-2016*, 2017.

—, *El arriero en el Danubio: Recepción de Rulfo en el ámbito de la lengua alemana*, 1994.

Zepeda, Jorge, "La recepción crítica de *El Llano en llamas*", en esta *Guía crítica*, 2018, pp. 107-111.

—, "La recepción crítica de *Pedro Páramo*", en esta *Guía crítica*, 2018, pp. 129-133.

—, "La recepción crítica de *El gallo de oro*", en esta *Guía crítica*, 2018, pp. 149-153.

—, *La recepción inicial de* Pedro Páramo *(1955-1963)*, 2005.

"Imaginación y realidad en la obra de Juan Rulfo", de José Pascual Buxó

Jiménez, Víctor, "*Pedro Páramo* en 1954", en Juan Rulfo, *Pedro Páramo en 1954*, 2014, pp. 65-97.

Pascual Buxó, José, "Juan Rulfo o la poética de la intuición", en Víctor Jiménez (coord.), *Pedro Páramo. 60 años*, 2015, pp. 107-116.

Rulfo, Juan, *Pedro Páramo*, Editorial RM-Fundación Juan Rulfo, México, 2017.

—, "El desafío de la creación", *Revista de la Universidad de México*, XXXV, 2-3, octubre-noviembre de 1980, pp. 15-17.

—, "Juan Rulfo examina su narrativa", *Escritura: Teoría y Crítica Literarias*, I, 2, julio-diciembre 1976, pp. 305-317.

"Breviario político de los sesenta y Juan Rulfo", de Sebastião Guilherme Albano

Candido, Antonio, *Tese e antítese*, Companhia Editora Nacional, São Paulo, 1964.

Fuschinni, Germán Albuquerque, "La red de escritores latinoamericanos en los años sesenta", *Revista Universum*, 15, 2000, pp. 337-350.

Moretti, Franco, *Distant Reading*, Verso, London-New York, 2013.

Rama, Ángel, *La ciudad letrada*, Ediciones del Norte, Hanover, 1984.

—, *La generación crítica, 1939-1969. 1: Panoramas*, Arca, Montevideo, 1972 (*Colección Ensayo y Testimonio*).

Ribeiro, Gustavo Lins, *Post-imperialism: A Latin American Cosmopolitics*, Universidade de Brasília, Brasília, 2005 (*Serie Antropologia*, 375).

Vital, Alberto, *Noticias sobre Juan Rulfo. La biografía: 1762-2016*, 2017.

Wallerstein, Immanuel, *Universalismo europeo. El discurso del poder*, trad. de Josefina Anaya, Siglo XXI de España, Madrid, 2007 (*Sociología y Política*).

II. Juan Rulfo y la fotografía

"Las fotografías de Juan Rulfo", de Andrew Dempsey

Billeter, Erika, *et al.*, *México: Juan Rulfo fotógrafo*, Lunwerg, Barcelona, 2001.

Brennan, Dylan, "The Mexican Revolution: As Photographed by Juan Rulfo", en Dylan Brennan y Nuala Finnegan (eds.), *Rethinking Juan Rulfo's Creative World: Prose, Photography, Film*, Legenda, Oxford, 2016 (*Studies in Hispanic and Lusophone Cultures*, 14), pp 123-161.

Debroise, Olivier, *Mexican Suite: A History of Photography in Mexico*, University of Texas, Austin, 2001.

Dempsey, Andrew, "La discreción de Juan Rulfo. Reflexiones sobre una fotografía: Mujeres en Oaxaca recogiendo café", en Juan Rulfo, *Oaxaca*, Editorial RM-Fundación Juan Rulfo, México, 2009, pp. 35-46.

García, Héctor, Rogelio Cuéllar y Luis Miguel Rodríguez, "Fotografiar a Juan Rulfo", en Dante Medina (ed.), *Homenaje a Juan Rulfo*, Universidad de Guadalajara, Guadalajara, 1989, pp. 289-299.

Hopkinson, Amanda, *A History of Photography in Mexico*, Reaktion Books, London, en preparación (2018).

Jiménez, Víctor, "Correspondencias: Paul Strand y Juan Rulfo", en Juan Rulfo, *El fotógrafo Juan Rulfo*, 2017, pp. 229-239.

—, "Sólo son imágenes", en Juan Rulfo, *100 fotografías de Juan Rulfo*, Editorial RM, México, 2010, pp. 6-9.

Luigi, Daniele De, "Donde no hay palabras", en Juan Rulfo, *100 fotografías de Juan Rulfo*, 2010, pp. 16-19.

Millán, Paulina, "La difusión inicial de las fotografías de Juan Rulfo (1949-1964)", en Jorge Zepeda (coord.), *Nuevos indicios sobre Juan Rulfo: genealogía, estudios, testimonios*, 2010, pp. 91-133.

Pacheco, Cristina, "'Ni el éxito me importa, ni la mala fama me preocupa…' Juan Rulfo, más allá de la vida", *Siempre! Presencia de México*, 1567, 6 de julio de 1983, pp. 38-41, 138.

Pearson, Lon, "Juan Rulfo: una exposición fotográfica olvidada", en Víctor Jiménez, Alberto Vital y Jorge Zepeda (coords.), *Tríptico para Juan Rulfo: poesía, fotografía, crítica*, 2006, pp. 233-247.

Rulfo, Juan, *El fotógrafo Juan Rulfo*, 2017.

—, *En los ferrocarriles: fotografías*, 2014.

—, *Letras e imágenes*, ed. de Víctor Jiménez, Editorial RM, México, 2002.

—, *Aire de las colinas. Cartas a Clara*, ed. de Alberto Vital, Plaza y Janés, México 2000 (*Areté*).

—, *Arquitectura de México: fotografías de Juan Rulfo*, Instituto Nacional de Bellas Artes/Dirección de Arquitectura-Secretaría de Cultura del Estado de Jalisco/ Instituto Cultural Cabañas, México, 1994.

—, *Inframundo: The Mexico of Juan Rulfo*, ed. de Frank Janney, Ediciones del Norte, Hanover, 1983.

—, "Fotografías de Nacho López. De cuántas amarguras está hecha la vida", *Tiempo Libre*, I, 47, 5-12 de abril de 1981, pp. 32-33.

• Posteriormente en Juan Rulfo, *100 fotografías de Juan Rulfo*, 2010, pp. 20-21.

—, *Juan Rulfo: homenaje nacional*, Secretaría de Educación Pública-Instituto Nacional de Bellas Artes, México, 1980.

—, Seis fotografías en *Caminos de México. Guía Goodrich-Euzkadi*, 4ª ed., Compañía Hulera Euzkadi-Sociedad Mexicana de Geografía y Estadística, México, 1958, "Huejotzingo", p. 49; "Tapalpa", p. 128; "Tonanzintla", p. 161; "Mitla" y "Tepeaca", p. 240; y "Puerta de Santo Domingo de Puebla", p. 311.

—, fotos varias dentro de Anónimo, "Terminal del Valle de México. Informe técnico", *Ferronales*, XXVII, 7, julio de 1956, pp. [33-80].

—, fotos varias dentro de Anónimo, "Terminal del Valle de México. Reportaje gráfico", *Ferronales*, XXVI, 6, junio de 1956, pp. [31-112].

— [Juan de la Cosa], "Metztitlán: lugar junto a la luna", *Mapa: Revista de Automovilismo y Turismo*, XIV, 194, enero de 1952, pp. 10-12.

— [Anónimo], "Castillo de Teayo", *Mapa: Revista de Automovilismo y Turismo*, XIV, 194, enero de 1952, pp. 6-8.

—, "11 fotografías de Juan Rulfo", *América: Revista Antológica*, 59, febrero de 1949, encarte entre las páginas 112 y 113.

Sarfati-Arnaud, Monique, "El otro mundo en blanco y negro de Juan Rulfo", *Revista Canadiense de Estudios Hispánicos*, XXII, 2, 1998, pp. 381-396.

Zepeda, Jorge, "Juan Rulfo, escritor y fotógrafo: algunos deslindes", en Juan Rulfo, *El fotógrafo Juan Rulfo*, 2017, pp. 13-40.

III. La narrativa de Juan Rulfo

"*El Llano en llamas*", de Françoise Perus

Perus, Françoise, *Juan Rulfo, el arte de narrar*, Universidad Nacional Autónoma de México/Dirección de Literatura-Centro de Investigaciones sobre América Latina y el Caribe-Fundación Juan Rulfo-Universidad Autónoma de Guerrero-Editorial RM-Universidad Nacional de Colombia/Facultad de Ciencias Humanas, sede Bogotá, México, 2012.

Rulfo, Juan, *El Llano en llamas*, ed. de Françoise Perus, Cátedra, Madrid, 2016 (*Letras Hispánicas*, 768).

"La recepción crítica de *El Llano en llamas*", de Jorge Zepeda

Anónimo [Marco Antonio Millán], "De nuestro Olimpo criollo. Notas y Comentarios", dentro de "Intermedio. Sección de notas, noticias y publicidad", *América: Revista Antológica*, 64, diciembre de 1950, pp. III-IV, XV-XVI.

Anónimo, "Juan Rulfo. El llano en llamas", *México en la Cultura*, 239, 18 de octubre de 1953, p. 2.

A.R.S., "*El Llano en llamas*", *Summa*, 4, 1954, pp. 275-276.

Benedetti, Mario, "Juan Rulfo y las posibilidades del criollismo", *Marcha*, XVII, 788, 4 de noviembre de 1955, pp. 20-21, 23.

• Posteriormente en su libro *El ejercicio del criterio: obra crítica 1950-1994*, Alfaguara, Madrid, 1995, pp. 301-308.

Bermúdez, María Elvira, "El llano en llamas y otros cuentos", *Revista Mexicana de Cultura*, 358, 7 de febrero de 1954, p. 12.

Carballo, Emmanuel, "Arreola y Rulfo, cuentistas", *Revista de la Universidad de México*, VIII, 7, marzo de 1954, pp. 28-29, 32.

Castro, Rosa, "La responsabilidad del escritor: una entrevista con Alí Chumacero", *México en la Cultura*, 257, 21 de febrero de 1954, pp. 3, 4.

Fernández, Sergio, "El libro en llamas", *Filosofía y Letras*, 53-54, enero-junio de 1954, pp. 259-269.

Jauss, Hans Robert, *Aesthetic Experience and Literary Hermeneutics*, trad. de Michael Shaw, University of Minnesota, Minneapolis, 1982 (*Theory and History of Literature*, 3), pp. 120-123.

Lizalde, Eduardo, "El escritor intermedio y la sociedad", *México en la Cultura*, 277, 11 de julio de 1954, p. 3.

Martín, Julio [José Mancisidor], "El llano en llamas", *Revista Mexicana de Cultura*, 346, 15 de noviembre de 1953, p. 12.

Martin, Gerald, "Vista panorámica: La obra de Juan Rulfo en el tiempo y en el espacio", en Juan Rulfo, *Toda la obra*, coord. Claude Fell, Association Archives de la Littérature Latino-américaine, des Caraïbes et Africaine du xxème siècle-Consejo Nacional para la Cultura y las Artes, México, 1992, pp. 471-545; 2ª ed., 1996 (*Archivos*, 17), pp. 573-647.

Reyes, Alfonso, "Las Burlas Veras: Nuevos rumbos de nuestra novela", *Revista de Revistas*, 2335, 12 de diciembre de 1954, p. 6.

Reyes Nevares, Salvador, "Los cuentos de Juan Rulfo", *México en la Cultura*, 244, 22 de noviembre de 1953, p. 2.

Ruffinelli, Jorge, "La leyenda de Rulfo: Cómo se construye el escritor desde el momento que deja de serlo", en Juan Rulfo, *Toda la obra*, 1992, pp. 447-470; 2ª ed., 1996, pp. 549-572.

Rulfo, Juan, "El desafío de la creación", *Revista de la Universidad de México*, XXXV, 2-3, octubre-noviembre de 1980, pp. 15-17.

—, *El llano en llamas*, 2ª ed., Fondo de Cultura Económica, México, 1970 (*Colección Popular*, 1).

—, "Un pedazo de noche", *Revista Mexicana de Literatura*, 3, septiembre 1959, pp. 7-14.

—, *El llano en llamas*, 2ª ed., Fondo de Cultura Económica, México, 1955 (*Letras Mexicanas*, 11).

—, "El día del derrumbe", *México en la Cultura*, 334, 14 de agosto de 1955, pp. 3, 5.

—, "La herencia de Matilde Arcángel", *Cuadernos Médicos*, II, I, V, marzo de 1955, pp. 57-61.

• Posteriormente bajo el título "La presencia de Matilde Arcángel", *Metáfora: Revista Literaria*, I, 4, septiembre-octubre de 1955, pp. 27-32.

—, "El hombre", en su libro *El llano en llamas y otros cuentos*, Fondo de Cultura Económica, México, 1953 (*Letras Mexicanas*, 11), pp. 41-53.

—, *El llano en llamas y otros cuentos*, Fondo de Cultura Económica, México, 1953 (*Letras Mexicanas*, 11).

—, Informe a Margaret Shedd sobre el cuento "Luvina" [escrito "Loobina"], México, D.F., 15 de enero de 1953. Archivo del Centro Mexicano de Escritores.

—, "Diles que no me maten", *América*, 66, abril de 1951, pp. 125-130.

—, "El llano en llamas", *América: Revista Antológica*, 64, diciembre de 1950, pp. 66-85.

—, "Talpa", *América: Revista Antológica*, 62, enero de 1950, pp. 79-87.

—, "La cuesta de las comadres", *América: Revista Antológica de Literatura*, 55, 29 de febrero de 1948, pp. 31-38.

—, "Es que somos muy pobres", *América: Revista Mensual de Cultura*, 54, 30 de agosto de 1947, pp. 24-29.

—, "Macario", *Pan: Revista Mensual de Literatura*, 6, noviembre 1 de 1945, pp. 7-10.

• Posteriormente: *América: Tribuna de la Democracia*, 48, 30 de junio de 1946, pp. 67-72.

—, "Nos han dado la tierra", *Pan: Revista de Literatura*, 2, julio de 1945, pp. 1-3.

• Posteriormente: *América: Tribuna de la Democracia*, 42, 31 de agosto de 1945, pp. 19-21.

—, "La vida no es muy seria en sus cosas", *América: Tribuna de las Democracias*, 40, 30 de junio de 1945, pp. 35-36.

Valadés, Edmundo, "El libro de Juan Rulfo quema las manos", *México en la Cultura*, 245, 29 de noviembre de 1953, p. 2.

Vital, Alberto, *El arriero en el Danubio: Recepción de Rulfo en el ámbito de la lengua alemana*, 1994.

Zendejas, Francisco, "Los Libros de Última Hora: 'El llano en llamas', por Juan Rulfo", *México en la Cultura*, 241, 1 de noviembre de 1953, p. 2.

"*Pedro Páramo*", de José Carlos González Boixo

Cuadernos Hispanoamericanos, CXLI, 421-423, julio septiembre 1985, monográfico dedicado a Juan Rulfo en el año del XXX aniversario de la aparición de *Pedro Páramo*.

García Márquez, Gabriel, "Breves nostalgias sobre Juan Rulfo", *Proceso*, 4, 204, 29 de septiembre de 1980, pp. 46-47.

• Disponible en: <https://bit.ly/2ugj2XV>, fecha de consulta: febrero 20, 2018.

González Boixo, José Carlos, *Claves narrativas de Juan Rulfo*, Ediciones de la Universidad de León, León, 1984.

Jiménez, Víctor (coord.), *Pedro Páramo. 60 años*, 2015.

——, "*Pedro Páramo* en 1954", en Juan Rulfo, *Pedro Páramo en 1954*, 2014, pp. 65-97.

Jiménez de Báez, Yvette, y Luzelena Gutiérrez de Velasco (eds.), *Pedro Páramo: diálogos en contrapunto (1955-2005)*, El Colegio de México/Centro de Estudios Lingüísticos y Literarios-Fundación para las Letras Mexicanas, México, 2008 (*Cátedra Jaime Torres Bodet: Serie Lenguajes y Tradiciones*, 6).

Perus, Françoise, *Juan Rulfo, el arte de narrar*, 2012.

Rulfo, Juan, *Pedro Páramo*, ed. de José Carlos González Boixo, 25ª edición revisada y actualizada, Cátedra, Madrid, 2013 (*Letras Hispánicas*, 189).

——, "*Pedro Páramo*, treinta años después" en Jorge Zepeda, *La recepción inicial de* Pedro Páramo *(1955-1963)*, 2005, pp. 326-342.

——, *Los cuadernos de Juan Rulfo*, ed. de Yvette Jiménez de Báez, Ediciones ERA, México, 1994.

——, *Toda la obra*, 1992.

Vital, Alberto, *Lenguaje y poder en* Pedro Páramo, Consejo Nacional para la Cultura y las Artes/Dirección General de Publicaciones, México, 1993 (*Luzazul*).

Zepeda, Jorge, *La recepción inicial de* Pedro Páramo *(1955-1963)*, 2005.

"Pedro Páramo en el país de los financieros", de Julio Moguel

Bautista García, Eduardo, "Letras que sanan empresas", *El Financiero*, 22 de septiembre de 2016, pp. 32-33.

• Disponible en línea: <https://bit.ly/2KZtP05> fecha de consulta: febrero 14, 2018. En esta *Guía crítica*, 2018, pp. 121-122.

Jiménez, Víctor, "Juan Rulfo frente a sus traducciones", en Víctor Jiménez, Julio Moguel y Jorge Zepeda (coords.), *Juan Rulfo: otras miradas*, 2ª ed., 2011, pp. 237-271.

Moreira, Paulo, "La modernidad y lo local en las Américas", en Jorge Zepeda (coord.), *Nuevos indicios sobre Juan Rulfo: genealogía, estudios, testimonios*, 2010, pp. 155-180.

Simpson, Máximo, "Entrevista a Juan Rulfo", en Alberto Vital, *Noticias sobre Juan Rulfo: 1784-2003*, Editorial RM-Universidad de Guadalajara-Universidad Autónoma de Aguascalientes-Universidad de Tlaxcala-Universidad Nacional Autónoma de México-Fondo de Cultura Económica, México, 2003, pp. 199-203.

Sloterdijk, Peter, *Esferas* I. *Burbujas: microsferología*, trad. de Isidoro Reguera, Siruela, Madrid, 2003 (*Biblioteca de Ensayo*).

——, *Esferas* II. *Globos (macroesferología)*, trad. de Isidoro Reguera, Siruela, Madrid, 2002 (*Biblioteca de Ensayo*).

Vital, Alberto, *Noticias sobre Juan Rulfo: 1784-2003,* Editorial RM-Universidad de Guadalajara-Universidad Autónoma de Aguascalientes-Universidad de Tlaxcala-Universidad Nacional Autónoma de México-Fondo de Cultura Económica, México, 2003.

"La recepción crítica de *Pedro Páramo*", de Jorge Zepeda

América, Benjamín [Alberto Quiroz Hernández], "Notas de Benjamín América", *El Libro y el Pueblo*, XVII, 19, septiembre-octubre de 1955, pp. 87-93.

Anónimo, "Libros del siglo", *Babelia*, 423, 24 de diciembre de 1999, pp. 8-9.

Anónimo, "Teatro", *Siempre! Presencia de México*, 1365, 22 de agosto de 1979, pp. 49-50.

Anónimo, "La Vida Cultural: Danza. La temporada de Bellas Artes" [sobre el ballet "Los murmullos"], *Cuadernos de Bellas Artes*, I, 4, noviembre de 1960, p. 71.

Anónimo, "Juan Rulfo. *Pedro Páramo*", *México en la Cultura*, 315, 3 de abril de 1955, p. 2.

Burns, Archibaldo, "*Pedro Páramo* o la unción y la gallina", *México en la Cultura*, 321, 15 de mayo de 1955, p. 3.

Chumacero, Alí, "El 'Pedro Páramo' de Juan Rulfo", *Revista de la Universidad de México*, IX, 8, abril de 1955, pp. 25-26.

Frenk, Mariana, "Alemania lee *Pedro Páramo*", *Revista Mexicana de Literatura*, 2, abril-junio de 1959, pp. 181-185.

Lescot, Roger, Introducción a su traducción de *Pedro Páramo* al francés, Gallimard, Paris, 1959 (*La Croix du Sud*, 21), pp. 7-10.

Luquín, Eduardo, "La novelística mexicana y una novela", *Revista Mexicana de Cultura*, 530, 26 de mayo de 1957, p. 6.

Martin, Gerald, "Vista panorámica: La obra de Juan Rulfo en el tiempo y en el espacio", en Juan Rulfo, *Toda la obra*, 1992, pp. 471-545; 2ª ed., 1996, pp. 573-647.

Ruffinelli, Jorge, "La leyenda de Rulfo: Cómo se construye el escritor desde el momento que deja de serlo", en Juan Rulfo, *Toda la obra*, 1992, pp. 447-470; 2ª ed., 1996, pp. 549-572.

Rulfo, Juan, *Pedro Páramo*, 25ª ed. revisada y actualizada, ed. de José Carlos González Boixo, Cátedra, Madrid, 2013 (*Letras Hispánicas*, 189).

—, "Voices", trad. de *Pedro Páramo* al inglés a cargo de Irene Nicholson, Centro Mexicano de Escritores, México, 1955, Archivo del Centro Mexicano de Escritores.

—, *Pedro Páramo*, Fondo de Cultura Económica, México, 1955 (*Letras Mexicanas*, 19).

—, "Comala", *Dintel: Revista de Arte y Literatura*, I, 6, septiembre de 1954, pp. 9-14, 19-20.

—, "Fragmento de la novela 'Los murmullos'", *Revista de la Universidad de México*, VIII, 10, junio de 1954, pp. 6-7.

—, "Un cuento", *Las Letras Patrias*, I, 1, enero-marzo de 1954, pp. 104-108.

—, informe mecanografiado a la dirección del Centro Mexicano de Escritores, México, D.F., s./f. [*c.* octubre de 1953] Archivo del Centro Mexicano de Escritores.

—, "El hombre", en su libro *El llano en llamas y otros cuentos*, Fondo de Cultura Económica, México, 1953 (*Letras Mexicanas*, 11), pp. 41-53.

—, Carta XXXV, México, D.F., a 28 de agosto de 1947, en su libro *Cartas a Clara*, Editorial RM, México, 2012, pp. 143-145.

—, Carta XXII, México, D.F., 1 de junio de 1947, en su libro *Cartas a Clara*, Editorial RM, México, 2012, pp. 89-93.

Bucio, Erika P., "Llevan a escena mundo rulfiano. Emprenden desde Suiza un viaje escénico-musical a Comala", *Reforma: Corazón de México*, 27 de mayo de 2017, Cultura, p. 19.

Shedd, Margaret, "Centro Mexicano de Escritores", dentro de "Not in The Reviews", *Books Abroad*, 29, 2, Spring 1955, pp. 163-164.

Toledo, Alejandro, "*Pedro Páramo* se llamó originalmente 'Los desiertos de la tierra'. Los papeles de Rulfo a cinco años de su muerte", *Proceso*, 14, 740, 7 de enero de 1991, pp. 48-49.

Valadés, Edmundo, "Tertulia Literaria. La tinta fresca", *Novedades*, 30 de marzo de 1955, segunda sección, pp. 1, 5.

Vital, Alberto, *El arriero en el Danubio: Recepción de Rulfo en el ámbito de la lengua alemana*, 1994.

Zendejas, Francisco, "Multilibros", *Excélsior*, 2 de abril de 1957, pp. 1B, 5B.

—, "Carta a los intelectuales de México: deberes de la inteligencia en esta hora y ante los problemas del país", *Revista de América*, 503, 13 de agosto de 1955, pp. 11-13, 48.

—, "Donde los sollozos hablan", *México en la Cultura*, 318, 24 de abril de 1955, pp. 2, 5.

Zepeda, Jorge, *La recepción inicial de* Pedro Páramo *(1955-1963)*, 2005.

"*El gallo de oro*, la segunda novela de Juan Rulfo", de Dylan Brennan

Brennan, Dylan, "The Mexican Revolution: As Photographed by Juan Rulfo", en Dylan Brennan y Nuala Finnegan (eds.), *Rethinking Juan Rulfo's Creative World: Prose, Photography, Film*, 2016, pp. 123-161.

Ezquerro, Milagros, "*El gallo de oro* o el texto enterrado", en Juan Rulfo, *Toda la obra*, 1992, pp. 683-697; 2ª ed., 1996, pp. 785-799.

González Boixo, José Carlos, "Valoración literaria de la novela *El gallo de oro*", en Juan Rulfo, *El gallo de oro*, Editorial RM-Fundación Juan Rulfo, México, 2010, pp. 15-39.

—, "*El gallo de oro* y otros textos marginados de Juan Rulfo", *Revista Iberoamericana*, LII, 135-136, 1986, pp. 489-505.

Rulfo, Juan, *El gallo de oro*, Editorial RM-Fundación Juan Rulfo, México, 2010.

—, *El gallo de oro y otros textos para cine*, ed. de Jorge Ayala Blanco, Ediciones ERA, México, 1980 (*Biblioteca ERA*).

Weatherford, Douglas J., "'Texto para cine': *El gallo de oro* en la producción artística de Juan Rulfo", en Juan Rulfo, *El gallo de oro*, Editorial RM-Fundación Juan Rulfo, México, 2010, pp. 41-73.

—, "Gabriel Figueroa y Juan Rulfo", *Luna Córnea*, 32, 2008, pp. 481-499.

Nota al Prólogo de Heber Raviolo a *El gallo de oro*

Raviolo, Heber, Prólogo a Juan Rulfo, *El gallo de oro*, Ediciones de la Banda Oriental, Montevideo, 1981 (*Lectores de Banda Oriental: Segunda Serie*, 1), pp. 5-10.

Rocca, Pablo, "Huellas y Mediaciones: Juan Rulfo orientalizado", *Brecha*, 1669, 17 de noviembre de 2017, pp. 20-21.

Rulfo, Juan, *El gallo de oro*, ed. de Jorge Ayala Blanco, Alianza, Madrid, 1982 (*El Libro de Bolsillo*, 872).

—, *Il gallo d'oro*, trad. de Dario Puccini, Editori Riuniti, Roma, 1982 (*I David*, 70).

—, *El gallo de oro*, Ediciones de la Banda Oriental, Montevideo, 1981 (*Lectores de Banda Oriental: Segunda Serie*, 1).

—, *El gallo de oro y otros textos para cine*, ed. de Jorge Ayala Blanco, Ediciones ERA, México, 1980 (*Biblioteca ERA*).

Prólogo a *El gallo de oro*

Cervera, Juan, "Entrevista con Juan Rulfo", *La Gaceta del Fondo de Cultura Económica*, XV, 8, octubre 1968, pp. 7, 9-11.

González Bermejo, Ernesto, "'Juan Rulfo: La literatura es una mentira que dice la verdad'. Una conversación con Ernesto González Bermejo", *Revista de la Universidad de México*, XXXIV, 1, septiembre 1979, pp. 4-8.

Ealing, Till [Efrén Hernández], Texto de presentación a "La cuesta de las comadres", *América: Revista Antológica*, 55, 29 de febrero de 1948, pp. 31-32.

Leal, Luis, "*El gallo de oro* de Juan Rulfo: ¿guión o novela?", *Foro Literario: Revista de Literatura y Lenguaje*, IV, IV, 7-8, 1980, pp. 32-37.

Ruffinelli, Jorge, Prólogo a Juan Rulfo, *Antología personal*, Nueva Imagen, México (*Serie Literatura*), 1978, pp. 7-16.

Rulfo, Juan, *El gallo de oro y otros textos para cine*, ed. de Jorge Ayala Blanco, Ediciones ERA, México, 1980 (*Biblioteca ERA*).

—, "Juan Rulfo", en Antonio Acevedo Escobedo (comp.), *Los narradores ante el público* (II), Joaquín Mortiz, México, 1966 (*Confrontaciones*), pp. 23-26.

—, "Un pedazo de noche", *Revista Mexicana de Literatura*, 3, septiembre 1959, pp. 7-14.

• Posteriormente en su libro *Obra completa*: *El llano en llamas, Pedro Páramo, otros textos,* prólogo y cronología de Jorge Ruffinelli, Biblioteca Ayacucho, Caracas, 1977 (*Biblioteca Ayacucho*, 13), pp. 197-203.

• Posteriormente en su libro *Antología personal*, Nueva Imagen, México, 1978 (*Serie Literatura*), pp. 143-151.

—, *Pedro Páramo*, Fondo de Cultura Económica, México, 1955 (*Letras Mexicanas*, 19).

—, *El llano en llamas y otros cuentos*, Fondo de Cultura Económica, México, 1953 (*Letras Mexicanas*, 11).

—, "La cuesta de las comadres", *América: Revista Antológica*, 55, 29 de febrero de 1948, pp. 31-38.

"La recepción crítica de *El gallo de oro*", de Jorge Zepeda

E[nrique]. R[uiz]. G[arcía]. [Juan María Alponte], "Panorama de la literatura mexicana: una conversación con Juan Rulfo", *Mundo Hispánico*, Extraordinario número 8, número especial dedicado a México, 1957, pp. 88-89.

Escalante, Evodio, "Rulfo: *El gallo de oro*", *Casa del Tiempo*, I, 1, septiembre de 1980, pp. 35-37.

Ezquerro, Milagros, *Juan Rulfo*, Editions L'Harmattan, Paris, 1986 (*Classiques pour Demain*).

García, Gustavo, "El despojo fue la formula secreta de *El gallo de oro*", *Revista de la Universidad de México*, XXXIV, 10, junio de 1980, pp. 40-41.

Leal, Luis, *Juan Rulfo*, Twayne, Boston, 1983 (*Twayne's World Author's Series*, 692).

Mendoza, María Luisa, "Frustrado de la literatura", *Diorama de la Cultura*, 25 de noviembre de 1956, pp. 2, 3.

Poniatowska, Elena, "En México, donde todo el mundo habla mal de todo el mundo, sólo se salvan las dos ovejas negras de la literatura: Montes de Oca y Juan Rulfo", *México en la Cultura*, 509, 14 de diciembre de 1958, pp. 2, 10.

Raviolo, Heber, Prólogo a Juan Rulfo, *El gallo de oro*, Ediciones de la Banda Oriental, Montevideo, 1981 (*Lectores de Banda Oriental: Segunda Serie*, 1), pp. 5-10.

Rulfo, Juan, *El gallo de oro y otros relatos*, Editorial RM-Fundación Juan Rulfo, México, 2017.

—, *El gallo de oro*, Editorial RM-Fundación Juan Rulfo, México, 2010.

—, *El gallo de oro*, Ediciones de la Banda Oriental, Montevideo, 1981 (*Lectores de Banda Oriental: Segunda Serie*, 1).

—, *El gallo de oro y otros textos para cine*, ed. de Jorge Ayala Blanco, Ediciones ERA, México, 1980 (*Biblioteca ERA*).

IV. Escritor mexicano, escritor latinoamericano, escritor universal

"Juan Rulfo en la historia de la literatura mexicana", de Jorge Zepeda

Arguedas, José María, "Reflexiones peruanas sobre un narrador mexicano", *El Comercio*, suplemento dominical, 8 de mayo de 1960, p. 3.

Barajas, José Miguel, "Juan Rulfo, Rainer Maria Rilke y Stéphane Mallarmé", en esta *Guía crítica,* 2018, pp. 179-182.

—, "'*Muerte sin fin*, Antología *Laurel*, páginas tales y cuales'", *La Palabra y el Hombre: Revista de la Universidad Veracruzana*, 35, enero-marzo 2016, pp. 11-14.

Benedetti, Mario, "Juan Rulfo y las posibilidades del criollismo", *Marcha*, XVII, 788, 4 de noviembre de 1955, pp. 20-21, 23.

• Posteriormente en su libro *El ejercicio del criterio: obra crítica 1950-1994*, Alfaguara, Madrid, 1995, pp. 301-308.

E[nrique]. R[uiz]. G[arcía]. [Juan María Alponte], "Panorama de la literatura mexicana: una conversación con Juan Rulfo", *Mundo Hispánico*, Extraordinario número 8, número especial dedicado a México, 1957, pp. 88-89.

Fuentes, Carlos, "*Pedro Páramo*", *L'Esprit des Lettres*, 6, novembre-décembre 1955, pp. 74-76.

• Versión original en español: "*Pedro Páramo*", *Mito*, II, 8, junio-julio de 1956, pp. 121-122.

García Márquez, Gabriel, "Breves nostalgias sobre Juan Rulfo", *Proceso*, 4, 204, 29 de septiembre de 1980, pp. 46-47.

• Disponible en: <https://bit.ly/2ugj2XV>, fecha de consulta: febrero 20, 2018.

Gorostiza, José, "Torre de Señales: Hacia una literatura mediocre", *El Universal*

Ilustrado, XIV, 714, 15 de enero de 1931, pp. 18, 41.

Jiménez, Víctor, *Ladridos, astros, agonías: Rilke y Broch en el lector Rulfo*, 2017.

Martínez Torres, José, *Opacidad y transparencia. La primera narrativa de Carlos Fuentes ante la crítica*, Consejo de Ciencia y Tecnología del Estado de Chiapas-Universidad Autónoma de Chiapas, Tuxtla Gutiérrez, 2010.

• Versión electrónica disponible en: <https://bit.ly/2uf55d6>, fecha de consulta: julio 9, 2018.

Núñez Alonso, Alejandro, "Una encuesta sensacional: ¿Está en crisis la generación de vanguardia?", *El Universal Ilustrado*, XV, 775, 17 de marzo de 1932, pp. 20-21, 30-31.

Ortega, Damián (ed.), *La fórmula secreta. Rubén Gámez*, Alias, México, 2014.

Rilke, Rainer Maria, *Elegías de Duino*, versión de Juan Rulfo, ed. bilingüe, Sexto Piso España, Madrid, 2015 (*Poesía*).

Rulfo, Juan, *Cartas a Clara*, Editorial RM, México, 2012.

——, *Textos sobre José Guadalupe de Anda, Rafael F. Muñoz y Mariano Azuela*, 2011.

——, "Carecer de sentido analítico es ser comprensivo con el prójimo (palabras al ingresar como miembro de número en la Academia Mexicana de la Lengua)", *El Sol de México en la Cultura*, 314, 5 de octubre de 1980, pp. II-III.

——, "Una perspectiva rulfiana de la vida intelectual mexicana", *La Cultura en México*, 894, 25 de abril de 1979, p. IX.

——, "La herencia de Matilde Arcángel", *Cuadernos Médicos*, II, I, V, marzo de 1955, pp. 57-61.

• Posteriormente bajo el título "La presencia de Matilde Arcángel", *Metáfora: Revista Literaria*, I, 4, septiembre-octubre de 1955, pp. 27-32.

——, "Diles que no me maten", *América*, 66, abril de 1951, pp. 125-130.

——, "El llano en llamas", *América: Revista Antológica*, 64, diciembre de 1950, pp. 66-85.

——, "Talpa", *América: Revista Antológica*, 62, enero de 1950, pp. 79-87.

——, "La cuesta de las comadres", *América: Revista Antológica de Literatura*, 55, 29 de febrero de 1948, pp. 31-38

——, "Es que somos muy pobres", *América: Revista Mensual de Cultura*, 54, 30 de agosto de 1947, pp. 24-29.

——, "Macario", *Pan: Revista Mensual de Literatura*, 6, noviembre 1 de 1945, pp. 7-10.

• Posteriormente: *América: Tribuna de la Democracia*, 48, 30 de junio de 1946, pp. 67-72.

——, "Nos han dado la tierra", *Pan: Revista de Literatura*, 2, julio de 1945, pp. 1-3.

• Posteriormente: *América: Tribuna de la Democracia*, 42, 31 de agosto de 1945, pp. 19-21.

——, "La vida no es muy seria en sus cosas", *América: Tribuna de las Democracias*, 40, 30 de junio de 1945, pp. 35-36.

Rulfo, Juan Francisco, "Algunas notas sobre la biblioteca de Rulfo", en esta *Guía crítica*, 2018, pp. 49-57.

Sada, Daniel, Prólogo a Juan Rulfo, *El Llano en llamas*, Universidad Veracruzana, Xalapa, 2004 (*Colección Carlos Fuentes*), pp. 13-15.

Sánchez López, Pablo, *La emancipación engañosa: una crónica transatlántica del* boom *(1963-1972)*, Universidad de Alicante/Departamento de Filología Española, Alicante, 2009 (*Cuadernos de* América sin Nombre, 25)

• versión electrónica en: <https://bit.ly/2l4bdAI>, consulta: junio 11, 2018.

Sheridan, Guillermo, *México en 1932: la polémica nacionalista*, Fondo de Cultura Económica, México, 1999 (*Vida y Pensamiento de México*).

Souto Alabarce, Arturo, sobre *El Llano en llamas y otros cuentos*, *Ideas de México*, IV, II, I, 4, marzo-abril de 1954, pp. 182-184.

"Testimonios sobre Juan Rulfo", parte primera del libro coordinado por Víctor Jiménez, Julio Moguel y Jorge Zepeda, *Juan Rulfo: otras miradas*, 2ª ed., 2011, pp. 19-166.

Zendejas, Francisco, "Multilibros", *Excélsior*, 2 de abril de 1957, pp. 1B, 5B.

Zepeda, Jorge, "Territorios: Sobre Gorostiza, *Pedro Páramo* y la renovación de la narrativa mexicana", *Opción: Revista del Alumnado del* ITAM, XXV, 131, abril 2005, pp. 120-136.

—, *La recepción inicial de* Pedro Páramo *(1955-1963)*, 2005.

—, "Territorios: Algunas notas sobre la recepción inicial de *El Llano en llamas*", *Opción: Revista del Alumnado del* ITAM, XXIV, 125, abril 2004, pp. 155-162.

"Juan Rulfo y la literatura brasileña", de Paulo Moreira

Arrigucci Jr., Davi, "Juan Rulfo: pedra e silêncio", en su libro *Enigma e Comentário*, Companhia das Letras, São Paulo, 1987, pp. 167-172.

Bachmann, Theresa Katarina, "Del *parecer* al *perecer*: *Pedro Páramo* y sus tres traducciones brasileñas", en Víctor Jiménez, Julio Moguel y Jorge Zepeda (coords.), *Juan Rulfo: otras miradas*, 2ª ed., 2011, pp. 410-423.

Camorlinga Alcaraz, Rafael, "Juan Rulfo en portugués: la literatura mexicana en diálogo con la brasileña", en Alma Letícia Martínez Figueroa (ed.), *Decimonoveno Coloquio Internacional de Literatura Mexicana e Hispanoamericana. Memoria*, Universidad de Sonora, Hermosillo, 2004, pp. 425-443.

—, y Walter Carlos Costa, "Entrevista com Davi Arrigucci Jr.", *Fragmentos: Revista de Lingua e Literatura Estrangeiras*, 27, julho-dezembro, 2004, pp. 133-148.

Candido, Antonio, "Lawrence, Greene? Basta Rulfo", *Folha de S. Paulo. Folhetim*, 19 de fevereiro de 1986, p. 6.

Carvalho da Silva, Simone Andréa, "Juan Rulfo en Brasil", en Víctor Jiménez, Julio Moguel y Jorge Zepeda (coords.), *Juan Rulfo: otras miradas*, 2ª ed., 2011, pp. 424-435.

Józef, Bella, "Entrevista com Juan Rulfo", en *Diálogos Oblíquos*, Francisco Alves, Rio de Janeiro, 1999, pp. 171-173.

Miranda, Wander Melo, "Graciliano Ramos e *Juan Rulfo*", *Suplemento Literário* [Minas Gerais, Belo Horizonte], 30 junho 1984, pp. 4-5.

Moreira, Paulo, *Modernismo Localista nas Américas: Os contos de Faulkner, Guimarães Rosa e Rulfo*, Editora da Universidade Federal de Minas Gerais, Belo Horizonte, 2012 (*Humanitas*).

——, "El 'Páramo' de João Guimarães Rosa", en Víctor Jiménez, Julio Moguel y Jorge Zepeda (coords.), *Juan Rulfo: otras miradas*, 2ª ed., 2011, pp. 455-475.

——, "La modernidad y lo local en las Américas", en Jorge Zepeda (coord.), *Nuevos indicios sobre Juan Rulfo: genealogía, estudios, testimonios*, 2010, pp. 155-180.

Natali, Marcos Piason, *A política da nostalgia: um estudo das formas do passado*, Nankin, São Paulo, 2006.

"Rulfo y la literatura en lengua inglesa", de Gerardo Piña

Faulkner, William, *As I Lay Dying*, ed. de Joseph Blotner y Noel Polk, The Library of America, New York, 1985.

——, *The Sound and the Fury*, ed. de Joseph Blotner y Noel Polk, The Library of America, New York, 1984.

Jiménez, Víctor, "Palabra llana y poesía en Juan Rulfo", en Víctor Jiménez, Alberto Vital y Jorge Zepeda (coords.), *Tríptico para Juan Rulfo: poesía, fotografía, crítica*, 2006, pp. 349-367.

Piña, Gerardo, "Comala", en su libro *Estación Faulkner*, Auieo-Taller Dittoria, México, 2012, pp. 63-72.

Rulfo, Juan, *Pedro Páramo*, Editorial RM-Fundación Juan Rulfo, México, 2017.

——, "The Real World of William Faulkner", en Jorge Zepeda, *La recepción inicial de* Pedro Páramo *(1955-1963)*, 2005, pp. 311-313.

"Juan Rulfo, Rainer Maria Rilke y Stéphane Mallarmé", de José Miguel Barajas

Algunos libros de Rilke en la biblioteca de Rulfo

Rilke, Rainer Maria, "Canto del amor y la muerte del corneta Cristóbal Rilke", trad. de Eduardo García Máynez, *Revista de la Universidad de México*, XI, 1, septiembre de 1956, pp. 5-7.

——, *Requiem. Las Elegías de Duino*, trad. e introd. de Gonzalo Torrente Ballester, Nueva Época, Madrid, 1946.

——, *El canto del amor y la muerte del Corneta Cristóbal Rilke*, trad. de Ángel J. Battistessa, Viau y Zona, Buenos Aires, 1944.

—, *Melodía del amor y la muerte del corneta Cristóbal Rilke*, trad. de Eduardo García Máynez, prol. de Xavier Villaurrutia, Letras de México, México, 1940.

Libros de Rilke de los que Rulfo transcribió algunos versos en sus cuadernos

Rilke, Rainer Maria, *Requiem. Las Elegías de Duino*, trad. e introd. de Gonzalo Torrente Ballester, Nueva Época, Madrid, 1946.

—, *Elegías de Duino*, trad. de Juan José Domenchina, Editorial Centauro, México, 1945.

—, *Libro de Horas,* trad. de Marcos Fingerit, Editorial Calomino, La Plata, 1942.

—, *Poesías escogidas*, trad. de Marcos Fingerit, Editorial Calomino, La Plata, 1942.

—, *Poesía*, trad. de Dorotea Patricia Latz, Editorial Yunque, Barcelona, 1939 (*Poesía en la Mano*).

Libros de Mallarmé de los que Rulfo transcribió algunos versos en sus cuadernos

Mallarmé, Stéphane, *Poesías*, trad. y pról. de Xavier de Salas, Editorial Yunque, Barcelona, 1940.

Referencias

Barajas García, José Miguel, "*Como si fuera un montón de piedras:* Mallarmé y Rilke en *Pedro Páramo*", tesis inédita de maestría en Literatura Mexicana, Universidad Veracruzana/Instituto de Investigaciones Lingüístico-Literarias, Xalapa, 2017.

—, "Cual si sólo hubiese una madre: otros encuentros Rilke, Rulfo", en Víctor Jiménez (coord.), *Pedro Páramo. 60 años*, 2015, pp. 23-33.

Domínguez, Guadalupe, y Susy Rodríguez, "*Elegías de Duino* en la versión de Juan Rulfo", en Víctor Jiménez, Alberto Vital y Jorge Zepeda (coords.), *Tríptico para Juan Rulfo: poesía, fotografía, crítica*, 2006, pp. 49-91.

Jiménez, Víctor, *Ladridos, astros, agonías: Rilke y Broch en el lector Juan Rulfo*, 2017.

Rall, Dieter, "*Duineser Elegien* de Rainer Maria Rilke", en Víctor Jiménez, Alberto Vital y Jorge Zepeda (coords.), *Tríptico para Juan Rulfo: poesía, fotografía, crítica*, 2006, pp. 33-48.

Rilke, Rainer Maria, *Elegías de Duino*, versión de Juan Rulfo, ed. bilingüe, Sexto Piso España, Madrid, 2015 (*Poesía*).

—, "*Duineser Elegien/Elegías de Duino*", en Víctor Jiménez, Alberto Vital y Jorge Zepeda (coords.), *Tríptico para Juan Rulfo: poesía, fotografía, crítica*, 2006, pp. 92-215.

Rodríguez Sánchez, Adrián, "Amor y tiempo en *Pedro Páramo.* Los monólogos sobre Susana San Juan y 'el fin de los tiempos' en Comala", en Víctor Jiménez (coord.), *Pedro Páramo. 60 años*, 2015, pp. 139-150.

Vital, Alberto, *Rilke, Rulfo*, Samsara, México, 2012.

——, "El réquiem en Rainer Maria Rilke. Género de vida y muerte entre el *tombeau*, el testamento, la elegía y el epitafio", en su libro *Rilke, Rulfo*, 2012, pp. 9-29.

——, "Rilke y Rulfo. La noción de imagen", en su libro *Rilke, Rulfo*, 2012, pp. 30-53.

——, "*Las Elegías de Duino* y *Pedro Páramo*. La noción de fragmento", en su libro *Rilke, Rulfo*, 2012, pp. 54-68.

——, "Conocimientos mínimos de lingüística indispensables para el análisis de textos literarios. Ejemplos tomados de la obra de Juan Rulfo", en su libro *Rilke, Rulfo*, 2012, pp. 69-88.

——, "*Pedro Páramo* en alemán. Dos traducciones (1958-2008)", en su libro *Rilke, Rulfo*, 2012, pp. 89-98.

——, "Rulfo y Rilke", en Víctor Jiménez, Alberto Vital y Jorge Zepeda (coords.), *Tríptico para Juan Rulfo: poesía, fotografía, crítica*, 2006, pp. 15-32.

——, *Noticias sobre Juan Rulfo: 1784-2003*, 2003.

Zepeda, Jorge, "Apuntes sobre estructura y relato fantástico en *Pedro Páramo*", en Víctor Jiménez (coord.), *Pedro Páramo. 60 años*, 2015, pp. 195-205.

"Juan Rulfo leído por escritores y críticos latinoamericanos fuera de México", de Victoria Saramago

Adoum, Jorge Enrique, "Algunos juanes de Rulfo", *Cuadernos Hispanoamericanos*, CXLI, 421-423, julio-septiembre 1985, pp. 23-26.

Anónimo, "Borges y Rulfo: la inmortalidad y otras fatigas", *Fractal*, 1, abril-junio 1996, pp. 159-160.

Arenas, Reinaldo, "El Páramo en llamas", *El Mundo* [La Habana], suplemento cultural, 7 de julio de 1968.

• Posteriormente en Antonio Benítez Rojo (coord.), *Recopilación de textos sobre Juan Rulfo*, Casa de las Américas / Centro de Investigaciones Literarias, La Habana, 1969 (*Serie Valoración Múltiple*), pp. 60-63.

Arguedas, José María, "Reflexiones peruanas sobre un narrador mexicano", *El Comercio,* suplemento dominical, 8 de mayo de 1960, p. 3.

• Posteriormente en Víctor Jiménez, Julio Moguel y Jorge Zepeda (coords.), *Juan Rulfo: otras miradas*, 2ª ed., 2011, pp. 77-83.

——, *El zorro de arriba y el zorro de abajo*, coord. Eve-Marie Fell, Association Archives de la Littérature Latino-américaine, des Caraïbes et Africaine du XXème siècle-Fondo de Cultura Económica, Paris-México, 1997 (*Archivos*, 14).

Ayén, Xavi, *Aquellos años del boom: García Márquez, Vargas Llosa y el grupo de amigos que lo cambiaron todo*, RBA Libros, Barcelona, 2014 (*RBA Actualidad: Política y Sociedad*).

Bolaño, Roberto, "Consejos sobre el arte de escribir cuentos", en su libro *Entre paréntesis: Ensayos, artículos y discursos (1998-2003)*, ed. de Ignacio Echevarría, Anagrama, Barcelona, 2004 (*Argumentos*, 316), pp. 324-325.

——, "Un paseo por el abismo", en su libro *Entre paréntesis: Ensayos, artículos y discursos (1998-2003)*, ed. de Ignacio Echevarría, 2004, pp. 307-310.

Borges, Jorge Luis, Prólogo a Juan Rulfo, *Pedro Páramo*, Hyspamérica, Buenos Aires, 1985 (*Biblioteca Personal Jorge Luis Borges*, 45), p. 9.

Candido, Antonio, "Literatura e subdesenvolvimento", en *A educação pela noite e outros ensaios*, Ática, São Paulo, 1989, pp. 140-162.

Cuza Malé, Belkis, "Juan Rulfo, realismo por medio", *Unión: Revista de la Unión de Escritores y Artistas de Cuba*, IV, 2, abril-junio 1965, pp. 165-166.

• Posteriormente en Antonio Benítez Rojo (coord.), *Recopilación de textos sobre Juan Rulfo*, pp. 57-60.

Galeano, Eduardo, "Juan Rulfo en 1928", *Cuadernos Hispanoamericanos*, CXLI, 421-423, julio-septiembre 1985, p. 22.

García Márquez, Gabriel, "Breves nostalgias sobre Juan Rulfo", *Proceso,* 4, 204, 29 de septiembre de 1980, pp. 46-47.

• Disponible en: <https://bit.ly/2ugj2XV>, fecha de consulta: febrero 20, 2018.

Harss, Luis, "Juan Rulfo. Contemporary Mexican Novelist", *New Mexico Quarterly*, XXXV, 4, Winter 1965-1966, pp. 293-318.

• Posteriormente traducido al español, bajo el título "Juan Rulfo o la pena sin nombre", en su libro *Los nuestros*, Sudamericana, Buenos Aires, 1966, pp. 301-337.

Molloy, Sylvia, "Desentendimiento y socarronería en 'Anacleto Morones'", en Merlin H. Forster y Julio Ortega (eds.), *De la crónica a la nueva narrativa mexicana: Coloquio sobre literatura mexicana*, Oasis, México, 1986 (*Alfonso Reyes*, 7), pp. 319-328.

——, y María Luisa Bastos, "El personaje de Susana San Juan: clave de enunciación y de enunciados en *Pedro Páramo*", *Hispamérica: Revista de Literatura*, VII, 20, agosto 1978, pp. 3-24.

Monterroso, Augusto, "El Zorro es más sabio", en su libro *La oveja negra y demás fábulas*, Joaquín Mortiz, México, 1969 (*Nueva Narrativa Hispánica*), pp. 99-100.

Moreira, Paulo, *Modernismo Localista nas Américas: Os contos de Faulkner, Guimarães Rosa e Rulfo*, 2012.

Natali, Marcos Piason, *A política da nostalgia: um estudo das formas do passado*, 2006.

Onetti, Juan Carlos, "De Juan a Juan", *Cuadernos Hispanoamericanos*, CXLI, 421-423, julio-septiembre, 1985, pp. 11-12.

Ostrov, Andrea, *Espacios de ficción: Espacio, poder y escritura en la literatura latinoamericana*, Editorial Universitaria de Villa María, Córdoba, 2014 (*Colección Poliedros: Serie Zona de Crítica*).

Rama, Ángel, *Transculturación narrativa en América Latina*, 2ª ed., El Andariego, México, 2008 (*Colección Contracorriente*).

Roa Bastos, Augusto, "Los trasterrados de Comala", *Caravelle: Cahiers du Monde Hispanique et Luso-Brésilien*, 37, 1981, pp. 105-115.

—, "La lección de Rulfo", *Cuadernos Hispanoamericanos*, CXLI, 421-423, julio-septiembre 1985, pp. 12-18.

Rodríguez Monegal, Emir, *El* boom *de la novela latinoamericana*, Tiempo Nuevo, Caracas, 1972.

—, "Diario de Caracas: Los nuevos novelistas", *Mundo Nuevo: Revista de América Latina*, 17, noviembre 1967, pp. 19-24.

Rojas, Gonzalo, "Descendimiento de Hernán Barra Salomone", *Cuadernos Hispanoamericanos*, CXLI, 421-423, julio-septiembre 1985, pp. 19-21.

Vargas Llosa, Mario, "Novela primitiva y novela de creación en América Latina", *Revista de la Universidad de México,* XXIII, 10, junio 1969, pp. 29-36.

V. Más allá del escritor y el fotógrafo: cine, historia, música

"Juan Rulfo, cineasta", de Douglas J. Weatherford

Colina, José de la, "¿Es Rulfo posible en el cine?", *La Letra y la Imagen*, 39, 22 de junio de 1980, p. 13.

Vital, Alberto, *Noticias sobre Juan Rulfo. La biografía: 1762-2016*, 2017.

Weatherford, Douglas J., "*Paloma herida*: Searching for Juan Rulfo in Emilio Fernández", en Dylan Brennan y Nuala Finnegan (eds.), *Rethinking Juan Rulfo's Creative World: Prose, Photography, Film*, 2016, pp. 9-31.

—, "Juan Rulfo y la filmación de *Talpa*", en Alberto Vital Díaz, María Esther Guzmán Gutiérrez y Stella Cuéllar (coords.), *60 años de* El Llano en llamas: *reflexiones académicas*, 2015, pp. 73-82.

—, "'Texto para cine': *El gallo de oro* en la producción artística de Juan Rulfo", en Juan Rulfo, *El gallo de oro*, Editorial RM-Fundación Juan Rulfo, México, 2010, pp. 41-73.

—, "*Citizen Kane* y *Pedro Páramo*: un análisis comparativo", en Víctor Jiménez, Alberto Vital y Jorge Zepeda (coords.), *Tríptico para Juan Rulfo: poesía, fotografía, crítica*, 2006, pp. 501-530.

"Juan Rulfo, lector de la historia de México", de Adrián Gerardo Rodríguez

Aguilar Sosa, Yanet, "Juan Rulfo, la historia del editor indigenista", *El Universal*, 15 de mayo de 2017, Cultura, p. E13.

Ares, Berta, "Peter Burke: 'Sin imaginación no se puede escribir historia'", *Revista de Letras*, 6 de febrero de 2013, disponible en: <https://bit.ly/2KGszCF>, fecha de consulta: 31 de octubre de 2017.

Báez-Jorge, Félix, "Juan Rulfo y el quehacer editorial indigenista", en Jorge Zepeda (coord.), *Nuevos indicios sobre Juan Rulfo: genealogía, estudios, testimonios*, 2010, pp. 223-231.

Bobadilla, José Luis, "Rulfo y la poesía en *Pedro Páramo*", en Víctor Jiménez (coord.), *Pedro Páramo. 60 años*, 2015, pp. 35-40.

Calvino, Italo, *Correspondencia, 1940-1985*, sel. de Antonio Colinas, trad. de Carlos Gumbert, Siruela, Madrid, 2012 (*Biblioteca Calvino*).

Dempsey, Andrew, "La discreción de Juan Rulfo. Reflexiones sobre una fotografía: Mujeres en Oaxaca recogiendo café", en Juan Rulfo, *Oaxaca*, 2009, pp. 35-46.

Jiménez, Víctor. "Una estrella para la muerte y la vida", en Víctor Jiménez (coord.), *Pedro Páramo. 60 años*, 2015, pp. 59-68.

—, Introducción a la sección "Juan Rulfo y la historia de Michoacán. Documentos del archivo del escritor", en Jorge Zepeda (coord.), *Nuevos indicios sobre Juan Rulfo: genealogía, estudios, testimonios*, 2010, pp. 59-60.

Nihira, Fukumi, "La creación y la historia: Juan Rulfo y las crónicas", mecanoscrito inédito.

Rodríguez, Adrián Gerardo, "Juan Rulfo y la edición de la historia de México", *La Palabra y el Hombre: Revista de la Universidad Veracruzana*, 39, enero-marzo 2017, pp. 30-31.

Rulfo, Juan, *Dónde quedó nuestra historia. Hipótesis sobre historia regional*, Universidad de Colima/Escuela de Arquitectura, Colima, 1986 (*Colección Rajuela*, 2).

Rulfo, Juan Francisco, "La biblioteca de Juan Rulfo", en Jorge Zepeda (coord.), *Nuevos indicios sobre Juan Rulfo: genealogía, estudios, testimonios*, 2010, pp. 221-222.

Vital, Alberto, *Noticias sobre Juan Rulfo: 1784-2003*, 2003.

"Rulfo y la música", de José Luis Bobadilla

Jiménez, Víctor, "Palabra llana y poesía en Juan Rulfo", en Víctor Jiménez, Alberto Vital y Jorge Zepeda (coords.), *Tríptico para Juan Rulfo: poesía, fotografía, crítica*, 2006, pp. 349-367.

Rulfo, Juan, *El gallo de oro y otros relatos*, Editorial RM-Fundación Juan Rulfo, México, 2017.

—, "Paso del Norte", en su libro *El Llano en llamas*, Editorial RM-Fundación Juan Rulfo, México, 2017, pp. 117-124.

—, "Luvina", en su libro *El Llano en llamas*, Editorial RM-Fundación Juan Rulfo, México, 2017, pp. 99-109.

—, *Pedro Páramo*, Editorial RM-Fundación Juan Rulfo, México, 2017.

VI. Herramientas para una relectura

"Léxico de *El Llano en llamas*", de Víctor Jiménez

Martínez, Maximino, *Catálogo de nombres vulgares y científicos de plantas mexicanas*, 1ª reimpr., Fondo de Cultura Económica, México, 1987.

Real Academia Española, *Diccionario de la Lengua Española*, 18ª ed., Espasa-Calpe, Madrid, 1956 [Ejemplar utilizado por Juan Rulfo].

Rulfo, Juan, "Vocabulario", transcripción de Juan Rulfo, Voces castellanas derivadas del tarasco (Gilberti y Gil), en Jorge Zepeda (coord.), *Nuevos indicios sobre Juan Rulfo: genealogía, estudios, testimonios*, 2010, pp. 61-71.

Santamaría, Francisco J., *Diccionario de mexicanismos*, Porrúa, México, 1959.

"Léxico de *Pedro Páramo*", de Víctor Jiménez

Martínez, Maximino, *Catálogo de nombres vulgares y científicos de plantas mexicanas*, 1ª reimpr., Fondo de Cultura Económica, México, 1987.

Real Academia Española, *Diccionario de la Lengua Española*, 18ª ed., Espasa-Calpe, Madrid, 1956.

Rulfo, Juan, "Vocabulario", transcripción de Juan Rulfo, Voces castellanas derivadas del tarasco (Gilberti y Gil), en Jorge Zepeda (coord.), *Nuevos indicios sobre Juan Rulfo: genealogía, estudios, testimonios*, 2010, pp. 61-71.

——, "<Ángel Pinzón se detuvo en el centro donde entroncaba el camino>", en Juan Rulfo, *Los cuadernos de Juan Rulfo*, transcripción y nota de Yvette Jiménez de Báez, Ediciones ERA, México, 1994, pp. 138-142.

Santamaría, Francisco J., *Diccionario de mexicanismos*, Porrúa, México, 1959.

"Personajes en *Pedro Páramo*: un acercamiento a la estructura de la novela", de Víctor Jiménez

Aguilar Mora, Jorge, "El gato de Justina", en Víctor Jiménez (coord.), *Pedro Páramo. 60 años*, 2015, pp. 11-21.

Bautista García, Eduardo, "Letras que sanan empresas", *El Financiero*, 22 de septiembre de 2016, pp. 32-33; disponible en línea: <https://bit.ly/2KZtP05> fecha de consulta: febrero 14, 2018.

Benítez, Fernando, "Conversaciones con Juan Rulfo", *Sábado*, 142, 26 de julio de 1980, pp. 3-4.

Ezquerra, Ignacio, y Ramón Artiach, "Rulfo: 'No soy más que un aficionado'", *Disidencias* [suplemento cultural de *Diario 16*], 14 de febrero de 1982, p. IV.
• Posteriormente en esta *Guía crítica*, 2018, pp. 59-62.

Jiménez, Víctor, *Ladridos, astros, agonías: Rilke y Broch en el lector Rulfo*, 2017.

—, "Una estrella para la muerte y la vida", en Víctor Jiménez (coord.), *Pedro Páramo. 60 años*, 2015, pp. 59-68.

Lévi-Strauss, Claude, *Mirar, escuchar, leer*, trad. de Emma Calatayud, Siruela, Madrid, 2010 (*El Ojo del Tiempo*).

Piglia, Ricardo, "Cómo está hecho el «Ulysses»", en su libro *El último lector*, Debolsillo, Barcelona, 2014 (*Contemporánea*), pp. 149-169.

Rodríguez Sánchez, Adrián, "Amor y tiempo en *Pedro Páramo*. Los monólogos sobre Susana San Juan y 'el fin de los tiempos' en Comala", en Víctor Jiménez (coord.), *Pedro Páramo. 60 años*, 2015, pp. 139-150.

Rulfo, Juan, "En la madrugada", en su libro *El Llano en llamas*, Editorial RM-Fundación Juan Rulfo, México, 2017, pp. 41-47.

—, "No oyes ladrar los perros", en su libro *El Llano en llamas*, Editorial RM-Fundación Juan Rulfo, México, 2017, pp. 129-134.

—, *Pedro Páramo*, Editorial RM-Fundación Juan Rulfo, México, 2017.

—, "José Guadalupe de Anda", en su libro *Textos sobre José Guadalupe de Anda, Rafael F. Muñoz y Mariano Azuela*, 2011, pp. 20-43.

"Lugares en *El Llano en llamas*, *Pedro Páramo* y *El gallo de oro*", de Víctor Jiménez

Jiménez, Víctor, "Editar a Juan Rulfo", *Altertexto: Revista del Departamento de Letras* [Universidad Iberoamericana], 2, 3, enero-junio de 2004, pp. 85-96.

Rulfo, Juan, "Nos han dado la tierra", en su libro *El Llano en llamas*, Editorial RM-Fundación Juan Rulfo, México, 2017, pp. 7-12.

—, *El fotógrafo Juan Rulfo*, 2017.

—, "Lolotla", en su libro *Letras e imágenes*, ed. de Víctor Jiménez, Editorial RM, México, 2002, p. 30.

—, "Juan Rulfo examina su narrativa", *Escritura: Teoría y Crítica Literarias*, I, 2, julio-diciembre 1976, pp. 305-317.

Zárate Hernández, José Eduardo, "El Llano Grande como región geográfica y como representación simbólica", en su libro *Procesos de identidad y globalización económica. El Llano Grande en el sur de Jalisco*, El Colegio de Michoacán, Zamora, 1997, pp. 26-41.

"Acontecimientos en *Pedro Páramo*", de Víctor Jiménez

Simpson, Máximo, "Entrevista a Juan Rulfo", en Alberto Vital, *Noticias sobre Juan Rulfo. La biografía: 1762-2016*, 2017, pp. 397-407.

VII. Otros ámbitos, otras lenguas: ediciones y traducciones

"Juan Rulfo en traducción", de Jorge Zepeda

Cesco, Andréa, "Un inventario tentativo de la bibliohemerografía de y sobre Rulfo", *Fragmentos: Revista de Lingua e Literatura Estrangeiras*, 27, julho-dezembro 2004, pp. 93-132.

Dyches, Henry Perry, "Juan Rulfo, una tradición y un principio", tesis de maestría en Letras Españolas, Universidad Nacional Autónoma de México/Facultad de Filosofía y Letras, México, 1964.

El-Outmani, Ismail, "Juan Rulfo en árabe", en Víctor Jiménez, Julio Moguel y Jorge Zepeda (coords.), *Juan Rulfo: otras miradas,* 2ª ed., 2011, pp. 447-451.

González Boixo, José Carlos, "Bibliografía de Juan Rulfo", *Cuadernos Hispanoamericanos*, CXLI, 421-423, julio-septiembre de 1985, pp. 469-490.

Güemes, César, "Los traductores", *La Jornada*, 22 de mayo de 1993, p. 22.

Lioret, E. Kent, "Continuación de una Bibliografía de y sobre Juan Rulfo", *Revista Iberoamericana*, XL, 89, octubre-diciembre de 1974, pp. 693-705.

Prenz, Juan Octavio, *Cuadernos Hispanoamericanos,* CXLI, 421-423, julio-septiembre de 1985, pp. 449-458.

Ramirez, Arthur, "Hacia una bibliografía de y sobre Juan Rulfo", *Revista Iberoamericana*, XL, 86, enero-marzo de 1974, pp. 135-171.

Stoyanov, Rumen, "Una entrevista desconocida de Juan Rulfo", *Plural*, XVI-IX, 189, junio de 1987, pp. 27-29.

Zepeda, Jorge, "Juan Rulfo en traducción", Apéndice en Víctor Jiménez, Julio Moguel y Jorge Zepeda (coords.), *Juan Rulfo: otras miradas*, 2ª ed., 2011, pp. 487-495.

—, "La primera traducción de *Pedro Páramo* y el Centro Mexicano de Escritores", en Víctor Jiménez, Julio Moguel y Jorge Zepeda (coords.), *Juan Rulfo: otras miradas*, 2ª ed., 2011, pp. 272-298.

—, *La recepción inicial de* Pedro Páramo *(1955-1963)*, 2005.

—, "Síntesis conflictiva: la recepción inicial de *Pedro Páramo* (1955-1963)", tesis de licenciatura en Lengua y Literaturas Hispánicas, Universidad Nacional Autónoma de México/Facultad de Filosofía y Letras, México, 2002.

Falsa portada de la novela *Pan*, de Knut Hamsun, en edición sin fecha de Biblioteca Nueva, Madrid. Firmada por Juan Rulfo en 1938.

Colaboradores

Sebastião Guilherme Albano
Profesor Asociado III en la Universidade Federal do Rio Grande do Norte (UFRN), Brasil.

José Miguel Barajas García
Facultad de Letras Españolas, Facultad de Idiomas, Instituto de Investigaciones Lingüístico-Literarias, Universidad Veracruzana. Premio Nacional de Ensayo Juan Rulfo 2008.

Eduardo Bautista García
Ciudad de México, 1991. Periodista de *El Financiero Bloomberg* especializado en temas culturales. Egresado de la carrera de Comunicación y Periodismo de la Universidad Nacional Autónoma de México.

José Luis Bobadilla
Licenciado en Literatura Latinoamericana por la Universidad Iberoamericana campus ciudad de México. Pasante de la Maestría en Etnomusicología de la Universidad Nacional Autónoma de México. Director y editor de la revista *Mula Blanca*.

Dylan Brennan
Doctor en Estudios Hispánicos por el Centre for Mexican Studies, University College Cork. Editor (con Nuala Finnegan) de *Rethinking Juan Rulfo's Creative World: Prose, Photography, Film*.

Andrew Dempsey
Empezó su vida profesional en el Arts Council del Reino Unido, después el museo Victoria & Albert y la Hayward Gallery de Londres y es hoy curador *freelance* de exposiciones. Responsable (con Daniele De Luigi) de la selección del libro *100 fotografías de Juan Rulfo*. Curador (con Víctor

Jiménez) de la exposición *El fotógrafo Juan Rulfo* en el Museo Amparo de Puebla (7 de abril a 17 de julio de 2017) y coautor del libro homónimo.

José Carlos González Boixo
Universidad de León, España. Autor de *Claves narrativas de Juan Rulfo* y de *Juan Rulfo. Estudios sobre literatura, fotografía y cine*. Su edición de la novela *Pedro Páramo* publicada por Ediciones Cátedra en la colección Letras Hispánicas cumplió 35 años de circulación ininterrumpida y actualizaciones constantes en este 2018.

Víctor Jiménez
Fundación Juan Rulfo. Autor de *Ladridos, astros, agonías: Rilke y Broch en el lector Rulfo*. Coordinador (con Julio Moguel y Jorge Zepeda) de *Juan Rulfo: otras miradas*, de *Tríptico para Juan Rulfo: poesía, fotografía, crítica* (con Alberto Vital y Jorge Zepeda) y de *Pedro Páramo. 60 años*.

Julio Moguel
Universidad Nacional Autónoma de México. Coordinador (con Víctor Jiménez y Jorge Zepeda) de *Juan Rulfo: otras miradas* y de *Ecos y murmullos en la obra de Rulfo* (con Enrique Saínz).

Paulo Moreira
Doctor y maestro en Literatura Comparada por la Universidad de California en Santa Barbara y licenciado en Letras por la Universidad Federal de Minas Gerais. Profesor en la Universidad de Oklahoma. Autor de *Literary and Cultural Relations between Brazil and Mexico: Deep Undercurrents* y *Modernismo Localista das Américas. Os Contos de Faulkner, Guimarães Rosa e Rulfo*.

José Pascual Buxó
Instituto de Investigaciones Bibliográficas, Universidad Nacional Autónoma de México. Autor, entre otros títulos, de *Construcción y sentido de la realidad simbólica. Cervantes, Rulfo, García Márquez*.

Françoise Perus
Instituto de Investigaciones Sociales (IIS) y Centro de Investigaciones sobre América Latina y el Caribe (CIALC), Universidad Nacional Autónoma de México. Autora de *Juan Rulfo, el arte de narrar*. Su edición de *El Llano en llamas* en la colección Letras Hispánicas de Ediciones Cátedra es la

adición más reciente a su trayectoria de más de dos décadas en el estudio de la obra de Juan Rulfo.

Gerardo Piña

Profesor de Asignatura en la Escuela Nacional de Lenguas, Lingüística y Traducción de la Universidad Nacional Autónoma de México. Autor de *Estación Faulkner*, entre otros títulos de ensayo y narrativa.

Adrián Gerardo Rodríguez

Maestro en Historia por la Universidad de Guadalajara. Premio Nacional de Ensayo Juan Rulfo 2012.

Juan Francisco Rulfo

Tesorero de la Fundación Juan Rulfo. Tiene a su cargo el archivo y la biblioteca de Juan Rulfo.

Victoria Saramago

Profesora de Estudios Hispanos y Luso-Brasileños en la Universidad de Chicago. Licenciada por la Universidad del Estado de Río de Janeiro, obtuvo una maestría en la misma universidad y un doctorado por la Universidad de Stanford.

Alberto Vital

Doctor por la Universidad de Hamburgo. Maestro y licenciado por la Universidad Nacional Autónoma de México (UNAM). Investigador en el Instituto de Investigaciones Filológicas y actualmente Coordinador de Humanidades de la UNAM. Es autor, entre otros libros, de *Noticias sobre Juan Rulfo* y *Los argumentos de los asesinos. Mecanismos de justificación en la obra de Juan Rulfo*.

Douglas J. Weatherford

Brigham Young University.

Jorge Zepeda

Doctor en Literatura Hispánica por el Centro de Estudios Lingüísticos y Literarios de El Colegio de México. Licenciado en Lengua y Literaturas Hispánicas por la Facultad de Filosofía y Letras de la Universidad Nacional Autónoma de México. Autor de *La recepción inicial de* Pedro Páramo *(1955-1963)*.

Juan Rulfo y su obra. Una guía crítica
Primera edición

Fundación Juan Rulfo

© TEXTOS
Sebastião Guilherme Albano, Ramón Artiach, José Miguel Barajas García, Eduardo Bautista García, José Luis Bobadilla, Dylan Brennan, Andrew Dempsey, Ignacio Ezquerra, José Carlos González Boixo, Víctor Jiménez Muñoz, Julio Moguel, Paulo Moreira, José Pascual Buxó, Françoise Perus, Gerardo Piña, Heber Raviolo, Adrián Gerardo Rodríguez, Juan Francisco Rulfo, Victoria Saramago, Alberto Vital, Douglas J. Weatherford, Jorge Zepeda.

© IMÁGENES
Fotografías de Juan Rulfo, Clara Aparicio, Juan Carlos Rulfo, Juan Pablo Rulfo.
Archivo de Juan Rulfo

© COORDINACIÓN GENERAL
Víctor Jiménez, Jorge Zepeda
Editorial RM

DIRECCIÓN CREATIVA
Ramón Reverté
COORDINACIÓN EDITORIAL
Mara Garbuno
CUIDADO DE EDICIÓN
Fundación Juan Rulfo, Víctor Jiménez, Jorge Zepeda
DISEÑO
José Luis Lugo
ESCANEO Y PREPRENSA
Araceli Limón

Editorial RM, S.A. de C.V.
Córdoba 234, interior 7
Col. Roma Norte, Del. Cuauhtémoc
06700, Ciudad de México

RM Verlag, S.L.
C/Loreto 13-15 Local B
08029, Barcelona, España

www.editorialrm.com

ISBN RM Verlag: 978-84-17047-68-9
Depósito legal: DL B B 21090-2018

#307

Impreso en España. *Printed in Spain*
Grafilur Arte Gráfico, Basauri, Vizcaya
1000 ejemplares, agosto de 2018